TÜBINGER RECHTSWISSENSCHAFTLICHE ABHANDLUNGEN

Herausgegeben von
Mitgliedern der Juristischen Fakultät
der Universität Tübingen

Band 123

Felix Berner

Kollisionsrecht im Spannungsfeld von Kollisionsnormen, Hoheitsinteressen und wohlerworbenen Rechten

Mohr Siebeck

Felix Berner, geboren 1990; Studium der Rechtswissenschaft in Tübingen (2011–2015); seit Oktober 2015 wissenschaftlicher Mitarbeiter am Lehrstuhl für Bürgerliches Recht, Internationales Privatrecht und Rechtsvergleichung, Universität Tübingen; seit April 2017 Rechtsreferendar am Landgericht Tübingen; Promotion 2017.

ISBN 978-3-16-155727-9
ISSN 0082-6731 (Tübinger rechtswissenschaftliche Abhandlungen)

Die Deutsche Nationalbibliothek verzeichnet diese Publikation in der Deutschen Nationalbibliographie; detaillierte bibliographische Daten sind im Internet über *http://dnb.dnb.de* abrufbar. D21

© 2017 Mohr Siebeck Tübingen. www.mohr.de

Das Buch wurde von Gulde Druck in Tübingen gesetzt, auf alterungsbeständiges Werkdruckpapier gedruckt und von der Großbuchbinderei Spinner in Ottersweier gebunden.

Vorwort

Die vorliegende Arbeit wurde von der Juristischen Fakultät der Eberhard-Karls-Universität Tübingen im Sommersemester 2017 als Dissertation angenommen. Literatur und Rechtsprechung konnten bis einschließlich August 2017 berücksichtigt werden.

Mein besonderer Dank gilt meinem Doktorvater Professor Martin Gebauer, der die vorliegende Arbeit nicht nur stets mit Interesse und Rat begleitet, sondern die Arbeit durch wichtige Anregungen mitgeprägt hat. Die Erfahrungen, die ich seit 2013 zunächst als studentische Hilfskraft, dann als wissenschaftlicher Mitarbeiter an seinem Lehrstuhl machen durfte, möchte ich nicht missen.

Herrn Professor Thomas Finkenauer danke ich nicht nur für das zügig erstellte Zweitgutachten, sondern auch für sein stetes Engagement während des gesamten Entstehungsprozesses der Arbeit, seine Offenheit für Fragen sowie für die Aufnahme in die Reihe der Tübinger Rechtswissenschaftlichen Abhandlungen.

Dankbar bin ich darüber hinaus für ideelle und finanzielle Unterstützung der Arbeit durch die Studienstiftung des deutschen Volkes.

Für Korrekturen, Übersetzungshilfen und Teilnahme an Vortrags- und Diskussionsrunden sei Annalena Adolph, Chris Decker, Tim Gühring, Jonas Jaenicke, Simon Haffner, Lisa Holst, Andreas Majewski, Paul Metz, Marius Romann, Nils Schulz, Johannes Sommer und Björn Staudinger gedankt, meiner Familie für stete Unterstützung während des Studiums und der Promotion.

In tiefer Dankbarkeit ist diese Arbeit meiner Mutter Christiane Berner gewidmet.

Inhaltsverzeichnis

Einleitung

„Internationales Privatrecht (IPR) ist die Gesamtheit der Rechtssätze, die sagen, welchen Staates Privatrecht anzuwenden ist."[1]

So oder zumindest ähnlich wird das Internationale Privatrecht herkömmlich definiert. Diese Definition drückt den Gedanken aus, dass der Rechtsanwender bei Sachverhalten mit Auslandsberührung eine Kollisionsnorm zwischenschaltet, die ihm sagt, welches Sachrecht der Welt er der Entscheidung zugrunde zu legen hat, bevor er eine materiell-rechtliche Entscheidung treffen kann. Das Mittel zur Lösung des „conflict of laws" scheint mithin eindimensional. Sie erfolgt durch „Kollisionsnormen".

Diese Eindimensionalität des Internationalen Privatrechts bedarf vor dem Hintergrund der Entwicklung in den letzten Jahrzehnten einer erneuten Betrachtung. Das Internationale Privatrecht wurde im Zuge der Entwicklungen in bedeutendem Maße „materialisiert". Hinzu kommt, dass in den letzten zwei Jahrzehnten eine Diskussion über die Reichweite der Rechtslagenanerkennung entbrannt ist.[2] Im Fall der Rechtslagenanerkennung wird das anzuwendende Recht nicht durch Zwischenschaltung einer Kollisionsnorm gefunden, sondern es wird ein sachrechtliches Institut oder ein sachrechtlicher Vorgang aus einem fremden Sachrecht vor den Gerichten eines Landes als feststehend und Rechtswirkung entfaltend anerkannt, unabhängig davon, ob der Vorgang Rechtswirkung unter dem nach der eigentlichen Kollisionsnorm anwendbaren Recht entfaltet hätte.[3] Teilweise wird nun versucht, die Rechtslagenanerkennung in das

---

[1] *Kegel/Schurig*, IPR, § 1 II.

[2] Vgl. bspw. *Grünberger*, in: Brauchen wir eine Rom-0-VO?, S. 82 ff.; MüKo/*von Hein*, Art. 3 EGBGB, Rn. 88 f., 117 ff.; *Leifeld*, Das Anerkennungsprinzip im Kollisionsrechtssystem des internationalen Privatrechts; *Geier*, Internationales Privat- und Verfahrensrecht in föderalen Systemen – Kollisions- und verfahrensrechtliche Anerkennungspflichten in der Europäischen Union und den Vereinigten Staaten von Amerika; *Rieks*, Anerkennung im Internationalen Privatrecht; *Funken*, Das Anerkennungsprinzip im internationalen Privatrecht; *Mansel*, RabelsZ 70 (2006), S. 651 ff.; *Coester-Waltjen*, FS Jayme, 2004, S. 121 ff.

[3] *Coester-Waltjen*, FS Jayme, S. 122; im Anschluss daran auch *Grünberger*, in: Brauchen wir eine Rom-0-VO?, S. 86.

bestehende kollisionsnormgeprägte System zu drängen.[4] Diese Versuche erwecken jedoch stets den Anschein, als wollte man einen Fremdkörper mit aller Macht eingliedern.

Dabei muss man dies nicht. Die vorliegende Arbeit soll zeigen, dass sich das Internationale Privatrecht nicht allein durch Kollisionsnormen konstituiert. Unser System des Internationalen Privatrechts beruht vielmehr auf drei Säulen, die miteinander das Gebäude des Kollisionsrechts tragen. Mit diesen drei Säulen, die im System des Kollisionsrechts alle ihren Platz haben – wobei nicht jede Säule dieselbe Last trägt – lässt sich wohl auch jedes kollisionsrechtliche System erklären. Denn diese Säulen lassen sich zugleich als Baukästen verstehen, aus denen sich jede Rechtsordnung die *für sie passenden Steine*[5] heraussucht, um sich ihr kollisionsrechtliches Haus zu bauen.

1. Baukasten: Die Kollisionsnorm

Den ersten Baukasten bilden Kollisionsnormen. Hier findet ein Großteil des heute in Deutschland geltenden Internationalen Privatrechts seinen Platz. Historisch betrachtet zählen aber auch die in der Statutentheorie geltenden Regeln zur Suche nach dem anwendbaren Recht zu dieser Kategorie.[6]

2. Baukasten: Hoheitsinteressen eines Staates

Im zweiten Baukasten befinden sich Elemente, welche von Hoheitsinteressen eines Staates geprägt sind. Darunter fallen beispielsweise der *ordre public* oder Gedanken, die zu einer Sonderanknüpfung zugunsten von als „schwächer" eingeschätzten Parteien führen. In diesen Baukasten gehören auch Eingriffsnormen[7], da diese die im Allgemeinen geltende Verweisung durchbrechen, um Normen durchzusetzen, an deren Geltung ein öffentliches Interesse besteht. In diese zweite Kategorie fallen damit – zumindest zu einem großen Teil – Normen, die der gefürchteten „sozialen Kälte"[8] der Kollisionsnormen begegnen möchten.

Denkbar ist auch, dass ein IPR-System nur aus diesem Baukasten besteht: Dies ist der Fall, wenn ein strikter *lex fori*-Ansatz aus dem Grund gewählt wird,

---

[4] Bspw. *OLG München* IPRax 2010, S. 452 ff. (wohl Annahme einer versteckten Kollisionsnorm aus Art. 21 AEUV); *Mansel/Thorn/Wagner* IPRax 2011, S. 6 (analoge Anwendung der Rechtswahlmöglichkeit aus Art. 10 III S. 1 Nr. 2 EGBGB im Internationalen Namensrecht).

[5] Dies bedeutet selbstverständlich nicht, dass sich jedes kollisionsrechtliche System unbedingt jeder der drei Säulen bedienen muss. Ein kollisionsrechtliches System kann sich auch ausschließlich aus einer oder zwei der drei Säulen aufbauen.

[6] Dazu ausführlich 1. Kap. A.

[7] Vgl. bspw. Art. 9 Rom I-VO, Art. 16 Rom II-VO.

[8] Vgl. hierzu bspw. *Joerges*, Funktionswandel, S. 16 ff.

dass sich jegliche Beachtung eines fremden Rechts aus der Sicht des Forums-staats nicht mit der Souveränität eines Staates vereinbaren lässt.[9]

3. Baukasten: Die wohlerworbenen Rechte

Im dritten Baukasten finden sich diejenigen Lösungen, bei denen ohne Zwischenschalten einer Kollisionsnorm subjektive Rechte bzw. Rechtspositionen aus fremden Staaten mit Rechtswirkungen vor den Gerichten der *lex fori* ausgestattet werden. Unter dem Eindruck der Diskussion der letzten Jahre interessiert hier insbesondere die moderne Rechtslagenanerkennung. Es soll aber gezeigt werden, dass sich das Prinzip der wohlerworbenen Rechte nicht auf die durch das Primärrecht der Europäischen Union beeinflusste[10] Rechtslagenanerkennung beschränkt, sondern im geltenden Recht noch an anderen Stellen relevant ist. Denkbar ist beispielsweise eine Anerkennung wohlerworbener Rechte aufgrund deutschen Verfassungsrechts.[11]

Interessant ist ferner, dass die Frage der Rechtslagenanerkennung erst seit kaum 20 Jahren in der europäischen Literatur erörtert wird, obwohl das Prinzip der wohlerworbenen Rechte keinesfalls eine neue Erscheinung ist. Bereits im 17. Jh. kannte man dieses Prinzip[12], und auch *Wächter*[13] und *Savigny*[14] äußerten sich – ablehnend – dazu. Darüber hinaus findet sich der theoretische Ansatz der Rechtsfindung durch Anerkennung im Kollisionsrecht ebenfalls in anglo-amerikanischen IPR-Theorien. Namentlich ist die „vested rights"-Doktrin[15] als eine Theorie einzuordnen, die mit dem Prinzip der wohlerworbenen Rechte argumentiert.

---

[9] In diese Richtung *Pfeiffer*, Das Prinzip des Internationalen Privatrechts (1851), der aber eine Ausnahme dann annimmt, wenn der Staat ausdrücklich Kollisionsnormen erlassen hat (S. 7 f.; eine weitere Ausnahme gilt nach *Pfeiffer* für den Satz „locus regit actum" (S. 11)). Davon abzugrenzen ist die „vested rights"-Theorie (dazu unten 1. Kap. C.VI), die zwar auch kein fremdes Recht *anwendet*, aber das fremde Recht dennoch – als Tatsache – beachtet.

[10] Nach der hier vertretenen Ansicht ist die Rechtslagenanerkennung auf Art. 21 AEUV zu beschränken. Alle anderen Fälle der Anerkennung subjektiver Rechte sind auf den allgemeineren Gedanken der wohlerworbenen Rechte zu stützen (3. Kap. Einl.).

[11] Insbesondere relevant der bei *BVerfG* NJW 1983, S. 511 entschiedene Fall, in dem aufgrund einer „hinkenden" – und nach dem eigentlich anwendbaren deutschen Recht unwirksamen – Ehe ein Anspruch auf Witwenrente gewährt wurde. Dazu ausführlich 2. Kap. C.II.

[12] Bspw. benutzt *Heinrich Freiherr v. Cocceji* bereits den Begriff der wohlerworbenen Rechte, vgl. *Cocceji*, Disputatio Ordinaria Juris Civilis Et Gentium, Tit. 7 § 5. Die Verwendung des Begriffs ist jedoch nicht damit gleichzusetzen, dass er auch dem Gedanken folgt (1. Kap. C.IV). Nicht den Begriff, aber den Gedanken prägt im 17. Jahrhundert bereits *Huber* (1. Kap. C.III.).

[13] *Wächter*, AcP (25) 1842, S. 1 ff.

[14] *Savigny*, System VIII S. 132; allerdings mit bloßem Hinweis auf den von *Wächter* vorgebrachten Zirkelschluss.

[15] S. unten 1. Kap. C.V und VI.

A. Ziele der Arbeit

Eines der Ziele der vorliegenden Arbeit ergibt sich aus dem Gedanken der Baukästen. Es soll mit dem Säulenmodell ein kollisionsrechtliches Metasystem entwickelt werden, mit dessen Hilfe sich jede Kollisionsrechtsordnung erklären lässt. Mithilfe dieses Metasystems soll gleichzeitig das in Deutschland geltende Kollisionsrecht systematisiert werden.

Der Sinn dieser Arbeit soll sich jedoch nicht allein in dem Versuch einer neuen Systematisierung von Kollisionsrecht erschöpfen. Vielmehr soll die Erklärung von Kollisionsrecht mit dem hier bereits grob skizzierten Modell[16] der Dreigliedrigkeit helfen, Argumente und Ergebnisse auch für Einzelfragen zu gewinnen. Indem man Kollisionsrecht dreigliedrig versteht, hält man sich vor Augen, dass das Gebäude des IPR nur dann sicher stehen kann, wenn die Lasten auf seine drei Säulen in einem angemessenen Verhältnis verteilt werden. Selbstverständlich muss man aber differenzieren, in welchem Maß dem Rechtsanwender die Möglichkeit des Austarierens zukommt. Beispielsweise obliegt im „Common Law" die Frage des Aufbaus eines kollisionsrechtlichen Systems zum größten Teil der Rechtsprechung. Nach kontinentaleuropäischem Verständnis ist hingegen die gesetzgebende Gewalt für die Grobjustierung zuständig. Um im Bild zu bleiben: Nach kontinentaleuropäischem Verständnis baut die rechtssetzende Gewalt das Gerüst des kollisionsrechtlichen Hauses, der Rechtsanwender vollendet das Gerüst zum fertigen Haus. Auch in diesem System muss der Rechtsanwender die Säulen des IPR folglich feinjustieren. Dabei hilft es, wenn sich der Rechtsanwender der Systematik und der Notwendigkeit bewusst wird, jeder Säule das durch sie zu tragende Gewicht zukommen zu lassen. Selbstverständlich wird nicht behauptet, dass das hier skizzierte Säulenmodell der einzige Weg ist, einen Fall mit Auslandsberührung zu lösen oder das Modell in jedem Einzelfall zur Anwendung gebracht werden muss. Gerade in schwierigeren Fällen verdeutlicht das Säulenmodell jedoch den Methodenpluralismus im geltenden Kollisionsrecht und hilft, die für den Einzelfall einschlägige Lösungsmethode bzw. die einschlägigen Methoden offen zu legen.

B. Abgrenzung zu anderen Modellen des Methodenpluralismus

Die Annahme eines Methodenpluralismus im geltenden Kollisionsrecht ist nicht neu. Die wohl weit überwiegende Anzahl von Autoren, die zur Methodik des Internationalen Privatrechts Stellung nehmen, spricht sich für Methodenplura-

---

[16] Ausführlich unten 2. Kap.

lismus aus. Dabei werden, ähnlich dem vorliegend unternommenen Versuch, teilweise methodische Metakategorien aufgezeigt. Unterteilt werden kann an dieser Stelle in dualistische und trialistische Systeme.[17]

Ein dualistisches Modell vertritt beispielsweise *Michaels*, wenn er davon ausgeht, dass sich das geltende Kollisionsrecht aus Gedanken der Kollisionsnormen und solchen der Anerkennung konstituiert.[18] Ein ebenfalls dualistisches System schwebt *Wengler* vor, der von einem verkappten zweiten Kollisionsnormensystem spricht, wenn ein Staat fremde Entscheidungen unabhängig davon anerkennt, ob der fremde Staat dasselbe Sachrecht angewandt hat.[19] Durch die Anerkennung würde man in diesem Fall die kollisionsrechtliche Entscheidung des fremden Staates importieren. Trialistisch denkt *S. Lorenz*, der als übergreifende Elemente Eingriffsnormen, Kollisionsnormen und Rechtslagenanerkennung identifiziert und dies wie hier als „Säulen" des Kollisionsrechts bezeichnet.[20] *Rieks* spricht von der Rechtslagenanerkennung als „drittem Weg" neben Kollisionsnormen und verfahrensrechtlicher Anerkennung[21]

Die umfassendsten Modelle zum Methodenpluralismus haben bislang wohl *Christiane Wendehorst*[22] und *M.-P. Weller*[23] entworfen. Nach dem Verständnis *Wellers* existiert ebenfalls eine Methodentrias im geltenden Kollisionsrecht. Diese Methodentrias bestehe aus Verweisung, Anerkennung und Berücksichtigung.[24] Die Kategorie der Verweisung deckt sich dabei in weiten Teilen mit der ersten Säule (Kollisionsnormen). Auch nach *M.-P. Weller* ist im Rahmen der Verweisung die „engste Verbindung" zu suchen.[25] Er setzt dies jedoch mit der Suche nach dem „Sitz des Rechtsverhältnisses" gleich.[26] Der Sitz des Rechtsver-

---

[17] Für Methodenpluralismus, aber ohne Zusammenfassen in übergreifende Kategorien, auch *Kühne*, liber amicorum Schurig, S. 129 ff., 144.

[18] *Michaels*, liber amicorum Schurig, S. 192 Fn. 9; *ders.*, J. of Priv. Int. L. 2 (2006), S. 211; *ders.*, 82 Tul. L. Rev. (2008), S. 1635 ff. Für ein dualistisches Verständnis offen mittlerweile auch *Schurig*, in: IPR im 20. Jahrhundert, S. 22; als dualistisch könnte man wegen seiner Betonung von „streng positivem" Recht auch *Savignys* Konzeption begreifen (zur IPR-Methodik bei *Savigny* unten 1. Kap. B.) (so wohl *Mankowski*, liber amicorum Schurig, S. 168 f.).

[19] *Wengler*, Rec. de Cours 104 (1961-III), S. 443 ff.

[20] BeckOK/*S. Lorenz*, Einleitung IPR, Rn. 50a.

[21] *Rieks*, Anerkennung, S. 249.

[22] *Wendehorst*, in: Paradigmen im internationalen Recht, S. 33–57.

[23] *M.-P. Weller*, Vom Staat zum Menschen – Die Methodentrias des IPR unserer Zeit, 2017 (im Erscheinen).

[24] *M.-P. Weller*, Vom Staat zum Menschen – Die Methodentrias des IPR unserer Zeit, 2017 (D.) (im Erscheinen).

[25] *M.-P. Weller*, Vom Staat zum Menschen – Die Methodentrias des IPR unserer Zeit, 2017 (D.1.) (im Erscheinen).

[26] *M.-P. Weller*, Vom Staat zum Menschen – Die Methodentrias des IPR unserer Zeit, 2017 (D.1.) (im Erscheinen).

hältnisses ist, wie zu zeigen sein wird, jedoch nicht unbedingt deckungsgleich mit dem Gedanken der engsten Verbindung. Vielmehr handelt es sich bei dem Bild vom Sitz um ein formales Kriterium, welches auch im heute geltenden Methodenpluralismus ein taugliches Leitbild nicht nur für den Gedanken der Verweisung, sondern für das Internationale Privatrecht im Gesamten darstellt.[27]

Als zweites Element der Methodentrias sieht *M.-P. Weller* die Anerkennung von Rechtslagen vor.[28] Diese hätten ihre Grundlage in den Grundfreiheiten sowie in Art. 21 AEUV. Dies greift jedoch zum einen nicht weit genug, und zum anderen vermischt es Elemente, die nicht unbedingt zusammengehören. Zum einen sollte die Rechtslagenanerkennung auf Art. 21 AEUV beschränkt werden, da auf diese Weise dem Gedanken der Rechtslagenanerkennung ein Allgemeiner Teil vorgeschaltet werden kann und nicht überdeckt wird, dass die „Anerkennung" auf Grundlage der Grundfreiheiten in weiten Teilen andere Voraussetzungen hat als die „Anerkennung" auf Grundlage des Art. 21 AEUV.[29] Zum anderen greift das Abstellen auf das europäische Primärrecht deswegen zu kurz, weil es außer Betracht lässt, dass auch aufgrund nationaler Bestimmungen und der EMRK teilweise eine Pflicht zur Anerkennung wohlerworbener Rechte bestehen kann.[30] Alle Gedanken der „Anerkennung" kann man zusammenfassen, indem man die Rechtslagenanerkennung lediglich als Fallgruppe der übergreifenden Kategorie der wohlerworbenen Rechte versteht. Nebenbei bietet dieses Verständnis den Vorteil, die historischen Erfahrungen mit dem Gedanken der „Anerkennung" und dem Abstellen auf das Individuum zu erschließen.

Die letzte Kategorie *M.-P. Wellers* bildet die der Berücksichtigung.[31] Der Gedanke der Berücksichtigung soll dem internationalen Charakter eines Kollisionsrechtsfalls Rechnung tragen und gleichsam das Sachrecht „internationalisieren". Unter die Kategorie fällt nach *M.-P. Weller* der *Lewaldsche* Dreiklang[32] des Allgemeinen Teils aus Transposition, Adaption (Anpassung) und Substitution. Daneben tritt der Gedanke der Datumtheorie.[33] Der Gedanke der Datumtheorie erschöpft sich jedoch – zumindest bei sogenannten *local data* – im Aufstellen einer, wenn auch oftmals offensichtlichen, Kollisionsnorm. Der Gedanke

---

[27] Dazu 2. Kap. E. und F.

[28] *M.-P. Weller*, Vom Staat zum Menschen – Die Methodentrias des IPR unserer Zeit, 2017 (D.2.) (im Erscheinen).

[29] Vgl. 3. Kap. Vorbemerkungen.

[30] 2. Kap. C.

[31] *M.-P. Weller*, Vom Staat zum Menschen – Die Methodentrias des IPR unserer Zeit, 2017 (D.3.a.) (im Erscheinen).

[32] Dazu *Lewald*, Règles générales, S. 128 ff.

[33] *M.-P. Weller*, Vom Staat zum Menschen – Die Methodentrias des IPR unserer Zeit, 2017 (D.3.a.) (im Erscheinen).

gehört daher zur Säule der Kollisionsnormen. Die anderen Gedanken, die *M.-P. Weller* zur Kategorie der Berücksichtigung ausbaut, sind als allgemeine Regelungen eher in andere Oberkategorien zu integrieren bzw. bilden Anhängsel zu einer oder mehreren Säulen.[34] Eine eigene Säule kommt ihnen, wie gezeigt werden wird[35], nicht zu.

Abzugrenzen ist das hier vorgeschlagene System von dem *M.-P. Wellers* in einer weiteren Hinsicht: der Bedeutung der Hoheitsinteressen. Das Interesse eines Staates an einem bestimmten materiell-rechtlichen Ergebnis und die kollisionsrechtliche Dimension materiell-rechtlicher Gedanken wird im Rahmen der Konzeption *M.-P. Wellers* in gewisser Weise in den Hintergrund gedrängt. Dabei kommt dem Gedanken der Hoheitsinteressen auch im Rahmen des Kollisionsrechts – man denke nur an den *ordre public* – eine prägende Bedeutung zu. Zudem bildet er in vielen Fällen ein Gegengewicht zum Übergang des Fokus – wie *M.-P. Weller* es treffend ausdrückt – „vom Staat zum Individuum".[36]

Das Modell von *Christiane Wendehorst* kommt dem hier vorgestellten näher, auch wenn sie nicht von Methodik spricht. Nach *Wendehorst* existieren im IPR drei „Paradigma"[37] bzw. drei „Denkmodelle"[38], das „Verweisungsparadigma", das „Geltungsparadigma" und das „Anerkennungsparadigma".[39] „Verweisungsparadigma" und „Anerkennungsparadigma" entsprechen den jeweiligen methodischen Komplementären *Wellers*. Für sie gilt das zur Abgrenzung bei *Weller* Gesagte gleichfalls. Hinzu kommt, dass nach *Wendehorst* im Rahmen des Verweisungsparadigmas grundsätzlich die Kriterien, wie die Verweisung ermittelt wird, irrelevant sind. Damit wäre es auch möglich, dass vorliegend so genannte Hoheitsinteressen die Verweisung bestimmen.[40]

Die von *Wendehorst* als „Geltungsparadigma" bezeichnete „Denkschule" kommt demgegenüber in die Nähe der Säule der „Hoheitsinteressen", entspricht dieser jedoch nicht. Nach *Wendehorst* ist für das „Geltungsparadigma" entscheidend, dass Sachnormen einen bestimmten personalen oder territorialen Geltungsanspruch in sich tragen. Beispiel stehen soll hierfür insbesondere die Statutentheorie[41] und die Lehre *Curries*[42]. Wie zu sehen sein wird, überschneidet sich das Paradigma mit der hier vorgestellten Säule zwar in Bezug auf

---

[34] 2. Kap. I.II.
[35] Dazu ausführlich 2. Kap.
[36] *M.-P. Weller*, Vom Staat zum Menschen – Die Methodentrias des IPR unserer Zeit, 2017 (insb. C.I.) (im Erscheinen)
[37] *Wendehorst*, in: Paradigmen im internationalen Recht, S. 42.
[38] *Wendehorst*, in: Paradigmen im internationalen Recht, S. 42.
[39] *Wendehorst*, in: Paradigmen im internationalen Recht, S. 42 ff.
[40] *Wendehorst*, in: Paradigmen im internationalen Recht, S. 43, 47.
[41] *Wendehorst*, in: Paradigmen im internationalen Recht, S. 44.
[42] *Wendehorst*, in: Paradigmen im internationalen Recht, S. 44.

„Staatsinteressen" und findet Ausprägungen in Eingriffsnormen und der „Governmental Interest Analysis" *Curries*, sie führt jedoch noch weiter, indem sie beispielsweise *ordre public* und Anpassung umfasst. Auf der anderen Seite ist es gerade nicht die „Denkschule" der Statutentheorie, welche hier zum Ausdruck kommt.[43] Abgrenzung zwischen Sachnormen muss nicht unbedingt Ausdruck von Hoheitsinteressen in der hier vorgestellten Diktion sein, sondern kann durchaus auch in gewissem Maße „Verweisung" im Sinne der Auffassung *Wendehorsts* sein.

Der größte Unterschied zum hier vorgestellten Säulenmodell liegt jedoch nicht in der Definition der einzelnen Kategorien, sondern im Verständnis des Modells im Allgemeinen. Das Säulenmodell bietet keine „Paradigmen", keine „Denkschulen", wie sie *Wendehorst* vorschlägt. Die einzelnen Säulen sind vielmehr Kanäle, in denen sich entscheidungsrelevante Interessen verbinden. Dies hat den Vorteil, dass die Kategorien nicht lediglich deskriptiven Charakter erhalten. Sie können darüber hinaus die fallentscheidenden Interessen aufdecken und so bei der Entscheidung von Einzelfragen dienlich sein.[44]

C. Gang der Darstellung

Im Mittelpunkt der Untersuchung steht das zweite Kapitel, in welchem das Säulenmodell im geltenden Recht verortet wird. Dort werden die Säulen des geltenden Rechts abstrakt definiert, die den Säulen zugrundeliegenden Interessen dargelegt und ihnen die sie prägenden Rechtsinstitute und Gedanken zugeordnet.

Bevor jedoch das System des geltenden Internationalen Privatrechts nach den drei Säulen detailliert zu erörtern ist, werden im ersten Kapitel rechtshistorische und -vergleichende Untersuchungen angestellt, um das System zu fundieren und die Entwicklung der drei Säulen nachzuvollziehen. Die rechtshistorischen und rechtsvergleichenden Vorarbeiten dienen ebenso zur Überprüfung der These, dass sich die Säulen gleichzeitig als Baukästen verstehen lassen, aus denen sich jede Kollisionsrechtsordnung aufbaut.

Im dritten und letzten Hauptkapitel wird versucht zu beweisen, dass das Verständnis des geltenden Rechts anhand des Säulenmodells nicht nur Systematisierung und Erklärung bietet, sondern praktische Vorzüge mit sich bringt.

---

[43] S. hierzu 1. Kap. A.
[44] S. hierzu 2. Kap. D.IV sowie das gesamte dritte Kapitel.

1. Kapitel

Rechtshistorische und -vergleichende Grundlagen

Eines der Ziele der Untersuchung, die Systematisierung des heute in Deutschland geltenden Kollisionsrechts, bestimmt die hier vorgestellte Grundlagenuntersuchung. Bestandenes und Bestehendes wird mit dem Ziel analysiert, das heute Geltende zu verstehen und zu gliedern.

Dabei wird erforscht, wie Rechtsfindung im IPR funktioniert bzw. wie sie funktionieren kann. Beispielsweise ist es, um die „Säule" der wohlerworbenen Rechte richtig zu formen, unumgänglich, sich bewusst zu machen, wie sie operierte, als sie von bedeutenden Wissenschaftlern begründet und vertreten wurde und in England und Amerika herrschend war. Dasselbe trifft auf die „Säule" der Kollisionsnormen und die der Hoheitsinteressen zu. Bei jener interessiert die Entwicklung zu unserem heutigen modernen System. Bei letzterer interessiert vor allem, wie *ordre public*-Gedanken sich durch jedes System der Rechtsfindung auf dem Gebiet des IPR hindurchziehen, obwohl der Begriff des *ordre public* – historisch betrachtet – erst sehr spät geprägt wurde.[1] Hinsichtlich der Hoheitsinteressen werden zweitens der Gedanke der Eingriffsnormen und seine Entwicklung betrachtet.

Es wird dabei nicht der Anspruch erhoben, die Geschichte der Statutentheorie, der wohlerworbenen Rechte oder des *ordre public* vollständig darzulegen. Ebenso wenig wird versucht, die amerikanische IPR-„Revolution" und das heute geltende ungemein komplexe Kollisionsrechtssystem der USA in seiner Gänze zu erörtern.

Die Darstellung aller Verästelungen der geltenden und historischen Systeme würde den Raum einer jeden Dissertation sprengen und wissenschaftlich keinerlei Fortschritt bringen, da die Geschichte des IPR und das amerikanische Kollisionsrechtssystem geschichtlich und rechtsvergleichend bereits eingehend betrachtet wurden.[2] Was für die Zwecke diese Arbeit aber noch bedeutender ist: Es ist für die Fundierung des Systems nicht erforderlich, da hier das Hauptaugenmerk auf der Methodik liegt. Diese soll anhand von Beispielen aus der Rechtsgeschichte und der Rechtsvergleichung analysiert werden.

---

[1] Dazu unten 1. Kap. D.1.

[2] Zum Einstieg mit vielen weiteren Nachweisen *Kegel/Schurig*, IPR, § 3; *v. Bar/Mankowski*, IPR I, § 6; zu den amerikanischen Theorien insb. *Joerges*, Funktionswandel.

Den historischen Ausgangspunkt nimmt die Betrachtung bei der Statutentheorie. Die zuvor im römischen Recht[3] und germanischen Recht[4] bestehenden Ansätze können außer Betracht bleiben, da man bei diesen wohl kaum von einem System des Kollisionsrechts sprechen kann.[5] Unter dem zweiten Unterpunkt wird die Rechtsfindung nach *Savigny* erläutert. Wenn man insofern von einem *savignysch* geprägten System sprechen möchte, wird dieser Begriff hier sehr weit verstanden. Er erfasst nicht nur die Gedanken und Ansichten *Savignys*, sondern auch die Weiterentwicklungen seiner Nachfolger. Mit der Bezeichnung als *savignysches* System soll dabei auch keinesfalls postuliert sein, dass *Savigny* die Rechtsfindung im IPR revolutioniert bzw., um es mit *Neuhaus* auszudrücken, eine „kopernikanische Wende"[6] herbeigeführt hätte. Die Frage nach den Unterschieden in der Rechtsfindung zwischen dem *savignyschen* System und der Statutentheorie bedarf vielmehr einer genaueren Betrachtung. Nach der Analyse des Systems *Savignys* werden sodann die historischen Dimensionen der wohlerworbenen Rechte mit ihren verschiedenen Ausprägungen in den verschiedenen Ländern erörtert. Die historische Betrachtung schließt mit Gedanken zum *ordre public* und Eingriffsnormen. Daran anschließend richtet sich ein rechtsvergleichender Blick über den Atlantik und auf die differenzierten amerikanischen Wege zur Lösung des „conflict of laws".

A. Statutentheorie

I. Begriffsbestimmung

Vor Befassung mit der Rechtsfindung unter Geltung der „Statutentheorie" ist zunächst der schillernde Begriff „Statutentheorie" selbst zu klären.

Üblicherweise wird unter dem Begriff der Statutentheorie die geschichtliche Epoche des Internationalen Privatrechts zwischen dem 13. und der ersten Hälfte des 19. Jh. verstanden, in welcher versucht wurde, ausgehend von Sachnormen das für einen Fall mit Berührung zu mehreren Rechtsordnungen maßgebende Recht herauszufiltern.[7] Mit anderen Worten: Durch Auslegung der Sachnormen wurde festgestellt, ob diese in dem zu untersuchenden Fall „extraterritorial"

---

[3] *Gutzwiller*, Geschichte, S. 1 ff.

[4] Das germanische Recht folgte grundsätzlich dem „Personalitätsprinzip", hierzu *v. Bar/Mankowski*, IPR I, § 6 Rn. 1 ff.; *v. Hoffmann/Thorn*, § 2 Rn. 7.

[5] *Schurig*, Kollisionsnorm und Sachrecht, S. 109.

[6] *Neuhaus*, RabelsZ 15 (1949/50), S. 366.

[7] Bspw. *v. Bar/Mankowski*, IPR I, § 6 Rn. 10 ff.; *Keller/Siehr*, Allgemeine Lehren des IPR, S. 25 ff.; *v. Hoffmann/Thorn*, § 2 Rn. 9 ff.; *Wolff*, Das IPR Deutschlands, S. 15 f.

wirken, also über die Grenzen des Hoheitsträgers, welcher diese Normen erlassen hat, Anwendung finden.

Bezüglich der so beschriebenen Statutentheorie wird oftmals die Einteilung der Statuten in *realia, personalia* und *mixta* als charakteristisch genannt. Dies rührt sicherlich teilweise daher, dass *Wächter* diese Einteilung als in der Statutentheorie „herrschend" charakterisiert[8] und auch *Savigny* detailliert auf sie eingeht.[9] Dabei mag diese Einteilung in der Tat in Deutschland vorherrschend gewesen sein, als *Wächter*[10] und *Savigny*[11] ihre Thesen zum Internationalen Privatrecht verfassten. Insbesondere ist Wächter zuzustimmen, dass Autoren, welche die genannte Einteilung verwerfen (bspw. *Cocceji*[12]), in der Sache oftmals gleich vorgingen.[13] Die Dreiteilung der Statuten kann aber nicht als derart charakteristisch gelten, dass sich keine Befassung mit Autoren lohnen würde, die dieser Teilung nicht folgten. Im Gegenteil: Viele der bekanntesten Autoren[14] der Statutentheorie legten die Dreiteilung nicht zugrunde. Die vorliegende Arbeit will jedoch anhand einiger der profiliertesten Gelehrten der Statutentheorie die Methodik ihrer Vertreter würdigen und wird daher sowohl Autoren behandeln, die die Statuten – zumindest der Sache nach – in die Kategorien *realia, personalia* und *mixta* einteilten, als auch solche, die eine solche Kategorisierung nicht vornahmen. Zum besseren Verständnis wird die Rechtsfindung mithilfe der Dreiteilung der Statuten „enge Statutentheorie" genannt, die Rechtsfindung ohne Dreiteilung der Statuten „weite Statutentheorie".

II. Historischer Überblick

Allgemein hinterlassen im „Zeitalter" der (weiten) Statutentheorie drei maßgebende Schulen ihren Abdruck.[15] Die erste dieser Schulen ist die italienische mit ihren beiden herausragenden Autoren *Bartolus*[16] (1314–1357) und

---

[8] *Wächter*, AcP 24 (1841), S. 270.

[9] *Savigny*, System VIII, S. 121 ff.

[10] *Wächter*, AcP 24 (1841), S. 230–311; AcP 25 (1842), S. 1–60; 161–200; 361–419.

[11] *Savigny*, System VIII, S. 8–368.

[12] *Cocceji*, Disputatio Ordinaria Juris Civilis Et Gentium, Tit. 5 § 1 ff.

[13] *Wächter*, AcP 24 (1841), S. 281 ff.

[14] Als Beispiel seien hier *Bartolus, Baldus, Dumoulin* und *Huber* genannt, von denen keiner die Dreiteilung seiner Theorie zugrunde gelegt hat.

[15] Ausführlich zur Geschichte der Statutentheorie bspw. *Kegel/Schurig*, IPR, § 3 III 2 – VIII; *v. Bar/Mankowski*, IPR I, § 6 Rn. 10 ff.; *Lipstein*, Principles, S. 7 ff.; *Gutzwiller*, Geschichte, S. 29 ff.

[16] *Bartolus* schreibt in seinem Werk zu C, 1, 1, 1 vom IPR; abgedruckt in Bartoli in primam Codicis partem Commentaria, Ad lib. Primum Codicis De Summa Trinitate Rub. Lex Prima n. 13–51 (ebenfalls abgedruckt aus einer Auflage des Jahres 1574 bei *Meili*, Bartolus und Baldus, ZIR 4 (1894), S. 260 ff., 340 ff., 446 ff.; ins Englische übersetzt bspw. von *Smith*, 14 Am. J. L. Hist. (1970), S. 157 ff., 247 ff.).

Baldus[17] (1327–1400). Die zweite Schule, die französische, wird im 16. Jh. begründet. Als maßgebende Köpfe werden zumeist *Dumoulin*[18] (1500–1566) und *d'Argentré*[19] (1519–1590) genannt[20], wobei ersterer wohl eher als der letzte Vertreter der italienischen Schule angesehen werden kann.[21] Auf *d'Argentré* geht maßgeblich die Einteilung in die Kategorien *statuta realia*, *personalia* und *mixta* zurück.[22] Die niederländische Schule bildet die dritte. Mit ihr verbunden sind die Autoren *Paul Voet*[23] (1619–1667), *Ulrich Huber*[24] (1636–1694) und *Johannes Voet*[25] (1647–1714), der Sohn *Paul Voets*. Die niederländische Schule bringt neuen Wind, weil sie sich nicht mehr lediglich fragt, welches Recht Anwendung findet, sondern auch die vorgelagerte Frage stellt, wieso überhaupt ausländisches Recht Anwendung finden sollte.[26] Keine eigene Schule wird traditionell den deutschen Statutentheoretikern zugesprochen, da von ihnen keine grundlegend neuen Gedanken ausgingen. Nichtsdestoweniger wurde auch in Deutschland Wertvolles zur Statutentheorie geschrieben. Die bekanntesten Autoren sind *Cocceji*[27] (1644–1719) und *Hert*[28] (1651–1710).

---

[17] Zu *Baldus* m.w.N. *Kegel/Schurig*, IPR, § 3 III.2.

[18] Die für das IPR maßgebenden Schriften des *Dumoulin* sind das Consilium 53, ein Gutachten über einen ehegüterrechtlichen Fall mit erbrechtlichem Einschlag (abgedruckt bei *Dumoulin*, Omnia opera, Bd. II, S. 964 ff.; Inhaltsangabe bei *Gamillscheg*, Dumoulin, S. 42 ff. – zum Consilium 53 unten 1. Kap. A.III.c), und die *Conclusiones de statutis et consuetudinibus localibus* (*Dumoulin*, omnia opera, Bd. III, S. 554 ff.).

[19] Kollisionsrechtliche Ausführungen in den „*Commentarii in patrias Britonum leges seu conseutudines antiquissimi ducatus Britannicae*" zu Art. 218.

[20] *Kegel/Schurig*, IPR, § 3 IV; *Lipstein*, Principles, S. 12.

[21] *Gamillscheg*, Dumoulin, S. 110.

[22] Er hat eine Dreiteilung zwar nicht erfunden (auch *Baldus* hatte eine Dreiteilung der Statuten erwogen (hierzu *v. Bar/Mankowski*, IPR I, § 6 Rn. 24; *Niederer*, Einführung, S. 48 (insb. auch Fn. 12)), durch ihn wird sie aber populär.

[23] Seine kollisionsrechtlichen Abhandlungen finden sich in „*De statutis eorumque concursu*".

[24] *Huber*, Praelectionum Juris Civilis, Pars altera, S. 23 ff.; Text und eine englische Übersetzung von *Hubers* Werk „De Conflictu Legum" findet sich auch bei *Lorenzen*, 13 Ill. L. R. (1918–1919), S. 401 ff.

[25] *J. Voets* Ausführungen sind größtenteils im ersten Buch seines „*Commentarius ad pandectum*", 1. Buch, Titel IV, Pars 2 (*de statutis*) enthalten. Zu *J. Voet* s. bspw. *Gutzwiller*, Geschichte, 140 ff.

[26] Hierzu bspw. *v. Bar/Mankowski*, IPR I, § 6 Rn. 30 ff.

[27] Der für das IPR relevante Teil der Lehre *Coccejis* ist abgedruckt in *Cocceji*, Disputatio Ordinaria Juris Civilis Et Gentium. Auch abgedruckt und übersetzt bei *v. Bar/Dopffel*, Band II, S. 442–581. Zu *Coccejis* kollisionsrechtlicher Lehre *Hilling*, Cocceji.

[28] *Hert*, Commentationum atque opusculorum, volumen primum. *Herts* maßgebliche kollisionsrechtliche Ausführungen mit Einführung sind auch abgedruckt und übersetzt bei *v. Bar/Dopffel*, Band II, S. 582–685. Zu *Herts* kollisionsrechtlicher Lehre *Herrmann*, Hert, S. 68 ff.

Nach dieser kurzen Einführung in die Statutentheorie geht die Arbeit nun über zu den für sie entscheidenden Fragen. Wie finden die Statutisten das anwendbare Recht? Wie gehen sie methodisch vor?

III. Die Methode der Rechtsfindung der Statutentheoretiker

1. Einführung

Die Methode der Statutentheoretiker hat bereits einige Betrachtung erfahren. Dabei kann man die Beurteilungen grob in zwei Ansichten untergliedern. Der Großteil der Autoren geht mit mehr oder weniger ausführlicher Begründung davon aus, dass der Ansatzpunkt am Gesetz methodisch etwas gänzlich anderes ist, als wenn, wie *Savigny* möchte[29], der „Sitz des Rechtsverhältnisses" gesucht wird.[30] Diese Autoren sehen *Savignys* Ausführungen als „kopernikanische Wende"[31] an und betrachten ihn als Revolutionär, der die Grundfesten der kollisionsrechtlichen Methode – mit der Hilfe *Wächters*[32] – einreißt und eine neue Methodenlehre begründet. Dabei werden den Statutisten in den ausführlicheren Darstellungen oftmals Denkfehler vorgeworfen.[33]

Andere Autoren versuchen sich an einer „Ehrenrettung"[34] der Statutentheoretiker und negieren mit unterschiedlicher Begründung einen Denkfehler derselben. Sie postulieren vielmehr, dass die Rechtsfindung der Statutentheoretiker unserer heutigen „modernen" Rechtsfindung sehr ähnelt.[35] Hervorzuheben sind

---

[29] *Savigny*, System VIII, z. B. auf S. 108.

[30] *v. Bar/Mankowski*, IPR I, § 6 Rn. 53 ff.; *Steindorff*, Sachnormen, S. 37 ff., insb. 43 („grundsätzlicher Wandel" bei Savigny); *Hermann*, Hert, S. 172 f.; *Lipstein*, Principles, S. 20 ff. (*Lipstein* sieht aber insoweit auch *Wächter* als ebenso bedeutend für die Neuerungen an); *v. Hoffmann/Thorn*, § 2 Rn. 29 ff.; *Vogel*, Der räumliche Anwendungsbereich der Verwaltungsrechtsnorm, S. 215 ff.; *Ferid*, Leitfaden, S. 50; *Neuhaus*, RabelsZ 15 (1949/1950), S. 366 ff.; *ders.*, Grundbegriffe, S. 94; *Kropholler*, IPR, § 2 III.1. (allerdings baut das Lehrbuch *Krophollers* auf dem von *Neuhaus* auf); *M.-P. Weller*, IPRax 2011, S. 431; *Kühne*, ZVglRWiss 114 (2015), S. 360.

[31] Diese Wendung geht zurück auf *Neuhaus*, RabelsZ 15 (1949/1950), S. 366.

[32] Kritisch zum Beitrag *Wächters* und vor allem zu der These, er allein hätte die Statutentheorie „zerstört", *Sturm*, Ius Commune 8 (1979), S. 92 ff., 97 („Als ob sich 500 Jahre geistigen Ringens einer Vielzahl hervorragender Köpfe aus ganz Europa durch den Federstrich eines einzigen Schwaben hätte abtun, auslöschen und von heute auf morgen der Geschichte überantworten lassen!").

[33] *Gamillscheg*, Dumoulin, S. 72 ff.; *v. Bar/Mankowski*, IPR I, § 6 Rn. 15 f.

[34] Das Bild der Ehrenrettung der Statutisten benutzen *v. Bar/Mankowski*, IPR I, § 6 Rn. 16 und *Gamillscheg*, FS Wieacker, S. 241.

[35] *Schurig*, Kollisionsnorm und Sachrecht, 109 ff.; *ders.*, in: IPR im 20. Jh., S. 6 ff.; *E. Lorenz*, Struktur, S. 26 ff.; *ders.*, IPRax 1997, S. 204 f.; *ders.*, FS W. Lorenz, S. 358 ff.; *Gebauer*, Der Fremde im IPR, in: Die Person im IPR (I.) (im Erscheinen); *Sturm*, Ius Commune 8

hier die Theorien von *E. Lorenz*[36] und von *Schurig*[37]. Interessant ist ferner, dass *Savigny* selbst von der logischen Gleichwertigkeit des Ansatzes beim Gesetz und demjenigen beim Sachverhalt ausging: „Beide Arten, die Frage aufzufassen, sind nur im Ausgangspunkt verschieden. Die Frage ist hier und dort dieselbe, und die Entscheidung kann in beiden Fällen nicht verschieden sein."[38]

Gleichwertigkeit meint hierbei – zumindest im Rahmen dieser Untersuchung – in erster Linie nicht eine qualitativ gleich wertvolle Lösung, sondern ist auf den Ansatzpunkt und das durch ihn erlangte Ergebnis bezogen. „Gleichwertig" ist der Ansatzpunkt am Gesetz dann, wenn dieser Ansatzpunkt nicht zu einem anderen Ergebnis führt, als wenn der Ausgangspunkt beim Lebenssachverhalt[39] genommen wird.

Für die vorliegende Untersuchung ist die Methode der Statutentheoretiker auf verschiedene Weise von Interesse. Wer die Methode der Rechtsfindung im geltenden Recht analysieren möchte, sollte sich immer bewusst machen, wie das geltende Recht entstanden ist. Ferner gibt die Befassung mit einer Theorie, die – zumindest in Teilen – das anwendbare Recht durch Prüfung der Reichweite von Sachnormen ermittelt, rechtstheoretische Aufschlüsse darüber, wie ein IPR-System überhaupt funktionieren kann.

Im Folgenden wird zunächst rechtstheoretisch erläutert, unter welchen Voraussetzungen die Methode der Statutentheoretiker derjenigen *Savignys* gleichwertig ist. Im Anschluss daran wird anhand einer Quellenanalyse untersucht, ob die Statutentheoretiker das anwendbare Recht in einer Weise gefunden haben, welche die für die Gleichwertigkeit aufgestellten Bedingungen erfüllt.

2. Voraussetzungen der Gleichwertigkeit des statutentheoretischen Ansatzes

Jede Rechtsfindung erfolgt durch Zuordnung. Im Sachrecht wird ein Sachverhalt einer Sachnorm zugeordnet, um eine Sachentscheidung zu erlangen. Wird dieser Zuordnungsgedanke auf das Kollisionsrecht übertragen, könnte man zunächst denken, dass bei einer Kollisionsnorm lediglich der Lebenssachverhalt der Kollisionsnorm zugeordnet werden muss, um das Ergebnis zu erlangen. Das griffe jedoch zu kurz. Anders als bei einer Sachnorm gibt die Kollisionsnorm das Ergebnis nicht exakt vor. Die Kollisionsnorm gibt lediglich die Anwendung einer Rechtsordnung vor. Welche Sachnormen dieser Rechtsordnung durch die

---

(1979), S. 108; *Raape/Sturm*, IPR, S. 411; dieser Ansicht war übrigens bereits *Savigny* selbst, System VIII, S. 3.

[36] Vgl. die Verweise zu *E. Lorenz* in voriger Note. Zu statutentheoretischen Fragen auch schon *ders.*, Das Dotalstatut in der italischen Zivilrechtslehre des 13. bis 16. Jahrhunderts.

[37] Vgl. die Verweise zu *Schurig* in 1. Kap Fn. 42.

[38] *Savigny*, System VIII, S. 3.

[39] Zu dem Begriff Lebenssachverhalt und ähnlichen Begriffen sogleich 1. Kap. Fn. 41.

Verweisung erfasst werden, bedarf der Prüfung. Es müssen zwingend auch die Sachnormen „qualifiziert" werden.[40] Das Wort Qualifikation kann man in unserem heutigen System „verbergen", indem man vorgibt, die Reichweite der Sachrechtsverweisung festzulegen. In der Sache ist dies aber dasselbe. Man kann noch weiter gehen: Da an „beiden Enden" einer allseitigen Kollisionsnorm derselbe Vorgang stattfindet, kann es im Ausgangspunkt keinen Unterschied machen, ob vom Rechtsverhältnis[41] oder von der Sachnorm ausgegangen wird, sofern die allseitige Kollisionsnorm für alle in Betracht kommenden Sachnormen dieselbe ist.[42] Beide Ansätze setzen vielmehr lediglich an unterschiedlichen Seiten derselben Medaille an.[43] Wird das Rechtsverhältnis als Ausgangspunkt genommen, verweist die Kollisionsnorm auf eine Vielzahl der „vertikal gebündelten"[44] Sachnormen der anwendbaren Rechtsordnung. Hieraus muss die für die Fallentscheidung relevante herausgesucht werden. Wird der Ausgangspunkt bei irgendeiner Sachnorm der Welt genommen, sucht man zunächst nach der für diese passende und anwendbare Kollisionsnorm. Diese Kollisionsnorm „verweist" dann auf jeden erdenklichen Lebenssachverhalt bzw. auf jedes erdenkliche Rechtsverhältnis. Ist in dieser Fülle der Fälle ein Sachverhalt enthalten, der sich mit dem zu entscheidenden deckt, ist die Sachnorm, bei welcher der Ausgangspunkt genommen wurde, anwendbar. Ist der Sachverhalt nicht enthalten, ist die Sachnorm nicht anwendbar, und es ist nach dem Anwendungsbereich der passenden Sachnorm einer anderen Rechtsordnung zu suchen. Diese abstrakten Ausführungen sollen an einem Beispiel des geltenden Rechts verdeutlicht werden:

A, mit gewöhnlichem Aufenthalt in Deutschland, verkauft B, mit gewöhnlichem Aufenthalt in Italien, ein Auto. B zahlt nicht. A möchte den Kaufpreisanspruch gerichtlich durchsetzen. Welche Norm ist anwendbare Anspruchsgrundlage?

---

[40] Bspw. *Kegel/Schurig*, IPR, § 7 II 1; in der Sache wohl auch *v. Bar/Mankowski*, IPR I, § 7 Rn. 179 f.

[41] Für die hier beantwortete Frage ist es irrelevant, wie man den Anknüpfungsgegenstand auf dieser Seite der Kollisionsnorm nennt. Man könnte hier sowohl das konkrete Rechtsverhältnis, das abstrakte Rechtsverhältnis, das Rechtsinstitut und den Lebenssachverhalt einsetzen. Damit soll aber nicht behauptet werden, dass es zwischen diesen Ansätzen keinen Unterschied gebe. Auf diesen Unterschied kommt es hier jedoch nicht an (zum Ganzen *Schurig*, Kollisionsnorm und Sachrecht, S. 78 ff.; *Kegel*, FS Raape, S. 13 ff.).

[42] *Schurig*, Kollisionsnorm und Sachrecht, S. 89, 110; *ders.*, in: IPR im 20. Jh., S. 6 ff.

[43] Das Bild der Medaille verwendet *Schurig*, in: IPR im 20. Jh., S. 7, in Bezug auf *Savignys* eigene Einschätzung seiner Änderungen.

[44] Näher hierzu unten 2. Kap. G. Zum Bündelungsmodell vgl. *Schurig*, Kollisionsnorm und Sachrecht, S. 89 ff.; *Kegel/Schurig*, IPR, § 6 II 2; *v. Bar/Mankowski*, IPR I, § 4 Rn. 5 f.; *Leifeld*, Anerkennungsprinzip, S. 8 ff.

Subsumiert man den Lebenssachverhalt unter Art. 4 I lit. a Rom I-VO, verweist die Kollisionsnorm auf deutsches Recht. Von dieser Sachrechtsverweisung ist § 433 II BGB umfasst. Die Norm wäre mithin anwendbar. Geht man von § 433 II BGB aus, muss die Norm zunächst ebenfalls Art. 4 I lit. a Rom I-VO zugeordnet werden, weil in Art. 4 I lit. a Rom I-VO die Elementkollisionsnorm[45] für § 433 II BGB gebündelt ist. Die Kollisionsnorm würde eine „Verweisung" auf eine Fülle von passenden Sachverhalten aussprechen. In dieser „Verweisung" wäre auch der geschilderte Fall enthalten. § 433 II BGB wäre also auch dann anwendbar, wenn die Sachnorm als Ausgangspunkt genommen würde. Hätte man den Ausgangspunkt bei der italienischen Anspruchsgrundlage zur Zahlung des Kaufpreises genommen, wäre man zu dem Ergebnis gekommen, dass diese nicht angewandt wird, da der zu entscheidende Fall nicht in der Fülle von Sachverhalten enthalten ist, auf die die Kollisionsnorm „verweist". Dies hätte mit einer Sachnorm jeder Rechtsordnung durchgeführt werden können, sofern diese Sachnorm unter dieselbe Kollisionsnorm subsumiert wird.

Sobald eine allseitige Kollisionsnorm in einem Staat kodifiziert ist – im Beispiel Art. 4 I lit. a Rom I-VO –, ist dies immer der Fall, da der Gesetzgeber, gleichgültig, ob er Sachverhalt oder Sachnorm als Ausgangspunkt nimmt, mit einer allseitigen Kollisionsnorm zum Ausdruck bringt, dass der Rechtsfindung die Norm zugrunde gelegt werden soll, die er auch kodifiziert hat. Nun greift dieser Gedanke allerdings nicht hinsichtlich eines Großteils der Statutentheorie, da sich diese sehr lange in unkodifiziertem Raum entwickelte. Daher muss bei den Statutentheoretikern bewiesen werden, dass sie, wenn sie eine allseitige Kollisionsnorm entwickeln, diese auch als universal gültig ansehen.

Aus diesen Ausführungen folgt:
Bei einer *für alle in Betracht kommenden Sachnormen geltenden allseitigen Kollisionsnorm* macht es logisch keinen Unterschied, an welchem Ende der Kollisionsnorm der Ausgangspunkt genommen wird. Das Ergebnis ist in beiden Fällen dasselbe. Effizienter ist sicherlich der Ansatz beim Rechtsverhältnis, da es für die Frage nach dem anwendbaren Recht lediglich eines Denkvorgangs bedarf, um sicher das anwendbare Recht zu ermitteln. Der Ansatz bei der Sachnorm folgt eher dem Grundsatz „trial and error". Zwar werden sich die fehlschlagenden Versuche in den meisten Fällen in Grenzen halten, weil sich die

---

[45] Elementkollisionsnormen sind nach dem Bündelungsmodell *Schurigs* Normen, durch welche ein Sachverhalt einer Sachnorm zugeordnet sind. Diese Elementkollisionsnormen werden vertikal (inhaltlich zusammengehörige Elementkollisionsnormen werden zusammengefasst) und horizontal (Sachnormen aller Länder) gebündelt, um eine allseitige Kollisionsnorm zu formen. Ausführlich zum Bündelungsmodell 2. Kap. G.

Zahl der plausibel in Betracht kommenden Rechtsordnungen in Grenzen halten wird, es bedarf aber eines (unnötigen) Mehraufwandes.[46]

Der Ansatzpunkt beim Gesetz ist dem beim Rechtsverhältnis allerdings logisch auch in einem *System einseitiger Kollisionsnormen* gleichwertig, also einem System, in welchem die Kollisionsnormen stets lediglich die Anwendbarkeit des eigenen Rechts festlegen. Wird am Sachverhalt angesetzt, wird die passende Kollisionsnorm der *lex fori* gesucht und entschieden, ob das Sachrecht der *lex fori* anwendbar ist. Wenn dies nicht der Fall ist, wird eine „unkontrollierte Verweisung" auf alle Rechtsordnungen der Welt ausgesprochen.[47] In einem zweiten Schritt werden alle anderen Rechtsordnungen daraufhin untersucht, ob diese ihr Sachrecht nach ihren Kollisionsnormen für anwendbar halten. Der Ansatz beim Gesetz muss zu gänzlich gleichen Ergebnissen gelangen, da er in jeder Rechtsordnung unter dieselbe Kollisionsnorm gebündelt wird – die Sachnorm ist gerade die, die über den Lebenssachverhalt endgültig entscheiden muss.

Einen Unterschied macht der unterschiedliche Ausgangspunkt damit in jedem Fall dann, wenn zumindest eine der berührten Rechtsordnungen mit Hilfe von allseitigen Kollisionsnormen das anwendbare Recht findet und wenn sich die Kollisionsnormen nicht gleichen.[48]

Eine deutliche Abweichung stellt die Rechtsfindung der Statutentheorie aber auch dann dar, wenn bei deren Vertretern unilateralistische Gedanken vorgefunden werden, da das System *Savignys* auf den Gedanken allseitiger Kollisionsnormen aufgebaut ist.[49] Um die These aufstellen zu können, dass *Savigny* keine „kopernikanische Wende" herbeigeführt hat, müssten also die zu betrachtenden Quellen aussagen, dass in der Statutentheorie das anwendbare Recht zumindest teilweise nach universal geltenden allseitigen Kollisionsnormen gefunden wird.

---

[46] Eines Mehraufwandes bedarf es auch deshalb, weil für jede mögliche anwendbare Sachnorm deren Anwendungsbereich zu bestimmen ist (also nicht nur für die Anspruchsgrundlagen, sondern auch für Voraussetzungen des Zustandekommens des Kaufvertrags, mögliche Einwendungen, usw.). Der Ansatz beim Rechtsverhältnis bestimmt demgegenüber die Reichweite der Sachrechtsverweisung. Selbst wenn dies im Einzelfall kompliziert sein kann, ist es doch deutlich weniger aufwendig.

[47] *Schurig*, Kollisionsnorm und Sachrecht, S. 110.

[48] Ein Unterschied kann auch nicht in einer eventuell abweichenden „Qualifikation" gesucht werden, da das Qualifikationsproblem „beide Seiten der Medaille" betrifft. „Zufällig" andere Qualifikationen betreffen damit nicht einen Unterschied zwischen den verschiedenen Ansatzpunkten, sondern sind ein in beiden Systemen notwendigerweise bestehendes Problem.

[49] Sowohl das von *Savigny* selbst konzipierte System als auch das Kollisionsrechtssystem in seiner heutigen Form geht von allseitigen Kollisionsnormen aus (dazu 1. Kap. B).

Zu bedenken ist allerdings noch eine dritte Alternative bezüglich der Frage nach der Gleichwertigkeit, die bereits aus Wahrscheinlichkeitserwägungen naheliegt und die auch die Analyse der Quellen bestätigen wird. Wenn sich die (weite) Statutentheorie über knapp sechs Jahrhunderte hinzieht, liegt es sehr nahe, dass für beide vorgestellten Ansichten Nachweise unter den Autoren zu finden sind. In einer Debatte über einen solch langen Zeitraum, die sich nahezu vollständig in nicht kodifiziertem Raum abspielt, werden fast zwangsläufig manche Autoren Ansätze wählen, die mit der heutigen Methodik vergleichbar sind, und andere werden das anwendbare Recht auf Wegen finden, die vor dem Hintergrund des heute geltenden Rechts fremdartig erscheinen.

3. Quellenanalyse

a) Die quaestio anglica bei Bartolus

Begonnen werden soll die Quellenanalyse mit einem maßgeblich durch die Lösung des *Bartolus* berühmt gewordenen Fall, der von späteren Autoren der Statutenlehre vielfach aufgegriffen wurde[50]: die *quaestio anglica*.

> „Sed posset dubitari de tali quaestione: consuetudo est in Anglia, quod primogenitus succedit in omnibus bonis. Modo quidam habens bona in Anglica et In Italia decessit: quaeritur quid iuris?"[51]

Der Sachverhalt ist denkbar einfach: Ein Vater mehrerer Söhne, der Güter in England und in Italien hat, stirbt. Bartolus fragt sich, modern ausgedrückt, welches Recht Anwendung findet. Dies ist von Bedeutung, weil nach damaligem englischen Recht der Erstgeborene allein erbt. Nach in Italien geltendem Recht erben die Söhne zu gleichen Teilen.

Bartolus meint nun, dass bei Lösung des Falles dem Wortlaut der in England und in Italien geltenden Sachnormen entscheidende Bedeutung zukommt. Ist eine Sachnorm auf die Person bezogen formuliert („*primogenitus succedat*"), sei sie nur dann anzuwenden, wenn der Erblasser seinen Wohnsitz in dem Land hat, dessen Hoheitsträger diese Norm erlassen hat. Ist die Sachnorm auf die Nachlasssachen bezogen („*bona decedentium veniant in primogentium*"), sei die Norm lediglich auf die in ihrem Geltungsbereich belegenen Sachen anzuwenden.[52]

---

[50] Vgl. bspw. *d'Argentré*, Commentarii in patrias Britonum, S. 607 f. (Art. 218 Nr. 24 ff.) (m. w. N.); *Stryk*, De Jure Principis extra territorium, S. 34 f. (Cap. III Nr. 166 ff.).

[51] *Bartolus*, Bartoli in primam Codicis partem Commentaria, Ad lib. Primum Codicis De Summa Trinitate Rub. Lex Prima n. 42. Die Ausführungen des *Bartolus* aus einer Auflage des Jahres 1574 sind ebenfalls abgedruckt bei *Meili*, Bartolus und Baldus, ZIR 4 (1894), S. 345 f.; englische Übersetzung bei *Smith*, 14 Am. J. L. Hist. (1970), S. 256 f.

[52] *Bartolus* bleibt in seiner Lösung hier allerdings nicht stehen, sondern lässt für den Fall, dass der Verstorbene Engländer ist und damit eigentlich der Erstgeborene alles erben müsste,

aa) Die Abgrenzung nach dem Wortlaut als unilateralistische Rechtsfindung

Diese Abgrenzung nach dem Wortlaut erinnert sehr stark an eine unilateralistische[53] Vorgehensweise. Die Frage nach dem Wortlaut erscheint gleichbedeutend mit der Frage nach dem Anwendungswillen der Sachnorm. Eine Gleichwertigkeit mit unserer heutigen Vorgehensweise ist hier nicht gegeben, weil bei Abgrenzung nach dem Wortlaut keine allseitige Kollisionsnorm aus den einzelnen den Sachnormen zugeordneten Elementkollisionsnormen gebildet werden kann.[54] Ist in dem Fall die in England geltende Norm auf die Sache gerichtet und die in Italien geltende auf die Person, und stellt man sich vor, der Erblasser sei Italiener, macht es durchaus einen methodischen Unterschied, ob man den Ausgangspunkt bei der englischen oder bei der italienischen Sachnorm nimmt. Die italienische würde sich auch auf in England belegene Güter für anwendbar erklären.[55] Nimmt man die englische als Ausgangspunkt, würde sich diese nur für in England belegene Güter für anwendbar erklären.

bb) Die Aussage der quaestio anglica nach E. Lorenz

Eine Gleichwertigkeit ließe sich nur dann herstellen, wenn man mit *E. Lorenz* davon ausginge, dass *Bartolus* in seinem zweiten – statutentheoretischen – Teil, in welchem er auch die *quaestio anglica* behandelt, gar keine Kollisionsnormen finden möchte, sondern bereits gefundene modifiziert. Um diesen Gedanken von *E. Lorenz* beurteilen zu können, ist zunächst eine Einführung in dessen System von der Rechtsfindung der Statutentheoretiker vonnöten.

---

diesen die in Italien belegenen Grundstücke nicht erben, was er damit begründet, dass das englische Statut die anderen Söhne (abweichend von der Rechtslage nach gemeinem Recht) benachteiligt und daher in Italien nicht angewandt werden kann (*Bartolus*, Bartoli in primam Codicis partem Commentaria, Ad lib. Primum Codicis De Summa Trinitate Rub. Lex Prima n. 42). Diese *ordre public* – Erwägungen (für *statuta odiosa* als Vorgänger des *ordre public* noch unten 1. Kap. D.1) haben für die Frage nach der Gleichwertigkeit der Rechtsfindung allerdings keine Bedeutung.

[53] Zu der Bedeutung des Begriffspaares Unilateralismus und Multilateralismus ist in neuerer Zeit eine Aufarbeitung durch *Leifeld*, Anerkennungsprinzip, S. 7 ff., erfolgt, die maßgebend auf der Erklärung durch *Schurig*, Kollisionsnorm und Sachrecht, insb. S. 75 ff., aufbaut. Dort erklärt *Leifeld* auch in eigenen Worten das Bündelungsmodell *Schurigs* (hierzu 2. Kap. G.).

[54] Anders *Schurig*, Kollisionsnorm und Sachrecht, S. 110. *Schurig* meint, aufgrund des universalen Denkens der Statutentheoretiker könnten immer allseitige Kollisionsnormen gebündelt werden.

[55] Das italienische Statut kann auch in keinem Fall als „odios" angesehen werden, da es dem gemeinen Recht entspricht. Selbst die Hilfserörterungen des *Bartolus* können daher in diesem Fall nicht zur Ergebniskorrektur herangezogen werden (zu den Hilfserörterungen schon 1. Kap. III.3.a).

Die zentrale Aussage von *E. Lorenz* besteht darin, die „Statutentheorie" lediglich als Substitut für Regelungen zu sehen, die heute im allgemeinen Teil des IPR zusammengefasst werden würden.[56] Die statutentheoretischen Erwägungen sind seiner Ansicht nach lediglich als Korrektur bzw. als Kontrolle einer – oftmals stillschweigend vorausgesetzten – allseitigen Kollisionsnorm gedacht.[57] Diese Aussagen versucht *Lorenz* anhand der Abhandlung des *Bartolus* zu C, 1, 1, 1[58] zu beweisen.[59] Er meint, dass die beiden Fragen, die sich *Bartolus* stellt – erstens, ob sich das Statut auch auf Nichtuntergebene erstreckt, und zweitens, ob das Statut extraterritorial wirkt[60] – nicht unabhängig voneinander zu betrachten sind, sondern dass *Bartolus* in Beantwortung der ersten Frage allseitige Kollisionsnormen aufstellt, welche er dann durch die statutentheoretischen Grundsätze, die er als Antwort auf die zweite Frage niederlegt, korrigiert.[61] Tragender Grund für seine Ansicht ist, dass, wenn *Bartolus* beispielsweise schreibe, „wenn die Worte des Statuts lauten[62]", er mit dem Verweis auf

---

[56] *E. Lorenz*, Struktur, S. 28 f.

[57] *E. Lorenz*, Struktur, S. 29.

[58] Bis hin zu *d'Argentré* wurde jede systematische Stellungnahme zum Kollisionsrecht an diese Stelle des Codex angeknüpft, weil man glaubte, aus ihr entnehmen zu können, warum überhaupt fremdes Recht anzuwenden ist. Die Statutentheoretiker entnahmen den ersten Wörtern der Quelle („*Cunctos populos, quos clementiae nostrae regit temperamentum* […]"), dass, wenn selbst die Macht des Kaisers auf seine Untertanen beschränkt ist, für die Stadtrechte Oberitaliens nichts anders gelten kann; vgl. hierzu bspw. *v. Bar/Mankowski*, IPR I, § 6 Rn. 8.

[59] *E. Lorenz*, Struktur, S. 30 ff.

[60] *Bartolus*, Bartoli in primam Codicis partem Commentaria, Ad lib. Primum Codicis De Summa Trinitate Rub. Lex Prima n. 13; Übersetzung der Fragen bspw. bei *Kegel/Schurig*, IPR, § 3 III 2, oder bei *v. Bar/Mankowski*, IPR I, § 6 Rn. 11; die Fragen lauten im lateinischen Originaltext: […] *primo, utrum statutum porrigatur (extra territorium) ad non subditos? Secundo utrum effectus statuti porrigatur extra territorium statuentium?* Das „*extra territorium*" ist in der ersten Frage eingeklammert, weil das „*extra territorium*" in der ersten Frage entweder zu streichen oder „*extra*" durch „*intra*" zu ersetzen ist (*Gamillscheg*, Dumoulin, S. 54 Fn. 2 und *ders.*, FS Wieacker, S. 235 (236 ff.); *Hatzimihail*, RHDI 60 (2007), S. 18).

[61] *E. Lorenz*, Struktur, S. 31 ff.

[62] Wenn man sich den lateinischen Text anschaut, merkt man, dass die Übersetzung *Gamillschegs* (Dumoulin, S. 60 f.), auf die sich *Lorenz* bezieht, nicht wortgetreu ist, sondern eine freie Wiedergabe darstellt. Zwar ist diese Wiedergabe wohl nicht völlig sinnentstellend, es erscheint aber bei Betrachtung des lateinischen Textes noch unwahrscheinlicher, dass *Bartolus* sich auf den ersten Teil bezieht, als bei Betrachtung der (zusammengezogenen) Wiedergabe bei *Lorenz*. Der lateinische Text lautet: […] *Mihi videtur quod verba statuti seu consuetudinis sunt diligenter intuenda. Aut enim disponunt circa rem, ut per haec verba: bona decendentium veniant in primogenitum. Et tunc de omnibus bonis judicabo secundum consuetudinem et statutum, ubi res sunt situatae: quia jus afficit res ipsas, sive possideantur a cive, sive ad advena* (*Bartolus*, Bartoli in primam Codicis partem Commentaria, Ad lib. Primum Codicis De Summa Trinitate Rub. Lex Prima n. 42). Eine Stütze für die Ansicht von *Lorenz* findet sich hier nicht.

„das Statut" eines meint, das er bereits im ersten Teil durch seine allseitige Kollisionsnorm gefunden hat.[63]

Dafür spricht aber sehr wenig. *Bartolus* betrachtet die *quaestio anglica* nicht nur gänzlich selbstständig, er lässt auch mit keinem Wort erkennen, dass er bei der Unterscheidung nach dem Wortlaut irgendeine bereits gefundene Kollisionsnorm voraussetzt. Dabei verweist er bei seinen Erörterungen sehr gerne auf etwas bereits Gefundenes. Beispielsweise verweist er auf sein gefundenes Ergebnis, dass Statuten, welche auf die Person bezogen sind, niemanden binden, der nicht Untertan ist.[64] Ebenso hat kein anderer Statutist einen Hinweis hinterlassen, dass Statutentheoretiker auf die von *E. Lorenz* beschriebene Weise vorgehen.[65] *E. Lorenz* wischt diesen Einwand dadurch beiseite, dass die Statutisten „wie auch die Gelehrten unserer Zeit, die sich zu Fragen des „Allgemeinen Teils", etwa zum *ordre public* oder zur Abgrenzung eines Gesamtstatuts von dem Sachstatut oder zum Statutenwechsel äußern – meist keinen Anlaß sahen, die traditionellen allseitigen Kollisionsnormen geschlossen aufzuführen."[66] Dieser Vergleich hinkt aber sehr. Heutige Schriften zum Kollisionsrecht müssen die Regeln des „besonderen Teils" deshalb nicht aufführen, weil sie zum allergrößten Teil kodifiziert oder zumindest richterrechtlich gefestigt sind. Dasselbe kann man nur schwerlich von *Bartolus* behaupten, der in den Anfängen der Wissenschaft des IPR schreibt und zu dessen Zeit man wohl kaum von gefestigten Regeln des „besonderen Teils" sprechen kann.

Es sprechen auch inhaltliche Gründe gegen die Ansicht von *Lorenz*. Wenn sich wirklich *Bartolus'* Ausführungen zur *quaestio anglica*, wie *Lorenz* meint[67], auf eine Kollisionsnorm aus dem ersten Teil bezögen, würde man erwarten, dass sich in ebendiesem ersten Teil eine Kollisionsnorm für die Intestaterbfolge findet. Eine solche findet sich aber in den Ausführungen des *Bartolus* nicht.[68] Zudem erörtert *Bartolus*, bevor und nachdem er seine Überlegungen zur *quaestio anglica* niederlegt, die Ansichten anderer Gelehrter. Er legt dar, dass andere in dieser Frage die *lex rei sitae* anwenden, wieder andere den Ort, an dem die Erbschaft angetreten wird.[69] Wieso sollte er hierzu Ausführungen machen, wenn er doch die Kollisionsnorm schon gefunden hat? Sicherlich würde er aber nicht die

---

[63] *E. Lorenz*, Struktur, S. 32 f.

[64] *Bartolus*, Bartoli in primam Codicis partem Commentaria, Ad lib. Primum Codicis De Summa Trinitate Rub. Lex Prima n. 42; englische Übersetzung bei *Smith*, 14 Am. J. L. Hist. (1970), S. 257.

[65] Hierauf stellen auch *v. Bar/Mankowski*, IPR I, § 6 Rn. 16, ab.

[66] *E. Lorenz*, Struktur, S. 30.

[67] *E. Lorenz*, Struktur, S. 28 f.

[68] *Gamillscheg*, FS Wieacker, S. 241 f.; *v. Bar/Mankowski*, IPR I, § 6 Rn. 16.

[69] *Bartolus*, Bartoli in primam Codicis partem Commentaria, Ad lib. Primum Codicis De Summa Trinitate Rub. Lex Prima n. 42.

lex rei sitae-Regel als andere Ansicht anführen, wenn er stillschweigend auf sie verweist.[70] Ein drittes: Nach *E. Lorenz* geht es in den Ausführungen des *Bartolus* über die *„primogenitus succedat"*-Norm um ein Problem, das mit der heutigen „Qualifikation" vergleichbar ist.[71] Es ist allerdings schwer einleuchtend, warum sich die Frage der abweichenden Qualifikation – wenn man mit *Lorenz* hier eine Äquivalenz sieht – *erst* dann stellen soll, wenn bereits die Sachnorm durch die Kollisionsnorm für die Intestaterbfolge bestimmt ist.

Sobald man die „Qualifikation" am Wortlaut der Norm ansetzt, muss es überdies denklogisch zu Komplikationen kommen. Dabei ist für dieses Gedankenexperiment mit *E. Lorenz* vorauszusetzen, dass die hypothetische Kollisionsnorm des *Bartolus* für die Intestaterbfolge auf die *lex rei sitae* verweist; andernfalls bestünde für *Bartolus* in dem Fall – nach der Ansicht von *Lorenz* – gar kein Anhaltspunkt dafür, auf die italienische Sachnorm einzugehen. Man denke sich den Fall, dass das Statut am Ort A, welches der Ort der Person des Erblassers ist, eine auf Grundstücke bezogene Sachnorm aufstellt. Das Statut des Ortes B bezieht sich auf die Person. Für Grundstücke, die am Ort A liegen, tritt hier ein Normenmangel auf. Die Norm des Ortes B kann nicht herangezogen werden, da – nach *Lorenz* – die Norm *„primogenitus succedat"* nur dann Anwendung finden kann, wenn sie zum „Personalstatut" des Erblassers gehört. Die Norm des Ortes A findet auch keine Anwendung, da die Kollisionsnorm für die Intestaterbfolge auf den Ort B weist. Eine „Rück- und Weiterverweisung" kommt auch nicht in Betracht, da diese bei den Statuten ansetzt und kein Statut berufen ist.[72] Diese Erkenntnis kann man noch relativieren, indem festgehalten wird, dass bei einem Normenmangel das gemeine Recht subsidiär angewandt wird.[73] Wird der Fall umgedreht, ist der Fehler aber nicht mehr relativierbar. Ist das Statut des Erblassers das des Ortes B und liegt das Grundstück am Ort A, wird für das Grundstück A zum einen das Recht des Ortes A berufen. Nimmt man die Ausführungen von *Lorenz* zur Qualifikation ernst, wird auch das Recht des Ortes B berufen. Denn: Gibt es eine Kollisionsnorm für persönliche Fähigkeiten und wird die Norm vom *„primogenitus succedat"* durch „Qualifikation" dieser zugeordnet, so müsste sie auch in diesem Fall Anwendung finden. Wenn man hiergegen einwendet, dass die Kollisionsnorm für die persönlichen Fähigkeiten in dem erbrechtlichen Fall nachrangig ist, greift dies zu kurz. In diesem Fall müsste man erwarten, dass *Bartolus* zumindest irgendeinen Hinweis zu den Rangfolgen der verschiedenen Kollisionsnormen im ersten Teil darlegt. Im ersten

---

[70] *Gamillscheg*, FS Wieacker, S. 242.

[71] *E. Lorenz*, Struktur, S. 33.

[72] Zu der „Rück- und Weiterverweisung" bei *Bartolus E. Lorenz*, Struktur, S. 33.

[73] Zur Anwendung des gemeinen Rechts bei Normenmangel *Steindorff*, Sachnormen, S. 40; *Gamillscheg*, FS Wieacker, S. 240.

Teil stehen aber die verschiedenen „Kollisionsnormen" offensichtlich gleichrangig nebeneinander und nicht in einem Rangverhältnis.[74]

Zuletzt noch ein logischer Bruch im System: Wenn *Bartolus* wirklich die
Kollisionsnorm, die für die Intestaterbfolge auf die jeweilige *lex rei sitae* verweist, voraussetzt, kann es sich bei den Ausführungen des *Bartolus* zu „*bona
decendentium veniant in primogenitum*" nicht um Ausführungen zur „Rück-
und Weiterverweisung" handeln. Die Kollisionsnorm zum Intestaterbrecht ver-
wies schon auf die jeweilige *lex rei sitae*!

Die Konstruktion von *E. Lorenz* gibt nach alledem mehr Fragen auf, als sie
beantwortet. Sie wirft *Bartolus* und den anderen Statutisten grobe logische Fehler vor. Nach *E. Lorenz* übersieht *Bartolus* Normenmängel und -häufungen und
vergisst das Wesentliche, die Verbindung zum ersten Teil, zu erwähnen. Zudem
wäre *Bartolus* wenig konsequent, wenn er im zweiten Teil nochmals genau dasselbe ausführt, was er bereits durch die Kollisionsnorm erreicht haben müsste.[75] Der von *E. Lorenz* entwickelten Theorie kann daher nicht gefolgt werden.
Es bleibt dabei, dass die Beantwortung *der quaestio anglica* durch *Bartolus*
keinen Grundsätzen folgt, die mit denen des heute geltenden Kollisionsrechts
vergleichbar sind.

cc) Folgerungen aus der quaestio anglica

Es stellt sich aber die Frage, was aus den Ausführungen von *Bartolus* zur *quaestio anglica* folgt. Sicherlich kann ihr allein nicht entnommen werden, dass jeder
Statutist nach einer Methode vorgegangen ist, die mit der heute geltenden unvereinbar ist. Nicht einmal für das gesamte Werk von *Bartolus* ist diese Frage entschieden. Zwar ist die Behandlung der *quaestio anglica* sicher einer der bekanntesten Teile der kollisionsrechtlichen Abhandlungen des *Bartolus*. An manchen

---

[74] Selbstverständlich muss im Zuge des Gedankenexperiments davon abgesehen werden,
dass keine Kollisionsnorm für die Intestaterbfolge im ersten Abschnitt existiert.

[75] Ein über die Ausführungen in seiner Struktur des Internationalen Privatrechts hinaus-
gehendes Beispiel gibt *E. Lorenz* noch in IPRax 1997, 204 f. Er verweist hier auf *Johann von
Fichard*. Seiner Ansicht nach zeigen auch die Ausführungen *Fichards* zu einem Streit zwischen Erbprätendenten, in welchem fraglich war, ob die *lex rei sitae* oder das Heimatrecht
Anwendung findet, dass die Statutisten wie von ihm beschrieben vorgehen (*Fichard*, Consiliorum, tomus alter, S. 79 f. (Teutscher Ratschlag XXXI (Nr. 9)); lateinscher Text mit deutscher Originalübersetzung ebenfalls abgedruckt bei *v. Bar/Dopffel*, Band I, S. 40 ff.). Auch
dieses Beispiel ist nicht überzeugend. Erstens behauptet *Lorenz* lediglich, dass *Fichard* sich
überlegt, die eigentliche Verweisung auf das Heimatrecht zugunsten der *lex rei sitae* zu
modifizieren. Hierfür gibt es keinerlei Anhaltspunkte. *Fichard* stellt vielmehr beide Alternativen, *lex rei sitae* und das Personalstatut nicht gestuft, sondern auf derselben Ebene dar
(*Fichard*, Consiliorum, tomus alter, S. 80 (Teutscher Ratschlag XXXI (Nr. 9)). In der Sache
fragt *Fichard* nach einer allseitigen (!) Kollisionsnorm.

anderen Stellen geht *Bartolus* jedoch eindeutig bereits vom Sachverhalt aus und denkt multilateralistisch.[76] An keiner anderen Stelle als der *quaestio anglica* findet *Bartolus* das anwendbare Privatrecht[77] durch die Abgrenzung nach dem Wortlaut. *Bartolus* bildet vielmehr stillschweigend allseitige Kollisionsnormen. Allerdings bildet er keine innerhalb der ersten Frage, auf die er verweisen würde, sondern für jede bearbeitete Rechtsfrage selbstständige. Beispielsweise ist auf Fragen, welche die Form von Verträgen sowie die „Natur" des Vertrages betreffen, das Recht des „Vertragsorts", also des Orts des Vertragsschlusses, anwendbar.[78] Fragen der „Fahrlässigkeit" und des Verzugs sind nach dem Recht des Erfüllungsorts zu beurteilen, hilfsweise nach dem Ort, an dem die Leistung gefordert wurde.[79] Ebenso geht er offensichtlich davon aus, dass seine Erwägungen nicht lediglich für einzelne lokale Statuten gelten, sondern universale Gültigkeit haben.[80]

Aus den anderen Stellen könnte mit *Niederer* daher zu schließen sein, dass es sich bei der Behandlung der *quaestio anglica* um eine der Unsicherheit im Umgang mit dem Kollisionsrecht geschuldete „Entgleisung" handelt.[81] Selbst wenn man dies so sehen wollte[82], wirkte die Differenzierung nach dem Wortlaut, obwohl sie oftmals scharf zurückgewiesen wurde[83], durch andere Autoren wie beispielsweise *Stryk*[84] und *Mevius*[85] fort, sodass sie in jedem Fall als Teil der

---

[76] Vgl. bspw. *Bartolus*, Bartoli in primam Codicis partem Commentaria, Ad lib. Primum Codicis De Summa Trinitate Rub. Lex Prima n. 14 ff., wo sich *Bartolus* an folgenden Fragen orientiert: „Quid de contractibus?" „Quid de delictis?" „Quid in testamento?" „Quid in his, quae non sunt contractus, neque delicta, neque ultimae voluntates?". Ansätze der Suche vom Sachverhalt aus sehen auch *v. Bar/Mankowski*, IPR I, § 6 Rn. 16; *Hatzimihail*, RHDI 60 (2007), S. 35, 43.

[77] Eine Wortlautabgrenzung findet sich noch in *Bartolus*, Bartoli in primam Codicis partem Commentaria, Ad lib. Primum Codicis De Summa Trinitate Rub. Lex Prima n. 48. Diese Stelle betrifft aber das Internationale Strafrecht.

[78] *Bartolus*, Bartoli in primam Codicis partem Commentaria, Ad lib. Primum Codicis De Summa Trinitate Rub. Lex Prima n. 16.

[79] *Bartolus*, Bartoli in primam Codicis partem Commentaria, Ad lib. Primum Codicis De Summa Trinitate Rub. Lex Prima n. 14 ff.

[80] Das belegt schon der Ansatz an der Codex-Stelle. Zur Universalität des Denkens *Bartolus* und aller anderen Statutentheoretikern wohl bis zur niederländischen Schule s. bspw. *Niederer*, Einführung, S. 40; *Schurig*, Kollisionsrecht und Sachnorm, S. 110 ff.; *Lipstein*, Principles, S. 11; *Wicki*, Parteiautonomie, S. 11; *v. Bar/Mankowski*, IPR I, § 6 Rn. 33 Fn. 163; *Gamillscheg*, Dumoulin, S. 180 Fn. 52; *de Nova*, Rec. des Cours 118 (1966 II), S. 450.

[81] *Niederer*, Einführung, S. 42 Fn. 29.

[82] Gegen einen methodischen Fehler des Bartolus spricht aber, dass er wie gezeigt auch im Internationalen Strafrecht nach dem Wortlaut des Gesetzes abgrenzt.

[83] Bspw. bei *d'Argentré*, Commentarii in patrias Britonum, S. 607 f. (Art. 218 Nr. 23 ff.).

[84] *Stryk*, De Jure Principis extra territorium, S. 34 f. (Cap. III Nr. 166 ff.).

[85] *Mevius*, Commentarii in Jus Lubencense, Proleg. Qu. 6 Nr. 1 ff.

statutentheoretischen Rechtsfindung zu sehen ist. Wie jedoch bereits die anderen aufgeführten Stellen bei *Bartolus* andeuten, ist dieses Puzzleteil nicht das einzige. Dass die Rechtsfindung der (weiten) Statutentheorie differenzierter war, als es die bisherigen Darstellungen bisweilen vermuten lassen, werden auch die nächsten Quellen zeigen.[86]

b) d'Argentré

Die eklatanten Unterschiede zwischen den einzelnen Statutisten werden bereits mit dem Übergang zu der zweiten hier besprochenen Quelle, den kollisionsrechtlichen Ausführungen des *d'Argentré*[87] (latinisiert: *Argentraeus*, 1519–1590), ersichtlich. Diese sind in seinen „*Commentarii in patrias Britonum leges seu consuetudines antiquissimi ducatus Britanniae*" enthalten.[88] Interessant ist *d'Argentré* insbesondere deswegen, weil er die Unterscheidung der Statuten in *realia*, *personalia* und *mixta* zwar nicht „erfunden", aber ihr zum Durchbruch verholfen hat.[89] Er ist mithin der Prototyp der (engen) Statutentheorie, wie sie vielfach vereinfachend dargestellt wird.[90]

Die Unterscheidung der Statuten in *personalia*, *realia* und *mixta* nimmt bei *d'Argentré* die methodisch entscheidende Rolle ein.[91] Wird ein Statut als perso-

---

[86] Der Behandlung der *quaestio anglica* durch *Bartolus* ähnlich ist die Aussage *Schurpfs*, der zwar nicht nach dem Wortlaut, aber das lokale Statut nach der dort geltenden Gewohnheit auslegen möchte, um zu bestimmen, welches Recht Anwendung findet (*Schurpf*, Consiliorum, Cent. 2 Cons. 26 Nr. 8); auch in diesem Fall ist die Gleichwertigkeit der Methodik nicht mehr gegeben.

[87] Knappe Zusammenfassungen seiner Biographie bspw. bei *Kegel/Schurig*, § 3 IV; *v. Bar/Mankowski*, IPR I, § 6 Rn. 23.

[88] *d'Argentré*, Commentarii in patrias Britonum, S. 601 ff. („Des Donations", Art. 218); die kollisionsrechtlich relevanten Ausführungen sind ebenfalls abgedruckt bei *Meili*, Argentraeus und Molinaeus, ZIR 5 (1895), S. 371 ff.; 452 ff.

[89] Nachweise dazu in 1. Kap. Fn. 22.

[90] S. bspw. *v. Hoffmann/Thorn*, § 2 Rn. 23 ff.; *Kropholler*, IPR, S. 12, der allerdings das *mixtum* mit Rechtshandlungen gleichsetzt, was eher auf die deutschen Statutentheoretiker zutrifft, welche die Bezeichnung *mixtum* ablehnten.

[91] Die Einteilung in die drei Statutentypen, wie *d'Argentré* sie vornimmt, genügt sicher nicht, um jeden erdenklichen Fall zu lösen (auch wenn *d'Argentré* dies gedacht haben mag). Beispielsweise lässt sich nur schwer einsehen, wie das auf ein Delikt anwendbare Recht durch die Dreiteilung der Statuten gefunden werden kann. Aufgrund solcher Unpässlichkeiten ist es nicht verwunderlich, dass sich die Kategorie der *mixta* gewandelt hat. Die dritte Kategorie neben den *realia* und *personalia* knüpfte später nicht mehr an die *lex rei sitae* an, sondern an den Handlungsort (bspw. bei *Hert*, Commentationum atque opusculorum, volumen primum, S. 125 (Sect. 4 § 10)); zu *Hert* 1. Kap. A.3.d)). Dabei ist gleichgültig, ob die Autoren die dritte Kategorie *mixta* nannten oder die Einteilung des *d'Argentré* zurückwiesen, aber in der Sache gleich vorgingen (hierzu *Wächter*, AcP 24 (1841), S. 281 ff.).

nal qualifiziert, findet es Anwendung, wenn der Betreffende seinen Wohnsitz in dem Land dieses Statuts hat[92], wird es als *real* oder auch als *mixtum* qualifiziert, ist es anwendbar, wenn die Sache im Geltungsbereich dieses Statuts belegen ist[93]. Die Überbetonung des „Realen" sieht man bereits hier, in der Behandlung der gemischten Statuten als territorial. Sie tritt jedoch noch stärker zum Vorschein. Ein personales Statut soll lediglich dann gegeben sein, *„cum scilicet principaliter de jure, conditione, et qualitate statuitur, abstracte ab omni materia reali"*[94]. Trotz der Überbetonung der *lex rei sitae* und dem Ansatz am Gesetz kann aber die Einteilung der Statuten und die Zuordnung von Anknüpfungspunkten wohl als die Bildung von Kollisionsnormen angesehen werden.[95] Anders als *Bartolus* stellt *d'Argentré* zur Einteilung der Statuten nämlich nicht auf den Wortlaut der einzelnen Statuten ab. Vielmehr weist er diesen Ansatz des *Bartolus* zurück.[96] Er leitet jede seiner Lösungen aus dem Charakter des Statuts her. Die Statuten werden nach deren *„subjectum et materia"*, also nach dem „Zugrundeliegenden und dem Gegenstand", eingeteilt: *„Nec enim a verborum structura talia metienda sunt, sed a subjecto et materia quae in propositione est".*[97] *D'Argentré* knüpft daher, der heutigen Rechtsfindung sehr vergleichbar, an einen Systemgegenstand an[98] und subsumiert hierunter die Sachnormen. Ein Verbot, sich unter Ehegatten etwas zu schenken, ist beispielsweise real[99], genau-

---

[92] *d'Argentré*, Commentarii in patrias Britonum, S. 604 (Art. 218 Nr. 12 ff.).

[93] *d'Argentré*, Commentarii in patrias Britonum, S. 604 (Art. 218 Nr. 9).

[94] *d'Argentré*, Commentarii in patrias Britonum, S. 603 (Art. 218 Nr. 7). Eigene Übersetzung: „[...] wenn nämlich hauptsächlich über das Recht, die Stellung oder die Beschaffenheit der Person statuiert wird, losgelöst von jeder gegenständlichen Materie".

[95] *Schurig*, Kollisionsnorm und Sachrecht, S. 113.

[96] *d'Argentré*, Commentarii in patrias Britonum, S. 607 (Art. 218 Nr. 24).

[97] *d'Argentré*, Commentarii in patrias Britonum, S. 607 (Art. 218 Nr. 24). *Gamillscheg*, Dumoulin, S. 70, übersetzt die beiden Begriffe *subjectum* und *materia* mit „Inhalt und Zweck". Das ist meiner Einschätzung nach zu frei und irreführend. *d'Argentré* grenzt eben nicht nach dem bestimmten Inhalt einzelner Sachnormen ab, sondern nach dem, was ihnen zugrunde liegt. Beispiel steht: *„Nam si ita statuas: minor est, quod intra viginti annos natus est, personale est, si ita: minor ne immobile alienet, quod intra statuti territorium sit, mixtum sit de re et persona."* (*d'Argentré*, Commentarii in patrias Britonum, S. 604 (Art. 218 Nr. 8)). Übersetzung von *Gutzwiller*, Geschichte, S. 95: „Denn wenn du bestimmst: Unmündig ist, wer innerhalb von zwanzig Jahren geboren wird, so liegt eine persönliche Eigenschaft vor, verordnest du aber: Ein Minor darf ein Grundstück nicht veräußern, dann stehen wir vor einem Mixtum von Sache und Person." Bei diesen sich nahestehenden Normen wird die Unterscheidung offenkundig. Die erste Norm legt fest, wann jemand ein Minor ist, die zweite behandelt die Fähigkeit eines Minors. Das ist keine Unterscheidung nach dem sachrechtlichen Inhalt der Normen, sondern nach deren Gegenstand. Es wird in Eigenschaft und Wirkung der Eigenschaft unterschieden.

[98] So auch *Hilling*, Cocceji, S. 105.

[99] *d'Argentré*, Commentarii in patrias Britonum, S. 605 (Art. 218 Nr. 15).

so ein die Intestaterbfolge betreffendes Statut.[100] Ein Statut, welches festlegt, unter welchen Voraussetzungen jemand unmündig ist, ist personal.[101] Nicht eindeutig sind seine Ausführungen hinsichtlich der Volljährigkeit bei Grundstücksverfügungen. In seiner Nr. 8 qualifiziert er die Frage als *mixtum* und wendet die *lex rei sitae* an.[102] Genauso entscheidet er in Nr. 46 am Ende.[103] Dort bildet er den Fall, dass ein Adeliger, der seinen Wohnsitz in Le Mans hat, wo dieser anscheinend erst mit 25 verfügungsbefugt gewesen wäre, über Grundstücke verfügt, die er in der Bretagne hat. Nach *d'Argentré* ist das möglich, weil er in der Bretagne bereits mit 20 als volljährig angesehen wird. In Nr. 49 jedoch bildet *d'Argentré* den Fall, dass ein Bürger der Stadt Paris, wo er wiederum erst mit 25 volljährig ist, seine „*bona*" in der Bretagne nicht veräußern kann.[104] *Bonum* kann man durchaus als (unbewegliches) Gut übersetzen. Damit würde sich *d'Argentré* widersprechen. Im Kontext erscheint es aber naheliegender, dass *d'Argentré* in Nr. 49 lediglich bewegliche Güter meint. Dies ist deutlich wahrscheinlicher, als dass er nicht bemerkt, dass er zwischen der Nr. 46 und Nr. 49 seine Meinung ändert. Nur auf diese Weise lässt sich auch der Einklang mit Nr. 8 herstellen. Zudem erscheint es auch innerhalb seines Systems folgerichtig, dass hinsichtlich unbeweglicher Güter auch für die Frage nach der Volljährigkeit die *lex rei sitae* anzuwenden ist und hinsichtlich beweglicher Güter, die bereits im Allgemeinen der Person folgen[105], das Heimatrecht. Selbst wenn in dieser Unklarheit aber tatsächlich ein „Widerspruch" im System *d'Argentré's* zu sehen wäre[106], zerstört dieser nicht sein methodisches Gerüst und damit die methodische Gleichwertigkeit, sondern es wäre schlicht ein Fehler.

---

[100] *d'Argentré*, Commentarii in patrias Britonum, S. 607 (Art. 218 Nr. 24).

[101] *d'Argentré*, Commentarii in patrias Britonum, S. 604 (Art. 218 Nr. 8): „*Nam si statuas: minor est, quod intra viginti annos natus est, personale est*".

[102] *d'Argentré*, Commentarii in patrias Britonum, S. 604 (Art. 218 Nr. 8): „*Nam si ita statuas: (...) minor ne immobile alienet, quod intra statuti territorium sit, mixtum sit de re et persona*".

[103] *d'Argentré*, Commentarii in patrias Britonum, S. 619 (Art. 218 Nr. 46): „*(...) Britannicum statutum majores ab anno vigesimo facit, etsi aegre contra externos arbitros ea dispositio sustineretur. Erant qui vellent contrahere, si sine fraude sua licuisset; dixi veterum exstare ea de re sententias*".

[104] *d'Argentré*, Commentarii in patrias Britonum, S. 619 (Art. 218 Nr. 49): „*Ex quo evenit, ut si civis Parisiensis de bonis quae in Britannia habet, contrahat, necesse habeat, annum XXV*".

[105] *d'Argentré*, Commentarii in patrias Britonum, S. 605 f. (Art. 218 Nr. 16).

[106] So *Kegel/Schurig*, IPR, § 3 IV. Allerdings führen diese an, *d'Argentré* widerspreche sich zwischen Nr. 8 und Nr. 47. Nr. 47 ist hier jedoch weniger problematisch als Nr. 49, da in Nr. 47 lediglich die habilitas abstrakt betrachtet wird: „*Quotiescumque de habilitate aut inhabilitate personarum quaeretur, toties domicilii leges et statuta spectanda. Nam de omni personali negotio, judicis ejus cognitionem esse, cui persona subsit, sic ut quocumque perso-*

Die von *d'Argentré* gebildeten Kollisionsnormen haben darüber hinaus nach seinem Verständnis universelle Geltung.[107] Zwar kommentiert er die Coutume der Bretagne. Als überzeugter Föderalist musste ihm aber daran gelegen sein, dass alle Provinzen Frankreichs die *lex rei sitae* bevorzugen. Durch die Geltung der *lex rei sitae*-Regel wird in jedem Fall, der auch nur kleine Berührungspunkte zu Liegenschaften in den Territorien hat, das Recht dieses Territoriums angewendet. Damit wird Rechtsvereinheitlichung verhindert und das Ziel des Föderalisten *d'Argentré* erreicht.

Durch die Bildung allseitiger, universal geltender Kollisionsnormen kommt *d'Argentré*, obwohl er die Statuten zum Anknüpfungspunkt wählt, zu einer der heutigen Rechtsfindung logisch gleichwertigen Rechtsfindung. Er sucht und findet einen Weg, wie er einem Sachverhalt das auf ihn anwendbare Recht zuordnen kann.

c) Das Consilium 53 des Dumoulin

Die dritte Quelle, das Consilium 53[108], ist das für das Internationale Privatrecht bedeutendste Gutachten *Dumoulins*[109] (latinisiert: *Molinaeus*; 1500–1566) und neben den „*Conclusiones de statutis et consuetudinibus localibus*"[110] die zweite größere Abhandlung *Dumoulins* über das Kollisionsrecht.

aa) Sachverhalt des Consilium 53

Das Consilium erstattete *Dumoulin* im Alter von 23 Jahren über folgenden Fall des Ehegüterrechts[111]: Die in Paris lebenden Eheleute *de Ganey* hatten während

---

na abeat, id jus sit quod ille statuerit". Diese abstrakte Fähigkeit lässt sich deutlich einfacher als Nr. 49 mit der Nr. 8 in Einklang bringen, da man davon ausgehen kann, dass *d'Argentré* in Nr. 47 die „abstrakte" habilitas in den Blick nimmt und damit dasselbe sagt wie in der ersten Alternative der Nummer 8 (*Nam si ita statuas: minor est, quod intra viginti annos natus est, personale est*). Hilfsweise greift für die Nummer 47 dieselbe Begründung wie bei Nr. 49. Nr. 46 hätte insofern die Ausnahme – Verfügungen über unbewegliche Sachen – im Blick.

[107] Ebenso *Niederer*, Einführung, S. 47 f.; a. A. *Lipstein*, Principles, S. 13; allgemein für Universalität der Statutentheoretiker *Wolff*, Das IPR Deutschlands, S. 16, 18; *Schurig*, Kollisionsnorm und Sachrecht, S. 111 (insb. Fn. 262); *Ehrenzweig*, FS Wengler, Band 2, S. 253; a. A. *Niboyet*, Traité de droit international privé, Bd. III, S. 79.

[108] Der Text ist abgedruckt in der Gesamtausgabe der Werke *Dumoulins*, Omnia opera, Bd. II, S. 963 ff.

[109] Ausführliche Biographie bei *Gamillscheg*, Dumoulin, S. 1 ff.; für eine Biographie mit Einordnung *Dumoulins* in die Schulen seiner Zeit *Gebauer*, ZEuP 2016, S. 928 ff.

[110] Abgedruckt bei *Dumoulin*, omnia opera, Bd. III, S. 554 ff.

[111] Für eine ausführlichere Darstellung vgl. *Gamillscheg*, Dumoulin, S. 42 f. Der Sachverhalt ist im lateinischen Original auch bei *Meili*, Argentraeus und Molinaeus, ZIR 5 (1895), S. 459 Fn. 47, abgedruckt.

des Verlaufs ihrer Ehe Güter in Paris und Lyon erworben. In Paris galt zu dieser Zeit Gütergemeinschaft, welche dazu führte, dass Eheleute an allen Gütern das hälftige Eigentum erlangten. Demgegenüber galt in Lyon Gütertrennung. Als Herr *de Ganey* starb, besaß die Ehefrau die Güter allein weiter. Als auch sie starb, wurde ein Neffe ihr Erbe. Ein Schweizer, dem die vermeintlichen Ansprüche der Erben des Herrn *de Ganey* abgetreten wurden, verlangte daraufhin die in Lyon belegenen Güter von dem Neffen heraus, da sich die Pariser Gütergemeinschaft nicht auf die in Lyon belegenen Grundstücke erstrecke und die Ehefrau daher auch nie Miteigentum an diesen habe erwerben können.

bb) *Dumoulins Lösung*

Dumoulin wurde von der Beklagtenseite um ein Rechtsgutachten gebeten. Die entscheidende Frage war, ob sich die Gütergemeinschaft der Pariser Coutume auch auf die in Lyon belegenen Grundstücke erstreckt. *Dumoulin* bejaht das. Da die Pariser Coutume als das gemeinsame Domizil der Ehegatten das Fundament für jede Vereinbarung zwischen den Ehegatten darstelle („Die Coutume formt alle Handlungen, auch wenn es nicht zum Ausdruck kommt"[112]), ist anzunehmen, dass die Ehegatten stillschweigend einen Gesellschaftsvertrag („*societas*") mit dem Inhalt einer Gütergemeinschaft geschlossen hätten.[113] Da der Inhalt der Coutume (die Gütergemeinschaft) auf diese Weise Inhalt der vertraglichen Vereinbarung geworden ist, wirkt die Gütergemeinschaft extraterritorial auf die in Lyon belegenen Grundstücke.

Neben der Begründung der exterritorialen Geltung der Pariser Coutume als Inhalt des Vertrages geht *Dumoulin* auch detailliert auf die Einteilung der Statuten in reale und personale ein. Warum er überhaupt zwischen realen und personalen Statuten differenziert, erschließt sich im Consilium 53 nur schwer, weil seine maßgebliche Begründung der Extraterritorialität der Pariser Coutume auf der Vertragskonstruktion aufbaut. *Gamillscheg* äußert hierzu den Gedanken, dass *Dumoulin* im Sinn hatte, nur personale Statute könnten Inhalt eines solchen Vertrages werden, meint aber, dass mit der Kategorisierung eines Statuts als personal die Vertragskonstruktion entbehrlich wird.[114] Der erste Gedanke

---

[112] *Dumoulin*, Omnia opera, Bd. II, S. 964 (Consilium 53, Nr. 3); deutsche Übersetzung von *Gamillscheg*, Dumoulin, S. 44.

[113] Dass er mit dem Vertrag die vertragliche Vereinbarung der Gütergemeinschaft meint, wird durch seine Begründung des Vertragsschlusses offenbar. Diesen erhärtet er durch den gemeinsamen Besitz aller Grundstücke durch die Ehegatten. Dieser gemeinsame Besitz begründet als tatsächliches Handeln den stillschweigenden Vertrag (*Dumoulin*, Omnium opera, Bd. II, S. 964 (Consilium 53, Nr. 6)).

[114] *Gamillscheg*, Dumoulin, S. 120.

Gamillschegs wird von mehreren Textstellen gestützt.[115] Die Vertragskonstruktion wird dadurch jedoch nicht entbehrlich. *Dumoulin* benötigt den Vertrag, um sich über die Rechtsprechung des „höchsten Gerichts"[116] „hinwegzusetzen", welches meinte, alle Gewohnheitsrechte seien lokal und hätten außerhalb keine Wirkung.[117] Für *Dumoulin* waren beide Teile der Lösung auch offensichtlich bedeutsam. Mit der Vertragskonstruktion beginnt er seine Ausführungen, die Einteilung der Statute in personale und reale nimmt einen großen Teil seiner Abhandlung ein.

Wie ist nun also die Lösung *Dumoulins* in methodischer Hinsicht zu bewerten?[118]

Zunächst ist zu untersuchen, wieso *Dumoulin* seinen Ausgangspunkt bei der Pariser Coutume nimmt.[119] Faktisch ist dies für *Dumoulin* sicher notwendig. Die Partei, für die *Dumoulin* das Gutachten schreibt, gewinnt nur dann, wenn die Wirkung der Pariser Coutume auf die Grundstücke in Lyon bewiesen werden kann. Der Ansatz bei der Pariser Coutume ist nach der Lösung *Dumoulins* aber auch logisch zwingend, weil das Pariser Recht nach seiner Ansicht als Recht des ersten gemeinsamen Wohnsitzes der Ehegatten dem zwischen den Ehegatten geschlossenen Gütervertrag zugrunde liegt. Dadurch, dass die Pariser Coutume Inhalt des Vertrages wird, gilt sie als Vertragsbestandteil universal zwischen den Parteien – also auch für in Lyon belegene Grundstücke. Die An-

---

[115] Ein weiteres Bespiel bei *Gamillscheg*, Dumoulin, S. 120.

[116] Höchstwahrscheinlich meint *Dumoulin* an dieser Stelle das Pariser *Parlement*.

[117] *Dumoulin*, Omnia opera, Bd. II, S. 965 (Consilium 53, Nr. 12); hierzu *Gamillscheg*, Dumoulin, S. 46 f.

[118] Die inhaltliche Überzeugungskraft der Lösung des Falles wurde vielfach bezweifelt. Bereits *d'Argentré* versuchte auf breitem Raum, die Lösung *Dumoulins* zurückzuweisen (*d'Argentré*, Commentarii in patrias Britonum, S. 610 ff. (Art. 218 Nr. 33)), wichtige Argumente übersetzt von *Gamillscheg*, Dumoulin, S. 202 ff.). Bei der kritischen Bewertung ist allerdings die Form der Abhandlung *Dumoulins* zu beachten. *Dumoulin* schreibt ein Parteigutachten und dies mit einer Brillanz, welche erahnen lässt, wieso er trotz seines schwierigen Charakters einer der gefragtesten Juristen seiner Zeit war. Die Ausgangslage des Gutachtens ist denkbar schlecht. Nach überkommener Ansicht gilt die *lex rei sitae*. Das oberste Gericht nimmt an, die Coutumes seien in ihrem Bereich „eingeschlossen". Dennoch gelingt es *Dumoulin*, durch für sich genommen durchaus überzeugenden Hypothesen (Die Gütergemeinschaft wirkt nicht als *ius publicum*, sondern als Teil des Vertrages extraterritorial; die Gütergemeinschaft wird durch stillschweigenden Gesellschaftsvertrag geschlossen; das Recht des gemeinsamen Ehewohnsitzes wird jeder Vereinbarung des Ehegüterrechts zugrunde gelegt) die Sache seiner Partei so darzulegen, dass sie (sogar) in erster Instanz Recht erhält. Dass das Urteil später aufgehoben wird, hatte wohl vor allem politische Gründe (*Gamillscheg*, Dumoulin, S. 48).

[119] *v. Bar/Mankowski*, IPR I, § 6 Rn. 21, meinen aufgrund dieses Ausgangspunkts, dass *Dumoulin* die Frage von dem Recht aus beantwortet, welches es erst zu suchen gilt.

nahme eines stillschweigenden Vertrags mit der Gütergemeinschaft als Inhalt setzt zwingend voraus, dass am Ehewohnsitz Gütergemeinschaft angeordnet ist. In diesem Fall ist sie dann sicher verständlich: Die Herstellung einer Gütergemeinschaft zwischen Ehegatten kann man sich dogmatisch durchaus als Vertrag erklären. Die Frau und der Mann vereinbaren den gemeinsamen Besitz und die Erlangung des gemeinsamen Eigentums an allen Sachen, die sie während der Ehe erwerben. Sie vereinbaren mithin die Abkehr von dem zwischen allen Menschen herrschenden „Urzustand", der Gütertrennung.

Was nun aber, wenn die Eheleute nicht in Paris, sondern in Lyon ihren ersten Wohnsitz genommen hätten? Gilt am ersten Wohnsitzort Gütertrennung, so kann die Extraterritorialität des Rechts dieses Wohnsitzorts zumindest nicht aufgrund eines *stillschweigenden* Vertrages angenommen werden.[120] Sobald kein Vertrag vorliegt, ist auch nicht mehr der Ausgangspunkt bei den Sachnormen des Wohnsitzes zwingend.

Die Lösung *Dumoulins* erschließt sich jedoch, wenn sie wiederum vor dem Hintergrund der Rechtsprechung des „obersten Gerichtshofs" zu dieser Zeit gesehen wird, die die Territorialität allen lokalen Rechts festgehalten hatte. Die extraterritoriale Wirkung ist mithin für *Dumoulin*[121], der die Rechtsprechung des „obersten Gerichts" kennt und anerkennt[122], die bloße Ausnahme. Sie ist nur in dem Fall anzunehmen, wenn die Parteien einen Gütervertrag schließen, da dieser zwischen den Parteien nach *Dumoulin* – als Teil des Vertrages und nicht mehr als *lex publica* – überall Geltung habe. Ohne ausdrücklichen oder stillschweigenden Vertrag verbleibt es bei der Territorialität des Rechts. Der Fall des Consilium 53 betrifft somit die bloße Ausnahme, dass am Ehewohnsitz die Gütergemeinschaft gilt und diese stillschweigend vereinbart wird. In Fällen ohne stillschweigende oder ausdrückliche Parteivereinbarung gilt mithin immer die *lex rei sitae*.[123]

---

[120] Vereinbaren die Ehegatten ausdrücklich die Gütertrennung zwischen sich, wird *Dumoulin* nach seiner Lösung wohl auch zur exterritorialen Wirkung dieser Vereinbarung kommen. Die *lex publica* wird auch in diesem Fall zur *lex privata*. Das Sachrecht des gemeinsamen Ehewohnsitzes kann dem hier nicht entgegenstehen, da es die Gütertrennung gerade vorsieht (zu der Frage nach dem entgegenstehenden Sachrecht und der Lösung des *Dumoulin* im Lichte der modernen Parteiautonomie im Folgenden).

[121] Zumindest, als er das Consilium 53 verfasst.

[122] *Dumoulin*, Omnia opera, Bd. II, S. 965 (Consilium 53, Nr. 12).

[123] Für die *lex rei sitae*-Regel als Grundsatz und den Vertrag als Ausnahme auch *Wicki*, Dogmengeschichte der Parteiautonomie, S. 15.

cc) Parteiautonomie bei Dumoulin im Rahmen des Consilium 53[124]

Methodisch interessant ist auch die Bemerkung *Dumoulins*, dass die Eheleute *de Ganey* etwas anderes hätten vereinbaren können als die Gütergemeinschaft der Pariser Coutume. Den Parteien könnte es aufgrund dieser Freiheit, etwas anderes zu vereinbaren, freistehen, das anwendbare Recht zu „wählen". Entgegen dieser Überlegung handelt es sich aber wohl nicht um Parteiautonomie im Sinne unseres heutigen Verständnisses.[125] Dies lässt sich am Beispiel der zwingenden Anordnung eines Güterrechts am ersten Wohnsitzstaat zeigen. Diese Anordnung zerstört zwar nicht die Lösung *Dumoulins*. Dass die Gütergemeinschaft zwingend ist, führt nicht unbedingt dazu, dass ihr dogmatisch kein Vertrag zugrunde gelegt werden kann. Die Parteien stehen dann lediglich unter „Kontrahierungszwang". Die zwingende Gütergemeinschaft verhindert aber die abweichende Parteivereinbarung. Eine zwingende Gütertrennung am ersten Ehewohnsitz verhindert ebenfalls die Parteivereinbarung. Vereinbaren die Ehegatten in diesem Fall die Gütergemeinschaft, ist es wieder logisch zwingend, mit der Betrachtung des Rechts am ersten Ehewohnsitz zu beginnen. Wenn dieses Recht der Vereinbarung zugrunde liegt, muss es wohl erst recht beachtet werden, wenn es eine solche Vereinbarung verhindert. Damit wird der Vereinbarungsfreiheit der Eheleute durch das *Sachrecht* des ersten Wohnsitzes Grenzen gesetzt. Modern verstanden bedeutet aber Parteiautonomie, dass sich die Parteien über alles Sachrecht hinwegsetzen können, nicht lediglich über das dispositive.[126]

Wenngleich es sich nicht um eine moderne Form handelt, sprechen zwei Gedanken stark dafür, dass die Überlegungen *Dumoulins* Vorläufer und Wegbereiter für die Anknüpfung an den Parteiwillen sind.[127] Erstens besteht ein Unterschied zu der bloßen materiellen Privatautonomie dahingehend, dass sich die vertragliche Vereinbarung im Ehegüterrecht bei *Dumoulin* durchaus gegenüber zwingenden Sachnormen durchsetzt, nur nicht gegenüber denen des ersten Ehe-

---

[124] Zur Bedeutung der Parteiautonomie bei *Dumoulin* auch mit Bezug auf die „*Conclusiones de statutis et consuetudinibus localibus*" s. *Gamillscheg*, Dumoulin, S. 110 ff.; *Gebauer*, JZ 2011, S. 216 ff.; *Wicki*, Dogmengeschichte der Parteiautonomie, S. 14 ff.

[125] *Gebauer*, JZ 2011, S. 217 f.; in diesem Sinne auch *Gamillscheg*, Dumoulin, S. 119 ff.; ihm folgend *v. Bar/Mankowski*, IPR I, § 6 Rn. 22. Vgl. aber auch die Abweichungen von *Gamillscheg* und *v. Bar/Mankowski* im Folgenden.

[126] Zur Unterscheidung zwischen sachrechtlicher und kollisionsrechtlicher Parteifreiheit bspw. *Kropholler*, IPR, § 40 I.

[127] Für einen Vorläufer der Parteiautonomie auch *Gebauer*, ZEuP 2016, S. 946 f.; *ders.*, JZ 2011, S. 217 ff.; wohl auch *Yntema*, FS Rabel, Band 1, S. 522 f.; anders *Gamillscheg*, Dumoulin, S. 119 ff. Wie hier wohl auch *Wicki*, Dogmengeschichte der Parteiautonomie, S. 15 ff., der neben den Ausführungen zu den Conclusiones auch auf das Consilium 53 abstellt.

wohnsitzes.[128] *Dumoulin* leitet aus der Parteivereinbarung aber auch nicht die allgemeine Kollisionsregel des ersten Ehewohnsitzes ab. Die Parteivereinbarung begründet wie gesehen letztlich eine Ausnahme von der eigentlich geltenden *lex rei sitae*-Regel. Diese Parteivereinbarung, soweit nach dem ersten Wohnsitzrecht zulässig, überwindet dann auch zwingend entgegenstehende Regeln der *leges rerum sitarum*. Wenn dies nicht so wäre, hätte sich *Dumoulin* im Consilium 53 fragen müssen, ob der Geltung der Ehegütergemeinschaft für Grundstücke aus Lyon das zwingende Recht Lyons entgegensteht. Dem hält *Gamillscheg* entgegen, *Dumoulin* habe zu dieser Überlegung keinen Anlass gehabt, weil in Lyon kein Verbot der Gütergemeinschaft existiert habe.[129] Nachfolger *Dumoulins* hätten ferner die Lösung *Dumoulins* nicht auf normannisches Gebiet erstreckt, weil es in diesem sehr wohl ein Verbot der Gütergemeinschaft gegeben habe.[130] Wie die Nachfolger *Dumoulins* seine Lehre interpretierten, muss hier allerdings außer Acht bleiben. Ob sie davon ausgingen, dass durch die Vereinbarung zwingende Vorschriften überwunden werden konnten oder nicht, lässt keine Rückschlüsse darauf zu, von welcher Wirkung *Dumoulin* ausging. Die Nachfolger haben nicht die Macht einer „authentischen Interpretation" seiner Lehren.[131] Hätte *Dumoulin* selbst aber wirklich die Disponibilität der Vorschriften Lyons im Blick gehabt, hätte es vieler seiner Ausführungen nicht bedurft. Eine extraterritoriale Geltung der Pariser Bestimmungen ist in diesem Fall nicht notwendig, er hätte bei seinem stillschweigenden Vertrag über die Gütergemeinschaft stehen bleiben können. Sobald der stillschweigende Vertrag bewiesen ist, wären die dispositiven Vorschriften Lyons nach der Deutung *Gamillschegs* ausgehebelt, gleichgültig, welches Recht Anwendung findet. Aus der Tatsache, dass die Ausführungen im Consilium 53 kollisionsrechtlichen Charakters sind und *Dumoulin* nach dem Anwendungsbereich der Pariser Coutume fragt, folgt, dass er die Pariser Coutume über die Grundstücke Lyons entscheiden lassen möchte und (zumindest im Grundsatz) das Statut Lyons unbeachtet lässt.

Für einen Vorläufer der Parteiautonomie spricht zweitens, dass *Dumoulin* keine Kollisionsnormen und kein kollisionsrechtliches System nach heutigem Muster zur Verfügung hatte, in welches er seine Ausführungen zur Vereinba-

---

[128] Für die Durchsetzung gegen alle zwingenden lokalen Normen, nicht jedoch gegenüber dem *ius commune Gebauer*, ZEuP 2016, S. 947; *ders.*, JZ 2011, S. 218 f.

[129] *Gamillscheg*, Dumoulin, S. 118 Fn. 29.

[130] *Gamillscheg*, Dumoulin, S. 118 Fn. 29.

[131] Inhaltlich lässt sich übrigens auch relativ zwanglos erklären, warum die Nachfolger Dumoulins seine Lösung nicht auf normannische Gebiete erstreckten. Bei einem ausdrücklichen Verbot erinnert die methodische Vorgehensweise eher an den Gedanken des Art. 3a II EGBGB als an eine bloß materiell-rechtliche Verweisung.

rungsfreiheit hätte einfügen können. Daher musste er an Sachnormen anknüpfen und ihr zwingendes Regime akzeptieren. Unvergleichbar erscheint die Vorgehensweise mit der heutigen jedoch dennoch nicht. Die Regeln des deutschen Internationalen Ehegüterrechts gewähren beispielsweise ebenfalls keine vollständige Verweisungsfreiheit, sondern schränken diese in Art. 15 II EGBGB bzw. in Art. 22 I EuGüVO (Geltung ab 29.01.2019) selbst ein. Hinzu kommt, dass die Verweisungsfreiheit im Ehegüterrecht beispielsweise durch Art. 3a II EGBGB eingeschränkt wird. Der maßgebliche Unterschied ist mithin ein systematischer. *Dumoulin* beschränkt seine Wahlfreiheit auf Sachrechtsebene, während sie heute auf kollisionsrechtlicher Ebene beschränkt wird. Ohne diesen Unterschied marginalisieren zu wollen, scheint es, als wäre dieser Unterschied eher der späteren Herausbildung eines von den Sachnormen separaten Kollisionsrechtssystems als der Herangehensweise an die Wahlfreiheit geschuldet.

dd) Die Lösung Dumoulins im Vergleich zur Rechtsfindung heute

Zuletzt stellt sich die Frage, ob die Lösung *Dumoulins* im Consilium 53 im Allgemeinen mit der heutigen Rechtsfindung vergleichbar ist. Die grundsätzliche Annahme des Consilium 53 lautet, dass alle Rechte territorial sind und lediglich die in ihrem Geltungsbereich belegenen Güter betreffen. Übersetzt man dies in kollisionsrechtliche Termini, erhält man die *lex rei sitae*-Regel. Hinsichtlich der Ausnahme, der Geltung der Parteivereinbarung, setzt *Dumoulin* am Sachrecht des ersten Wohnsitzes an und erstreckt die Parteivereinbarung auf alle Güter der Eheleute. *Dumoulin* mischt im Consilium 53 ersichtlich den Ausgangspunkt beim Gesetz und den beim Lebenssachverhalt, indem er zunächst den Lebenssachverhalt nach einer Vereinbarung absucht. Sobald er eine findet, fragt er sich, ob diese nach dem Recht des ersten Wohnsitzes möglich ist und was sie beinhaltet. An dieser Stelle kommt der Gedanke, dass Parteien im Zweifel das bekannte Recht des ersten Ehewohnsitzes vereinbart haben. Im Fall vereinbaren die Ehegatten die Gütergemeinschaft, weil ihr Heimatrecht dies so vorsieht. Als Teil der Vereinbarung wirkt die Gütergemeinschaft damit auf alle Güter, wo immer sie auch belegen sein mögen. Wenn eine solche extraterritoriale Wirkung der Vereinbarung feststeht, ist damit zwingend auch festgestellt, dass den *leges rei sitae* keine Bedeutung für die Fallentscheidung zukommt.[132] In jedem er-

---

[132] Aufgrund der Tatsache, dass das Recht bei Vorliegen einer Parteivereinbarung zurücktritt und *Dumoulin* wie dargestellt nicht rein zufällig seinen Ausgangspunkt bei der Pariser Coutume nimmt, besteht die Rechtsfindung *Dumoulins* auch die Nagelprobe, welche *v. Bar/ Mankowski*, IPR I, § 6 Rn. 21, stellen. Nach diesen sei die Lösung *Dumoulins* unschlüssig, weil *Dumoulin*, wenn er den Ansatz bei dem Statut Lyons nehmen würde, zum Recht Lyons kommen müsste. Da aber das Recht am ersten gemeinsamen Wohnsitz das Fundament der

denklichen Fall kommt damit die Lösung *Dumoulins* zu einer schlüssigen Lösung, die sogar in eine moderne Kollisionsnorm gefasst werden könnte: Die
güterrechtlichen Wirkungen der Ehe unterliegen der *lex rei sitae*. Soweit dies
das Recht am ersten gemeinsamen Ehewohnsitz zulässt, können die Ehegatten
aber auch zwischen Gütergemeinschaft und -trennung wählen. Die Wahl wirkt
sich dann auf alle Grundstücke aus. Dass *Dumoulin* einen Mischansatz zwischen Sachverhalt und Sachnorm wählt, schadet der Vergleichbarkeit mit der
heutigen Lösung nicht.[133]

d) Huber

aa) Der Übergang zum Rechtsverhältnis

Nun zu einem im Kontext der Statutentheorie sehr speziellen Autor. Obwohl
Huber[134] (1634–1694) zur niederländischen Schule gehört und die niederländische Schule als einer der drei großen Schulen der Statutentheorie angesehen
wird, kann man ihn wohl schwerlich als Statutentheoretiker bezeichnen. In seiner Abhandlung „*De Conflictu Legum*"[135] kommt lediglich ein einziges Mal das
Wort *statutum* vor und dies auch nur deswegen, weil es im Titel eines zitierten
Werkes enthalten ist.[136] Er fragt nicht nach dem Anwendungsbereich der einzelnen Statuten[137], sondern geht wie selbstverständlich dazu über, zum Ausgangspunkt das Rechtsverhältnis bzw. das Rechtsproblem zu nehmen. *Huber* fragt

---

Parteivereinbarung darstellt, kann es in keinem Fall dazu kommen, dass der Ausgangspunkt
bei dem Statut Lyons genommen wird. Einen logischen Bruch kann es damit nicht geben.

[133] Für eine Vergleichbarkeit auch *Gebauer*, ZEuP 2016, S. 946 f., bezogen auf das zweite
kollisionsrechtliche Werk *Dumoulins* in der *lectura Tubingensis*.

[134] Biografisches bei *Meili*, Huber, ZIR 8 (1898), S. 192.

[135] Die Abhandlung ist abgedruckt in *Hubers*, Praelectionum Juris Civilis tomi tres, Pars
altera, S. 23 ff. Der Text der Abhandlung (allerdings in der 4. Aufl.) ist ebenfalls abgedruckt
bei *Meili*, Huber, ZIR 8 (1898), S. 192 ff.; ins Englische übersetzt (mit Einführung) wurde die
Abhandlung von *Davies*, Brit. 18 Yb. of Int. L. (1937), S. 64 ff. und von *Lorenzen*, 13 Ill. L. R.
(1918–1919), S. 401 ff. Die Übersetzungen sind allerdings mit einer gewissen Vorsicht zu genießen, da sie wie selbstverständlich davon ausgehen, dass *Huber* seiner Theorie den Gedanken der wohlerworbenen Rechte zugrunde legt. Diese Annahme legen sie der Übersetzung
zugrunde, was sie an manchen Stellen ungenau werden lässt. So übersetzt beispielsweise
Lorenzen im dritten Axiom das einfache „iura" mit „acquired rights", obwohl keine Entspre-
chung für „acquired" im lateinischen Text ersichtlich ist. Dafür lässt er den Zusatz „cuiusque
populi", der sich auf „iura" bezieht und sehr eindeutig gegen seine Übersetzung spricht, weg
(dazu unten 1. Kap. C.III2.b)).

[136] Er zitiert *Rodenburgs* „*tractatus de jure quod oritur ex Statutorum (et consuetudinum)
diversitate*", vgl. *Huber*, Praelectionum Juris Civilis, Pars altera, S. 28 (De Conflictu Legum
Nr. 15). Das Fehlen des Begriffs des Statuts legt den Schluss nahe, dass *Huber* sich nicht nur
inhaltlich, sondern auch in der Wortwahl von den Statutentheoretikern abgrenzen wollte.

[137] *Yntema*, 65 Mich. L. Rev. (1966), S. 25.

nicht, ob das Statut der *lex domicilii* Wirkung an anderen Orten entfaltet. Er hält vielmehr fest, dass persönliche Fähigkeiten, die die Person nach irgendeinem Recht erworben hat, sie überallhin begleiten.[138] Er fragt auch nicht, ob ein Statut, welches Regelungen für Verträge aufstellt, exterritorial wirkt. Er geht davon aus, dass ein Vertrag, der nach dem Recht des Abschlussorts wirksam ist, überall Wirkung entfaltet.[139] *Huber* ist somit der offensichtlichste Beweis dafür, dass es im „Zeitalter der Statutentheorie" verschiedene Ansätze der Rechtsfindung im Kollisionsrecht gab. Allerdings muss man sehen, dass *Huber* nicht einmal unter die weiteste Definition der Statutentheorie fällt.[140] Da er damit nicht als Statutentheoretiker gilt, lässt sich an seiner Person nur belegen, dass es im „Zeitalter der Statutentheorie" andere Ansätze gab. Die Erkenntnis, dass er schon das Rechtsverhältnis als Ausgangspunkt nimmt, gibt damit aber keinen Aufschluss über die Frage, ob und wie weit die statutentheoretische Rechtsfindung von der *nachsavignyschen* abweicht.

bb) Revolution durch Huber?

Man kann jedoch wohl durchaus behaupten, dass, wenn man schon im Übergang zum Rechtsverhältnis eine Revolution der kollisionsrechtlichen Rechtsfindung sehen möchte, die Speerspitze dieser Revolution nicht *Savigny*, sondern *Huber* darstellt. Warum wird also *Savignys* Beitrag – zumindest oft – als „kopernikanische Wende"[141] bezeichnet und nicht der *Hubers*?[142] Es dürfte wohl am Alternativmodell der Rechtsfindung liegen.[143] Nach der hier vertretenen Auffassung[144] gründet *Huber* seine Ausführungen auf einer Theorie der wohlerworbenen Rechte. Sein drittes Axiom[145] gibt bereits den Weg vor, welchen er

---

[138]   *Huber*, Praelectionum Juris Civilis, Pars altera, S. 27 (De Conflictu Legum Nr. 12).

[139]   *Huber*, Praelectionum Juris Civilis, Pars altera, S. 24 (De Conflictu Legum Nr. 3).

[140]   Der weite Begriff umfasst alle, die die Frage nach dem anwendbaren Recht durch die Frage nach der Reichweite der Sachnormen zu bestimmen versuchen (1. Kap. A.I.).

[141]   Diese Wendung geht zurück auf *Neuhaus*, RabelsZ 15 (1949/1950), S. 366.

[142]   *Gutzwiller*, Savigny, S. 35, fragt, ob die *huberschen* Axiomata nicht vielleicht „Hauptanregung" *Savignys* zur Gestaltung seiner Theorie waren. Auch *v. Bar/Mankowski*, IPR I, § 6 Rn. 36, sehen *Huber* als den ersten Überwinder, halten aber dennoch an dem Gedanken eines Neuanfangs durch *Savigny* fest.

[143]   Ein anderer, leicht zynischer, Gedanke ist folgender: Es könnte daran liegen, dass *Huber* diesen Übergang zum Rechtsverhältnis nicht in solch klarer Sprache dargelegt hat und vor allem kein solch schönes Bild wie das *savignysche* vom „Sitz des Rechtsverhältnisses" gefunden hat, um den Übergang vom Ausgangspunkt des Statuts zu dem des Rechtsverhältnisses zu umschreiben.

[144]   S. unten 1. Kap. C.III.2.a).

[145]   *Huber*, Praelectionum Juris Civilis, Pars altera, S. 23 f. (De Conflictu Legum Nr. 2). Auch abgedruckt bspw. bei *v. Bar/Mankowski*, IPR I, § 6 Rn. 36: *„Rectores imperiorum id*

dann in seinen einzelnen Fällen durchzuhalten versucht. Ein System der wohlerworbenen Rechte bildet aber nur eine sehr schwache Grundlage, wenn man aus ihm eine vollständige Lehre des Kollisionsrechts herleiten möchte.[146] Zudem ist das Einführen eines auf wohlerworbene Rechte gestützten Systems ein äußerst radikaler Umbruch. Das Alternativmodell *Savignys* ist demgegenüber deutlich konservativer. *Savigny* erklärt lediglich durchgängig das Rechtsverhältnis zum maßgeblichen Ausgangspunkt. Er versucht seine Lehre nicht mit einer gänzlich neuen Theorie zu untermauern, wie es *Huber* mit den wohlerworbenen Rechten anstrebt. *Savignys* Ansatz erlaubt es, sich von der dogmatisch schwierigen und praktisch wenig gewinnbringenden Suche nach dem Anwendungsbereich der *statuta* zu lösen. Er führt aber, anders als Huber, keine zweite dogmatisch schwierige und im Spannungsfeld von verschiedenen Staaten in demokratischer bzw. staatsherrschaftlicher Hinsicht doch sehr zweifelhafte Theorie[147] ein. Es ist daher durchaus nachvollziehbar, dass nicht *Huber*, sondern *Wächter* und *Savigny* als Überwinder der Statutentheorie angesehen werden, obwohl *Huber* vor ihnen das Rechtsverhältnis bzw. das Rechtsproblem als Ausgangspunkt nimmt.

Eine genaue Betrachtung der *huberschen* Rechtsfindung wird unten, 1. Kap. C.III., im Rahmen der historischen Aufarbeitung der wohlerworbenen Rechte vorgenommen, da er nach der hier vertretenen Ansicht dort seinen systematischen Platz findet.

e) Hert

Der bekannteste und wirkungsmächtigste deutsche Statutentheoretiker ist *Johann Nikolaus Hert* (1651–1710).[148] Seine bedeutendste Schrift des Kollisionsrechts ist die Abhandlung „*De Collisione Legum*" (1688).[149]

---

comiter agunt, ut jura cujusque populi intra terminos ejus exercita, teneant ubique suam vim, quatenus nihil potestati aut juri alterius imperantis ejusque civium praejudicetur." Übersetzung von *Kegel/Schurig*, IPR, § 3 V: „Die Lenker der Reiche kommen darin entgegen, dass die Rechte eines jeden Volkes, die innerhalb seiner Grenzen ausgeübt werden, überall ihre Wirkung behalten, sofern in nichts vorgegriffen wird der Hoheitsgewalt oder dem Recht des anderen Herrschers und seiner Bürger".

[146] Dazu 1. Kap. C.VIII.

[147] Vgl. zur Fragwürdigkeit einer Theorie der wohlerworbenen Rechte aus Sicht der Demokratie bzw. der Staatsmacht unten 1. Kap. C.VIII.3.

[148] Zu diesem ausführlich die Dissertation von *Herrmann*, Hert, S. 68 ff.; s. auch *Gamillscheg*, Dumoulin, S. 74 f., 78, 167 ff.; *E. Lorenz*, Struktur, S. 34 ff.; *v. Bar/Mankowski*, IPR I, § 6 Rn. 28 f.

[149] *Hert*, Commentationum atque opusculorum, volumen primum, S. 118 ff. Der für das Kollisionsrecht maßgebliche Text ist abgedruckt und übersetzt bei *v. Bar/Dopffel*, Band II, S. 588–685.

aa) Die drei Grundregeln Herts

Hert leitet aus dem Gedanken der Unterwerfung der Person und Güter drei „Regeln" ab, mit welchen er Einzelfragen zu lösen versucht. Die drei Regeln sind folgende:

1. Wenn ein Gesetz auf eine Person gerichtet ist, ist auf die Gesetze des Staates zu achten, dem die Person unterworfen ist.
2. Wenn ein Gesetz direkt einer Sache auferlegt wird, dann besitzt es Gültigkeit, an welchem Ort und von wem auch immer die Handlung vollzogen wird.
3. Wenn ein Gesetz einer Handlung die Form gibt, ist der Ort der Handlung zu berücksichtigen, nicht der des Domizils oder der belegenen Sache.[150]

Sprachlich exakt sind die drei Grundregeln *Herts* freilich nicht. *Gamillscheg* hat angemerkt, dass die erste Regel den Ansatzpunkt beim Gesetz mit dem beim Sachverhalt vermischt.[151] Der erste Teil des Satzes lässt den Schluss auf den zweiten Teil logisch nicht zu.[152] Die erste (kollisionsrechtliche) Regel *Herts* bildet, um im gewählten Bild zu bleiben, eine auf beiden Seiten identische Medaille; auf beiden Seiten prangt die Sachnorm. Der Lebenssachverhalt bleibt unbeachtet.

bb) Gleichwertigkeit der Ansätze in der Lehre Herts

Der Exaktheit seiner Gedanken und der stimmigen Abgrenzung des Rechts der verschiedenen Statuten schadet diese sprachliche Ungenauigkeit *Herts* aber nicht. Im Zusammenklang mit der Lösung der Einzelfragen ergibt sich das eindeutige Bild, dass er seine aufgestellten drei Grundregeln – modern ausgedrückt – als allseitige Kollisionsnormen versteht.[153] Dass diese ihren Ausgangspunkt bei der Sachnorm nehmen, stört die Rechtsfindung bei den einzelnen Problemen nicht weiter. Die drei Grundkollisionsnormen werden zudem durch zahlreiche Ausnahmen oder Erweiterungen verfeinert. Insbesondere betrifft die 3. Regel nicht nur die Form in dem Sinne, was heute darunter verstanden wird, sondern

---

[150] Übersetzung von *v. Bar/Dopffel*, Band II, S. 605, 611, 615. Lateinischer Originaltext *Hert*, Commentationum atque opusculorum, volumen primum, S. 123 ff. (Sect. 4 § 8 ff.):

„1. *Quando lex in personam dirigitur, respiciendum est ad leges illius civitatis, quae personam habet subiectam.*

2. *Si lex directo rei imponitur, ea locum habet, ubicunque etiam locorum et a quocunque actus celebrator.*

3. *Si lex actui formam dat, inspiciendus est locus actus, non domicilii, non rei sitae.*"

[151] *Gamillscheg*, Dumoulin, S. 74 f.

[152] *Herrmann*, Hert, S. 100.

[153] *Herrmann*, Hert, S. 100 ff., der davon ausgeht, *Hert* habe allseitige Kollisionsnormen bilden wollen, aber habe mit der Formulierung „nicht die glücklichste Hand gehabt". Auch *v. Bar/Dopffel*, Band II, S. 584, gehen von allseitigen Kollisionsnormen aus.

hält auch Kollisionsnormen beispielsweise für Vertragsfragen und Delikte bereit.[154] Die Form einer Handlung im weiteren Sinne muss nach *Hert* also nicht die Form des Vertrages sein. Eine „Handlungsform" kann auch der Vertrag selbst sein. Ebenso kann sich eine Handlung zu einem Delikt „formen". Diese Sichtweise wird dadurch bestätigt, dass *Hert* in seinen Einzelfallentscheidungen – so in Fall 9[155], 47[156] und 56[157] – auch dann auf seine in § 10 aufgestellte Regel verweist, wenn nicht die Form im heutigen Sinne in Frage steht.[158]

Der Gedanke, dass der Ansatzpunkt beim Sachverhalt und der beim Statut bei *Hert* gleichwertig sind, wird durch das ständige Wechseln des Ansatzpunktes gestärkt. Beispielsweise geht er in Fall 7[159] von einem Statut aus, nach welchem die Familientochter durch Heirat gewaltfrei wird. Ebenso geht er in den Fällen 30 bis 35[160] klar von der Sachnorm aus. In den Fällen 8[161], 11[162], 14[163] und 29[164] nimmt er seinen Ausgangspunkt jedoch beim Sachverhalt. Wenn seiner Meinung nach die verschiedenen Ansatzpunkte nicht logisch gleichwertig wären, würde er sicherlich nicht in einer solchen Weise zwischen ihnen hin und her springen und mit keinem Wort einen Unterschied erwähnen.

Beispielhaft soll noch auf zwei Fälle eingegangen werden, in denen *Hert* seinen Ausgangspunkt bei der Sachnorm nimmt. In dem erwähnten Fall 7 stellt er eine Norm vor, nach der die Familientochter durch Heirat gewaltfrei wird, und

---

[154] Anders wohl *Herrmann*, Hert, S. 96, 101 f.; auch *Gutzwiller*, Geschichte, S. 203 (sowohl *Herrmann* als auch *Gutzwiller* übersetzen die dritte Regel allerdings ein wenig freier und könnten damit den Sinn der Regel leicht verfälscht haben (*Herrmann*, Hert, S. 92, übersetzt: Wenn ein Gesetz für eine Handlung eine Form bestimmt [...]"; *Gutzwiller*, Geschichte, S. 203: Wenn das Gesetz dem Rechtsgeschäft eine Form gibt [...]); unklar *v. Bar/Dopffel*, Band II, S. 584, welche schreiben, die Regel sei auf die Form bezogen, die Regel sei aber auch auf „das anzuwenden, was aus der Handlung folge, etwa Erfüllung".

[155] *Hert*, Commentationum atque opusculorum, volumen primum, S. 131 (Sect. 4 § 19).

[156] *Hert*, Commentationum atque opusculorum, volumen primum, S. 148 (Sect. 4 § 57).

[157] *Hert*, Commentationum atque opusculorum, volumen primum, S. 151 (Sect. 4 § 66).

[158] Die Verweisungen sieht auch *Herrmann*, Hert, S. 101 f., der aber meint, *Hert* wäre ein Fehler dergestalt unterlaufen, dass er die Kollisionsnorm in der 3. Regel zu eng für ihren eigentlichen Anwendungsbereich gefasst habe. *Hert* versucht sich zudem im Satz nach der Regel an einem erläuternden Zusatz, der sich nicht lediglich auf die Form bezieht, sondern beispielsweise auch die „Art der Handlung" unter die Regel fasst. Zwar mag man die „Art der Handlung" auch als einen Verweis auf Formvorschriften im heutigen Sinne verstehen können, im Gesamtzusammenhang – *Hert* spricht ausdrücklich in dem Satz *auch* von Formvorschriften – wird der Unterschied zu den Förmlichkeiten deutlich.

[159] *Hert*, Commentationum atque opusculorum, volumen primum, S. 130 (Sect. 4 § 17).

[160] *Hert*, Commentationum atque opusculorum, volumen primum, S. 141 ff. (Sect. 4 § 40 ff.).

[161] *Hert*, Commentationum atque opusculorum, volumen primum, S. 130 f. (Sect. 4 § 18).

[162] *Hert*, Commentationum atque opusculorum, volumen primum, S. 133 f. (Sect. 4 § 21).

[163] *Hert*, Commentationum atque opusculorum, volumen primum, S. 135 (Sect. 4 § 24).

[164] *Hert*, Commentationum atque opusculorum, volumen primum, S. 141 (Sect. 4 § 48).

fragt, ob die Tochter aufgrund dieses Statuts auch über anderswo belegene Grundstücke testieren kann oder ob dem Vater in anderen Gebieten, wo die Tochter nicht durch Heirat gewaltfrei wird, ein Nießbrauch an den von der Tochter erworbenen Grundstücken zusteht. *Hert* hält das Statut für ein personales und erstreckt daher die Wirkung extraterritorial, sofern die Tochter an dem Ort des Statuts ihr Domizil hat.[165] Damit ist aber auch gleichzeitig klargestellt, dass alle anderen Statuten, die die Emanzipation der Familientochter durch Heirat betreffen, nicht angewandt werden. In Fall 30 fragt *Hert*, ob ein Gesetz, welches die wechselseitige Erbfolge zwischen den Ehegatten festsetzt, auch auf anderswo belegene Güter zu erstrecken ist. Er weist die Ansicht zurück, dass dieses Gesetz auf Sachen bezogen sei, sondern meint, dass es nur dann nicht auf anderswo belegene Güter zu erstrecken ist, wenn die eine andere Regelung vorsehende *lex rei sitae* die wechselseitige Erbfolge der Ehegatten verbietet.[166] Damit bringt er zum Ausdruck, dass seine 1. Grundregel greifen soll, solange nicht die (bereits im Zusammenhang mit der Grundregel durch *Hert* festgesetzte[167]) Ausnahme der zwingend entgegenstehenden *lex rei sitae* greifen soll. Diese Ausnahme erinnert an den heutigen Art. 3a II EGBGB.[168]

Abschließend bleibt festzuhalten, dass *Hert* die Abgrenzung der Sachrechtsordnungen auch bei teilweisem Ansatz an der Sachnorm stimmig gelingt und dass der ständige Wechsel des Ansatzpunktes nie als ein elementarer Wechsel erscheint, sondern immer als eine logisch gleichwertige Lösung von einer unterschiedlichen Warte aus.[169]

---

[165] *Hert*, Commentationum atque opusculorum, volumen primum, S. 130 (Sect. 4 § 17).

[166] *Hert*, Commentationum atque opusculorum, volumen primum, S. 141 f. (Sect. 4 § 40).

[167] *Hert*, Commentationum atque opusculorum, volumen primum, S. 124 (Sect. 3 § 8).

[168] Nach *Herrmann*, Hert, S. 117 f., sind die entgegenstehenden Vorschriften der *lex rei sitae* bloß einfach zwingende, nicht dispositive Sachrechtsnormen. Da aber *Hert* wohl eigentlich von der Geltung der *lex domicilii* ausgeht, bringt er hier – modern ausgedrückt – nicht den Gedanken nicht dispositiver Normen, sondern eben den des Art. 3a II EGBGB zum Ausdruck. Zu Art. 3a II EGBGB und seiner Einordnung als eine besondere Regelung von Eingriffsnormen s. unten 2. Kap. I.III.

[169] *E. Lorenz* versucht seine oben (1. Kap. A.III.3.a).bb)) vorgestellte Meinung zur Methodik der Statutisten auch mit Ausführungen zu *Hert* zu untermauern. *Hert* habe in seinen drei aufgestellten Regeln auf die scheinbar in § 4 seiner Ausführungen enthaltenen Kollisionsnormen verwiesen. Er verweist darauf, dass „Hert die allseitigen Kollisionsnormen allerdings nicht so deutlich ausgeführt [hat] wie Bartolus" (*E. Lorenz*, Struktur, S. 36). Das ist euphemistisch ausgedrückt. Aus *Herts* Ausführungen zur Unterwerfung der Personen unter die Statuten auf – jeden Lebenssachverhalt regelnde – allseitige Kollisionsnormen zu schließen, erscheint doch eher gewagt, auch deshalb, weil die aufgestellten Regeln Herts – wenn auch zugegebenermaßen nicht perfekt formuliert – wie gezeigt doch selbst mehr auf einem Versuch der Bildung von Kollisionsnormen (für Kollisionsnormen auch *Herrmann*, Hert, S. 100 ff.) schließen lassen. Verwiesen sei hier auch noch auf die Kritik *v. Bars*, der festhält:

f) Kodifikation „systemsprengender" Normen

Mit *d'Argentré*, *Dumoulin* und *Hert* ließen sich Statutentheoretiker finden, die Systeme schufen, welche trotz des teilweisen Ansatzpunktes beim Gesetz die aufgestellten Erfordernisse der Gleichwertigkeit erfüllten. Das Gedankengebäude von der Gleichwertigkeit des Ansatzpunktes beim Gesetz müsste jedoch eigentlich zu dem Zeitpunkt bröckeln, in welchem einzelne Staaten beginnen, die Systeme der Statutentheoretiker sprengende Normen zu kodifizieren.

aa) Systemsprengende Normen

Wenn beispielsweise in einem Land A kodifiziert wird, dass ein nach statutentheoretischem Verständnis reales Statut sich auf Grundstücke bezieht, die außerhalb des Herrschaftsgebietes des Statuts liegen, kann von einer stimmigen Abgrenzung der verschiedenen Sachnormen keine Rede mehr sein. Das Ergebnis würde sich je nachdem unterscheiden, bei welchem Statut man die Prüfung seiner Reichweite beginnt. Auf Grundstücke in einem Land B wäre sowohl das Statut des Landes A als auch das des Landes B anwendbar.

bb) Überwindung systemsprengender Normen durch deutsche Statutisten

Zumindest Teile der deutschen Statutentheoretiker wehren sich aber gegen gesetzgeberische Eingriffe in die Statutentheorie und ignorieren diese. Beispielsweise wird von *Lauterbach* (1618–1678) ausdrücklich festgehalten, dass das eben erwähnte reale Statut („die Güter liegen gleich, wo sie wollen") trotzdem nur für die Güter gilt, welche in dem Land dieses Gesetzes liegen.[170] Dasselbe postulieren *Carpzov*[171] (1595–1666), *Richter*[172] (1602–1673), *Stryk*[173] (1640–1710) und *Hert*[174] (1651–1710). Begründet wird diese Abweichung vom Wortlaut und klaren Willen des Gesetzgebers bei *Lauterbach* damit, dass durch ein Statut auch Auswärtige verpflichtet würden, wenn und weil sie dort durch eine unbe-

---

„[M]an kann Hert, dem nach eigenen Worten alles gründlich bedenkenden Autor, kaum unterstellen, das Entscheidende im Wesentlichen ungesagt gelassen zu haben" (*v. Bar/Mankowski*, IPR I, § 6 Rn. 29).

[170] *Lauterbach*, Collegium theoretico-practicum pandectarum, Bd. 2, S. 986 (De Successione § 54). Intention *Lauterbachs* war wohl, die Ablehnung der Nachlasseinheit (*Lauterbach*, Collegium theoretico-practicum pandectarum, Bd. 2, S. 986 (De Successione § 53). nicht durch solche Statuten obsolet werden zu lassen.

[171] *Carpzov*, Jurisprudentia forensis, Teil 3, Kap. 12, Def. 12. Carpzov argumentiert ebenfalls mit der fehlenden Gerichtsbarkeit.

[172] *Richter*, Tractatus De Successione ab intesto, Proömium Nr. 34 f.

[173] *Stryk*, Tractatus De Successione Ab Intestato, Diss. 1, Kap. 4 § 2; *ders.*, De Jure Principis extra territorium, S. 34 (Cap. III Nr. 153).

[174] *Hert*, Commentationum atque opusculorum, volumen primum, S. 136 (Sect. 4 § 26).

wegliche Sache einen Gerichtsstand erhielten. Zudem erstrecke sich die Gerichtsbarkeit des Landes nicht über die Landesgrenzen hinaus (D,2,1,20[175]).[176] Der Gesetzgeber kann daher keine extraterritoriale Wirkung realer Statuten anordnen. Bei *Stryk* findet sich die durchaus bezeichnende Begründung: „*Otiosa enim haec clausula est, quae Statutorum indoli adversatur*" (Denn müßig ist diese Klausel, welche der natürlichen Beschaffenheit der Statuten widerspricht).[177] Man ist beinahe gedrängt, die Floskel „natürliche Beschaffenheit der Statuten" durch das Wort Statutentheorie zu ersetzen. *Stryk* bringt hier deutlich zum Ausdruck, dass er die Abgrenzung des Anwendungsbereichs nach den Grundsätzen der Statutentheoretiker als den Statuten immanent ansieht. Aus diesem Grund stehen die Grundprinzipien der statutentheoretischen Methode auch nicht zur Disposition des Gesetzgebers.[178]

Ursprünglich wurde demgegenüber das Ignorieren der eindeutigen Gesetzesworte wohl eher damit begründet, dass ein solches Statut dann nicht anzuwenden sei, wenn es „*odios*" sei. Dies findet sich beispielsweise bei *Moller*, auf den in dieser Frage alle späteren verweisen.[179] *Moller* seinerseits nennt *Bartolus* als Autorität, auf den die Einteilung in Kategorien wie *odios* oder *favorabile* zurückgeht.[180] *Mevius* folgt *Moller*, da auch er die Worte des Statuts nur dann ignoriert, wenn sie einen belastenden Inhalt haben.[181] Die Argumentation von *Lauterbach* ist dagegen eine deutliche Weiterentwicklung: Die Worte des Statuts, welche dieses über ihren nach den theoretischen Überlegungen der Gelehr-

---

[175] Extra territorium ius dicenti impune non paretur. Idem est, et si supra iurisdictionem suam velit ius dicere.

[176] *Lauterbach*, Collegium theoretico-practicum pandectarum, Bd. 2, S. 986 (De Successione § 54).

[177] *Stryk*, Tractatus De Successione Ab Intestato, Diss. 1, Kap. 4 § 2.

[178] Ein wenig geschmälert wird diese Erkenntnis allerdings dadurch, dass *Stryk* in der *quaestio anglica* der Wortlautlösung des *Bartolus* (dazu 1. Kap. A.III.3.a)) folgt (*Stryk*, De Jure Principis extra territorium, S. 34 f. (Cap. III Nr. 166 ff.), die gerade keine stimmige Abgrenzung der einzelnen Sachnormsysteme darstellt; *Stryk* hält also selbst das propagierte System und die Anknüpfung an der „Natur der Statuten" nicht immer durch. Im Wege einer Wechselwirkung kann man allerdings durch die hier dargelegten Aussagen *Stryks* die Bedeutung der Wortlautanknüpfung in der *quaestio anglica* relativieren. Wenn *Stryk* eigentlich von der „natürlichen Beschaffenheit" der Statuten ausgeht, um ihren Anwendungsbereich zu bestimmen, handelt es sich bei der Behandlung der *quaestio anglica* eventuell auch lediglich um einen „Systemfehler", welcher mit der ungeheuren Autorität des *Bartolus* zu begründen ist.

[179] *Moller*, Semestrium Libri Quinque, 1. Buch, Kap. 29.

[180] *Moller*, Semestrium Libri Quinque, 1. Buch, Kap. 29; *Bartolus*, Bartoli in primam Codicis partem Commentaria, Ad lib. Primum Codicis De Summa Trinitate Rub. Lex Prima n. 32 ff.

[181] *Mevius*, Commentarii in Jus Lubencense, Lib. 2 Tit. 2 Art. 10 Nr. 36.

ten eigentlich zugedachten Anwendungsbereich ausdehnen, werden generell ignoriert, nicht nur dann, wenn sie belastend sind.

Ungeachtet der Begründung spricht die Tatsache, dass manche der deutschen Statutentheoretiker darauf bedacht waren, theoriebrechende Normen zu verhindern, für die prinzipielle Gleichwertigkeit des methodischen Denkens der so vorgehenden Statutentheoretiker. Sie entwickelten von den Sachnormen ausgehend ein System, mit dem der Anwendungsbereich aller Rechte der Welt stimmig voneinander abgegrenzt werden konnte. Dieses System verteidigten sie selbst gegen legislative „Übergriffe". Hätten sie lediglich nach dem Anwendungswillen der Gesetze gefragt bzw. hätten sie ausschließlich die Sachnormen betrachtet und alles andere verdrängt, hätten sie die Übergriffe in ihre Theorie nicht als solche empfunden und hätten die gesetzgeberischen Anordnungen einfach hinnehmen können.

cc) Überwindung systemsprengender Norm durch niederländische Autoren

Auch niederländische Autoren versuchen, ihr System gegen legislative Übergriffe zu bewahren, wie die Ausführungen des *Burgundus*[182] (1568–1649) und *Rodenburgs*[183] (1618–1668) zu einem Genter Statut zeigen.[184] Dieses Statut enthält den Zusatz *„de rebus ubicumque sitis"*, es möchte also auch auf außerhalb belegene Sachen angewandt werden. *Burgundus* hält es wie die deutschen Statutentheoretiker nicht für möglich, dass ein reales Statut auf fremde Grundstücke einwirkt, deutet die Norm des Gesetzgebers aber in eine personale um, damit er den Anwendungsbefehl des Gesetzgebers zwar nicht auf dinglicher, aber auf Obligationenebene durchsetzen kann.[185] *Rodenburg* schließt sich dem an, bemüht zur Begründung der Beschränkung der realen Statute auf ihr Gebiet aber das Argument, welches auch bei *Lauterbach* zu lesen ist: Nur die *lex rei sitae* hat in diesem Fall die Gerichtsbarkeit.[186]

Damit versuchen auch die genannten Niederländer, ihr kollisionsrechtliches System zu wahren. Dieser Versuch der Systembewahrung hat selbstverständlich Schwächen. Die maßgeblichen Kontrollüberlegungen unterbleiben oder werden bewusst verschwiegen. Um wirklich das System zu bewahren, müsste davon ausgegangen werden, dass jemand, der einer anderen Rechtsordnung untertan ist, die dieselbe Norm niederlegt, sich vor den Gerichten der *lex fori* auf diese Norm berufen kann. Derart weit würde *Burgundus* (und auch *Rodenburg*)

---

[182] *Burgundus*, Tractatus I, Nr. 46.
[183] *Rodenburg*, Tractatus, Tit. II, Cap. V, Nr. V.
[184] A. A. wohl *Müller*, Grundsatz des wohlerworbenen Rechts, S. 73 f.
[185] *Burgundus*, Tractatus I, Nr. 46.
[186] *Rodenburg*, Tractatus, Tit. II, Cap. V, Nr. V.

wohl nicht gehen. Zweitens erfolgt die Einteilung der Statuten in diesem Fall nach noch abwegigeren Beweggründen als die Wortlauteinteilung *Bartolus* in der *quaestio anglica*.[187] *Burgundus* und *Rodenburg* deuten ein ersichtlich reales Statut nur aus dem Grund in ein personales um, weil der Genter Gesetzgeber etwas bestimmt hat, was er nach Ansicht der Gelehrten allgemein und auch nach *Burgundus* und *Rodenburg* nicht kann. Im Ergebnis hält seine Lösung daher das gleichwertige Denken der Statutentheorie nur vordergründig aufrecht. Es zeigt jedoch ein Bestreben auch anderer Autoren als der deutschen, legislative Eingriffe möglichst zu minimieren, um die stimmige Abgrenzung der einzelnen Sachrechte durch die Statutentheorie nicht zu gefährden.

g) IPR-Kodifikationen der Aufklärung

Einer besonderen Würdigung bedürfen auch die *vorsavignyschen* Kodifikationen der Aufklärungszeit. Soweit erkennbar wurden diese Kodifikationen von den Zweiflern an einer „kopernikanischen Wende" durch *Savigny* noch nicht argumentativ verarbeitet. Dabei verleihen manche dieser Kodifikationen dieser Sichtweise bedeutsamen Auftrieb. Wie sogleich dargestellt wird, enthalten diese – *vorsavignyschen*! – Kodifikationen des IPR zu einem bedeutenden Teil Kollisionsnormen, wie wir sie heute kennen. Hätte *Savigny* eine vollständig neue, davor nie dagewesene Rechtsfindungsmethode eingeführt, wäre dies nicht möglich. Darüber hinaus: Wäre die „*savignysche*" Methode der Rechtsfindung den Juristen der Statutentheorie nicht bewusst gewesen, hätten sie die Kodifikationen nicht derartig niedergelegt. Wenn sie aber bei manchen im Bewusstsein war und die Statutisten sie nie von dem Ausgangspunkt beim Gesetz abgegrenzt haben, spricht doch sehr viel dafür, dass sie diese als gleichwertig, eben als die „Umkehrung der Medaille", ansahen und nicht als etwas gänzlich Verschiedenes. Die Kodifikationen stützen mithin eine andere These: Bedeutende Teile der Statutentheoretiker dachten sehr ähnlich wie Kollisionsrechtler heute. Sie gingen lediglich (teilweise) von den Sachnormen aus und bestimmten deren Anwendungsbereich, weil sie noch keine von der Gesetzgebung aufgestellten Kollisionsnormen zur Verfügung hatten und sie, zumindest zu einem Teil[188], wohl keine Kollisionsnormen aufzustellen gedachten.

Die Gleichwertigkeit der Vorgehensweise zeigt auch ein anderer Gedanke. Wer sich fragt, auf wen die Kollisionsnormen in den Kodifikationen maßgeblich zurückgehen, der muss sagen: auf Juristen. Wenn manche Kodifikationen der

---

[187] Dazu s. 1. Kap. A.III.a).bb).

[188] Zu einem Teil wurden aber auch Kollisionsnormen aufgestellt, bspw. die drei Regeln mit ihren Ausnahmen und Erweiterungen bei *Hert* oder die Prinzipien der engen Statutentheorie bei *d'Argentré*.

„*savignyschen*" Methode folgen, zeigt dies die gedankliche Vorgehensweise der Statutentheoretiker (zumindest der Aufklärungszeit). Viele hatten wohl als selbstverständlich erkannt, dass sie zur Bestimmung des anwendbaren Rechts drei Elemente benötigen: einen Lebenssachverhalt, eine Sachnorm und so etwas wie eine Kollisionsnorm.[189] Kodifizierte Kollisionsnormen gab es bis zu den maßgeblichen Kodifikationen ganz überwiegend nicht. Daher setzten sie an der Sachnorm an und bildeten – zumindest teilweise – durch die Frage nach dem Anwendungsbereich der Sachnormen stillschweigend eigene Kollisionsnormen. Im Zuge der Kodifizierung mussten sie diese dann nicht mehr stillschweigend bilden. Sie konnten ihre vorausgesetzten Kollisionsnormen nun kodifizieren und zur Vereinfachung vom Sachverhalt ausgehen.[190]

aa) Preußische Gesetzgebung

Beispielsweise wurde im Allgemeinen Preußischen Landrecht von 1794 Folgendes kodifiziert[191]:

1) Einleitung I § 23: Die persönlichen Eigenschaften und Befugnisse eines Menschen werden nach den Gesetzen der Gerichtsbarkeit beurtheilt, unter welcher derselbe seinen eigentlichen Wohnsitz hat.

2) Einleitung I § 28: Das bewegliche Vermögen eines Menschen wird, ohne Rücksicht seines gegenwärtigen Aufenthalts, nach den Gesetzen der ordentlichen Gerichtsbarkeit desselben beurtheilt.

3) Einleitung I § 31: In Ansehung des unbeweglichen Vermögens gelten, ohne Rücksicht auf die Person des Eigenthümers, die Gesetze der Gerichtsbarkeit, unter welcher sich dasselbe befindet.

4) I, 5, § 111: Die Form eines Vertrags ist nach den Gesetzen des Orts, wo er geschlossen worden, zu beurtheilen.

5) I, 5, § 113: Ist aber der Vertrag unter Abwesenden bloß durch Briefwechsel ohne Errichtung eines förmlichen Instruments geschlossen worden, und waltet in den Wohnörtern der Contrahenten eine Verschiedenheit der gesetzlichen Formen ob, so ist die Gültigkeit der Form nach den Gesetzen desjenigen Orts zu beurtheilen, nach welchen das Geschäfte am besten bestehen kann.

---

[189] S. hierzu bspw. *Hert* (1. Kap. A.III.e)).

[190] Die folgenden Kollisionsnormen sind eine Auswahl derjenigen, die vor *Savigny* kodifiziert wurden. Bei der Auswahl wurde auf einfache Zugänglichkeit in dem Sinne geachtet, dass bekannte kollisionsrechtliche Anknüpfungsgegenstände wie Verträge, Delikte und Ehen betrachtet werden. Damals präsentere Fragestellungen der Aufklärungszeit wurden aber ebenfalls, soweit sie zugänglich waren und eingesehen werden konnten, stark überwiegend entsprechend heutiger Kollisionsnormen kodifiziert. Die IPR-Kodifikationen vor *Savigny* und bis 1900 sind zusammengetragen von *Niemayer*, Das in Deutschland geltende IPR, insb. S. 75 ff. und *Meili*, Die Kodifikation des internationalen Civil- und Handelsrechts.

[191] Die kollisionsrechtlich relevanten Normen sind zusammengefasst zu finden bei *Niemeyer*, Das in Deutschland geltende IPR, S. 94 ff.

6) Erster Teil, 5. Titel, § 115: In allen Fällen, wo unbewegliche Sachen, deren Eigenthum, Besitz, oder Nutzung, der Gegenstand eines Vertrags sind, müssen wegen der Form die Gesetze des Orts, wo die Sache liegt, beobachtet werden.

7) Zweiter Teil, 1. Titel, § 495: Haben die Eheleute die Erbfolge weder durch Verträge, noch durch letzte Willensverordnungen bestimmt: so wird nach den Statuten oder Provinzialgesetzen des letzten persönlichen Gerichtsstandes des Verstorbenen verfahren.

Diese Normen klingen so modern, dass sie ohne methodischen Bruch durchaus in dieser Form in das EGBGB[192] bzw. in eine Rom-VO übernommen werden könnten.[193] Insbesondere ähneln die Normen zur Form von Verträgen mit Ansätzen des *favor negotii* und der Ausnahme für Verträge über unbewegliche Sachen sehr stark der heute in Art. 11 Rom I-VO kodifizierten Regelung. Zudem setzen sie allesamt am Lebenssachverhalt und nicht an der Sachnorm an.

bb) Bayerische Gesetzgebung

Derart eindeutig distanzierte sich der bayerische Gesetzgeber des Jahres 1756 nicht von den Kategorien der Statutentheorie. Aber auch der Codex Maximilianeus Bavaricus Civilis zeigt einen eklatanten Unterschied zum Ansatz am Statut auf[194], wenn er in Teil 1, Kap. 2, § 17, Folgendes festhält:

„Dafern aber die Rechten, Statuten und Gewohnheiten in loco Judicii, Delicti, Rei sitae, Contractus und Domicilii unterschiedlich seynd, so soll quo ad formam Processus auf die bey selbigen Gericht, wo die Sach rechtshängig ist, übliche Rechten, mit Bestraffung eines Verbrechens aber auf die Rechten des Orts, wo solches begangen worden, so viel hingegen die bloße Solemnität einer Handlung betrifft, auf die Rechten des Orts, wo solche unter Toden oder Lebendigen gepflogen wird, in meré personalibus auf die Statuta in loco Domicilii, und endlich in realibus vel mixtis auf die Rechten in loco rei sitae ohne Unterschied der Sachen, ob sie beweglich oder unbeweglich, cörperlich oder uncörperlich seynd, gesehen und erkennt werden.“[195]

Auf den ersten Blick könnte man meinen, dass hier die Kurzfassung der Abhandlung eines Vertreters der „engen" Statutentheorie niedergelegt wurde. In Wirklichkeit teilt der bayerische Gesetzgeber aber nicht mehr die Statuten in die Kategorien *realia*, *personalia* und *mixta* ein, sondern er verändert die Sichtweise. Er teilt die Sachverhalte und nicht die Gesetze in die überkommenen Kategorien ein.[196] Er fragt nicht, ob ein Statut personal ist, sondern er sagt, dass in

---

[192] Sie wären in Teilen wegen des Anwendungsvorrangs europäischen Rechts bloß nicht anwendbar.

[193] Auch *v. Bar/Mankowski*, IPR I, § 6 Rn. 43, sehen, dass es sich bei den Normen des ALR um „das erste „moderne" IPR-Gesetz" handelt. Sie gehen aber dennoch davon aus, dass die Rechtsfindung nach der Statutentheorie eine gänzlich andere ist als unter *Savigny*.

[194] Anders *v. Bar/Mankowski*, IPR I, § 6 Rn. 42; *Wolff*, Das IPR Deutschlands, S. 18.

[195] Codex Maximilianeus Bavaricus Civilis, 1756, Nachdruck von 1985, S. 9.

[196] In diesem Sinne wohl auch *Kreittmayer*, Anmerkungen über den Codicem Maximili-

„meré personalibus" auf die Normen der *lex domicilii* abzustellen ist. Er fragt ebenso nicht, welche Statuten real sind, sondern er hält fest, dass bei als *realia* oder *mixta* zu charakterisierenden Angelegenheiten die *lex rei sitae* anzuwenden ist. Von einer Einteilung der Statuten spricht die Stelle nicht! Sie unterliegt auch nicht dem von *Gamillscheg* gerügten sprachlichen Fehler[197], da hinsichtlich des Prozesses, des Delikts und der Handlung offensichtlich vom Sachverhalt ausgegangen wird; wieso sollte sich die Vorgehensweise bei den letzten beiden Kategorien ohne jegliche sprachliche Kenntlichmachung[198] ändern?[199] Man darf sich nicht von der Einleitung täuschen lassen! Zwar stellt der bayerische Gesetzgeber hier auf Sachnormen ab, er macht dies jedoch nur, um Fälle des „false conflict"[200] auszuklammern. Die Einleitung soll damit zeigen, dass sich die Fragen des Kollisionsrechts erst dann stellen, wenn es überhaupt zu einem Konflikt mindestens zweier Rechte kommt. Die kollisionsrechtlichen Regeln werden erst nach dieser Einleitung dargestellt.

Diese Ausführungen werden weiter gestützt, wenn nicht nur die erste, allgemeine Vorgabe, sondern weitere kollisionsrechtliche Ausführungen des Codex Maximilianeus Bavaricus Civilis betrachtet werden. Beispielsweise kodifiziert Teil III, Kap. 12, § 1: „[…] Ist in Entscheidung streitiger Erbschafts-Fällen ab intestato niemal auf die statuta loci, wo der Erblasser stirbt, sondern wo die Erbschaft liegt, oder soviel die bloße Personal-Sprüch belangt, auf die statuta loci, wo der Defunctus sein Domicilium gehabt hat, zu sehen."[201] Genauso eindeutig vom Sachverhalt her formuliert ist auch die bayerische Verordnung über Militärpersonen vom 11. Juni 1816.[202] Den Ausgangspunkt bei den Statuten nimmt in Bayern lediglich der Codex juris bavarici judiciarii von 1753, XIV, § 7, Nr. 8: „Nachdem sich oft zuträgt, daß die Lokalstatuten oder Gewohnheiten ver-

---

aneum Bavaricum civilem, Erster Teil, Zweites Kapitel, § XVII (in der Ausgabe von 1759 S. 117); ebenfalls abgedruckt bei *Meili*, Die Kodifikation des internationalen Civil- und Handelsrechts, S. 10 f.

[197] *Gamillscheg*, Dumoulin, S. 74 ff.

[198] Was mit Einfügen des Wortes „statut" vor *personalia*, *realia* und *mixta* recht einfach hätte verwirklicht werden können.

[199] Zudem wird eine Seite vor der relevanten Stelle erörtert, ob „privilegia" personalen oder realen Charakter haben. Auch dies zeigt, dass nicht *statuta*, sondern Rechtsverhältnisse bzw. Sachverhalte eingeteilt werden.

[200] Der Fall, dass alle in Betracht kommenden Rechte dasselbe sachrechtliche Ergebnis anordnen, ist der Grundfall eines nicht wirklich bestehenden Konflikts. In der amerikanischen Lehre wurde der Begriff des „false conflict" jedoch über diese Fälle hinaus ausgedehnt (dazu unten bspw. 1. Kap. E.II.2.)

[201] Codex Maximilianeus Bavaricus Civilis, 1756, Nachdruck von 1985, S. 307.

[202] *Niemeyer*, Das in Deutschland geltende IPR, S. 82. An derselben Stelle wird erklärt, warum diese eigentlich nur für Militärpersonen geltende Verordnung auch für Zivilpersonen Bedeutung hat.

schieden sind, und ein anderes in loco contractus, ein anderes in loco rei sitae, aut judicii statuiert und Herkommens ist, so hat der Richter vorzüglich dahin zu sehen, ob das Statut nur die bloße Form und Solemnität einer gepflogenen Handlung, oder die Person und Güter selbst betreffe. Im ersteren Fall soll nach dem Statut oder der Gewohnheit des Ortes, wo die Handlung gepflogen wird, gesprochen werden, im letzteren Fall aber erstreckt sich das Statut oder Herkommen weiter nicht, als auf die in jenem Orte befindlichen Güter und wohnhaften Personen, nicht aber auf das, was sich außerhalb desselben befindet."[203]

Diese Norm passt nicht zu den sonstigen bayerischen Kodifikationen dieser Zeit. Der Grund lässt sich nur vermuten. Es ist in jedem Fall der erste Versuch der neueren kollisionsrechtlichen Kodifikationen in Bayern. Sie könnte der bloßen wissenschaftlichen Tradition geschuldet sein, da die Wissenschaft in ihren Abhandlungen stets auf diese Weise formuliert hatte.

Eine Erklärung für den Bruch muss hier aber letztlich nicht gefunden werden, da die Norm wieder lediglich einen anderen Ausgangspunkt – den beim Statut – wählt, und dieser bei der vorliegenden Norm, die wohl die *statuta* nicht nach ihrem Wortlaut, sondern wie – insbesondere bei deutschen Autoren[204] – üblich nach ihrem Gegenstand und Zweck einteilt, gleichwertig ist. Da der bayerische Gesetzgeber zudem allseitig formuliert, betrifft die Kollisionsnorm auch zwingend jede Sachnorm, da eine kodifizierte allseitige Kollisionsnorm, die an der Sachnorm ansetzt, immer jede Sachnorm der Welt erfasst – ansonsten kann sie keine allseitige sein. Somit ist eine gleichwertige Abgrenzung erreicht, und es lässt sich auch hier wieder das Bild der zweiseitigen Medaille fruchtbar machen.

cc) Französische Gesetzgebung

Der französische Code civil von 1804 geht einen anderen Weg als die deutschen Kodifikationen. Er stellt in seinem Art. 3 lediglich einseitige Kollisionsnormen auf. Französische Polizei- und Sicherheitsgesetze sind für alle sich in Frankreich befindlichen Personen verbindlich, französische Liegenschaften sind französischen Gesetzen unterworfen und Gesetze, die Stand oder Fähigkeit einer Person betreffen, gelten auch im Ausland.[205] Es fällt auf, dass der französische Gesetzgeber zwischen dem Ansatz am Sachverhalt und dem Gesetz wechselt. Bezüglich einseitiger nationaler Kollisionsnormen kann der Ansatzpunkt auch offen-

---

[203] *Niemeyer*, Das in Deutschland geltende IPR, S. 81 f.

[204] Vgl. bspw. *Hert* (1. Kap. A.III.e)).

[205] Im französischen Original lautet Art. 3 CC:

„(1) Les lois de police et de sûreté obligent tous ceux qui habitent le territoire.

(2) Les immeubles, même ceux possédés par des étrangers, sont régis par la lois francaise.

(3) Les lois concernant l'état et la capacité des personnes régissent les Francais, même résidant en pays étranger." Deutsche Übersetzung bei *Kegel/Schurig*, IPR, § 3 VII.

sichtlich keinen Unterschied machen, da (anders als in der Statutentheorie) nur das eigene Gesetz der erste Ausgangspunkt sein kann. Sollte das eigene Gesetz jedoch nicht anwendbar sein, wird bei einseitigen Kollisionsnormen eine unkontrollierte Verweisung auf alle Rechtsordnungen der Welt ausgesprochen.[206] Damit ist die Rechtsfindung nach dem Text des Art. 3 Code civil sicher nicht mit der des „*savignyschen*" IPRs vergleichbar. Diese Feststellung hat allerdings mit der Frage nach der Gleichwertigkeit der Statutentheorie nichts mehr gemein – der französische Gesetzgeber kodifiziert nicht die Grundsätze der Statutentheorie.[207] Nicht der Ansatz beim Gesetz führt zur Unvergleichbarkeit, sondern die Tatsache, dass einseitige Kollisionsnormen kodifiziert werden. Die Regeln des Code civil werden allerdings dann vergleichbar, sobald sie durch die Rechtsprechung allseitig ausgebaut werden. Beispielsweise wurde die die Person betreffende Kollisionsnorm durch die Rechtsprechung bereits 1814 zu einer allseitigen ausgebaut.[208] Da für alle Sachnormen dann die allseitige Kollisionsnorm gilt, kann der Ansatzpunkt beim Gesetz insoweit keinen Unterschied machen.

dd) Badische Gesetzgebung

In Baden bestanden die *vorsavignyschen* Kodifikationen aus dem badischen Landrecht von 1809/1810 und dem Konstitutionsedikt vom 04. Juni 1808. Bedingt durch das französische Protektorat übernahm das badische Landrecht die international-privatrechtlichen Bestimmungen des *Code civil*. Baden führte jedoch noch weitere kollisionsrechtliche Bestimmungen ein,[209] die hier zu analysieren sind. Das badische Landrecht geht dabei in methodischer Hinsicht eklektisch vor. Teils stellt es allseitige Kollisionsnormen auf: Für die Auslegung des Vertrages gilt der Vertragsort, Satz 1159; Delikte werden nach dem Handlungsort beurteilt, außer beide Parteien sind badische Staatsbürger[210], § 13 Badisches Konstitutionsedikt. Durch die Übernahme der französischen Normen werden einseitige Normen aufgestellt und teilweise der Ansatzpunkt beim Gesetz genommen, Satz 3 badisches Landrecht. Teilweise werden Kollisionsnormen auf Fremde zugeschnitten. So gilt gemäß § 2 des Konstitutionsedikts für die Intestaterbfolge nach ausländischen Verstorbenen hinsichtlich badischer Güter dessen Heimatrecht.[211]

---

[206] *Schurig*, Kollisionsnorm und Sachrecht, S. 110.

[207] *v. Bar/Mankowski*, IPR I, § 6 Rn. 44.

[208] *Sirey*, Recueil des Lois, 1812–1814, II, S. 393 f.; dazu *v. Bar/Mankowski*, IPR I, § 4 Rn. 45.

[209] *Niemeyer*, Das in Deutschland geltende IPR, S. 75 ff.

[210] Dann gilt badisches Recht.

[211] Interessant ist in diesem Zusammenhang auch § 13 des Konstitutionsedikts, in welchem der badische Gesetzgeber festhält, dass für Staatsangehörige Badens badisches Recht nicht gilt in Streitigkeiten, die sich „unmittelbar" auf Erbschaften beziehen, die in anderen

Insgesamt unterschied der badische Gesetzgeber in seinen kollisionsrechtlichen Ausführungen sehr stark danach, ob eine Streitsache rein zwischen badischen Staatsbürgern ausgefochten wurde oder ob auch Ausländer beteiligt waren. Dies liegt aber eher daran, dass der badische Gesetzgeber nur in Ausnahmefällen von einem „internationalen Sachverhalt" ausging, wenn zwei badische Staatsangehörige vor badischen Gerichten stritten, und nicht um eine methodische Abweichung in der Rechtsfindung im Kollisionsrecht. Ein methodischer Unterschied liegt vielmehr, wie bereits zum französischen Recht ausgeführt, in der teilweisen Wahl einseitiger Kollisionsnormen, solange diese nicht allseitig ausgebaut werden.

ee) Österreichische Gesetzgebung

Zuletzt ist noch auf die Kollisionsregeln des ABGB von 1811 einzugehen. Interessant sind hier vor allem die §§ 4 und 34 a. F. ABGB:

§ 4 a. F. ABGB: Die bürgerlichen Gesetze verbinden alle Staatsbürger der Länder, für welche sie kundgemacht worden sind. Die Staatsbürger bleiben auch in Handlungen und Geschäften, die sie ausser dem Staatsgebiete vornehmen, an diese Gesetze gebunden, insoweit als ihre persönliche Fähigkeit, sie zu unternehmen, dadurch eingeschränkt wird, und als diese Handlungen und Geschäfte zugleich in diesen Ländern rechtliche Folgen hervorbringen sollen. Inwiefern die Fremden an diese Gesetze gebunden sind, wird in dem folgenden Hauptstücke bestimmt.

§ 34 a. F. ABGB: Die persönliche Fähigkeit der Fremden zu Rechtsgeschäften ist insgemein nach den Gesetzen des Ortes, denen der Fremde vermöge seines Wohnsitzes, oder, wenn er keinen eigentlichen Wohnsitz hat, vermöge seiner Geburt als Unterthan unterliegt, zu beurteilen; insofern nicht für einzelne Fälle in dem Gesetze etwas anderes verordnet ist.

Ländern belegen sind. Für Ausländer gilt mithin hinsichtlich badischer Grundstücke ihr Heimatrecht. Für badische Bürger gilt ihr Heimatrecht nicht, wenn sich die Streitsache „unmittelbar" auf die Erbschaft bezieht. Wie sich bspw. eine Norm, die die verschiedenen Erbquoten festlegt, nicht „unmittelbar" auf die Erbschaft beziehen kann, erschließt sich nicht. Daher wäre die Rechtslage die, dass für badische Bürger die *lex rei sitae* angewandt wird, bei Ausländern ihr Heimatrecht für Grundstücke in Baden. Für anderswo belegene Grundstücke von Ausländern schweigt das Gesetz. Dies könnte an der Annahme der fehlenden Gerichtsbarkeit in solchen Fällen liegen. Zu Ende gedacht wäre jedoch auch bei Ausländern wohl die *lex rei sitae* anwendbar, da die Begründung der Nichtanwendung badischen Rechts auf die Erbschaften (Wahrung der Souveränität fremder Staaten) ebenso bei Ausländern trägt. Der oberste badische Gerichtshof hat aus den Rechtsgrundlagen jedoch ein anderes abgeleitet, wie *Niemeyer*, Das in Deutschland geltende IPR, S. 80 berichtet. In erbrechtlichen Angelegenheiten sei – auch für unbewegliche Sachen – die Staatsangehörigkeit das entscheidende Anknüpfungsmoment. Diese Rechtsprechung stammt allerdings aus dem Jahre 1868 und könnte daher auch dem Eindruck *Savignys* geschuldet sein, der in Erbschaftsangelegenheiten das Wohnsitzrecht entscheiden ließ, System VIII, S. 295 f., und damit ebenfalls einen „personalen" Anknüpfungspunkt wählte.

Beide Normen behandeln – modern gesprochen – denselben Anknüpfungsgegenstand, ihrem Wortlaut nach nehmen sie aber unterschiedliche Anknüpfungspunkte. § 4 a. F. ABGB stellt auf die Staatsangehörigkeit, § 34 a. F. ABGB
eigentlich auf den Wohnsitz ab. Gegen eine am Wortlaut des § 34 ABGB haften-
de Auslegung formierte sich allerdings früh Widerstand.[212] Auf Wohnsitz und
Herkunft habe der Gesetzgeber nur deswegen abgestellt, da in einigen Staaten
noch keine Regelungen zur Staatsangehörigkeit existierten.[213] Folgt man dieser
Auslegung, ergeben die Normen § 4 und § 34 a. F. ABGB ein Paradebeispiel der
Umkehrbarkeit von Sachverhalt und Sachnorm. Obwohl beide Normen einen
unterschiedlichen Ausgangspunkt nehmen (§ 4 ABGB nimmt ihren Ausgangspunkt bei den Gesetzen Österreichs, § 34 ABGB bei dem beschriebenen Lebenssachverhalt), ließen sie sich zwanglos und ohne jeglichen Bedeutungsverlust als
eine allseitige Kollisionsnorm zusammenfassen.[214]

Für die Zwecke der Untersuchung muss die streitige Auswahl zwischen
Wohnsitz und Staatsangehörigkeit in § 34 ABGB allerdings nicht entschieden
werden. Wird der Wohnsitzanknüpfung[215] gefolgt, können die zwei Normen
zwar nicht zu einer allseitigen Kollisionsnorm zusammengefügt werden, bei § 4
ABGB kann es als einseitige Kollisionsnorm – wie bereits zum Code civil erläutert – denknotwendig keinen Unterschied machen, ob bei Sachnorm oder Sachverhalt angesetzt wird. Sobald § 4 a. F. ABGB nicht einschlägig ist, greift nun
die Norm des § 34 a. F. ABGB. Eine stimmige Abgrenzung der beteiligten
Rechtsordnungen wird auch dann erreicht.

Die weiteren kollisionsrechtlich relevanten Paragraphen des ABGB von 1811
(§§ 35, 36, 37, 300 ABGB[216]) nehmen ihren Anhaltspunkt allesamt beim Sachverhalt und bilden allseitige Kollisionsnormen, die zwanglos als „modern" bezeichnet werden können.[217]

---

[212] Vgl. die Nachweise bei *Korkisch*, FS Dölle, Band 2, S. 97 ff.

[213] *Korkisch*, FS Dölle, Band 2, S. 97 f.

[214] Dieser Norm müssten sicherlich noch die Ausnahmetatbestände der §§ 4, 34 ABGB
hinzugefügt werden. Die Grundaussage ist jedoch identisch.

[215] So beispielsweise *Unger*, System, S. 164 ff.

[216] Abgedruckt bspw. bei *Meili*, Die Kodifikation des internationalen Civil- und Handelsrechts, S. 26 f.

[217] *v. Bar/Mankowski*, IPR I, § 6 Rn. 47, sehen dies anders für § 300 ABGB (Unbewegliche Sachen sind den Gesetzen des Bezirkes unterworfen, in welchem sie liegen; alle übrigen
Sachen hingegen stehen mit der Person ihres Eigentümers unter gleichen Gesetzen). § 300
ABGB fragt aber nicht nach dem Anwendungsbereich des Gesetzes, sondern hält fest, dass
in Fällen, die Sachen betreffen, die *lex rei sitae* angewandt wird, sofern die Sachen unbeweglich sind. Für bewegliche Sachen verweist es auf die Kollisionsregel zur Person. Den methodischen Ausgangspunkt nimmt die Norm daher beim Sachverhalt, nicht beim Gesetz. Das
anwendbare Gesetz ist vielmehr Rechtsfolge der Kollisionsnorm.

IV. Zusammenfassung und Schlussfolgerungen

Nach der hier vorgenommenen Quellenanalyse lässt sich feststellen, dass die 600-jährige Geschichte der weiten Statutentheorie eine Geschichte des Methodenpluralismus ist. Statutentheoretiker nahmen ihren Ausgangspunkt teilweise beim Sachverhalt, teilweise bei den Statuten.[218] Der Ansatzpunkt beim Gesetz war bei manchen Autoren und an manchen Stellen gleichwertig, bei anderen bzw. an anderen nicht. Mal dachten die Autoren allseitig, mal einseitig. Dieser Methodenpluralismus ist aber nicht wirklich verwunderlich, wenn über sechs Jahrhunderte theoretische Ausführungen zu einer solch komplexen Thematik geschrieben werden und selbst die Kodifikationen dieses Gebietes sehr unterschiedliche methodische Gedanken umsetzen.

Festhalten lässt sich aber, dass der Ansatzpunkt beim Gesetz unter bestimmten Voraussetzungen als gleichwertig angesehen werden kann und dass diese Voraussetzungen bei den betrachteten Statutentheoretikern und Kodifikationen zumindest teilweise vorlagen. Die Gleichwertigkeit des Ansatzpunktes beim Gesetz fällt weg, sobald die Autoren nach dem Wortlaut bzw. dem rechtlichen Inhalt einer bestimmten Sachnorm abgrenzen und nicht nach allgemeinen übergeordneten Wertungen.

Die fehlende Gleichwertigkeit müsste ferner zu dem Zeitpunkt zu Tage treten, an welchem einige lokale Gesetzgeber „systemsprengende" Normen kodifizieren. Offensichtlich systemsprengend sind dabei die betrachteten Sachnormen, die sich primär auf Grundstücke beziehen, aber ihren Anwendungsbereich auf alle Grundstücke auszudehnen versuchen, wo immer sie auch belegen sein mögen.[219] Diese explizite Anweisung der Gesetzgeber wird jedoch, zumindest von den deutschen Statutentheoretikern, überwiegend ignoriert. Sie scheinen ihrem theoretischen System, welches eine stimmige Abgrenzung der einzelnen Statuten ermöglicht, in solch einer Weise verpflichtet, dass sie es nicht einmal durch den Gesetzgeber zerstören lassen. Wenn sie nicht ignoriert werden, sondern den Gesetzen gefolgt wird, besteht wiederum keine Gleichwertigkeit.

Die Kodifikationen der Aufklärungszeit sind zu einem großen Teil keine solch systemsprengenden. Sie zeigen vielmehr gerade die Gleichwertigkeit und Umkehrbarkeit vieler Ansätze der Statutentheorie. Diese *vorsavignyschen* Kodifikationen, die teilweise derselben Methodik folgen, welche die Vertreter einer „kopernikanischen Wende" *Savigny* zuschreiben, zeigen sehr deutlich, dass die methodischen Erwägungen, die *Savigny* erfunden haben soll, bereits vor

---

[218] Für Methodenpluralismus in dem Sinne, dass die Statutentheoretiker sowohl den Ansatz beim Gesetz als auch den beim Rechtsverhältnis kannten bspw. auch *Lipert*, Historischer Statutismus und Neostatutismus, S. 18 f.

[219] S. oben 1. Kap. A.III.f).

ihm existierten. Ihre Existenz führten diese Erwägungen zudem nicht bloß am Rande der kollisionsrechtlichen Debatte, sondern waren, zumindest bei den deutschen Juristen, prägendes Gedankengut.

Obwohl sich also Quellen finden lassen, die gleichwertig vorgehen, und auch solche, die nicht gleichwertig vorgehen, werden auch in der Gruppe der letzteren Quellen Gedanken ersichtlich, die an das Aufstellen von Kollisionsnormen erinnern. Wenn *Bartolus* nach dem Wortlaut abgrenzt, bildet er eine einseitige Kollisionsnorm für die zu betrachtende Sachnorm. Er fragt nach ihrem Anwendungswillen – ist sie auf die Person hin formuliert, wirkt sie extraterritorial, ist sie auf die Sache bezogen formuliert, findet sie nur auf in diesem Territorium belegene Sachen Anwendung. Insofern kommt bei *Bartolus'* Lösung der *quaestio anglica* eine unilateralistische Vorgehensweise zum Vorschein. Auf dem Prinzip des Unilateralismus aufbauende Abgrenzungsnormen sind dem heute in Deutschland geltenden Recht eher fremd[220], Kollisionsnormen oder Vehikel zur Durchsetzung von Hoheitsinteressen können es aber dennoch sein. Auch die nicht gleichwertigen Ansätze innerhalb der weiten Statutentheorie können demnach mit dem hier vorgestellten System erklärt werden.

Die gefundenen Erkenntnisse regen des Weiteren dazu an, das durch *Savigny* Erreichte neu zu bewerten. Da sowohl bereits vielfach der Ansatzpunkt beim Sachverhalt genommen wurde und der Ansatz bei den Statuten oftmals lediglich die Umkehrung des Ansatzes beim Gesetz darstellt, ist *Savigny* wohl nicht als methodischer Revolutionär, sondern als Evolutionär zu begreifen.[221] Wie bei jeder positiven Fortentwicklung von etwas Bestehendem streift er diejenigen Ansätze ab, die rationaler und verständlicher Rechtsfindung im Internationalen Privatrecht entgegenstehen. Im Fall *Savignys* bedeutet dies, dass er erstens die statutentheoretischen Ansätze aussondert, die nicht nur die Umkehrung des Ansatzes beim Gesetz darstellen. Zweitens erkennt er die Umkehrbarkeit der statutentheoretischen Ansätze an[222], die diese bloße Umkehrung zum Inhalt haben, nimmt aber dennoch – für seine allseitigen Kollisionsnormen[223] – den Ausgangspunkt beim „Rechtsverhältnis". Und er nimmt ihn mit gutem Grund beim Rechtsverhältnis, da die Ausgangspunkte zwar logisch gleichwertig sein mö-

---

[220] Eine Ausnahme kann in den Eingriffsnormen gesehen werden.

[221] Gegen Revolution und auch wohl für Evolution bei *Savigny Schurig*, in: IPR im 20. Jahrhundert, S. 25.

[222] *Savigny*, System VIII, S. 2 f.

[223] In der Begründung ordnet *Savigny* selbst die Sachnormen oftmals noch den Kategorien Personalstatut bzw. Realstatut zu und argumentiert mit diesen Kategorien (bspw. System VIII, S. 296, 308 und 345). Dies beweist, dass der Gedanke der Umkehrbarkeit der Ansatzpunkte bei *Savigny* nicht bloß Lippenbekenntnis ist.

gen, der beim Rechtsverhältnis aber mit erheblichen praktischen Vorteilen verbunden ist.[224]

Die hier vorgenommene Bewertung sucht die Leistung *Savignys* nicht zu schmälern. Durch das Gewicht seiner Stimme schafft er es, Veraltetes auszusortieren, die kollisionsrechtliche Methode endgültig von der komplizierten Einteilung der Statuten in *realia, personalia* und *mixta* zu befreien und im Allgemeinen die kollisionsrechtliche Methode, insbesondere mit seinem Bild vom Sitz des Rechtsverhältnisses, in deutlich verständlichere Bahnen zu leiten.

B. Die Methode des savignyschen IPR

Auch wenn man – wie hier vertreten – den Gedanken einer „kopernikanischen Wende" durch *Savigny* ablehnt, bringen er und seine Nachfolger Neues. In einem zweiten Schritt soll daher die Gestalt der international-privatrechtlichen Methode nach dem evolutionären Schritt *Savignys* analysiert werden, also die Methode des „*savignyschen*" bzw. „klassischen" Internationalen Privatrecht. Dabei wird unter „*savignyschem*" oder „klassischem" IPR die heute in Deutschland und Europa immer noch prägende Methode der Rechtsfindung anhand von allseitigen Kollisionsnormen verstanden. Die Korrektur der Verweisung, beispielsweise in Form des *ordre public*-Vorbehalts oder von Eingriffsnormen, wird separat behandelt, da sich diese, wie gezeigt werden wird, durch jedes System zieht (auch durch das System der Statutentheorie und der wohlerworbenen Rechte).

I. Internationales Privatrecht als „savignysches"
Internationales Privatrecht?

Sieht man *Savigny* entgegen vielen als Evolutionär und nicht als Revolutionär, bedarf die Bezeichnung der heute maßgeblichen Rechtsfindungsmethode als „*savignysche*" einer Begründung.[225] Die Weiterverwendung dieses eingebürgerten Begriffs und seines Synonyms, des „klassischen" Internationalen Privatrechts, erscheint dennoch gerechtfertigt, da, wie gerade gesehen, von *Savigny* maßgebliche Evolutionsimpulse in methodischer Hinsicht ausgehen, welche die heutige Rechtsfindung prägen. Neben der betrachteten methodischen Seite ist *Savigny* darüber hinaus bedeutend, weil er Ansichten in Einzelfragen in

---

[224] Zu den praktischen Vorteilen bereits oben 1. Kap. A.III.2.

[225] *Schurig*, in: IPR im 20. Jahrhundert, S. 5, meint, derjenige, der diesen Namen propagiert, führe in die Irre.

Deutschland[226] zur endgültigen Durchsetzung verhalf, die das deutsche und das europäische Internationale Privatrecht heute noch prägen.[227] Zur Durchsetzung verhalf er beispielsweise der Nachlasseinheit[228] und dem *favor negotii* bei Formfragen[229].

Das *savignsche* IPR ist dabei jedoch nicht als das bloße Konstrukt *Savignys* zu verstehen. Es wurde vielmehr über die letzten mehr als 150 Jahre stetig weiterentwickelt. Meilensteine sind beispielsweise die „Entdeckung der Qualifikationsfrage" durch *Kahn*[230], die Interessenlehre *Kegels*[231] und das Bündelungsmodell *Schurigs*[232]. Dabei sind die „großen Fragen" der Rechtsfindung im klassischen IPR durch Kodifikation heute im Wesentlichen geklärt.[233] Lebenssachverhalte bzw. Rechtsverhältnisse werden unter Systembegriffe allseitiger Kollisionsnormen subsumiert und bestimmen mit den Anknüpfungspunkten das anwendbare Sachrecht.

II. Allseitige Normen als Grundbaustein des klassischen IPR?

Allseitige Kollisionsnormen als einen der prägenden Grundbausteine des klassischen IPR zu sehen könnte vor dem Hintergrund auf Bedenken stoßen, dass das EGBGB von 1900 lediglich einseitige Kollisionsnormen kodifizierte und auch im heutigen EGBGB noch einige einseitige Kollisionsnormen (bspw. Art. 16 I und II EGBGB, Art. 17 II EGBGB) vorhanden sind. Gegenüber diesen Bedenken ist aber zunächst darauf hinzuweisen, dass *Savigny* selbst von allsei-

---

[226] In Frankreich und Belgien kannte man bis zur Einführung der EuErbVO die Nachlasseinheit nicht.

[227] Die Anknüpfung „an die Person" des Erblassers und damit die Sicherung der Nachlasseinheit, mit Ausnahme der Fälle der partiellen Rechtswahlmöglichkeit nach Art. 25 II EGBGB a. F., wurde nach Art. 25 EGBGB a. F. über die Anknüpfung an die Staatsangehörigkeit verwirklicht. Die neue EuErbVO knüpft an den gewöhnlichen Aufenthalt, Art. 21 EuErbVO, bzw. an den Erblasserwillen, Art. 22 EuErbVO, an und sichert so die Nachlasseinheit. Hinsichtlich der Form ordnen sowohl Art. 11 I EGBGB und Rom I-VO im Grundsatz die alternative Anknüpfung in Formfragen an.

[228] *Savigny*, System VIII, S. 295 ff.

[229] *Savigny*, System VIII, S. 358. Von der alternativen Anknüpfung der Formfragen macht *Savigny* – wie das heute geltende Recht, Art. 11 IV EGBGB – Ausnahmen im Sachenrecht, System VIII, S. 352 f.

[230] *Kahn*, Abhandlungen zum IPR, Band 1, S. 92 ff.

[231] *Kegel*, FS Lewald, S. 259 ff.

[232] Bspw. *Schurig*, Kollisionsnorm und Sachrecht, S. 89 ff. (weitere Nachweise zum Bündelungsmodell unten 2. Kap. Fn. 90).

[233] Erinnert sei hier daran, dass die Bedeutung der Rechtslagenanerkennung nach der hier gegebenen Definition nicht zu der Rechtsfindung des klassischen IPR gehört.

tigen Kollisionsnormen ausging.[234] Zudem sind die einseitigen Kollisionsnormen des EGBGB von 1900[235] wie ihre französischen Vorläufer[236] von Literatur[237] und Rechtsprechung[238] größtenteils zu allseitigen Kollisionsnormen ausgebaut worden. Die einseitigen Kollisionsnormen, die nicht zu allseitigen ausgebaut werden können, werden Exklusivnormen genannt.[239] An dieser Stelle, also zwischen Exklusivnormen auf der einen und anderen Kollisionsnormen auf der anderen Seite, verläuft für das zeitgenössische deutsche IPR die wahre Grenze der unterschiedlichen Rechtsfindung. Solange einseitige Kollisionsnormen auf verallgemeinerungsfähigen Erwägungen beruhen, sind sie auszubauen. Ohne verallgemeinerungsfähige Gedanken sind sie nicht auszubauen.[240] Dann handelt es sich um Exklusivnormen. Auch hier bietet im Übrigen das vorgeschlagene System Erklärung und Argumentationsmaterial. Exklusivnormen sind solche Normen, die maßgeblich Hoheitsinteressen im Blick haben.[241] Beispielsweise will Art. 13 IV 1 EGBGB (n. F.), der für die Eheschließung im Inland zwingend die Beachtung der inländischen Form vorschreibt, das staatliche Eheschließungsmonopol und die obligatorische Zivilehe kollisionsrechtlich absichern.[242] Das Pendant bietet Art. 17 II EGBGB, der das staatliche Monopol bei Scheidungen kollisionsrechtlich sichert.[243] Demgegenüber liegt Art. 16 II EGB-

---

[234] *Savigny*, System VIII, S. 7, 134, 169 ff., 247, 302, 325, 338 f., 341, 347, 350 ff., um die wohl wichtigsten zu nennen; Gegenbeispiele wurden nicht gefunden.

[235] Die Entscheidung für die einseitigen Kollisionsnormen des EGBGB von 1900 wurde erst im letzten Moment aus politischen Gründen getroffen. Die vorausgehende Gesetzgebungsgeschichte war hingegen klar von allseitigen Kollisionsnormen geprägt (vgl. *Hartwieg/ Korkisch*, Die geheimen Materialien zur Kodifikation des deutschen Internationalen Privatrechts, S. 57 ff.).

[236] Hierzu 1. Kap. A.III.g).

[237] *Melchior*, Grundlagen, S. 56 f.; *Raape*, IPR, 5. Aufl., S. 34 f.; *Wolff*, Das IPR Deutschlands, S. 35 f.; neben Deutschland auch für die Schweiz *Niederer*, Einführung, S. 122 f.

[238] Bspw. RGZ 62, S. 403; RGZ 91, S. 140 f.; RGZ 125, S. 268.

[239] *Nojack*, Exklusivnormen, S. 2 ff., auch zu anderen Bedeutungen des Wortes „Exklusivnorm".

[240] *Nojack*, Exklusivnormen, S. 160 f.

[241] Ähnlich *v. Hoffmann/Thorn*, § 4 Rn. 13, die allerdings zurückhaltender formulieren. Demnach „dienen [Exklusivnormen] häufig der Begünstigung inländischer Partei- oder Ordnungsinteressen." Auch *Nojack*, Exklusivnormen, S. 161, schreibt: „Materiellprivatrechtliche Interessen oder Staatsinteressen einer einseitigen Norm sind mit dem Exklusivcharakter verknüpft."

[242] BeckOK/*Mörsdorf-Schulte*, Art. 13 EGBGB, Rn. 64; Staudinger/*Mankowski*, Art. 13 EGBGB Rn. 551; *Nojack*, Exklusivnormen, S. 36 ff.

[243] BeckOK/*Heiderhoff*, Art. 17 EGBGB, Rn. 75; Staudinger/*Mankowski*, Art. 17 EGBGB, Rn. 182; nach dem Gesetzgebungsentwurf schützt Art. 17 II EGBGB die Rechtsklarheit und die Interessen der Kinder (BT-Drucks. 10/504 S. 61). Das greift aber zu kurz, MüKo/*von Mohrenfels*, Art. 17 EGBGB Rn. 11.

GB ein verallgemeinerungsfähiger Gedanke zugrunde, der nicht deutsche Hoheitsinteressen im Blick hat. Warum sollte der Schutz Dritter geringer zu erachten sein, wenn im Ausland ein Rechtsgeschäft vorgenommen wird und dort äquivalente Normen zum Schutz Dritter existieren? Art. 16 II EGBGB beruht auf dem universellen Gedanken, dass gutgläubige Dritte in gewissen Situationen zu schützen sind und nicht auf hoheitlichen Interessen an der Ausdehnung deutschen Rechts. Er ist daher allseitig auszubauen.[244] Aus diesen Ausführungen folgt, dass das *savignysche* System durchaus auf allseitigen Kollisionsnormen beruht. Exklusivnormen sind wie der *ordre public* eine „Korrektur" der allseitigen Verweisungsnormen.[245] Dem entspricht, dass Exklusivnormen oft als „regelwidrige" Ausdehnung des deutschen Rechts angesehen werden.[246]

III. Insbesondere: Die Interessenlehre im IPR

Einen prägenden Teil und bedeutenden Entwicklungsschritt des heutigen Internationalen Privatrechts bildet die Erkenntnis, dass im Internationalen Privatrecht verschiedene Interessen bzw. Interessengruppen wirken und den Interessen maßgebliche Bedeutung bei der Entscheidung von Auslegungsfragen zukommt.

1. Die Interessenlehre Kegels

Mit der Interessenlehre maßgeblich verbunden ist der Name *Kegels*, der seine Interessenlehre im Jahre 1953 in dem Aufsatz „Begriffs- und Interessenjurisprudenz im internationalen Privatrecht" entwickelte.[247] Auf seine Vordenker, maßgeblich *Heck*[248] und *Wengler*[249], die den Weg für die Interessenjurisprudenz im IPR ebneten, geht *Kegel* selbst ausführlich ein.[250]

---

[244] *v. Hoffmann/Thorn*, § 4 Rn. 11; MüKo/*Siehr*, Art. 16 EGBGB Rn. 45; *Nojack*, Exklusivnormen, S. 51; a.A. Staudinger/*Mankowski*, Art. 16 EGBGB, Rn. 89 f. Da *Mankowski* die registerrechtliche Komponente des Gutglaubensschutzes betont und deshalb die Anwendung auf Rechtsgeschäfte im Ausland ablehnt, stützt es jedoch die hier vertretene These, dass Exklusivnormen maßgeblich auf Hoheitsinteressen zurückgehen. Der Schutz der Wirkungen inländischer Register wird man als Hoheitsinteresse ansehen können.

[245] *v. Bar/Mankowski*, IPR I, § 1 Rn. 17.

[246] *Kegel/Schurig*, IPR, § 6 I 3; *v. Hoffmann/Thorn*, IPR, § 4 Rn. 13.

[247] *Kegel*, FS Lewald, S. 259 ff.

[248] *Heck*, ZgesHR 38 (1891), S. 306 f.

[249] *Wengler*, ZöffR 23 (1944), S. 473–509.

[250] *Kegel*, FS Lewald, S. 261 ff. Ergänzend hinzuweisen ist noch auf *Müller*, Grundsatz des wohlerworbenen Rechts, S. 327 ff., der festhält, dass die Interessenwertung der einzig gangbare Weg im Internationalen Privatrecht ist.

Kegel unterscheidet die international-privatrechtlichen Interessen in Partei-, Verkehrs- und Ordnungsinteressen.[251] Selbst *Kegel* sieht diese Interessen aber nicht als universell durchsetzbar an. Es existieren nach *Kegel* Ausnahmen von der international-privatrechtlichen Gerechtigkeit, welche die eben genannten Interessen durchzusetzen versucht. Diese Ausnahmen erfolgen im Sinne der materiell-privatrechtlichen Gerechtigkeit und der Staatsmacht.[252] Dogmatisches Vehikel zur Durchsetzung dieser Ausnahmen ist der *ordre public*. Diese Ausnahmen der international-privatrechtlichen Interessen müssen im Spiegel der Zeit betrachtet werden, in welcher *Kegel* seine Interessentheorie zu Beginn der fünfziger Jahre verfasste. Die Materialisierungstendenzen der folgenden Jahrzehnte waren noch nicht erkennbar. In dem Ausmaß, in welchem sie heute wirken, konnten sie auch nicht relevant werden, da beispielsweise ein Sonderprivatrecht für Verbraucher zu diesem Zeitpunkt nicht in der heutigen Weise existierte.[253] Das Internationale Privatrecht konnte das Interesse des Staates an der Geltung dieser Schutzbestimmungen daher nicht kennen. Heute sind die Ausnahmen von den Gerechtigkeitsvorstellungen des „klassischen" IPR gewachsen. All diese Interessen und Wertungen werden hier in dem Oberbegriff der Hoheitsinteressen zusammengefasst, welche sicher die Ausnahmen Kegels – materiell-privatrechtliche Gerechtigkeit und Macht – umfassen, aber darüber hinausgehend noch andere Komponenten enthalten.[254]

2. Versuche der Weiterentwicklung der Interessenlehre Kegels

Zurück zu *Kegels* Interessenlehre: Trotz vieler Befürworter, welche die Lehre *Kegels* annahmen und weiterentwickelten[255], ist sie nicht ohne Widerspruch geblieben. Dieser Widerspruch formierte sich aber nicht in dem Sinne, dass dem Gedanken *Kegels*, im Internationalen Privatrecht müssten Gedanken der Interessenjurisprudenz fruchtbar gemacht werden, die Gültigkeit abgesprochen wird. Durch Widerspruch sollte vielmehr „Weiterentwicklung" erreicht werden. *Kropholler* meint beispielsweise, nicht *Interessen*, sondern *Wertungen* seien zu berücksichtigen. Nach *Neuhaus* sind dagegen *Maximen* der Anknüpfung zu berücksichtigen.[256]

---

[251] *Kegel*, FS Lewald, S. 274 ff.

[252] *Kegel*, FS Lewald, S. 277 ff.

[253] Zwar existierte bereits seit 1894 ein „Abzahlungsgesetz", von einem Sonderprivatrecht für Verbraucher kann man aber wohl erst aufgrund der umgesetzten europäischen Verbraucherschutzrichtlinien in den achtziger Jahren sprechen (*Bülow/Artz*, Verbraucherprivatrecht, Rn. 43).

[254] Ausführlich unten 2. Kap. D.III.

[255] Bspw. *Lüderitz*, FS Kegel, S. 31 ff.; *ders.*, IPR, Rn. 94 ff.

[256] *Neuhaus*, Grundbegriffe, S. 164 ff.

Flessner will sich hinsichtlich der Interessenanalyse eher am konkreten materiellen Ergebnis orientieren.[257] Bezogen auf die „klassischen" Kollisionsnormen ist ihm zu widersprechen. In ihrem Rahmen kann dem materiellen Ergebnis keine Bedeutung zukommen, da nach der Grundkonzeption des „klassischen" IPR, welches sowohl dem deutschen IPR als auch dem europäischen zugrunde liegt, dem sachrechtlich besseren Recht zunächst keine Bedeutung zukommen soll. Sachliche Überlegenheit ist relativ.[258] Was gerecht ist und was nicht, wird oftmals von Land zu Land unterschiedlich angesehen. Auf Ebene der Kollisionsnormen sollte diesen unterschiedlichen Wertungen Raum gegeben werden. Im Ausgangspunkt ist es deutlich „gerechter", die Wirkungen einer Ehe zwischen zwei Menschen aus Saudi-Arabien, die ebendort wohnen und ständig aufhalten, nach saudischem Recht zu beurteilen, auch wenn das saudische Sachrecht nach den Wertungen der deutschen Rechtsordnung schreiend ungerecht sein sollte.[259] Die nach deutschem Verständnis bestehende Ungerechtigkeit sollte nicht daran hindern, auf Ebene der Kollisionsnormen örtliche Gerechtigkeit walten zu lassen. Dass das materiell-rechtliche Ergebnis des saudisch-arabischen Rechts eventuell in Deutschland nicht zu akzeptieren ist, wird dabei erst in einem zweiten Schritt beachtet. An dieser Stelle muss den Hoheitsinteressen des Staates Deutschland an der Nichtbeachtung von Regelungen, die dem deutschen Grundgesetz widersprechen, über das dogmatische Vehikel des *ordre public* vor deutschen Gerichten Rechnung getragen werden. Das sind aber nicht Interessen, von denen sich eine die Ehewirkungen betreffende Kollisionsnorm oder der Rechtsanwender bei Anwendung einer solchen Kollisionsnorm leiten lassen sollte.

Flessner ist damit insoweit zuzustimmen, dass Interessen an einem bestimmten materiell-rechtlichen Ergebnis keine Fremdkörper im *Kollisionsrecht* bilden und sich damit im Ergebnis materiell-rechtliche Erwägungen in manchen Fällen

---

[257] *Flessner*, Interessenjurisprudenz, S. 54 ff., 80, 89 f. In selbige Richtung zielen bspw. die Ausführungen von *P. M. Gutzwiller*, Schw. Jb. Int. R. 25 (1968), S. 167 ff., 192 f. und von *Rehbinder*, JZ 1973, S. 155 ff., der ein „ergänzendes kollisionsrechtliches System für sozial-, wirtschafts- und unternehmenbezogenes Privatrecht in Anlehnung an die Lehre zur Sonderanknüpfung" schaffen möchte und damit der Kodifizierung von Sonderregelungen für bestimmte Teilbereiche (Verbraucherverträge, Arbeitsverträge, usw.) vorfühlt. Im Allgemeinen sind die Gedanken derer, die materiell-rechtliche Erwägungen stärker berücksichtigen wollten, sehr stark von Gedanken der amerikanischen „conflicts revolution", insbesondere der Gedanken *Curries*, inspiriert (zu den amerikanischen Theorien vgl. unten 1. Kap. E.).

[258] *Kegel/Schurig*, IPR, § 2 I und III.

[259] Die grundsätzliche Gleichwertigkeit der Rechtsordnungen ist gerade eine der grundlegenden Annahmen des Internationalen Privatrechts deutscher und europäischer Prägung, was schon durch den Ansatz, der Bildung allseitiger Kollisionsnormen, zum Ausdruck kommt; statt vieler *Schurig*, Kollisionsnorm und Sachrecht, S. 51 ff., insb. S. 54, und *v. Hoffmann/Thorn*, § 1 Rn. 12 ff. Anders sieht auch dies *Flessner*, Interessenjurisprudenz, S. 115.

durchsetzen. Dies sollte jedoch nicht dazu führen, die grundsätzliche Gleichwertigkeit der Rechtsordnungen abzulehnen und allseitigen, verallgemeinernden Kollisionsnormen ihre Berechtigung abzusprechen. Im Gegensatz zur Ansicht *Flessners* ist dies nicht erforderlich, um bestimmte materiell-rechtliche Erwägungen zu schützen – dafür existieren Absicherungen des „Allgemeinen Teils" des IPR. Diese Absicherungen setzen die Hoheitsinteressen durch und modifizieren bzw. korrigieren die Kollisionsnormen.[260] Materiell-rechtliche Interessen im Speziellen – sowie Hoheitsinteressen allgemein – werden jedoch nicht nur durch Rechtsinstitute eines Allgemeinen Teils durchgesetzt. Eine Korrektur des „klassischen" Internationalen Privatrechts stellt auch die (hybride[261]) Norm des Art. 6 Rom I-VO dar, welche durch das materiell-privatrechtliche Interesse des Verbraucherschutzes geprägt wird.

Zusammenfassend ist festzuhalten, dass bestimmte Interessen und Wertungen das Fundament der Kollisionsnormen des „klassischen" IPR bilden. Davon abzugrenzen sind die Hoheitsinteressen, welche nicht der Annahme, jede Rechtsordnung der Welt sei gleichwertig, folgen, sondern die Interessen eines bestimmten Staates, vornehmlich des Staates des entscheidenden Gerichts, durchsetzen.

C. Historische Dimensionen der Theorie der wohlerworbenen Rechte

I. Begriffsbestimmung

1. Wohlerworbene Rechte in anderen Rechtsgebieten

Der Versuch, zur Lösung von Rechtsfragen an wohlerworbene Rechte anzuknüpfen, ist kein auf das Internationale Privatrecht beschränktes Phänomen. Die Beispiele, in denen dieser Gedanke zur Rechtsfindung erwogen wurde, sind erstaunlich zahlreich. So wurde erwogen, ob der Gedanke der wohlerworbenen Rechte im Völkerrecht einen Staat hindert, in seinem Territorium belegenes Vermögen Fremder entschädigungslos zu enteignen.[262] Auch im nationalen Staatsrecht diente er als Argument zur Wahrung von Individualinteressen gegen Enteignung[263]

---

[260] Für den Gedanken einer Korrektur der internationalprivatrechtlichen durch materiell-privatrechtliche Interessen vgl. auch *Kegel/Schurig*, IPR, § 2 III.

[261] Zu den hybriden Normen ausführlich unten 2. Kap. I.I.

[262] *Keller/Siehr*, Allgemeine Lehren des IPR, S. 418; *Weiller*, Schutz der wohlerworbenen Rechte, S. 3.

[263] *Weiller*, Schutz der wohlerworbenen Rechte, S. 2; *Fleiner*, Institutionen des Deutschen Verwaltungsrechts, S. 298 ff.

und Rückwirkung.[264] Wohlerworbenen Rechten kam selbst bei der Beurteilung eines preußischen Gesetzes vom 15.12.1920, welches rückwirkend eine bis dato unbekannte *ipso iure* eintretende Beendigung des Staatsdienstes für Beamten vorsah, eine Bedeutung zu.[265] Im Privatrecht wird der Schutz wohlerworbener Rechte – neben ihrer Bedeutung für das Internationale Privatrecht – vor allem im Intertemporalen Privatrecht diskutiert, tritt also in unterschiedlichem Gewand wie im öffentlichen Recht zur Verhinderung einer Rückwirkung auf.[266] Bereits in der *vorsavignyischen* Zeit ging man teilweise davon aus, dass eine Änderung von Gesetzen nicht zur Beeinträchtigung wohlerworbener Rechte führen dürfe.[267] *Savigny* selbst unterscheidet im Intertemporalen Privatrecht zwischen Fällen, die den Erwerb (sowie Verlust und Bestand) eines Rechts betreffen, und Fällen, die das „Daseyn" der Rechte betreffen.[268] Hinsichtlich der ersten Fallgruppe, die subjektive Rechte eines Einzelnen betreffen[269], stellt er den Grundsatz auf, dass neuen Gesetzen keine rückwirkende Kraft zukommen und dass kein „erworbenes" Recht zu Schaden kommen soll.[270] Die andere Kategorie, das „Daseyn" der Rechte[271], betrifft unmittelbar nicht Rechte eines Einzelnen, sondern abstrakte Rechtsinstitute (z. B. Leibeigenschaft, Sklaverei, Zehnter).[272] Anders gewendet betreffen diese Gesetze die grundlegende Ordnung, wohingegen die Gesetze über den Erwerb und Verlust der Rechte lediglich die Ausgestaltung bestehender Rechtsinstitute betreffen.[273] Sobald der Gesetzgeber ganze Institute einführt, abschafft oder durch neue ersetzt, müssten die Gesetze nach *Savigny* zurückwirken, da andernfalls der Sinn der Gesetze[274] gänzlich unerfüllt bliebe.[275]

---

[264] *Kisker*, Rückwirkung von Gesetzen, S. 30 ff. Heute wird gegen die Rückwirkung maßgeblich mit dem Gedanken des Vertrauensschutzes argumentiert. In diesem geht aber der Gedanke der wohlerworbenen Rechte auf, da der Schutz erworbener Rechte nichts anderes ist als der Schutz des Vertrauens des Einzelnen auf den Bestand ebendieser Rechte, Berliner Kommentar/*Gärditz*, Art. 20 GG, Teil 6, Rn. 207.

[265] Hierzu *Triepel*, Archiv des öffentlichen Rechts 40 (1921 I), S. 349 ff.

[266] *Heß*, Intertemporales Privatrecht, S. 17 ff.

[267] *Avenarius*, Savignys Lehre vom intertemporalen Privatrecht, S. 22 f.

[268] *Savigny*, System VIII, S. 373 ff.

[269] *Avenarius*, Savignys Lehre vom intertemporalen Privatrecht, S. 39 f.

[270] *Savigny*, System VIII, S. 381 ff., insb. 388.

[271] *Savigny*, System VIII, S. 514 ff.

[272] *Avenarius*, Savignys Lehre vom intertemporalen Privatrecht, S. 40; *Coing*, Ius Commune VIII (1979), S. 87 f.

[273] *Coing*, Ius Commune VIII (1979), S. 88.

[274] Diese Gesetze reformieren größtenteils aufgrund von sittlichen, politischen und volkswirtschaftlichen Gründen, *Savigny*, System VIII, S. 517. Die Parallele zu den streng positiven Gesetzen in seiner Anschauung zum Internationalen Privatrecht ist augenscheinlich. Auch *Savigny* selbst zieht sie, ebenfalls S. 517.

[275] *Savigny*, System VIII, S. 515.

Wohlerworbene Rechte werden auch heute noch als eine der dogmatischen Grundlagen des intertemporalen Privatrechts diskutiert und teilweise angenommen.[276] Andere sehen sie nicht als tragfähige Grundlage. *Vonkilch* hält den Gedanken für zu unbestimmt, um Einzelfälle zu entscheiden, und sieht in ihm ein Surrogat für den Gedanken des Vertrauensschutzes, als dieser noch nicht entwickelt war.[277] Anders als im Internationalen Privatrecht[278] kann dem Gedanken der wohlerworbenen Rechte im Intertemporalen Privatrecht aber zumindest kein Zirkelschluss vorgeworfen werden. In diesem stehen nämlich nicht zwei oder mehr selbstständige Rechtsordnungen zur Auswahl. Es gibt vielmehr eine Grundordnung, die Fälle bis zu einem bestimmten Zeitraum, nämlich dem Inkrafttreten des Reformgesetzes, mit absoluter Sicherheit erfasst hätte, wäre das Reformgesetz nicht in Kraft getreten. Daher ergibt es durchaus Sinn, sich zu fragen, wie die Rechtslage für Individuen unter dem früheren Recht war, und die subjektiven Rechte, die der Einzelne vor Änderung erworben hatte, zu schützen. In welchen Fällen diesem Gedanken in der Fallentscheidung gefolgt werden soll, ist hingegen eine andere Frage. Ein Zirkelschluss liegt in der Anwendung des Gedankens der wohlerworbenen Rechte im intertemporalen Privatrecht jedoch nicht.[279]

2. Begriff der wohlerworbenen Rechte im Internationalen Privatrecht

Trotz der Verschiedenheit der Rechtsgebiete und der Funktionen, die das wohlerworbene Recht in diesen einnimmt, verbindet der Kampf für die Interessen des Individuums seine Ausprägungen. Der liberale Gedanke der wohlerworbenen Rechte soll im Kern subjektive Rechte vor einem Eingreifen des Staates schützen.[280] Es geht um die grundsätzliche Höherbewertung des individuellen Bewahrungsinteresses gegenüber anderen Interessen, insbesondere oftmals gegenüber den staatlichen Interessen an der andersartigen Regelung des Falles. Dies trifft bei dem Schutz vor Enteignung und Rückwirkung zu, dieselbe Motivation treibt aber auch den Gedanken im Internationalen Privatrecht.

Ausformuliert ergibt dieser Gedanke die Definition des Grundsatzes der wohlerworbenen Rechte im Internationalen Privatrecht: Sobald einer Person ein subjektives Recht zugeordnet wird, ist dieses vor jedem Gericht der Welt anzuerkennen.[281] Wurde also beispielsweise jemandem ein Name gegeben, darf er

---

[276] *Rauscher*, RabelsZ 65 (2001), S. 127; *Raape/Sturm*, IPR, S. 26; Darstellung auch bei *Heß*, Intertemporales Privatrecht, S. 17 ff.

[277] *Vonkilch*, Intertemporales Privatrecht, S. 81 ff.

[278] Dazu 1. Kap. C.VIII.2.

[279] So auch *Heß*, Intertemporales Privatrecht, S. 17 f. Fn. 119.

[280] *Wichser*, Begriff des wohlerworbenen Rechts, S. 157.

[281] Bspw. *Keller/Siehr*, Allgemeine Lehren des IPR, S. 418; *Kropholler*, IPR, § 21 I.2.a); quintessenzlich dasselbe auch bei *Müller*, Grundsatz des wohlerworbenen Rechts, S. 7.

diesen Namen überall auf der Welt führen. Wurde ein Paar nach einer Rechtsordnung wirksam getraut, ist diese Ehe überall auf der Welt anzuerkennen.[282] Unter diese weite Definition der wohlerworbenen Rechte fällt auch die moderne Rechtslagenanerkennung, die zur Akzeptanz einer im Ausland geschaffenen Rechtslage vor deutsche Gerichten ohne Zwischenschalten von Kollisionsnormen führt.[283] Eine „Rechtslage" zu schaffen bedeutet nichts Weiteres, als dass einem Individuum ein subjektives Recht bzw. eine subjektive Rechtsposition zugeordnet wird. Diese Rechtslage bzw. dieses Recht des Einzelnen wird dann vor jedem mitgliedstaatlichen Gericht aufgrund des primärrechtlichen Befehls beachtet. Neben der Rechtslagenanerkennung haben die wohlerworbenen Rechte aber beispielsweise auch im Bereich des Statutenwechsels ihren Anwendungsbereich.[284]

Teilweise wird für den Gedanken des wohlerworbenen Rechts ferner vorausgesetzt, dass die Rechtsordnung, unter der es erworben wurde, international zuständig sein müsse.[285] Der Gedanke der wohlerworbenen Rechte widerstrebt jedoch wohl dieser Einschränkung. Dessen Intention zielt nicht auf die staatli-

---

[282] Eine Grenze bildet allerdings auch bei denen der *ordre public*, die die Lehre der wohlerworbenen Rechte zugrunde legen (dazu unten 3. Kap. D.2.).

[283] *Grünberger*, in: Brauchen wir eine Rom-0-VO?, S. 158; auch *Mankowski*, FS Coester-Waltjen, S. 582, meint, die Verwandtschaft der Anerkennung im geltenden Recht mit der vested rights-Theorie und zu den Theorien der droits acquis allgemein „liegt auf der Hand"; *Kuipers*, Eur. J. of Legal Studies 2009, S. 75 ff.; *Jayme/Kohler*, IPRax 2004, S. 484; *Thomale*, IPRax 2016, S. 496; *W.-H. Roth* EWS 2011, S. 324; *Trüten*, Entwicklung des IPR in der EU, S. 33 f., 38 ff., 45; *Kühne*, ZVglRWiss 114 (2015), S. 364; wohl auch *Spernat*, Gleichgeschlechtliche Ehe im IPR, S. 191 ff., 202; *Sonnenberger*, FS Spellenberg, S. 375 ff., vgl. aber auch S. 381, wo er festhält, das Anerkennungsprinzip sei nicht bloße Wiederbelebung der Theorie der wohlerworbenen Rechte; *Michaels*, J. of Priv. Int. L.2 (2006), S. 239, spricht ähnlich von einer „Wiederbelebung" der Theorie der wohlerworbenen Rechte durch das „country of origin-Prinzip". Wenngleich dieses Herkunftslandprinzip nicht deckungsgleich mit dem der Rechtslagenanerkennung ist, sind sie nach der Ansicht *Michaels* zumindest „ähnlich" (FS Kropholler, S. 163; zum Verhältnis von Herkunftslandprinzip und Rechtslagenanerkennung unten 2. Kap. C.I.). Daher treffen die Erwägungen, die *Michaels* für die Vergleichbarkeit des Herkunftslandprinzips mit der Theorie der wohlerworbenen Rechte anführt, auch für die Rechtslagenanerkennung zu. Auf diese Weise versteht dies auch *Grünberger*, in: Brauchen wir eine Rom-0-VO, S. 158; a. A. (Anerkennungsprinzip keine Wiederbelebung der Theorie wohlerworbener Rechte) *Rieks*, Anerkennung, S. 203 f.; *Coester-Waltjen*, IPRax 2006, S. 399.

[284] *Raape*, IPR, 5. Auflage, S. 39; *Keller/Siehr*, Allgemeine Lehren des IPR, S. 424 f.; MüKo/*Wendehorst*, Art. 43 Rn. 5; anders anscheinend *Müller*, Grundsatz des wohlerworbenen Rechts, S. 298 ff., 329; ausführlich zur Wirkung wohlerworbener Rechte im europäischen Kreditsicherungsrecht *Berner*, in: Perspektiven einer europäischen Privatrechtswissenschaft, S. 335 ff.

[285] *Wichser*, Begriff des wohlerworbenen Rechts, S. 88.

che Ordnung, sondern auf das Individuum. Wenn das Individuum ein Recht erworben hat, soll es dieses vor jedem Gericht durchsetzen können.

Nach der hier vertretenen Konzeption muss hingegen die staatliche Ordnung entscheiden, in welchen Gebieten dieser Gedanke zugrunde gelegt werden kann. Hat sich die Rechtsordnung für diesen Weg der Rechtsfindung entschieden, sollte keine Einschränkung bezüglich der Forderung der internationalen Zuständigkeit gemacht werden.[286] Den Zusatz der internationalen Zuständigkeit benötigt nur derjenige, der versucht, den Gedanken der wohlerworbenen Rechte als einzigen Grundstein eines kollisionsrechtlichen Systems anzunehmen. Das ist aber in dem in Deutschland geltenden Kollisionsrecht bereits deswegen nicht möglich, weil überwiegend allseitige Kollisionsnormen kodifiziert sind und diese offensichtlich nicht bloßer Ausdruck des Grundsatzes wohlerworbener Rechte sind. Zweitens erfordert die Erfassung des Grundsatzes in methodischer Hinsicht die gegebene Einschränkung nicht.

Im Folgenden soll nun untersucht werden, an welchen Stellen der Kollisionsrechtsgeschichte der Gedanke der wohlerworbenen Rechte sichtbar wird. Dabei werden vorwiegend die einflussreicheren Rechtsgelehrten beachtet, die Betrachtung wird jedoch nicht nur auf Systeme beschränkt, die diesen Gedanken als einzige Grundlage oder als herausragenden Grundpfeiler ihrer Rechtsfindung ansehen. Es sollen auch solche Stellen Beachtung finden, in denen einzelne Rechtsfragen nach dem Grundsatz der wohlerworbenen Rechte entschieden worden sein könnten.

II. Frühe Anklänge

Die im letzten Abschnitt erfolgte Erörterung des Begriffs des wohlerworbenen Rechts in anderen Rechtsgebieten hilft auch, die Ursprünge des Gedankens im Internationalen Privatrecht zu beleuchten. Oftmals sind die Beispiele, in denen der Gedanke des wohlerworbenen Rechts im Zeitalter der Statutentheorie angeblich verwendet wurde, anderen Rechtsgebieten zuzuordnen. *Gutzwiller* schreibt beispielsweise über einen von *Baldus* (1327–1400) entschiedenen Fall. Dieser habe den Gedanken der *iura quaesita* benutzt, um zu erklären, warum dann, wenn ein Statut demjenigen, der in eine Stadt zieht und dort für einige Zeit bleibt, die Befreiung von Kollekten verspricht, diesem auch keine Kollekte mehr auferlegt werden dürfe.[287] Dieser Fall mag zwar durch den Zuzug eines Fremden einen internationalen Charakter haben, eine kollisionsrechtliche Fragestellung enthält er aber nicht. Als anwendbares Recht steht das Recht der

---

[286] Näher 3. Kap. C.II.1.c).
[287] *Gutzwiller*, RabelsZ 10 (1936), S. 1059.

Stadt fest, die das Privileg versprochen hat. Die Rechtsfrage ist vielmehr, ob das nach dem anwendbaren Recht gewährte Privilegium durch dieses wieder entzogen werden kann. Die Frage hat mithin vielmehr öffentlich-rechtlichen Charakter.[288]

Baldus benutzt den Gedanken auch im Rahmen der Anerkennung ausländischer Urteile.[289] Dies betrifft jedoch ebenfalls keine interstatuare, sondern eine verfahrensrechtliche Frage.[290]

Ferner kann allein in der Verwendung der Regel *locus regit actus* durch die Statutisten noch nicht der Ansatz für eine Theorie der wohlerworbenen Rechte gesehen werden. Diese Regel mag zwar oftmals eine Regel sein, die aus dem Gedanken des Schutzes erworbener Rechte folgt. Zu dieser Regel kann man aber auch dann kommen, wenn man nicht von dem hier erörterten Gedanken ausgeht.[291]

Allgemein lässt sich vor der Zeit *Hubers* wohl kein Autor finden, der ein kollisionsrechtliches Problem tatsächlich mit wohlerworbenen Rechten gelöst hat.[292]

III. Huber

Der erste wirkliche Vertreter des Gedankens der wohlerworbenen Rechte im Internationalen Privatrecht findet sich in dem Holländer *Huber* (1634–1694), von dem bereits die Rede war.[293]

1. Anwendung fremden Rechts als Rechtspflicht?

Bevor aber seine Gedanken zur Rechtsfindung erörtert und seine Stellung als Vertreter der wohlerworbenen Rechte begründet wird, soll zunächst eine Frage erwähnt werden, welche wohl als eine der umstrittensten zur Lehre *Hubers* betrachtet werden kann. Es herrscht Streit darüber, ob *Huber* die Anwendung fremden Rechts als Rechtspflicht versteht oder er lediglich die Anwendung fremden Rechts einer Rechtsordnung als nützlich nahelegt.[294] Auf diese Kontroverse muss

---

[288] Dasselbe gilt für die anderen von *Gutzwiller*, RabelsZ 10 (1936), S. 1059 f., gebildeten Beispiele. Sie sind allesamt keine Beispiele aus dem Internationalen Privatrecht, sondern aus dem öffentlichen bzw. dem intertemporalen Recht.

[289] Für *Baldus Meijers*, Rec. des Cours 49 (1934 III), S. 607.

[290] *Müller*, Grundsatz des wohlerworbenen Rechts, S. 31.

[291] Ausführlich *Müller*, Grundsatz des wohlerworbenen Rechts, S. 30 ff.

[292] Ebenso mit zusätzlicher negativer Analyse manch anderer Beispiele *Müller*, Grundsatz des wohlerworbenen Rechts, S. 30 ff.

[293] 1. Kap. A.III.3.d).

[294] Dazu bspw. *Müller*, Grundsatz des wohlerworbenen Rechts, S. 116 ff.; *Gutzwiller*, Geschichte, S. 169 f.; *Lipstein*, Principles, S. 14 f.

hier aber nicht näher eingegangen werden. Für die Zwecke dieser Arbeit ist sie nicht von Belang. Selbst wenn *Huber* die Anwendung fremden Rechts nicht als Rechtspflicht ansieht, meint er dennoch, dass der Kollisionsfrage sein System zugrunde gelegt werden muss, falls sich ein Staat für die Anwendung fremden Rechts entscheidet. Die hier interessierende Frage nach der Rechtsfindung im „System *Hubers*" kann somit beantwortet werden ohne zu entscheiden, ob *Huber* sein System für jeden Staat als unmittelbar bindend angesehen hat.

2. Dogmatischer Ausgangspunkt des System Hubers

a) Wohlerworbene Rechte als Ausgangspunkt

Welcher dogmatische Ausgangspunkt liegt nun *Hubers* System zugrunde? Oben[295] wurde das Ergebnis bereits vorweggenommen. *Hubers* dogmatischer Ausgangspunkt liegt im Schutz wohlerworbener Rechte. Trotz *Hubers* erwiesenen Einflusses auf die Systeme der wohlerworbenen Rechte im angloamerikanischen Rechtskreis[296] ist die These, dass *Huber* selbst sein System auf wohlerworbenen Rechten aufbaut, keineswegs unumstritten.[297] Gerade in der Literatur, die sich vertieft mit *Huber* beschäftigt, wird angenommen, dass *Huber* zwar entscheidenden Einfluss auf spätere Systeme der wohlerworbenen Rechte hatte, selbst aber noch kein solches System entwickelte.[298] Die These bedarf daher der Rechtfertigung. Diese erhält sie im Zusammenspiel von *Hubers* drittem Axiom und der Lösung der Einzelfälle.

Huber stellt seinen Lösungen der Fälle einen allgemeinen Teil voran, in welchem er drei Axiome als Grundlage seines kollisionsrechtlichen Systems herausarbeitet:

„*I. Leges cujusque imperii vim habent intra terminos ejusdem reip. omnesque ei subjectos obligant, nec ultra, per 1. uit, ff. de Jurisdict.*

---

[295] 1. Kap. A.III.d).

[296] Statt aller *Hay/Borchers/Symeonides*, S. 18 ff.

[297] Für den Gedanken wohlerworbener Rechte bei *Huber*, v. *Bar/Mankowski*, IPR I, § 6 Rn. 36 (die allerdings davon ausgehen, dass wohlerworbene Rechte der Grund der Anwendung ausländischen Rechts sind; zum Unterschied zwischen Grund und dogmatischem Ansatz zugleich); *Yntema*, FS Dölle, Band II, S. 85; *Hay/Borchers/Symeonides*, S. 15 (diese meinen jedoch, der Gedanke der wohlerworbenen Rechte betreffe bei *Huber* nur die Frage nach dem „Warum" der Anwendung ausländischen Rechts); *Davies*, Brit. 18 Yb. of Int. L. 1937, S. 59; wohl auch *Juenger*, Choice of Law and Multistate Justice, S. 21.

[298] *Müller*, Grundsatz des wohlerworbenen Rechts, S. 128; *Wichser*, Begriff des wohlerworbenen Rechts, S. 9 f., schreibt auf der einen Seite, dass *Hubers* drittes Axiom hauptsächlich den Schutz subjektiver Rechte bezwecke. Auf der anderen Seite sei der Gedanke der wohlerworbenen Rechte aber nicht der leitende. *Hubers* System darf nach *Wichser* auch „nicht mit den späteren Lehren des Schutzes wohlerworbener Rechte verwechselt werden."

II. Pro subjectis imperio habendi sunt omnes, qui intra terminus ejusdem reperiuntur, sive in perpetuum, sive ad tempus ibi commorentur, per l. 7, s io. in fin. de interd. et releg.

III. Rectores imperiorum id comiter agunt, ut jura cujusque populi intra terminos ejus exercita, teneant ubique suam vim, quatenus nihil potestati aut juri alterius imperantis ejusque civium praejudicetur."[299]

Mit den ersten beiden Axiomen legt *Huber* die Territorialität des Rechts und die Staatsgewalt gegenüber sich im Staatsgebiet befindliche Personen fest. Der Grundsatz der Unterwerfung der Personen unter das Recht des Staates, in welchem sie sich dauerhaft oder auf Zeit befinden, gilt nach *Huber* jedoch nicht für Immobilien. Bei Immobilien gilt die *lex rei sitae*.[300] Der Paragraph (Nr. 15), in welchem *Huber* auf das Immobiliarsachenrecht eingeht, ist aber noch aus einem anderen Grund relevant. Die Stelle zeigt, dass das dritte Axiom nicht regelt, wann ausnahmsweise fremdes Recht angewandt wird. Vielmehr ist die Anwendung fremden Rechts gerade die Folge des strikten Territorialitätsdenkens *Hubers*. *Huber* schreibt:

„*Fundamentum universae hujus doctrinae diximus esse et tenemus subjectionem hominum infra Leges cujusque territorii, quamdiu illic agunt, quae facit, ut actus ab initio validus aut nullus alibi quoque valere aut non valere nequeat.*"[301]

Aus der Grundlage der Lehre – die Unterwerfung der Personen unter das Recht des Staates, in welchem sie sich befinden – folgt somit, dass Akte, die zunächst gültig sind, überall gültig bleiben, und vice versa. Dies ist auch vor dem theoretischen Hintergrund der strikten Territorialität ein im Grundsatz sehr einleuchtendes Ergebnis. Zu dem Zeitpunkt, zu dem beispielsweise zwei Menschen einen Vertrag im Staat A schließen, sind die Personen dem Recht des Staates A aufgrund ihres zeitweiligen Aufenthalts unterworfen. Dies muss auch der Staat

---

[299] *Huber*, Praelectionum Juris Civilis, Pars altera, S. 23 f. (De Conflictu Legum Nr. 2). Deutsche Übersetzung von *Kegel/Schurig*, IPR, § 3 VI:

1. „Die Gesetze eines jeden Reiches wirken innerhalb der Grenzen des nämlichen Staates und binden alle seine Untertanen, nicht darüber hinaus."

2. „Als Untertanen eines Reiches sind anzusehen alle, die innerhalb seiner Grenzen angetroffen werden, gleich, ob sie ständig oder auf Zeit dort verweilen."

3. „Die Lenker der Reiche kommen darin entgegen, daß die Rechte eines jeden Volkes, die innerhalb seiner Grenzen ausgeübt werden, überall ihre Wirkung behalten, sofern in nichts vorgegriffen wird der Hoheitsgewalt oder dem Recht des anderen Herrschers und seiner Bürger."

[300] *Huber*, Praelectionum Juris Civilis, Pars altera, S. 27 (De Conflictu Legum Nr. 15).

[301] *Huber*, Praelectionum Juris Civilis, Pars altera, S. 27 (De Conflictu Legum Nr. 15). Deutsche Übersetzung bei *Gutzwiller*, Geschichte, S. 167: „Wir haben als Fundament dieser ganzen Lehre – und halten uns daran – die Unterwerfung der Menschen innerhalb der Gesetze eines jeden Territoriums angesprochen, solange sie dort handeln. Woraus folgt, daß ein Akt, der von Anfang an entweder als gültig oder als nichtig zu halten ist, auch anderswo wirken oder nicht wirken kann".

B anerkennen, wenn vor seinen Gerichten aus dem Vertrag geklagt wird. Daher wird das Recht des Staates A angewandt.

Vor dem Hintergrund, dass das dritte Axiom für *Huber* eine bloße Folge aus der Unterwerfung der Personen ist, lässt sich auch der dogmatische Ausgangspunkt, den *Huber* der Rechtsfindung mittels seines dritten Axioms zugrunde legt, erkennen: die wohlerworbenen Rechte. Zwar ist zunächst *Müller* dahingehend zuzustimmen, dass die Verwendung der Worte *iura quaesita* durch *Huber* in Nr. 11 im Rahmen seiner Abhandlung keinen hinreichenden Beweis für einen zugrunde liegenden Gedanken bieten.[302] *Huber* verwendet die Worte vielmehr im Kontext seiner Ausnahme des dritten Axioms, also seiner Vorbehaltsklausel. Das anwendbare Recht selbst darf seinerseits – aus *Hubers* Sicht selbstverständlich – auch nicht in wohlerworbene Rechte eingreifen. Ferner ist zuzugeben, dass dem Wort *iura* im dritten Axiom wohl kaum die Bedeutung eines subjektiven oder gar wohlerworbenen Rechts zukommt.[303] Vielmehr zeigen die auf *iura* folgenden Worte *cujusque populi*, dass *iura* in diesem Kontext „Rechte eines jedes Volkes"[304], also das objektive Recht der Völker meint. Es sind aber auch nicht diese *iura* per se, die nach *Huber* überall zu achten sind, sondern diese objektiven Rechte werden ausgeübt (*exercita*). Wenn nun aber das objektive Recht „ausgeübt" wird, entstehen subjektive Rechte einzelner Unterworfener. Die Produkte der Ausübung werden dann allen Ortes anerkannt. Es werden somit die Wirkungen und nicht das objektive Recht als solches anerkannt. So verstanden nimmt das dritte Axiom sehr wohl subjektive Rechte zur dogmatischen Grundlage. Für die hier vertretene Lesart spricht schon die Tatsache, dass *Huber*, wenn er auch das Internationale Privatrecht als Teil des öffentlichen Rechts ansehen mag, dennoch die Wirkungen von privaten Rechten analysiert. Ferner zeugt davon die bereits zitierte Stelle aus Nr. 15, in welcher *Huber* aus der strikten Territorialität folgert, dass einmal wirksame *actus* überall als wirksam zu beachten sind. Nach *Huber* ist diese Stelle eine bloße Paraphrase seiner drei Axiome (*Fundamentum universae hujus doctrinae diximus* […]). Wenn aber *Huber* in dieser Paraphrase eindeutig auf die *actus*, bei welchen es sich unzweifelhaft um die von *Huber* besprochenen privatrechtlichen *Akte* handelt, abstellt, so dürfte er doch gleichsam auch im dritten Axiom von den privatrecht-

---

[302] *Müller*, Grundsatz des wohlerworbenen Rechts, S. 126 f. *Huber* verwendet die Worte in Nr. 11 zweimal (*Huber*, Praelectionum Juris Civilis, Pars altera, S. 26).

[303] *Müller*, Grundsatz des wohlerworbenen Rechts, S. 127; in dessen Gefolgschaft tendieren bspw. auch *Gamillscheg*, Dumoulin, S. 177 Fn. 37, und *Michaels*, J. of Priv. Int. L. 2 (2006), S. 211, zu dieser Ansicht; von der Bedeutung des Wortes *iura* als subjektives Recht geht aber offenbar *Lorenzen*, 13 Ill. L. R. (1918–1919), S. 403, aus. Dies zeigt sich daran, dass er das Wort *iura* mit *acquired rights* übersetzt; so auch *Meijers*, Rec. des Cours 49 (1934), S. 670.

[304] Wie *Kegel/Schurig*, IPR, § 3 VI, übersetzen (s. o. 1. Kap. Fn. 299).

lichen Wirkungen ausgehen. Zudem sagt *Huber* ausdrücklich, dass den Axiomen folgender Grundsatz „entfließt": Alle Rechtsgeschäfte und Akte, unter Lebenden und durch den Tod bedingte, sind, sofern sie an einem Ort wirksam zustande gekommen sind, überall wirksam. Sofern sie nicht wirksam zustande gekommen sind, sind sie überall unwirksam.[305] Aus alledem folgt, dass der Schutz subjektiver Rechte im dritten Axiom angelegt ist und damit zur Grundlage des Systems gemacht wird.[306]

b) Einwände

Müller meint hiergegen, dass der Staat nach Huber zwar „an die Einzelnen [denkt], insbesondere an seine Untertanen, aber nicht an *den* Untertanen als Inhaber eines subjektiven Rechts."[307] Es seien vielmehr Verkehrsschutzgesichtspunkte[308] sowie wirtschaftliche Interessen[309], die den Grund für die Anwendung des ausländischen Rechts lieferten. Dass der *Grund* der Anwendung ausländischen Rechts in wirtschaftlichen Interessen liegt und nicht primär im Interesse des Staates, die subjektiven Rechte der Einzelnen zu schützen, ist sicher richtig. *Huber* sagt dies ausdrücklich.[310] Der *Grund*, den *Huber* für die Anwendung ausländischen Rechts überhaupt anführt, kann aber nicht zwingend gleichgesetzt werden mit dem dogmatischen *Ansatz*, den er wählt. Niemand, der im geltenden Recht vertritt, dass der Gleichheitssatz, Art. 3 I GG, der Grund für die Anwendung ausländischen Rechts ist[311], würde wohl daraus schließen, dass der Gleichheitssatz auch der dogmatische Ausgangspunkt des Internationalen

---

[305] *Huber*, Praelectionum Juris Civilis, Pars altera, S. 24 (De Conflictu Legum Nr. 3).

[306] Aufgrund der Nähe zu *Huber* (s. nur *Story*, Commentaries, §§ 31 ff.) könnte man folgern, auch *Story* übernehme den Gedanken der wohlerworbenen Rechte zum Kerngedanken seiner Theorie. Dem ist aber nicht so. *Story* übernimmt zwar den Gedanken der *comitas*, aber lediglich als Grund für die Anwendung fremden Rechts im Inland überhaupt. Seine Ausführungen zu seiner grundlegenden Theorie (*Story*, Commentaries, §§ 17 ff.) stellen klar, dass er zur Grundlegung seiner Theorie nicht an subjektive Rechten anknüpft. Ausführlich gegen wohlerworbene Rechte bei *Story* auch bspw. *Müller*, Grundsatz des wohlerworbenen Rechts, S. 157 ff.

[307] *Müller*, Grundsatz des wohlerworbenen Rechts, S. 127.

[308] *Müller*, Grundsatz des wohlerworbenen Rechts, S. 127.

[309] *Yntema*, FS Dölle, Band II, S. 81.

[310] *Huber*, Praelectionum Juris Civilis, Pars altera, S. 24 (De Conflictu Legum Nr. 2) (Auszug auch bei *Müller*, Grundsatz des wohlerworbenen Rechts, S. 127): „*Ex quo liquet, hanc rem non ex simplici jure Civili, sed ex commodis et tacito populorum consensu esse petendam: quia sicut leges alterius populi apud alium directe valere non possunt, ita commerciis et usu gentium promiscuo nihil foret magis incommodum, quam si res jure certi loci validae, mox alibi diversitate Juris infirmarentur, quae est ratio tertii axiomatis: quod, uti nec prius, nullum videtur habere dubium.*"

[311] So beispielsweise E. *Lorenz*, Struktur, S. 60 ff.

Privatrechts ist. *Grund* und *Ansatz* müssen folglich streng abstrakt voneinander betrachtet werden.

Interessant ist hier weiterhin, welche Schlüsse *Huber* aus seiner dogmatischen Grundlage zieht. Der erste muss auf der gegebenen Grundlage klar sein: In vielen Fällen wird die *lex loci actus* angewandt, so beispielsweise hinsichtlich der wirksamen Errichtung eines Testaments[312] und auch für die Eheschließung und für (andere) Verträge. Hinsichtlich der Verträge gilt aber nicht der tatsächliche Abschlussort als rechtlich relevant, sondern der Ort, an welchem erfüllt wird.[313] Dafür führt *Huber* D,44,7,12 an („*Contraxisse unusquisque in eo loco intelligitur, in quo ut solveret, se obligavit*").[314] Ob das für *Huber* bedeutet, dass es bei der Beurteilung von Verträgen zu einer *dépeçage* kommen kann oder ob er an den Erfüllungsort einer Hauptverpflichtung anknüpfen möchte, ist seinem Text nicht zu entnehmen. Er umgeht durch die Anknüpfung an den Erfüllungsort aber in jedem Fall ein dem Ansatz an wohlerworbenen Rechte immanentes Problem: Welchem Recht soll ein Vertrag unterliegen, wenn sich die beiden Parteien bei Vertragsschluss nicht im selben Land aufhalten, sondern den Vertrag durch ein Fernkommunikationsmittel, beispielsweise einen Brief, schließen? Ein zweites Problem des Systems wohlerworbener Rechte löst *Huber* zumindest in Teilen: Bei Konkurrenz zweier verschiedener wohlerworbener Rechte hat das Recht Vorrang, welches der *lex fori* entsprang.[315] Wie er bei zwei konkurrierenden Rechten aus Drittstaaten entscheiden würde, bleibt dabei offen. In Betracht kommt in diesem Fall, aber auch entgegen *Huber* für den Fall der Konkurrenz, in welchem ein Recht der *lex fori* entstammt, ein Prioritätsprinzip.[316] Ein drittes Problem der wohlerworbenen Rechte, welches auch heute Bedeutung erlangt, ist die Umgehung des eigenen Rechts. Da *Huber* bei der Eheschließung davon ausgeht, dass das Recht des Eheschließungsortes das maßgebende ist, stellt sich die Frage, ob zwei Menschen aus dem Staat A, in welchem sie aufgrund eines rechtlichen Hindernisses nicht heiraten können – *Huber* bildet das Beispiel einer Heirat zwischen einem Mann und seiner Nichte – in dem Staat B, in welchem

---

[312] *Huber*, Praelectionum Juris Civilis, Pars altera, S. 24 (De Conflictu Legum Nr. 4).

[313] *Huber*, Praelectionum Juris Civilis, Pars altera, S. 26 (De Conflictu Legum Nr. 10). Man könnte sich an dieser Stelle auch die Frage stellen, ob eine derartige Fiktion des Entstehungsorts tatsächlich noch mit den Grundgedanken der wohlerworbenen Rechte vereinbar ist. Zumindest *Huber* sieht die Regel aber noch als Ausfluss seiner theoretischen Gedanken an. Die Frage an sich ist aber müßig, da jeder, der aus dem Gedanken der wohlerworbenen Rechte konkrete Rechtsregeln abzuleiten versucht, den Gedanken als solchen verrät, weil eine starre Regel nie in jeder Fallkonstellation ein wohlerworbenes Recht zu schützen vermag (dazu ausführlich unten 1. Kap. C.VIII.1.).

[314] *Huber*, Praelectionum Juris Civilis, Pars altera, S. 26 (De Conflictu Legum Nr. 10).

[315] *Huber*, Praelectionum Juris Civilis, Pars altera, S. 27 (De Conflictu Legum Nr. 13).

[316] Dazu unten 3. Kap. B.VI.1.c).

das Hindernis nicht existiert, eine auch im Staat A wirksame Ehe eingehen können. *Huber* sieht darin eine Umgehung des Rechts, die nicht toleriert werden kann, und lehnt daher die Wirksamkeit im Staat A ab.[317]

Die dargelegten Regeln dienen *Huber* jedoch nicht nur zur Erläuterung, nach welchem Recht entschieden wird, ob ein Recht als wohlerworben gilt. Das Recht entscheidet auch darüber, wann kein Recht entstanden ist, und dies mit der Folge, dass es überall als nicht existent anzusehen ist.[318] *Müller* sieht hierin ebenfalls einen Beweis dafür, dass *Huber* nicht die wohlerworbenen Rechte zur Grundlage seiner Ausführungen macht.[319] Die Ansicht *Hubers* geht nach *Müller* in diesem Punkt über die Gedanken der wohlerworbenen Rechte hinaus, welcher lediglich den Schutz subjektiver Rechte bezweckt. Für den Gedanken selbst treffen diese Ausführungen *Müllers* sicher zu. Der Gedanke zeichnet sich durch seine positive Funktion, dem Schutz der Rechte einzelner gegenüber dem Staat, aus. Wird der Gedanke aber zur Grundlage eines Systems gemacht, muss er „zu Ende gedacht" werden, d. h. auch die in ihm implizierten Aussagen müssen beleuchtet werden, auch wenn man damit in gewissem Maße den eigenen Grundgedanken verrät[320]. Dies gilt zum einen für die negativen Wirkungen der Nichtexistenz. Am offensichtlichsten ist dies im Rahmen des Vertragsrechts. Wenn nach dem relevanten Recht ein Vertrag nicht zustande gekommen ist, ist es nur schlüssig, dass aus diesem Vertrag auch vor anderen Gerichten kein Recht hergeleitet werden kann. Gleiches gilt hinsichtlich des Verlusts eines Rechts, beispielsweise an einer beweglichen Sache. Hier folgt aus dem Gedanken, dass das wohlerworbene Recht eines Einzelnen, welches er durch Vertrag wirksam erworben hat, den Verlust des wohlerworbenen Rechts eines anderen bedeutet. Die Frage nach dem Verlust des Rechts muss sinnvollerweise dann auch nach demselben Recht beurteilt werden, andernfalls kommt es zwingend zu Kollisionen der Rechte an der Sache. Somit sind die Folgerungen *Hubers* für Verlust und Nichtexistenz tatsächlich die „Kehrseiten" des Gedankens.[321]

---

[317] *Huber*, Praelectionum Juris Civilis, Pars altera, S. 26 (De Conflictu Legum Nr. 18); auch für die Umgehung einer bestimmten Altersgrenze hinsichtlich der Errichtung eines Testaments hält *Huber* das Testament im Heimatstaat für nicht anerkennungsfähig, ergänzt aber, dass das Testament in anderen Ländern Gültigkeit hat (*Huber*, Praelectionum Juris Civilis, Pars altera, S. 27 (De Conflictu Legum Nr. 13). *Huber* sieht daher in der Verhinderung der Umgehung einen Fall seiner Ausnahme des dritten Axioms. Da andere Rechte nicht umgangen werden, ist es sicher folgerichtig, vor den Gerichten dieser Rechtsordnungen das Testament als gültig zu behandeln.

[318] *Huber*, Praelectionum Juris Civilis, Pars altera, S. 24 (De Conflictu Legum Nr. 3).

[319] *Müller*, Grundsatz des wohlerworbenen Rechts, S. 125 f.

[320] Dazu unten 1. Kap. C.VIII.1.

[321] Sie erscheinen nicht nur als solche, wie *Müller*, Grundsatz des wohlerworbenen Rechts, S. 126, behauptet.

c) Ausnahmen von dem Gedanken der wohlerworbenen Rechte bei Huber

Nicht jedes Problem des Internationalen Privatrechts sollte jedoch in sinnvollerweise mit dem Grundsatz der wohlerworbenen Rechte erklärt werden. Dies erkennt *Huber* in Teilen selbst an. Daher nimmt er beispielsweise das Immobiliarsachenrecht ausdrücklich aus.[322] Für Immobilien gelte der Grundsatz der Unterwerfung der Personen unter den Staat, in welchem sie sich dauerhaft oder
zeitweilig aufhalten, nicht.[323] Vielmehr entscheidet über Rechte an Immobilien
der Staat, in welchem sie belegen sind. Stillschweigend nimmt er wohl auch das
auf die Intestaterbfolge anwendbare Recht insgesamt und nicht nur bezogen auf
Immobilien aus[324], indem er dort der alten Trennung in Immobilien (*lex rei
sitae*) und Mobilien (*lex domicilii* des Erblassers) folgt. Nun könnte man allerdings auch diese Regeln mit dem Gedanken der Unterwerfung und dem Gedanken der wohlerworbenen Rechte erklären. Hierzu hätte *Huber* den Axiomen
noch hinzufügen müssen, dass nicht nur Personen durch ihren dauerhaften oder
zeitweiligen Aufenthalt, sondern auch unbewegliche Sachen durch ihre Belegenheit staatlicher Gewalt unterworfen sind und dass für diese Sachen daher die
Unterwerfung der Personen nicht zum Zuge kommt. Aus der Unterwerfung der
Sachen hätte *Huber* ableiten können, dass Rechte an einer unbeweglichen Sache
lediglich nach der *lex rei sitae* erworben werden können. Hinsichtlich der beweglichen Sachen, die seiner Meinung nach der Person nachfolgen, hätte er sich
wieder auf die Unterwerfung der Person unter das Recht ihres dauernden Aufenthalts berufen können. Dieses Recht würde dann auch über die Frage entscheiden, ob ein Recht wohlerworbenen ist und auf wen es im Falle des Todes
übergeht, also wer nun ein wohlerworbenes Recht erwirbt.

Der Ansatz *Hubers*, bei Immobilien und Intestaterbfolge eine Ausnahme anzunehmen, scheint jedoch als vorzugswürdig. Es bedarf nicht nur einer sehr
umfangreichen Begründung, wieso in diesen Fällen auch der Satz der wohlerworbenen Rechte gelten soll. Die Herleitung von Regeln aus dem Gedanken der
wohlerworbenen Rechte ist in diesen Fällen ebenfalls noch viel weniger zwingend und einleuchtend als beispielsweise bei der Gültigkeit eines Testaments
oder dem auf Verträge anwendbaren Recht. Die Beschränkung auf offensichtli-
chere Fälle ist daher in jedem Fall nachzuvollziehen. Schlägt man den Bogen
zum geltenden Recht, kann für dieses aus der Einsicht *Hubers* eine Schluss-
folgerung gezogen werden. Der Gedanke der wohlerworbenen Rechte sollte
nicht als neue Grundlage der gesamten Rechtsfindung angesehen werden. Er

---

[322] *Huber*, Praelectionum Juris Civilis, Pars altera, S. 27 (De Conflictu Legum Nr. 15).

[323] *Huber*, Praelectionum Juris Civilis, Pars altera, S. 27 (De Conflictu Legum Nr. 15).

[324] Hierfür spricht auch, dass er es in derselben Nummer (Nr. 15) wie das Immobiliarsachenrecht behandelt.

sollte vielmehr auf Fälle beschränkt werden, in denen der Gedanke des Schutzes subjektiver Rechte im Gesamtzusammenhang der Rechtsordnung evident wichtig ist, wie beispielsweise im Rahmen des Art. 21 AEUV.

IV. Cocceji[325]

Ein vollständiges System der wohlerworbenen Rechte entwickelt *Cocceji* (1644–1719), anders als es *Huber* versucht, sicher nicht. Er bildet vielmehr – im Grundsatz ähnlich der bereits bei *Hert* skizzierten Vorgehensweise – drei Kollisionsnormen.[326] Seiner Ansicht nach wird nämlich entweder über Sachen, über Personen oder über Handlungen statuiert. Wenig überraschend wird hinsicht-

---

[325] Auf *Schäffner* (1815–1897), dessen Name gelegentlich auch in Bezug auf die Theorie der wohlerworbenen Rechte genannt wird, wird hier nicht ausführlich eingegangen. Zwar wird er teilweise in die Nähe der Theorie der wohlerworbenen Rechte gerückt, die Befassung mit ihm verspricht aber hinsichtlich des hier verfolgten Zieles keinen Ertrag, weil seine Theorie, dass jedes Rechtsverhältnis nach dem Recht zu behandeln ist, nach welchem es existent geworden ist, nicht den Gedanken der wohlerworbenen Rechte aufgreift (so auch *Müller*, Grundsatz des wohlerworbenen Rechts, S. 171 Fn. 28; *Wichser*, Begriff des wohlerworbenen Rechts, S. 17 f.). Auf den ersten Blick mag dies überraschend klingen, da es gedanklich naheliegt, dass die Formel von der Existenz insbesondere zu dem Gedanken der Rechtslagenanerkennung Nähe aufweist. Betrachtet man allerdings die Lösungen *Schäffners* in Einzelfragen, eröffnet sich, dass die Motivation *Schäffners* nicht im Schutz von subjektiven Rechten liegt, sondern der Gedanke von der Existenz der Rechte ein Bild ähnlich dem *savignyschen* vom Sitz des Rechtsverhältnisses ist. Es soll also nicht dogmatischer Grundsatz, sondern Leitlinie sein. Für diesen Gedanken spricht die Vagheit und Flexibilität des *schäffnerschen* Bildes. Vage mag zwar auch der Gedanke der wohlerworbenen Rechte sein. Verpflichtet man sich aber dem Schutz subjektiver Rechte, sind damit zumindest einige Schlüsse für die Rechtsfindung und für die kollisionsrechtliche Fragestellung verbunden. Die Suche nach dem Recht, in welchem ein Rechtsverhältnis existent wird, kann demgegenüber alles und nichts bedeuten. Der Gedanke taugt damit nicht zum dogmatischen Ansatzpunkt und folglich kann er auch nicht als Äquivalent zum Gedanken der wohlerworbenen Rechte gesehen werden. Zudem denkt *Schäffner* nicht vom subjektiven Recht eines Einzelnen aus, sondern er orientiert sich an objektiven Erwägungen. So lässt er beispielsweise über einen Anspruch aus unehelichem Beschlaf nicht die *lex loci delicti commissi* – zur Zeit *Schäffners* war der außereheliche Beischlaf ein Delikt – entscheiden, sondern das Heimatrecht des in Anspruch Genommenen (*Schäffner*, Entwicklung des internationalen Privatrechts, S. 124 f.). Eingehender betrachtet werden hier im Übrigen weder *Titius* noch *Tittmann*, wobei zumindest für Letzteren unstrittig sein dürfte, dass er dem Gedanken der wohlerworbenen Rechte folgt (*Müller*, Grundsatz des wohlerworbenen Rechts, S. 180 ff.). Dies geschieht zum einen wegen ihrer fehlenden Bedeutung für die Kollisionsrechtsgeschichte (überspitzt, im Kern jedoch wohl treffend *Gutzwiller*, RabelsZ 10 (1936), S. 1062). Wichtiger ist aber, dass ihre Ausführungen für die hier zu erfolgende Analyse keine entscheidenden Beiträge liefern.

[326] Trotz der Überschneidungen zitiert *Hert Cocceji* hinsichtlich der drei Grundregeln nicht. Das ist umso mehr überraschend, weil er *Cocceji* in den erweiterten Kreis seiner Vorbilder aufnimmt, *Hert*, Commentationum atque opusculorum, volumen primum, S. 120 (Sect. 4 § 3).

lich der Sachen die *lex rei sitae* angewandt, auf Persönliches findet die *lex domicilii* Anwendung und bei Handlungen die *lex loci actus*.[327]

Teilweise wird aber davon ausgegangen, dass *Cocceji* Einzelfragen, insbesondere die Frage nach der Formgültigkeit eines Testaments[328], mithilfe des Gedankens der wohlerworbenen Rechte löst.[329] Nach *Cocceji* ist ausschließlich das Recht des Errichtungsortes maßgeblich.[330] Sofern dieses Recht beachtet wird, ist das Testament überall als gültig anzuerkennen.[331]

Man muss sich aber fragen, ob dieser Stelle tatsächlich ein Anwendungsbeispiel für die wohlerworbenen Rechte in der hier zu untersuchenden Erscheinung zu entnehmen ist. Dafür streitet nach den Befürwortern die Diktion *Coccejis*. Er spricht schließlich selbst von *iura quaesita*, die nicht einmal der Fürst beseitigen könne. Allerdings bezieht er die *iura quaesita* nicht auf die Formfrage selbst. Er hält vielmehr fest, dass „was in dem Gebiet in aller Form vorgenommen wurde, überall Gültigkeit [hat], so wie nach Naturrecht niemand, sogar nicht einmal der Fürst ein wohlerworbenes Recht beseitigen kann".[332] *Cocceji* spricht somit nicht davon, dass die Frage der Formgültigkeit nach dem Prinzip der wohlerworbenen Rechte beantwortet wird, sondern hält lediglich fest, dass die gefundene Lösung mit dem aus dem Naturrecht damals bereits bekannten Prinzip der *iura quaesita*[333] übereinstimmt. Dass *Cocceji* sein Ergebnis mit dem Prinzip der *iura quaesita* aus dem Naturrecht vergleicht, lässt eher darauf schließen, dass er die Rechtsfrage nach der Formwirksamkeit des Testaments gerade nicht nach dieser Lehre behandeln möchte. Für den Gedanken, dass *Cocceji* die Formfrage mithilfe wohlerworbener Rechte löst, werden noch die Sätze vor der Erwähnung des *ius quaesitum* angeführt:

---

[327] Für grobe Kollisionsnormen auch *Hilling*, Cocceji, S. 103 ff. Selbstverständlich könnte man argumentieren, dass *Cocceji* durch diese Kollisionsnormen, die er wohl als allgemeine Gültigkeit anstrebend ansieht, wohlerworbene Rechte schützt. Universell gültige Kollisionsnormen schützen stets wohlerworbene Rechte. Sie schützen sie aber nicht als primären Zweck, sondern als Nebenprodukt. Bildet man allseitige Kollisionsnormen, wertet man nicht (unbedingt) das Interesse am Schutz subjektiver Rechte höher als andere kollisionsrechtliche Interessen.

[328] *Cocceji*, Disputatio Ordinaria Juris Civilis Et Gentium, Tit. 7 § 5. Text und Übersetzung auch bei *v. Bar/Dopffel*, Band II, S. 526 ff.

[329] So *Hilling*, Cocceji, S. 116; *Michaels*, J. of Priv. Int. L. 2 (2006), S. 218 f.; *Wichser*, Begriff des wohlerworbenen Rechts, S. 11; *Trüten*, Entwicklung des IPR in der EU, S. 39; auch schon *Wächter*, AcP 25 (1842), S. 1 unter Verweis auf AcP 24 (1841), S. 281 ff. (Fn. 101).

[330] Anders als wohl die bereits damals h. M., die die wahlweise Beachtung der Form des Errichtungsorts und des Domizilorts genügen ließ, *Hilling*, Cocceji, S. 114 ff.

[331] *Cocceji*, Disputatio Ordinaria Juris Civilis Et Gentium, Tit. 7 § 5.

[332] Übersetzung von *v. Bar/Dopffel*, Band II, S. 529; lateinischer Originaltext *Cocceji*, Disputatio Ordinaria Juris Civilis Et Gentium, Tit. 7 § 5.

[333] Diese bezeichneten die durch eine Person erworbenen Rechte im Gegensatz zu den angeborenen Rechten, *Weiller*, Schutz der wohlerworbenen Rechte, S. 1.

„Wenn das Recht eines recht geführten Geschäfts oder eines in aller Form errichteten Testamentes in Frage steht, dann hat dies in allen Gebieten Geltung. Wie es nämlich dem göttlichen und Völkerrecht eignet, daß ein jeder dem Folge leistet, dem er untertan ist, und dass er dessen Gesetze in seinen Handlungen beachtet, so eignet es demselbigen Völkerrecht, dass ein Recht, das jener Beachtung entspringt, überall Geltung hat und von niemandem beseitigt werden kann."[334]

Diese Stelle scheint zunächst den Gedanken der wohlerworbenen Rechte zu erfassen. Wenn ein subjektives Recht entsteht, hat es auch überall Gültigkeit. Interessant ist aber, wie *Cocceji* die Rechtsordnung näher beschreibt, die über die Gültigkeit bestimmt. Nur dann, wenn der Einzelne der Rechtsordnung, die das Recht entstehen lässt, *untertan* ist, hat es überall Gültigkeit. Dieser Gedanke des Untertan-Seins bzw. des Unterworfen-Seins liegt aber der gesamten Konzeption *Coccejis* zugrunde und beeinflusst seine kollisionsrechtlichen Regeln zu Sache, Person und Handlung.[335] So sind beispielsweise Menschen durch ihre Wohnung und ihr Domizil den Gesetzen dieses Ortes dauerhaft „unterworfen"[336], Sachen „unterliegen" dem Gebiet, in dem sie belegen sind.[337] Menschen, die sich in einem fremden Gebiet aufhalten, können diesem zeitweilig unterworfen sein.[338] Auf diese Kategorien der Unterwerfung verweist *Cocceji* dann auch, als er die allgemeinen Grundsätze für seine kollisionsrechtlichen Ausführungen niederlegt.[339] Das alles spricht sehr dafür, dass das Recht des Einzelnen lediglich dann überall zu beachten ist, wenn es dem Recht entspricht, das nach den aufgestellten Kollisionsnormen anwendbar ist.[340]

Es spricht aber noch ein Weiteres gegen die Annahme, dass *Cocceji* an dieser Stelle die wohlerworbenen Rechte zur Grundlage nimmt. Der Gedanke der wohlerworbenen Rechte steht in Bezug zum Erwerb einer Rechtsposition, eines Rechts des Einzelnen. In der von *Cocceji* angeführten Frage geht es aber lediglich um die Form des Testaments. Die Gültigkeit des Inhalts wird aber – zumindest größtenteils – durch die *lex rei sitae* bestimmt.[341] Wenn aber lediglich die Form und nicht der Inhalt eines Rechtsgeschäfts gültig sind, erwirbt eine Person kein Recht, das vor jedem Gericht der Welt zu schützen ist.

---

[334] *v. Bar/Dopffel*, Band II, S. 529; lateinischer Originaltext *Cocceji*, Disputatio Ordinaria Juris Civilis Et Gentium, Tit. 7 § 5. Den letzten Satz zitiert *Michaels*, J. of Priv. Int. L. 2 (2006), S. 218.

[335] *Hilling*, Cocceji, S. 39 f.; *Herrmann*, Hert, S. 63 f.

[336] *Cocceji*, Disputatio Ordinaria Juris Civilis Et Gentium, Tit. 2 § 2.

[337] *Cocceji*, Disputatio Ordinaria Juris Civilis Et Gentium, Tit. 2 § 4.

[338] *Cocceji*, Disputatio Ordinaria Juris Civilis Et Gentium, Tit. 2 § 6.

[339] Bspw. *Cocceji*, Disputatio Ordinaria Juris Civilis Et Gentium, Tit. 5 § 7.

[340] Dass für *Cocceji* der Schutz wohlerworbener Rechte nicht der primäre dogmatische Ansatzpunkt ist, sondern lediglich Folge seiner Kollisionsnormen, grenzt ihn von *Huber* ab.

[341] Bspw. *Cocceji*, Disputatio Ordinaria Juris Civilis Et Gentium, Tit. 7 § 4. Dazu auch *Hilling*, Cocceji, S. 51 ff.

Damit werden hier keine wohlerworbene Rechte zum Anknüpfungspunkt der Rechtsfindung gemacht[342], sondern kollisionsnormgeprägte Erwägungen. Die zitierte Stelle besagt somit Folgendes: Sobald das Testament nach der Rechtsordnung, die nach seiner Kollisionsnorm für Handlungen, die das Recht am Handlungsort beruft, anwendbar ist, wirksam errichtet wurde, ist es überall als formgültig anzusehen, weil nach *Coccejis* Auffassung das Internationale Privatrecht Teil des Völkerrechts ist und die Regeln, die er aufstellt, damit universale Geltungskraft haben.

Anhand einer anderen Stelle in *Coccejis* Ausführungen könnte man jedoch auf den Gedanken kommen, dass es sich um eine Rechtsfindung nach dem Gesichtspunkt wohlerworbener Rechte handelt. Hinsichtlich einer Legitimation befindet er, dass solche, die der Fürst oder ein Statut, dem ein Bürger unterliegt, vornehmen, überall als gesetzmäßig erachtet werden.[343] Auch hier hält *Coccejis* dies aber nicht fest, weil er das wohlerworbene Recht der Legitimation schützen möchte, sondern weil der Bürger dem Fürsten bzw. dem Statut unterworfen ist. Dies wird an dieser Stelle besonders deutlich, da *Coccejis* folgendes Gegenbeispiel bringt: Ein Fürst kann nur seine Untertanen, nicht aber Zugereiste legitimieren. Ginge *Coccejis* an dieser Stelle von dem Prinzip wohlerworbener Rechte aus, dürfte es im Grundsatz nicht davon abhängen, ob der Legitimierte sein Domizil an dem Ort des Statuts bzw. des regierenden Fürsten hat. Sein Statut als Legitimierter wäre dennoch in jedem Staat X anzuerkennen, weil er durch den Fürst das Recht im Staat A erworben hat. Eine Ausnahme könnte dann lediglich über den Gedanken des *ordre public* gemacht werden.

Damit bleibt festzuhalten, dass *Coccejis* den Gedanken der wohlerworbenen Rechte nicht verwendet, sondern seine Rechtsfindung von kollisionsnormgeprägten Erwägungen abhängt, welche durch den Gedanken der Unterwerfung unter eine bestimmte Gewalt geprägt sind.

V. Dicey

Als nächstes soll *Dicey* (1835–1922) betrachtet werden. Er formt den Gedanken der wohlerworbenen Rechte nahezu unbestritten zum Ausgangspunkt seiner kollisionsrechtlichen Theorie[344]; sein erstes Prinzip lautet folgendermaßen:

---

[342] Im Ergebnis ebenso *Müller*, Grundsatz des wohlerworbenen Rechts, S. 150 f., der dies aber aus ähnlichen Gründen wie *Huber* verneint – weil das Recht „nicht um seiner selbst willen, sondern wegen seiner Quelle, der Staatsgewalt, unter der es erworben ist." Zu dieser Argumentation bereits oben 1. Kap. C.III.2.b).

[343] *Coccejis*, Disputatio Ordinaria Juris Civilis Et Gentium, Tit. 5 § 7.

[344] Vgl. bspw. *Michaels*, J. of Priv. Int. L. 2 (2006), S. 214 ff.; *Müller*, Grundsatz des wohlerworbenen Rechts, S. 287 ff.; anders wohl *Lipstein*, Principles, S. 24 f., welcher meint, *Dicey*

„Every right which has been (duly) acquired under the law of any civilized country is recognized and (in general) enforced by English courts".[345]

Die nähere Betrachtung der Voraussetzungen, die *Dicey* für die Beachtung der Rechte aufstellt bzw. die er an die „Wohlerworbenheit" der Rechte setzt, zeigt allerdings, dass der Gedanke der wohlerworbenen Rechte in seinem System nicht die herausgehobene Stellung einnimmt, die man für das erste Prinzip eines Systems erwarten würde. Dies lässt sich gut an *Diceys* Regel zur wirksamen Eheschließung illustrieren. *Dicey* hält diesbezüglich fest, dass die materiell-rechtlichen Fähigkeiten einer Person, die Ehe einzugehen, nach dem jeweiligen Heimatrecht der Ehegatten zu beurteilen sind. Lediglich die Form richtet sich nach der *lex loci celebrationis*. Dass diese Regel nicht unbedingt die an einem Ort wirksam eingegangene Ehe schützt, ist offensichtlich. So kann ein anderer Staat die materiell-rechtlichen Eheschließungsvoraussetzungen nach der *lex loci celebrationis* beurteilen und in der Folge zu einer wirksamen Ehe kommen. Wie *Dicey* seine Regeln zur Eheschließung mit seinem Prinzip der wohlerworbenen Rechte vereinbaren kann, sagt er nicht ausdrücklich, aus den Ausführungen, in denen er sein erstes Prinzip erklärt, lässt sich eine Erklärung aber ableiten.[346] *Dicey* setzt in seinem theoretischen Teil voraus, dass ein Recht *duly acquired* werden müsse.[347] An dieser Stelle bringt er auch ein Beispiel zur Eheschließung. Wenn ein Mann in Italien das Recht des Ehemannes erworben habe – also wenn er eine wirksame Ehe eingegangen ist –, dann besteht kein Zweifel daran, dass er nach italienischem Recht auch wirklich Ehemann ist und somit

---

nütze die wohlerworbenen Gründe lediglich zur Erklärung, warum ausländisches Recht Anwendung findet, dass sie aber keinerlei Einfluss auf seine Theorie des Kollisionsrecht haben.

[345] *Dicey*, 6 Law Quarterly Review (1890), S. 113 (hier ist das Wort *duly* in der Definition noch nicht enthalten); *ders.*, Digest, S. 23 f. (hier fügt er nun das *duly* ein). In seinem Aufsatz in der Law Quarterly Review ist das Erfordernis allerdings auch enthalten, nur als 1. Ausnahme des Grundsatzes und nicht als Teil der Definition. Seit der 6. Auflage, S. 11 f., wurde das Erfordernis des *duly acquired right* dahingehend abgewandelt (und damit die wohlerworbenen Rechte aus der Theorie eliminiert), dass das Recht nur dann *duly acquired* ist, wenn es nach dem Recht, welches nach den englischen Kollisionsnormen anwendbar ist, entstanden ist (*Lipstein*, Principles, S. 55 Fn. 172). In seinem Digest stellt *Dicey* darüber hinaus klar, dass er auch der Kehrseite des Prinzips folgt („[…] and no right which has not been duly acquired is enforced or, in general, recognised by English Courts."). Den Anstoß zu einem auf wohlerworbenen Rechte aufbauendem System erhielt *Dicey* durch *Holland* (vgl. bspw. *Nadelmann*, Festgabe für Gutzwiller, S. 278).

[346] Diese Ausführungen sind in dieser Deutlichkeit allerdings nicht in seinem Aufsatz (Law Quarterly Review. S. 113 ff.) enthalten, sondern finden sich erst in seinem Digest, S. 27 ff. Dort führt er aus, was er unter dem Erfordernis des *duly acquired right* versteht.

[347] *Dicey*, 6 Law Quarterly Review (1890), S. 118. In *Dicey*, Digest, S. 27, hält er sogar in leichter Abweichung von seinem Aufsatz fest: „The word ,duly' is emphatic. It fixes in effect the limit to the application of General Principle No. I".

ein Recht erworben hat. Die Anerkennung vor englischen Gerichten ist damit aber noch nicht gesichert, weil der italienische Staat zusätzlich die Macht haben muss, das Paar seinem Recht zu unterwerfen, ansonsten handele er *ultra vires*.[348] *Dicey* führt weiter aus, der italienische Staat habe nur die Macht, über die Personen „within his territory" zu verfügen.[349] Damit kann er im Gegenschluss kein wohlerworbenes Recht einer Ehe zwischen zwei Personen verschaffen, die ihm nicht unterworfen sind. Die eklatante Einschränkung des Gedankens der wohlerworbenen Rechte, die *Dicey* hier vornimmt, liegt auf der Hand.[350] Dieser Einschränkung entspricht es, wenn im geltenden Recht viele fordern, die Rechtslagenanerkennung könne nur bei einem hinreichend engen Bezug zu der Rechtsordnung Anwendung finden, die das Recht verleiht.[351]

Dicey schränkt den Gedanken noch weiter ein. Er sei nur im Verhältnis zu „civilised countries" anwendbar.[352] Speziell führt er hierzu aus:

> „The reason why the rule as to the recognition of acquired rights is limited, so as to apply to civilized countries only, is that the willingness of one State to give effect to rights gained under the laws of other States depends upon the existence of a similarity in principle between the legal and moral notions prevailing among different communities. Rules of private international law can exist only among nations which have reached a similar stage of civilization".[353]

Dicey spürt wohl, dass die Theorie der wohlerworbenen Rechte einen politisch brisanten Unterton hat – das nur durch eine Vorbehaltsklausel[354] durchbrochene Vertrauen in fremde Rechtsordnungen. Der fremden Rechtsordnung wird die Entscheidung über einen Fall überlassen, ohne dass die *lex fori* einen Zugriff hat. *Dicey* versucht, die Brisanz abzumildern, indem er den Gedanken der wohlerworbenen Rechte auf die Länder mit – seiner Meinung nach – vergleichbarem Entwicklungsstand beschränkt. Ein paralleles Problem stellt sich auch heute, wenn gefragt wird, ob der Gedanke der wohlerworbenen Rechte auch über die europäischen Grenzen hinaus Anwendung finden kann.[355]

Eine dritte „Einschränkung" – wenn man diese so nennen mag – des Gedankens bzw. des gesamten theoretischen Systems *Diceys* liegt in der Tatsache, dass er seine *principles* nicht als Axiome oder als jede Frage ständig erklärende

---

[348] *Dicey*, 6 Law Quarterly Review (1890), S. 119; *Dicey*, Digest, S. 28.
[349] *Dicey*, Digest, S. 28.
[350] Für ein weiteres Beispiel s. *Yntema*, 4 Int. L. Q. (1951), S. 7 ff.
[351] 3. Kap. C.II.1.c.
[352] *Dicey*, 6 Law Quarterly Review (1890), S. 116; *Dicey*, Digest, S. 30 f.
[353] *Dicey*, 6 Law Quarterly Review (1890), S. 116; *Dicey*, Digest, S. 30 f.
[354] Eine solche führt auch *Dicey* ein. Dazu näher unten 1. Kap. D.2.
[355] Dazu unten 3. Kap. B.VI.1.b).

Regeln ansieht.[356] Er sieht seine *principles* im Allgemeinen und das Prinzip zu den wohlerworbenen Rechten im Speziellen eher als Essenz der bis zu seiner Zeit erfolgten Gerichtsentscheidungen auf dem Gebiet des englischen Kollisionsrechts.[357] Seine *principles* geben keine feststehenden Regeln an, sondern die Richtung vor, in die das englische Kollisionsrecht nach *Dicey* unterwegs war.[358]

Trotz dieser Einschränkungen des Gedankens der wohlerworbenen Rechte ist die Befassung mit *Dicey* ergiebig. So versucht er, den Vorwurf des Zirkelschlusses zu entkräften, und argumentiert damit, dass er nicht das anwendbare Recht ermitteln wolle, sondern lediglich *rights acquired* durchsetzen möchte.[359] Dabei ist jedoch bereits die Behauptung zweifelhaft, er wolle das anwendbare Recht nicht ermitteln, weil er sich beispielsweise fragt, welches Recht Anwendung findet, wenn ein portugiesisches Paar, das in Portugal nicht heiraten darf, vor englischen Autoritäten die Ehe eingeht. Er sagt ausdrücklich: „The question at issue, it may be said, is, whether the law of England or the law of Portugal is to prevail."[360] Selbst wenn man *Dicey* aber in dem Gedanken folgt, dass er nicht das anwendbare Recht bestimmen möchte, sondern Rechte durchzusetzen gedenkt, entkommt er nicht dem Vorwurf eines Zirkelschlusses.[361] Der Vorwurf *Wächters*, auf den der Einwand des Zirkelschlusses zurückgeht, lautet nicht, dass die Theorie der wohlerworbenen Rechte das anwendbare Recht zu bestimmen sucht. Vielmehr geht es um die Frage, ob ein Recht *wohlerworben* bzw. *acquired* wurde.[362] Ob ein Recht wohlerworben wurde, kann man grundsätzlich nur dann wissen, wenn man weiß, welches Recht über diese Frage entscheidet.[363] Der Gedanke an sich hat daher sehr wohl im Grundsatz zirkulären Charakter. Dass *Diceys* Rechtsfindung selbst nicht logisch unschlüssig ist, folgt vielmehr daraus, dass er den Grundsatz zwar als entscheidenden einführt, sich dann aber durch seine Ausnahmen großen Wertungsspielraum verschafft. Damit folgen seine Kollisionsregeln, die er aus seinem System herleitet, auch nicht mehr dem Gedanken in Reinform, sondern er mag ihn bei der Ausgestaltung im Hinterkopf haben, die einzelnen Regeln sind aber ein Produkt der Abwägung und Wertung.[364]

---

[356] *Dicey*, Digest, S. 63 ff.

[357] *Dicey*, Digest, S. 64.

[358] *Dicey*, Digest, S. 65.

[359] *Dicey*, Digest, S. 33.

[360] *Dicey*, Digest, S. 13.

[361] A. A. *Müller*, Grundsatz des wohlerworbenen Rechts, S. 290.

[362] *Wächter*, AcP 25 (1842), S. 3 f.

[363] Für einen Zirkelschluss auch *Savigny*, System, S. 132, der die Argumentation *Wächters* übernimmt; für weitere Nachweise *Lipstein*, Principles, S. 24.

[364] Ähnlich auch *Michaels*, J. of Priv. Int. L. 2 (2006), S. 216.

Eine zweite große Schwachstelle eines Systems wohlerworbener Rechte, das „aus der Hand geben" politischer Entscheidungen und das bloße Anerkennen fremder Entscheidungen, behandelt *Dicey* ebenfalls, wenn auch nur implizit. Er antwortet auf die übrigens ebenfalls auf *Wächter* zurückgehende Kritik[365] mit Ausnahmen von seinem Grundsatz. Das kann man wiederum auch dem Merkmal des Rechts, welches *duly acquired* sein muss, damit es vor der *lex fori* durchgesetzt wird, entnehmen. Dies beinhaltet beispielsweise, dass englische Gerichte ein Recht nicht durchsetzen, wenn der fremde Souverän ihrer Meinung nach keine *authority* oder ein fremdes Gericht keine *jurisdiction* hatte, um ein solches Recht zu verleihen.[366] Hinzu kommt selbstverständlich die Möglichkeit, fremdes Recht über eine Vorbehaltsklausel abzuwehren.[367]

VI. Beale

1. Wohlerworbene Rechte als Ausgangspunkt seines Systems

Maßgeblich durch *Dicey* beeinflusst nimmt auch der Amerikaner *Beale*[368] (1861–1943) die *vested rights* als Ausgangspunkt seines Systems.[369] Aufgrund *Diceys* Einfluss klingt *Beales* grundlegendes Prinzip sehr ähnlich:

„A right having been created by the appropriate law, the recognition of its existence should follow everywhere. Thus an act valid where done cannot be called in question anywhere."[370]

Wie bei *Dicey* ist das Recht, nach dem erworben wurde, zumindest sprachlich eingegrenzt. *Beale* nutzt die Formulierung *appropriate*. Dies bedeutet allerdings keine Aushöhlung der Theorie in dem Sinne, dass nur solche Rechte anerkannt werden, die von durch Kollisionsnormen als zuständig erachteten Rechtsordnungen vermittelt werden. Vielmehr scheint *appropriate* dasjenige Recht zu sein, welches *Beale* dem Gedanken der wohlerworbenen Rechte entnimmt.[371]

---

[365] *Wächter*, AcP 25 (1842), S. 5. Hierzu unten 1. Kap. C.VIII.2.

[366] *Dicey*, 6 Law Quarterly Review (1890), S. 119.

[367] *Dicey*, 6 Law Quarterly Review (1890), S. 120 ff.

[368] Biographie bei *Williston*, 56 Harv. L. Rev. (1943), S. 685 ff.

[369] Die Theorie *Beales* ist im Zuge der American Conflicts Revolution stark kritisiert und dann auch überwunden worden. Heute folgt wohl kein Gericht mehr der Theorie der *vested rights* – was angesichts der eklektischen Auswahl der amerikanischen Gerichte zwischen den verschiedenen Theorien beachtenswert ist. Zur Überwindung der „vested rights"-Theorie m.w.N. *Joerges*, Funktionswandel, S. 30 f.

[370] *Beale*, Treatise III, S. 1969.

[371] *Sonnenberger*, FS Spellenberg, S. 376, vermutet, *Beale* hätte mit dem Zusatz *appropriate* ausdrücken wollen, dass die *lex loci actus* relevant ist. Da nach dem Verständnis *Beales* die *lex loci actus* die kollisionsrechtliche Umsetzung des Prinzips der wohlerworbenen Rech-

Durch seine Autorität verhilft *Beale* der Theorie der wohlerworbenen Rechte zu einer davor und danach nicht dagewesenen Anerkennung. Als maßgeblicher Autor des „First Restatement on the Conflict of Laws" (1934) stellt er sicher, dass seine Theorie zur Grundlage des Restatements wurde[372] und ihr so über Jahre eine herausgehobene praktische Bedeutung in Amerika zukam.[373]

Beales Theorie ist darüber hinaus der *huberschen* sehr ähnlich, da er neben dem Grundsatz der Anerkennung wohlerworbener Rechte auf die Territorialität jedes Rechts einen zweiten dogmatischen Schwerpunkt legt.[374] Bei *Beale* lässt sich allerdings nicht erkennen, in welchem Verhältnis diese beiden Grundsätze stehen. Sinnvoll ist sicher die *hubersche* Denkweise, dass der Grundsatz der wohlerworbenen Rechte aus der strikten Territorialität jedes Rechts folgt.[375] *Beale* könnte die beiden Grundsätze aber auch als Komplementäre sehen.[376]

Beale meint ferner wie *Dicey*, ausländisches Recht werde vor inländischen Gerichten nicht angewandt.[377] Die Begründung geht allerdings noch über die *Diceys* hinaus. Nach *Beale* wird ein dem ausländischen Recht entfließendes subjektives Recht zur Tatsache:

„When a right has been created by law, this right itself becomes a fact; and its existence may be a factor in an event which the same or other law makes the condition of a new right."[378]

Der Forumsstaat wendet daher kein anderes Recht an, sondern erkennt lediglich Tatsachen an. Durch diese Gedankenkonstruktion vermeidet *Beale* die von ihm (und anderen) gefühlten Souveränitätsbedenken gegenüber der Anwendung fremden Rechts.[379] Die *comitas* demgegenüber versteht er nicht als ein Prinzip „which in any particular case would determine the actual rule of law".[380] Er versteht *comitas* vielmehr dahingehend, dass sie einem Souverän erlaubt, sich jegliche Regel im Bereich des Kollisionsrechts anzueignen, welche ihm zusagt. Damit legt er den Fokus in der Betrachtung der *comitas*-Doktrin wie in seinem

---

te ist, folgt in seinem System damit auch in dem Verständnis *Spellenbergs* aus dem Wort *appropriate* keine Einschränkung.

[372] Vgl. dazu auch *Hay/Boerges/Symeonides*, S. 22 ff.

[373] *Joerges*, Funktionswandel, S. 31.

[374] *Beale*, Treatise I, S. 45 f.; so auch *Hay/Boerges/Symeonides*, S. 22.

[375] S. oben 1. Kap. C.III.2.a).

[376] *Cook*, 33 Yale L. J. (1924), S. 470, vermutet, dass die Territorialität *Beales* der logische Ausgangspunkt der Lehre und damit auch die Voraussetzung der Lehre von den wohlerworbenen Rechten ist.

[377] *Beale*, Treatise III, S. 1968.

[378] *Beale*, Treatise III, S. 1969.

[379] Beinahe paradox dabei ist, dass die *vested rights*-Theorie selbst zu groben Souveränitätsproblemen führt (dazu unten 1. Kap. C.VIII.2.). *Beale* und andere Vertreter schaffen mit ihrer Theorie damit Probleme, die sie gerade verhindern wollten.

[380] *Beale*, Treatise III, S. 1965.

gesamten System auf die Territorialität und erfasst so den Gedanken der *comitas* wohl nicht in vollem Maße, die bei *Huber* zwar auch Folge der Territorialität ist, aber gerade die Grundlage der Anwendung fremden Rechts bildet.

2. Umsetzung der wohlerworbenen Rechte in Einzelfällen

Dennoch kommt er auf seinem Weg zum gleichen dogmatischen Ansatzpunkt wie *Huber*. *Beale* hält den Ausgangspunkt des Schutzes wohlerworbener Rechte auch deutlich strikter als *Dicey* bei der Entscheidung von Einzelfragen durch. So hält er im Internationalen Vertragsrecht am Abschlussort und im Deliktsrecht am Begehungsort fest.[381] Gibt der Handlungsort ein „vested right", könne es dem Kläger nicht von Gerichten in einem anderen Staat vorenthalten werden. Im Gegenschluss kann kein anderer als der Staat des Abschlussorts bzw. des Begehungsorts dem Kläger ein durchsetzungsfähiges Recht zuschreiben. Hat er also nach diesen Rechten keinen Anspruch, so hat er vor keinem Gericht einen solchen.[382] Interessant ist dabei auch, dass er sich keinerlei Fiktion hinsichtlich des Abschlussorts hingibt. Abschlussort ist nicht etwa wie bei *Huber*[383] der Erfüllungsort. Es ist immer der Ort, an dem die Parteien kontrahiert haben.[384] Probleme dieser Sicht und der wohlerworbenen Rechte als solcher drängen sich auf. Wie sind beispielsweise Distanzdelikte oder Distanzgeschäfte zu behandeln?[385] *Beale* entscheidet sich für eine „last-event-rule".[386] Bei Distanzdelikten sei demnach der Erfolgsort zwingender Anknüpfungspunkt, weil das Recht, welches verletzt wird, von dem Land gewährt wird, in dem sich der Geschädigte befindet. Nach diesem erwerbe der Geschädigte dann auch das Recht.[387] Die sich bei Distanzgeschäften auftuenden Probleme erörtert *Beale* in erstaunlicher Ausführlichkeit.[388] Zwei Beispiele sollen herausgegriffen werden. Zum einen

---

[381] *Beale*, Treatise II, S. 1091, 1288. Dieses strikte Festhalten ohne Ausweichklauseln ist auch einer der Gründe, warum im Rahmen der *conflicts revolution* die Theorie der *vested rights* derartig stark kritisiert wurde (so wohl auch *Joerges*, Funktionswandel, S. 30 f.).

[382] *Beale*, Treatise II, S. 1091, 1288.

[383] S. oben 1. Kap. C.III.2.a).

[384] *Beale*, 10 Harv. L. Rev. (1896), S. 170; *ders.*, Treatise II, S. 1090 f. Wenn in Massachusetts ein Vertrag geschlossen wird und die Parteien stimmen darin überein, dass er in Japan erfüllt wird, soll nach *Beale*, obwohl der Wille der Parteien, japanisches Recht zur Anwendung zu bringen, evident sein, dass das Recht von Massachusetts herrscht. Das Recht am Ort der Erfüllung ist aber für *Beale* dann relevant, wenn es um rechtliche Fragen in Bezug auf die Erfüllung selbst geht (*Beale*, 10 Harv. L. Rev. (1896), S. 171; *ders.*, Treatise II, S. 1259 ff.).

[385] Zu diesem Problempunkt allgemein auch *Leifeld*, Anerkennungsprinzip, S. 137 f. m. w. N.

[386] *Hay/Borchers/Symeonides*, S. 23.

[387] *Beale*, Treatise II, S. 1287 ff.

[388] *Beale*, Treatise II, S. 1046 ff.

stellt *Beale* für „informelle" gegenseitige Verträge im Grundsatz wohl auf den Ort ab, an welchem die Annahme „zugegangen" ist.[389] Bei mittels Telefon geschlossenen Verträgen soll es auf den Ort, an welchem der Annehmende spricht, ankommen.[390] Die diesen Regeln inhärente Zufälligkeit drängt sich auf.

Das Problem der sich widersprechenden Rechte[391] behandelt *Beale* nicht ausdrücklich. Man kann aber wohl annehmen, dass er in diesem Fall ebenfalls die „last-event-rule" angewandt hätte, auch wenn sich dies nicht mit letzter Sicherheit beweisen lässt. Dem Gedanken der wohlerworbenen Rechte würde dies entsprechen, da der „frühere" letzte Akt das Recht endgültig zum Entstehen bringt und dieses Recht dann nicht mehr zu Fall gebracht werden kann.

Betrachtet man die Regeln *Beales* in Bezug auf das wirksame Eingehen einer Ehe, fällt ein weiteres Interessantes auf. *Beale* folgt hier der Anwendbarkeit der *lex loci celebrationis*. Das erscheint auf den ersten Blick mit dem Gedanken der wohlerworbenen Rechte im Grundsatz vereinbar. Hält man sich allerdings vor Augen, dass *Beale* jegliche Rück- oder Weiterverweisung ablehnt[392], scheint die Regel den Grundgedanken in Teilen zu „verraten". Das Sachrecht des Staates, in welchem die Ehe geschlossen wurde, könnte das Eingehen der Ehe für unwirksam halten. Aus Sicht des Vornahmestaats kann die Eheschließung jedoch dennoch wirksam sein, weil er das Heimatrecht der beiden Ehegatten entscheiden lässt. Folgt man nun dem Gedanken der wohlerworbenen Rechte, ist somit zwingend, dass man auch der Theorie vom *renvoi* einen Anwendungsbereich zugesteht. *Beale* widerspricht sich an diesem Punkt damit selbst.[393]

Ferner sind nach ihm Statute des *domicile* zu beachten, die ausdrücklich auch auf eine anderenorts geschlossene Ehe angewendet werden wollen.[394] Diese Durchbrechung seiner Handlungsortregel, die auf einer Ausübung der Macht des Domizilstaates über dessen Untertanen beruht, muss jedoch nicht heißen, dass er hier seine Methode in diesem Fall gänzlich aufgibt und aufgrund von „kollisionsnormgeprägten" Erwägungen zur Geltung der *lex domicilii* geführt wird. Vielmehr entspricht der Gedanke, dass die Hoheit eines Staates über seine Untertanen und die Folgen daraus auch in einem anderen Staat anerkannt wer-

---

[389] *Beale*, Treatise II, S. 1069 f. Wann immer der Anbieter allerdings die Annahme per Brief speziell *authorized* hat, soll das letzte Event vollzogen sein, wenn der Annehmende seinen Brief abschickt (S. 1071).

[390] *Beale*, Treatise II, S. 1073.

[391] Dazu ausführlich 3. Kap. B.VI.1.c).

[392] *Beale*, Treatise I, S. 55 ff.

[393] *McClintock*, 84 U. Pa. L. Rev. (1936), S. 311 f.; allgemein zum Verhältnis von *renvoi* und der *vested rights*-Theorie *Cook*, 33 Yale L. Y. (1924), S. 468 f.; *Cheatham*, 58 Harv. L. Rev. (1945), S. 380.

[394] *Beale*, Treatise II, S. 681 f.

den, dem Gedanken von (drittstaatlichen) Eingriffsnormen.[395] Dafür spricht auch, dass er an zusammenfassender Stelle die Anwendung der *lex domicilii* als *exceptional ruling* kennzeichnet.[396]

3. Durchbrechungen des Gedankens der wohlerworbenen Rechte

Beale hält jedoch auch seinen Grundgedanken selbst – den Schutz wohlerworbener Rechte – nicht ausnahmslos durch. In Bezug auf Minderjährige meint er, dass jemand, der nach den Gesetzen eines Staates als minderjährig gilt, selbst dann nicht als volljährig behandelt wird, wenn das Land seines *domicile* ihn für volljährig erklärt.[397] Folgt man dem Gedanken der wohlerworbenen Rechte, leuchtet diese Entscheidung nicht ein. Wenn das Heimatrecht einer Person diese für volljährig erklärt, erhält sie das Recht, als volljährig behandelt zu werden. Dieses Recht wird nach *Beale* jedoch nicht geschützt.[398] Ein zweites Beispiel ist die Testaterbfolge in Grundstücke. Nach *Beale* ist ein Testament sowohl in formeller als auch in materieller Hinsicht nur dann gültig, wenn es dem Recht der *lex rei sitae* entspricht. Sollte dies ein zweiter Staat anders sehen und auf ein divergierendes Sachrecht verweisen, entstehen sich widersprechende Rechte. An dieser Stelle – wie in allen anderen, in denen sich widersprechende Rechte gleichzeitig entstehen – entpuppt sich der Gedanke der wohlerworbenen Rechte als gänzlich ungeeignet, die Kollision der verschiedenen Rechte aufzulösen.

---

[395] Für ein weiteres Beispiel vgl. *Beale*, Treatise II, S. 678; ferner S. 691, in Bezug auf Ehen zwischen Weißen und Farbigen, die zu diesem Zeitpunkt noch in den südlichen Staaten der USA verboten waren. Dort stellt *Beale* auch explizit auf die Hoheitsinteressen des Domizilstaates ab („by reason of the overwhelming policy of the domicil"), was ein starkes Indiz für den Gedanken der Eingriffsnormen und gegen eine Änderung seiner methodischen Vorgehensweise darstellen dürfte. Gegen die Kategorisierung als Eingriffsnormen könnte sprechen, dass *Beale* darüber sinniert, welches Domizil entscheidet, wenn die Verlobten nicht in demselben Staat domiziliert sind (Treatise II, S. 693 ff.). Dies wird man jedoch wohl auch mit dem Gedanken erklären können, dass *Beale* an der relevanten Stelle modern gesprochen darüber sinniert, welcher Staat eine ausreichend enge Verbindung hat, um seine *policies* durchsetzen zu können. Die Erwägungen, die *Beale* in Bezug auf inzestöse und polygame Ehen macht (*Beale*, Treatise II, S. 687 ff.), sind wohl ebenfalls keine Durchbrechungen seines Grundgedankens, selbst wenn er dort sehr stark das Recht des Domizils betrachtet. Dies geschieht jedoch wohl eher aufgrund von Überlegungen, die manche heutzutage anhand des Merkmals des ausreichenden Inlandsbezugs prüfen würden und nicht weil er seine Grundanknüpfung an die *lex loci celebrationis* ändern möchte.

[396] *Beale*, Treatise II, S. 696.

[397] *Beale*, Treatise II, S. 661 f.

[398] Dass es sich um eine *ordre public*-Erwägung *Beales* handelt, lässt sich dem Text nicht entnehmen. Er folgt vielmehr den Autoritäten und weicht daher von seinem Grundgedanken ab.

VII. Pillet

Nach diesem Abstecher über den Atlantik wird nun zuletzt die französische Schule von den *droits acquis* und stellvertretend für diese *Pillet* (1857–1926) betrachtet. Diese Betrachtung kann allerdings sehr kurz ausfallen, da den wohlerworbenen Rechten, obwohl sie *Pillet* neben dem Fremdenrecht und dem „Internationalen Privatrecht" gleichrangig nennt, bei *Pillet* keinerlei eigenständige kollisionsrechtliche Bedeutung zukommt.[399] Ob ein Recht wohlerworben ist, richtet sich bei ihm nach dem Recht, welches durch die Kollisionsnormen der *lex fori* für anwendbar befunden wurde.[400] Damit wird dem Gedanken der wohlerworbenen Rechte auf demselben Weg seine Bedeutung entzogen, wie auch die Bearbeiter von *Diceys* Digest[401] dessen Theorie den Boden entzogen haben.[402] Sobald die Frage, ob ein Recht wohlerworben oder *duly acquired* ist, sich nach dem aufgrund von Kollisionsnormen anwendbaren Recht richtet, mag der Gedanke der wohlerworbenen Rechte noch die Frage danach beantworten, *warum* fremdes Recht überhaupt angewendet wird, für das *Wie* der Rechtsfindung hat es dann jedoch keinerlei Bedeutung und ist damit für die Methodik des Internationalen Privatrechts nicht von Interesse.

VIII. Schlussfolgerungen

Nach diesem Gang entlang der Meilensteine der Theorie der wohlerworbenen Rechte lässt sich erkennen, dass viele der Grundlagenfragen, die sich im Bereich der Rechtslagenanerkennung stellen, keine neuen Probleme sind.[403] Sie treten zwangsläufig auf, sobald der Fokus einer kollisionsrechtlichen Theorie auf den Schutz subjektiver Rechtspositionen gelegt wird.

---

[399] *Weiller,* Schutz der wohlerworbenen Rechte, S. 40; *Wichser,* Begriff des wohlerworbenen Rechts, S. 64 f.; *v. Bar/Mankowski,* IPR I, § 3 Rn. 20; *Kegel/Schurig,* IPR, § 1 VII; a.A. wohl *Müller,* Grundsatz des wohlerworbenen Rechts, S. 233 ff.

[400] *Pillet,* Traité, Band 1, S. 122. Von der kollisionsnormgeprägten Prüfung nimmt *Pillet* den Fall aus, dass das Recht zu einem Zeitpunkt und in einer Fallkonstellation erworben wird, in dem noch kein Auslandsbezug bestand (*Wichser,* Begriff des wohlerworbenen Rechts, S. 64). Da in diesen Fällen das anwendbare Recht jedoch stets feststeht, kommt den wohlerworbenen Rechten auch in diesen Konstellationen keine Bedeutung zu.

[401] In der 6. Ausgabe des Digest (1949), S. 11, wurde *Diceys* Prinzip durch *Morris* folgendermaßen abgewandelt: „Any right which has been duly acquired under the law of any civilized country which is applicable according to the English rules of conflict of laws is recognized and, in general, enforced by English courts."

[402] Eine Bedeutung kann dem Prinzip bei *Pillet* lediglich in der Fallgruppe der zeitlichen Änderung des Kollisionsrechts zukommen (*v. Bar/Mankowski,* IPR I, § 3 Rn. 20). Dies ist aber eine intertemporale und keine interterritoriale Frage.

[403] Daher sollte man Erkenntnisse aus der Kollisionsrechtsgeschichte in der heutigen Diskussion nutzen, *Jayme/Kohler,* IPRax 2004, S. 484.

1. Umsetzung des Gedankens der wohlerworbenen Rechte in Kollisionsnormen

Interessant ist aber zunächst, dass viele der Autoren, welche den Gedanken der wohlerworbenen Rechte vertreten, diesen eigentlich sehr liberalen, sehr staatsfreien Gedanken in ein kollisionsrechtliches System gießen, sodass dem eigentlich Staatsfreien Fesseln angelegt werden. In manchen Situationen wird es nie gelingen, den Schutz wohlerworbener Rechte in Kollisionsnormen zu gießen, selbst wenn versucht wird, durch Anknüpfung an den Handlungsort und durch Rück- und Weiterverweisungen den Gedanken so weit wie möglich umzusetzen.[404] Gewisse Abweichungen, die zu divergierenden Ergebnissen führen und damit wohlerworbene Rechte nicht schützen, sind in einem komplexen Rechtsgebiet mit einander widerstreitenden Interessen nicht vermeidbar. Auf diese Weise „verrät" jeder, der die wohlerworbene Rechte zu einem System ausformt und aus ihnen bindende Kollisionsnormen abzuleiten versucht, in einem Zeitalter, in dem divergierende Kollisionsrechtsordnungen Tatsache sind[405], den Gedanken als solchen.

Eine Ausnahme, in der eine Bildung eines Gesamtsystems, die auf wohlerworbenen Rechte fußt, logisch schlüssig wäre, könnte darin gesehen werden, wenn das System in seiner Essenz lediglich eine selbstständige[406] Kollisionsnorm enthält, dass im In- und Ausland erworbene Rechte eines Individuums vor den Gerichten anerkannt werden. Damit stimmten der Gedanke und das daraus geformte „System"[407] überein.

Neben ihrer offensichtlichen und für einen kontinentaleuropäischen Juristen kaum hinnehmbaren Vagheit der Regel, die jeden Wunsch nach Rechtssicher-

---

[404] Die „vested rights"-Theorie lehnte jedoch sogar die Aufnahme des *renvoi* in ihre Methodik ab, weshalb schon deshalb der Gedanke der „vested rights" an sich nicht konsequent durchgehalten wird (*Cook*, 33 Yale L. J. (1924), S. 469). An selbiger Stelle versucht *Cook* aber ebenfalls zu zeigen, dass selbst die Implementierung des *renvoi* die Theorie der „vested rights" und eine Theorie der wohlerworbenen Rechte allgemein nicht retten kann. Dem ist in Teilen zu widersprechen, wenn das Gericht nach der „Foreign Court"-Theorie vorgeht und sich vollständig in das fremde Gericht hineinversetzt. Folgt jedoch auch dieses Gericht derselben Theorie, führt sie genauso wenig weiter (allgemein zur „Foreign Court"-Theorie *Hay/Borchers/Symeonides*, S. 165 f. Fn. 10; *v. Bar/Mankowski*, IPR I, § 7 Rn. 216 f.).

[405] Dieser Vorwurf gilt damit wohl nicht für *Huber*, der für sein System noch die universelle Gültigkeit anstrebt.

[406] Dass auch ein System wohlerworbener Rechte sinnvollerweise zumindest noch eine *ordre public*-Klausel benötigt, wird im nächsten Abschnitt dargelegt. Ebendort wird gezeigt, dass diejenigen, die eine Systembildung nach wohlerworbenen Rechten versuchen, ebenfalls eine ordre public-Kontrolle einführen.

[407] Bei einer solchen Einzelregel von einem System zu sprechen, ist zugegebenermaßen gewagt.

heit unerfüllt lässt, offenbart die Regel zudem eine weitere Schwäche eines kollisionsrechtlichen Systems, welches den Schutz wohlerworbener Rechte zu seiner Grundlage nimmt. Es ist nicht ausgeschlossen, dass zwei Individuen sich widersprechende Rechte unter verschiedenen Rechtsordnungen erwerben. Der Schutz beider erworbener Rechte vor der *lex fori* ist dann nicht möglich, obwohl beide Rechte vor jeweils anderen Gerichten durchgesetzt werden könnten. In Fällen, in denen diese Rechte nacheinander bestehen, wird man den Widerspruch durch die Hilfsregel der Priorität[408] auflösen können. Die sich widersprechenden Rechte können jedoch auch gleichzeitig entstehen. In solchen Fällen ist der Gedanke der wohlerworbenen Rechte zur kollisionsrechtlichen Entscheidung gänzlich ungeeignet. Beispielsweise fällt das gesamte Internationale Erbrecht aus dem möglichen Anwendungsbereich heraus, weil, sobald die Sachrechte und Kollisionsrechte von Staaten unterschiedlich sind, zumindest nach dem deutschen Verständnis des unmittelbaren Übergangs zum Zeitpunkt des Todes des Erblassers sich widersprechende Rechte entstehen.

Umsetzen ließe sich ein System der wohlerworbenen Rechte einzig für verschiedene Privatrechtsordnungen, für die eine andere Institution, wie beispielsweise die EU, gemeinsame Kollisionsnormen schaffen kann. Im europäischen Kontext ist es denkbar, dass die Mitgliedstaaten sich auf gemeinsame Kollisionsnormen einigen, die den Gedanken der wohlerworbenen Rechte schützen. Selbstverständlich schützt aber jede Form der Kollisionsrechtsvereinheitlichung wohlerworbene Rechte, da es hinkende Rechtsverhältnisse verhindert. Der Gedanke der wohlerworbenen Rechte ist daher auch in dieser Fallkonstellation nicht der ausschlaggebende. Für Fälle mit Drittstaatenbezug gelingt die Umsetzung in Kollisionsnormen aber auch wieder theoretisch nicht.

2. Der Vorwurf des Zirkelschlusses

Zu betrachten ist auch ein Vorwurf, der gegen den Gedanken allgemein vorgebracht wird: der Vorwurf, dass ihm ein Zirkelschluss zugrunde liegt. Dieser Einwand gegen die wohlerworbenen Rechte geht zurück auf *Wächter*[409] und wurde übernommen durch *Savigny*.[410] Auf den ersten Blick mag der Vorwurf eines Zirkelschlusses hinsichtlich des Gedankens an sich überraschen, da der Satz, erworbene Rechte seien zu schützen, eben jedes erworbene Recht erfasst.

---

[408] Dazu 3. Kap. B.VI.1.c).

[409] *Wächter*, AcP 25 (1842), S. 3 f.

[410] *Savigny*, System VIII, S. 132. Die Übernahme durch *Savigny* und die fast herablassend anmutende Abkanzlung der gesamten Theorie in bloß vier Zeilen ist wahrscheinlich auch der hauptsächliche Grund dafür, dass die Theorien der wohlerworbenen Rechte in Deutschland danach, anders als in anderen Ländern, nie von mehr als Einzelkämpfern erwogen wurden.

So argumentiert – wie gesehen[411] – *Dicey*. Diese Argumentation verfängt jedoch nicht, da der Vorwurf des Zirkelschlusses an dem Merkmal der „Wohlerworbenheit" ansetzt. Welches Recht hierüber entscheidet, müsste eigentlich gesucht werden.[412]

Mit diesen Ausführungen ist aber noch nicht festgestellt, dass jede Rechtsfindung nach wohlerworbenen Rechten und somit auch die gesamte Rechtslagenanerkennung einem Zirkelschluss verfällt. Der Vorwurf wird nämlich in dem Moment überwunden, in dem ein höherrangiges Recht den einfachgesetzlichen Vorschriften zum Internationalen Privatrecht Vorgaben zum Schutz wohlerworbener Rechte macht, welche die Wertungen des Internationalen Privatrechts durchbrechen und festlegen, welche Rechte zu schützen sind.[413] Dann steht die Rechtsordnung fest, die über die „Wohlerworbenheit" entscheidet. Eben dies geschieht im geltenden Recht durch den Einfluss des europäischen Primärrechts. Wenn das in Art. 21 AEUV garantierte Freizügigkeitsrecht den deutschen Staat und damit auch seine Gerichte zur Anerkennung eines in Dänemark gewährten Namens verpflichtet, liegt nicht der Fokus auf der Suche nach einer anwendbaren Rechtsordnung, sondern der Fokus liegt auf dem individuellen Recht des Namensträgers. Dass es das dänische Sachrecht war, welches die Namensbildung erlaubt, ist in diesen Fällen zweitrangig. Relevant ist allein die Tatsache, dass der Namensträger ein solches Recht erworben hat. Neben Art. 21 AEUV können sich solche Vorgaben auch aus den Grundfreiheiten, der EMRK und dem nationalen Verfassungsrecht ergeben. In diesen Fällen sollte man jedoch nicht von Rechtslagenanerkennung sprechen, sondern sie mit dem allgemeinen Gedanken der wohlerworbenen Rechte erklären.[414]

Der Vorwurf des Zirkelschlusses ist aber in allen Fällen nicht haltbar, solange sich der Gedanke auf eine explizite Anordnung der Rechtsordnung stützen kann.[415]

---

[411] S. oben 1. Kap. C.IV.

[412] Oben 1. Kap. C.IV.; den Vorwurf des Zirkelschlusses erhebt auch *Yntema*, 37 Yale L. J. (1928), S. 477 f.; ähnlich *Lorenzen*, 33 Yale L. J. (1924), S. 744.

[413] *Michaels*, J. of Priv. Int. L. 2 (2006), S. 235.

[414] 2. Kap. C.

[415] *Michaels*, J. of Priv. Int. L.2 (2006), S. 235; *Kuipers*, Eur. J. of Legal Studies 2009, S. 82. Darüber hinaus greift der Vorwurf dann nicht, wenn dem Gedanken der wohlerworbenen Rechte innerhalb der kollisionsnormgeprägten Ordnung, beispielsweise im Rahmen des Statutenwechsels im Internationalen Sachenrecht, Rechnung getragen wird. In diesen Fällen steht durch die Kollisionsnorm die Rechtsordnung fest, nach der das Recht entstanden ist. Es ist lediglich zweifelhaft, ob dieses Recht einen Wechsel des anwendbaren Rechs übersteht (dazu *Berner*, in: Perspektiven einer europäischen Privatrechtswissenschaft, S. 335 ff.).

3. Souveränitätsbedenken

Ein weiterer auf *Wächter* zurückgehender Einwand gegen den Gedanken der wohlerworbenen Rechte muss stets im Hinterkopf behalten werden:

„Wohin würde auch jenes Princip des wohlerworbenen Rechts, consequent durchgeführt, am Ende führen! In der That zu Grundsätzen, durch welche die Freiheit und Selbstständigkeit der Gesetzgebung des Staats, gegenüber vom Auslande, ganz aufgehoben würde. Unser Staat müßte geradezu zugeben, daß *seine* Gesetze durch Gesetze des Auslandes gebrochen werden".[416]

Diese Gefahr erkennt bereits *Dicey* und versucht, sie zu beseitigen.[417] In Bezug auf die heutige Rechtslagenanerkennung ist dabei aber selbstverständlich zuzugeben, dass das europäische Primärrecht Teil des Rechts Deutschlands ist, sodass *Wächters* Feststellung, die eigenen Gesetze würden durch fremde Gesetze gebrochen, in diesem Fall nicht zutrifft. Es bleibt aber die Gefahr für Staatsgewalt und Demokratie. Die Tatsache, dass Deutschland Teil der Europäischen Union ist, führt – zumindest noch – nicht zur Aufgabe der eigenen Staatlichkeit Deutschlands.[418] Deutschland ist eben nicht Teil eines föderalen europäischen Gesamtstaats[419], sondern bleibt letzten Endes der eigentliche Souverän, der eigentliche Letztentscheider.[420] Dieses Verständnis teilt auch das BVerfG, insbesondere wenn es sich vorbehält, gegebenenfalls Akte der europäischen Union an den Vorgaben des Grundgesetzes zu messen.[421]

Die Souveränität der Mitgliedsstaaten und der damit verbundene Grundsatz der Einzelfallermächtigung[422] darf nicht durch ein Prinzip der wohlerworbenen Rechte unterwandert werden. In diesem Zusammenhang muss unbedingt beachtet werden, dass die Europäische Union lediglich im Einzelfall die Kompetenz zur Regelung des Privatrechts hat. Dies bedeutet selbstverständlich nicht, dass das europäische Primärrecht in keinem Falle Einwirkungen auf das Privatrecht haben kann. Die fehlende Kompetenz der europäischen Union sollte aber berücksichtigt werden und zur Zurückhaltung der Eingriffe in das staatliche Recht über die Rechtslagenanerkennung oder andere Formen des Gedankens wohlerworbener Rechte und deren Ausdehnung durch Gerichte auffordern. Gerade in gesellschaftlich hoch umstrittenen Fragen wie der Leihmutterschaft und der gleichgeschlechtlichen Ehen sollte den Einzelstaaten die Entscheidungs-

---

[416] *Wächter*, AcP 25 (1842), S. 5.
[417] S. oben 1. Kap. C.V.
[418] BVerfGE 123, S. 347 f.
[419] *Oppermann/Classen/Nettesheim*, Europarecht, § 4 Rn. 8.
[420] BVerfGE 123, S. 343 ff.
[421] BVerfGE 123, S. 353 ff.
[422] BVerfGE 123, S. 349 f.

kraft zukommen[423], da es den Mitgliedsstaaten als Souveräne und zuständigen Entscheidern über das Privatrecht obliegt, die Aufgabe des Gesetzgebers wahrzunehmen, also eine nach seinen Vorstellungen gerechte Sozialordnung zu schaffen.[424]

4. Bedenken gegen einen Paradigmenwechsel im geltenden Recht

Auch mit den aufgezeigten Beschränkungen zeigt die Analyse der historischen Vorbilder, dass ein reines auf dem Gedanken der wohlerworbenen Rechte fußendes System nicht der richtige Weg für das Kollisionsrecht sein kann. Selbst Autoren, die sich dem Gedanken verschreiben, nehmen große Teile ihres Systems davon aus. *Huber* nimmt das gesamte Immobiliarsachenrecht und in der Folge wohl auch die Intestaterbfolge aus. *Dicey* geht noch einen Schritt weiter und schränkt den Grundgedanken durch so gewichtige Ausnahmen ein, dass man den Gedanken selbst kaum mehr als systemtragend bezeichnen mag.

Diesen Vorbehalten der geschichtlichen Verteidiger (und nicht der Gegner) des Gedankens wohlerworbener Rechte sollte im Hier und Jetzt Rechnung getragen werden. Hinzu kommen die dargelegten grundsätzlichen Bedenken gegen manche Aspekte des Gedankens. Einen revolutionären Paradigmenwechsel, weg von Kollisionsnormen hin zu einem System der Rechtslagenanerkennung, wie es manche zumindest für Teilgebiete des Kollisionsrechts vorschlagen[425] und andere befürchten[426], sollte es daher nicht geben. Wohlerworbene Rechte mögen im Einzelfall ein solch wichtiges Schutzgut sein, dass in diesem Einzelfall zu ihrem Schutz zu entscheiden ist, ein ganzes kollisionsrechtliches System trägt der Gedanke jedoch nicht.[427]

---

[423] Hierzu unten 3. Kap. B. und C.

[424] Anders *Funken*, Anerkennungsprinzip, S. 253 f., die aufgrund der Fokussierung auf das Individuum durch die europäischen Freiheiten die rechtshistorischen Kritikpunkte im Rahmen des europäischen Primärrechts für überwindbar hält.

[425] Staudinger/*Sturm/Sturm*, Einl. IPR Rn. 64; *Rieks*, Anerkennung, S. 247 ff.; wohl auch *Leifeld*, Anerkennungsprinzip, S. 220 f.; für zumindest erwägungswürdig hält es *Coester-Waltjen*, FS Jayme, S. 129; kritischer aber *dies.*, IPRax 2006, S. 392 ff.

[426] Statt vieler bereits *Jayme/Kohler*, IPRax 2001, S. 501 f.

[427] Auch *Michaels*, J. of Priv. Int. L. 2 (2006), S. 240, meint, dass ein System, welches dem Gedanken der wohlerworbenen Rechte folgt, nie für sich allein funktionieren kann.

D. Historische Dimensionen des ordre public und der Eingriffsnormen

Wenn die Prägung des Begriffs *ordre public* dem Art. 6 des *Code civil* von 1804[428] zuschrieben wird[429], mag dies sicher richtig sein. Die Prägung des Begriffs *ordre public* hat allerdings relativ wenig mit den dahinterstehenden Gedanken gemein.[430] Es wäre verblüffend, wenn bis zum Jahre 1804 niemand auf die Idee gekommen wäre, ohne Vorbehalt in Bezug auf dessen Inhalt fremdes Recht anzuwenden. Dem ist jedoch auch nicht so. Jeder, der daran denkt, fremdem Recht vor seinen Gerichten Wirkung zukommen zu lassen, wird in einem zweiten Schritt mit beinahe sicherer Notwendigkeit Vorbehalte festlegen.[431] Für den „Sprung ins Dunkle"[432] möchte jeder ein Sicherheitsnetz aufgespannt wissen. Zu stark ist die Angst vor dem fremden Recht, als dass man fremdes Recht unkontrolliert zur Anwendung bringt. Aus diesen Gründen war auch das von der Kommission erwogene Absehen[433] von einer *ordre public*-Kontrolle bei Anerkennung mitgliedstaatlicher Urteile im Zuge der Reform der EUGVVO von Anfang an zum Scheitern verurteilt. Solange die Mitgliedstaaten noch einen Funken Souveränität behalten, wird man sich gegen die unbeschränkte Anerkennung fremder Hoheit wehren, und dies auch zu Recht. Ein jeder Gesetzgeber hält den *status quo* seiner Gesetze für den *status optimus*. Ansonsten würde er die Gesetze ändern.[434] Der Grundgedanke des Kollisionsrechts, also die mögliche Anwendung fremden Rechts in geeigneten Fällen, ist vor diesem Hintergrund ein verblüffender. Wenn doch das eigene Recht das beste ist, wieso sollten dann nicht auch Untertanen eines anderen Souveräns in den Genuss dieses gerechtesten Rechts kommen? Nur wer anerkennt, dass neben der Gerechtigkeit in der Sache auch eine örtliche existiert, kann über diese Grundhemmung bei der Anwendung fremden Rechts hinwegspringen. Der grundlegende Vorbehalt,

---

[428] „On ne peut déroger, par des conventions particulières, aux lois qui intéressent l'ordre public et les bonnes mœurs."

[429] Staudinger/*Voltz*, Art. 6 EGBGB Rn. 5.

[430] Für die nachfolgende Untersuchung wird dem Gedanken des *ordre public* grundsätzlich die Bedeutung zugemessen, welche er nach deutschem Verständnis traditionell hat, also dass die negative Seite des *ordre public* maßgebend ist. Sobald dem deutschen Verständnis eher unbekannte Aspekte des Begriffs wie die positive Funktion des *ordre public* angesprochen wird, wird dies kenntlich gemacht.

[431] *Kegel/Schurig*, IPR, § 16 I.

[432] *Raape/Sturm*, IPR, S. 199.

[433] Vorschlag der Kommission für die Neufassung der EuGVVO vom 14.12.2010 (KOM(2010) 748 endgültig), S. 7; abrufbar unter http://eur-lex.europa.eu/LexUriServ/LexUriServ.do?uri=COM:2010:0748:FIN:DE:PDF (zuletzt besucht am 31.08.2017).

[434] *Kegel*, FS Lewald S. 270.

in der Sache nicht das gerechteste aller Rechte anzuwenden, wirkt aber nach. Ein Staat kann nicht zulassen, dass lediglich der örtlichen Gerechtigkeit Rechnung getragen und die sachliche ignoriert wird.[435] Daher wird er ein Ergebnis im Sinne der örtlichen Gerechtigkeit, welches in zu grobem Maße gegen die sachliche Gerechtigkeit verstößt, verhindern. Er wird seine Hoheitsinteressen durchsetzen. Diesen Gedanken verschreibt sich aber nicht nur der moderne Staat. Sie ziehen sich vielmehr durch die gesamte Kollisionsrechtsgeschichte.

I. Der ordre public bei den Statutentheoretikern

Betrachtet man kollisionsrechtliche Äußerungen der Kollisionsrechtsgeschichte bis 1804, so sind die Fundstellen des Gedankens des _ordre public_ beinahe überbordend. Dies beginnt bei _Bartolus_ und den _statuta odiosa_.[436] Selbst _Bartolus_ ist aber nicht der erste, der den Gedanken verwendet. Ansätze finden sich bei _Wilhelm von Cuneo_ – auf den die Kategorie der _statuta odiosa_ zurückgeht[437] – und nach _Neumeyer_ sogar noch früher.[438] Später findet sich der Gedanke bei _Dumoulin_ wieder.[439] Bei _d'Argentré_ dagegen lassen sich solche Erwägungen im Text nicht finden – wohl aber mangels Anwendungsbeispiel. Da _d'Argentré_ bereits durch seine Grundregeln und seine Fixierung auf die _lex rei sitae_ sehr restriktiv mit der Einwirkung fremden Rechts ist, benötigt er bei den von ihm zu entscheidenden Fällen keine Vorbehaltsklausel. Exemplifizieren lässt sich dies einmal an der _quaestio anglica_. Da er dem englischen Statut – _primogenitus succedat_ – generell keine extraterritoriale Wirkung zukommen lässt[440], muss er sich nicht wie _Bartolus_ fragen, ob die Regel des Erstgeborenenerbrechts ein odioses Statut und damit auf das Territorium Englands beschränkt ist. Ein anderes Beispiel ist der von einigen Gebieten festgesetzte Ausschluss von Töchtern

---

[435] _v. Bar/Mankowski_, IPR I, § 7 Rn. 258, schreiben ebenfalls, dass ohne den Gedanken des _ordre public_ kein international-privatrechtliches System funktionieren kann.

[436] Für den Gedanken, dass die _statuta odiosa_ Vorläufer des _ordre public_-Gedankens sind, auch _Lipstein_, Principles, S. 9; _Hatzimihail_, RHDI 60 (2007), S. 40; _Kaufmann_, FS Coing, S. 81 ff.; _Spickhoff_, Ordre public, S. 30 ff.

[437] In Teilen auch _Kaufmann_, FS Coing, S. 77 ff.

[438] _Neumeyer_, Gemeinrechtliche Entwicklung II, S. 148; dazu auch _Kaufmann_, FS Coing, S. 74 ff. _Aldricus_ benötigte keine solche Vorbehaltsklausel, da er bekanntermaßen das Recht zur Anwendung bringen wollte, welches als überlegener und nützlicher erscheint. Ein dem Gedanken des _ordre public_ widersprechendes ausländisches Gesetz wird diese Voraussetzungen nicht erfüllen. Die Ausnahme dieses Gedankens (zwischen zwei fremden Rechten muss gewählt werden), die _Kaufmann_, FS Coing, S. 70, sieht, dürfte aufgrund der fehlenden praktischen Bedeutung kaum relevant sein.

[439] _Gamillscheg_, Dumoulin, S. 21 f.; dazu auch _Spickhoff_, Ordre public, S. 32 f.

[440] _d'Argentré_, Commentarii in patrias Britonum, S. 607 (Art. 218 Nr. 24).

von der Erbfolge. Dieses Statut gilt wiederum lediglich innerhalb des festlegenden Gebiets.[441] Auch *Gaill* löst den Fall des Ausschlusses des Erbrechts für Töchter, wenn auch mit anderer Begründung – mit einer *ordre public* – Überlegung. Er lehnt die extraterritoriale Wirkung als exorbitant und gegen das *ius commune* verstoßend ab.[442] Zwar ist der Aussagegehalt bei *Gaill* in dem Sinne ein wenig zu relativieren, dass auch *Gaill* insgesamt hinsichtlich der extraterritorialen Wirkung sehr restriktiv ist.[443] In jedem Fall klingt in seiner Ablehnung eines solchen Statuts aber stark die Ablehnung eines für *Gaill* moralisch Verwerflichen mit. Bei *Stryk* kehrt dann für den Fall, dass die Tochter nicht erbfähig ist, die Argumentation mit *statuta odiosa* wieder.[444] Er nutzt den Gedanken aber auch an anderer Stelle, wenn er ein fremdes Statut nicht einwirken lassen will, weil ein Rechtsinstitut geltend gemacht wird, das in dem Heimatstaat gerade verboten ist.[445] *Johannes Voet* benutzt den Gedanken wohl, indem er aus D,2,14,38[446] Schranken für die Vertragsfreiheit herleitet.[447] *Cocceji* erwägt, ob Bigamie gegen Naturrecht verstößt und Christen deshalb eine solche Ehe selbst dann nicht eingehen können, wenn sie ihr Domizil in einem muslimischen Land begründen, das eine solche Mehrehe gestattet.[448] Zudem hält er fest, dass vor deutschen Gerichten Mehrehen auch nicht von Menschen geschlossen werden können, die anderenorts ihr Domizil haben.[449] Ferner benutzt *Hert* den Gedanken, wenn er fragt, ob ein Statut, welches eine Legitimation durch nachfolgende Eheschließung ausschließt, der *aequitas naturalis* widerstreitet.[450] Interessant

---

[441] *d'Argentré*, Commentarii in patrias Britonum, S. 606 (Art. 218 Nr. 17).

[442] *Gaill*, Practicarum Observationum, lib. 2, S. 398. Ebenfalls abgedruckt mit deutscher Übersetzung bei *v. Bar/Dopffel*, Band I, S. 122.

[443] *Gaill*, Practicarum Observationum, lib. 2, S. 396 ff. Ebenfalls abgedruckt mit deutscher Übersetzung bei *v. Bar/Dopffel*, Band I, S. 114 ff.

[444] *Stryk*, De Jure Principis extra territorium, S. 29 (Cap. III Nr. 60).

[445] *Stryk*, De Jure Principis extra territorium, S. 32 (Cap. III Nr. 18 ff.).

[446] Ius publicum privatorum pactis mutari non potest.

[447] *J. Voet*, commentaria ad pandectum, Titel IV Pars 2 (de statutis) Nr. 18; *Gutzwiller*, Geschichte, S. 147 f.; kritisch *Spickhoff*, ordre public, S. 34 Fn. 48, der zutreffend festhält, dass sich der Textstelle selbst kein Auslandsbezug entnehmen lässt. Der systematische Zusammenhang der Textstelle, die sich im statutentheoretischen Kapitel des Pandektenkommentars befindet, legt einen Auslandsbezug aber nahe. Es könnte sich bei dieser Stelle allerdings auch um eine Festlegung von Eingriffsnormen durch *Voet* handeln, wenn er gemeint hatte, dass sich die Regeln zu den Schranken der Vertragsfreiheit generell durchsetzen, gleichgültig, welchem Recht der Vertrag unterliegt. Die genauen Umstände lassen sich der Textstelle aber nicht entnehmen.

[448] *Cocceji*, Disputatio Ordinaria Juris Civilis Et Gentium, Tit. 7 § 23.

[449] *Cocceji*, Disputatio Ordinaria Juris Civilis Et Gentium, Tit. 7 § 23.

[450] *Hert*, Commentationum atque opusculorum, volumen primum, S. 129 (Sect. 4 § 15); dazu auch *Herrmann*, Hert, S. 106, der festhält, dass es sich bei der Frage nach dem Überein-

ist bei *Hert* auch, dass fremde Privilegien und Titel im Inland nicht anerkannt werden. Die Ausnahmeregel des „Namensrechts" bezüglich fremder Ehren, die der *EuGH* in *Sayn/Wittgenstein*[451] zulässt, klingt damit bereits bei *Hert* an.[452]

II. Der ordre public im Rahmen der Theorie der wohlerworbenen Rechte

Dies führt zu einer weiteren hier interessierenden Frage: Wie halten es diejenigen, welche die wohlerworbenen Rechte zur Grundlage ihres Systems machen, mit dem *ordre public*? Für *Huber* lässt sich die Frage eindeutig beantworten. Er nimmt ihn bereits in sein drittes Axiom mit auf. Ausländisches Recht kann nur dann angewandt werden, *quatenus nihil potestati aut juri alterius imperantis ejusque civium praejudicetur*.[453] Konkretisiert wird der Vorbehalt an Beispielen zu inzestuösen Ehen[454] und bei Umgehung des Forumsrechts.[455] *Dicey* sieht ebenfalls bereits in seinem zweiten Grundprinzip eine Einschränkung nach dem Gedanken des *ordre public* vor:

„English Courts will not enforce a right otherwise duly acquired under the law of a foreign country: [...] B) Where the enforcement of such right is inconsistent with the policy of English law, or with the moral rules upheld by English law, or with the maintenance of English political institutions."[456]

Für *Beale* sind Einschränkungen im Sinne des *ordre public* sogar so offensichtlich, dass sie „of course" zulässig sind.[457] Damit findet sich bei allen drei, hier als Hauptvertreter der Theorie wohlerworbener Rechte angesehenen Autoren, Vorbehaltsklauseln gegenüber den wohlerworbenen Rechten. Das ist allerdings noch weniger verwunderlich als Vorbehalte bei den Statutentheoretikern oder im „klassischen" Internationalen Privatrecht. Ist die Anwendung ausländischen Rechts ein Sprung ins Dunkle, so ist die Anerkennung im Ausland begründeter Rechte die Anwendung des Dunklen, des Mysteriösen schlechthin. Wenn schon die Verweisungsrechte einen *ordre public*-Vorbehalt vorsehen, muss die Anerkennungsmethode erst recht dasselbe Sicherheitsnetz akzeptieren. In der heuti-

---

stimmen mit der *aequitas naturalis* um einen Vorgänger des Art. 30 a. F. handelt. Im Ergebnis verneint *Hert* übrigens die Frage.

[451] *EuGH* GRUR Int. 2011, S. 240 ff.

[452] *Hert*, Commentationum atque opusculorum, volumen primum, S. 129 (Sect. 4 § 16).

[453] *Huber*, Praelectionum Juris Civilis, Pars altera, S. 24 (De Conflictu Legum Nr. 2). So auch *Yntema*, FS Dölle, Band II, S. 82; *Müller*, Grundsatz des wohlerworbenen Rechts, S. 121.

[454] *Huber*, Praelectionum Juris Civilis, Pars altera, S. 26 (De Conflictu Legum Nr. 10).

[455] *Huber*, Praelectionum Juris Civilis, Pars altera, S. 26 f. (De Conflictu Legum Nr. 10, 13).

[456] *Dicey*, Digest, S. 34.

[457] *Beale*, Treatise II, S. 712.

gen Diskussion müssen die dargestellten historischen Vordenker beachtet werden. Dies widerspricht auch keineswegs dem Aufbau und den Eigenschaften der europäischen Grundfreiheiten. Diese sind nämlich nicht vorbehaltlos gewährleistet. Beschränkungen der Grundfreiheiten können gerechtfertigt sein. Die Verbindung des privatrechtlichen *ordre public*-Vorbehalts mit der öffentlich-rechtlichen Rechtfertigungsmöglichkeit besteht darin, dass das, was gerechtfertigt werden kann, den Spielraum der Mitgliedstaaten für die Anwendung des *ordre public* absteckt.[458]

III. Ordre public und Eingriffsnormen bei Savigny

Zurück zum klassischen IPR und zu *Savigny*: Letzterer brachte auch für die Vorbehaltsklausel Neues.[459] Er schied aus seiner Theorie vom Sitz des Rechtsverhältnisses von vornherein solche Gesetze der *lex fori* aus, die streng positiver, zwingender Natur sind.[460] Diese beruhten auf sittlichen Gründen oder Gründen des öffentlichen Wohls und seien daher stets anzuwenden.[461] Ferner konnten nach *Savigny* fremde, der *lex fori* unbekannte Rechtsinstitute keine Wirkung entfalten. Beide „Beschränkungen"[462] der *savignyschen* Sitztheorie bringen einen Vorbehalt gegenüber fremdem Recht zum Ausdruck; die zweite Kategorie insbesondere wegen der Anwendungsfälle wie dem bürgerlichen Tod oder der Sklaverei, die *Savigny* unter sie fasst. Der Vorbehalt bei *Savigny* erfasst jedoch nicht nur das, was heute unter dem *ordre public* verstanden wird.[463] Auch die Eingriffsnormen finden bei *Savigny* ihren Platz.[464] Er wollte nicht lediglich Ergebnisse des fremden Rechts abwehren, die dem Recht der *lex fori*

---

[458] *Leifeld*, Anerkennungsprinzip, S. 178 f.

[459] *Epe*, Funktion des ordre public, S. 108. Beispiele für den Vorbehaltsgedanken finden sich bei *Savigny*, System VIII, S. 275 f., 278, 313, 326, 334. Insbesondere hält *Savigny* das gesamte Deliktsrecht für so zwingend, dass auf diesem Gebiet kein fremdes Recht Anwendung finden kann (S. 278).

[460] *Savigny*, System VIII, S. 33. Für das Merkmal zwingend genügt allerdings nicht, dass es den Parteien nicht disponibel ist. Die Normen müssen vielmehr international zwingend sein (*Savigny*, System VIII, S. 34).

[461] *Savigny*, System VIII, S. 36.

[462] *Savigny*, System VIII, S. 32.

[463] Bspw. *Schurig*, in: IPR im 20. Jh., S. 8.

[464] So auch Generalanwalt *Szpunar*, 20.4.2016, C-135/15, BeckEuRS 2016, 472004 Rn. 68; *Benzenberg*, Ausländische Eingriffsnormen, S. 43 f.; ein wenig anders *Roth*, EWS 2011, S. 322, und *Günther*, Anwendbarkeit ausländischer Eingriffsnormen, S. 21, welche meinen, dass diese Normen allesamt Eingriffsnormen seien. Gegen die reine Charakterisierung als Eingriffsnormen spricht aber insbesondere die Fallgruppe der Nichtanerkennung fremder Rechtsinstitute, die aus heutigem Verständnis wohl eher ein Anwendungsfeld des (negativen) *ordre public* darstellen dürfte.

widersprechen, er wollte teilweise Gesetze der *lex fori* als solche durchsetzen.[465] Hingewiesen sei an dieser Stelle auch darauf, dass *Savigny* Normen wie das Erstgeborenenerbrecht im Höferecht, die heute unter Art. 3a II EGBGB fallen würden, richtigerweise als Eingriffsnormen deklariert, weil auch diese vom Staat der belegenen Sache als international indisponibel betrachtet werden.[466]

Dass *Savigny* den Gedanken des *ordre public* und den der Eingriffsnormen nicht trennt, ist nichts Ungewöhnliches. Vielmehr hat der Gedanke der Eingriffsnormen seine Wurzeln im *ordre public*.[467]

IV. Entwicklung des Gedankens der Eingriffsnormen

Wie auch der Gedanke des *ordre public* vor der Geltung des Begriffs präsent war, war der Gedanke der Eingriffsnormen vor *Savigny* nicht vollständig unbekannt.[468] So gilt nach *Hert* die Regel *locus regit actus* nicht, wenn sie dem öffentlichen Recht eines anderen, wohl des Domizilstaates, widerspricht. Als Beispiel führt *Hert* die Beachtung eines Privilegs an. Dieses sei dann nicht zu beachten, weil sich das öffentliche Recht durchsetze.[469] Folgt man dem Gedanken, dass auch solche Normen Eingriffsnormen sind, welche über Art. 3a II EGBGB durchgesetzt werden, finden sich Eingriffsnormen auch beispielsweise bei *Wächter*.[470]

---

[465] *Savigny*, System VIII, S. 34 f. Auf S. 276, 278 spricht *Savigny* auch ausdrücklich von der positiven Seite des Gedankens. Hintergrund der Vorbehaltsklauseln war für *Savigny*, dass der Gesetzgeber diese Gesetze für so wichtig hält, dass sie unbedingt befolgt werden müssten.

[466] *Savigny*, System VIII, S. 305 ff. Ob der Gedanke des Art. 3a II EGBGB jedoch als solcher der Eingriffsnormen deklariert werden kann, ist strittig (s. hierzu 2. Kap. I.III.).

[467] *Kropholler*, IPR, § 36 I.; *Lehmann*, FS Spellenberg, S. 256; *Kühne*, ZVglRWiss 114 (2015), S. 363; zum Verhältnis zwischen *ordre public* und Eingriffsnormen auch *Kegel/Schurig*, IPR, § 16 I; *Sonnenberger*, IPRax 2003, S. 107.

[468] Auch *Basedow*, FS Sonnenberger, S. 296 f., meint, „seinen Ursprung hat er [der positive ordre public] in der Statutentheorie des Mittelalters". Ob er allerdings damit aussagen will, dass der gesamten Statutentheorie der Gedanke der Eingriffsnormen innewohnt, weil die Statutentheoretiker nach ihm „bei der Sachnorm ansetzen" und nach deren Anwendungswillen fragen oder ob er den Gedanken der Eingriffsnormen in Schriften der Statutentheoretiker gefunden hat, wird nicht klar. Ersterem Gedanken ist insofern zuzustimmen, dass in den Fällen, in denen die statutentheoretische Methode nicht mit der heutigen vergleichbar ist und sie tatsächlich nach dem Anwendungswillen der Gesetze fragen, dieser Methode der Gedanke der Eingriffsnormen bereits inhärent ist und nicht mehr als eigenständiger Gedanke benötigt wird. Da die Statutentheorie aber in Teilen wie gesehen mit der heutigen vergleichbar ist, bleibt den Eingriffsnormen ein theoretischer Anwendungsbereich. A. A. *Sturm*, Ius Commune 8 (1979), S. 101.

[469] *Hert*, Commentationum atque opusculorum, volumen primum, S. 127 (Sect. 4 § 10); zu dieser Stelle auch *Gutzwiller*, Geschichte, S. 204.

[470] *Wächter*, AcP 25 (1842), S. 364.

Der Gedanke der Eingriffsnormen ist sogar einem System der wohlerworbenen Rechte nicht unbedingt fremd, wie ein Beispiel aus *Beales* Treatise zeigt.[471] Wie gesehen macht *Beale*, der eigentlich die *lex loci celebrationis* über die Wirksamkeit einer Eheschließung entscheiden lässt, eine Ausnahme, wenn ein Gesetzgeber seinen Domizilierten eine Eheschließung nach anderem Recht nicht erlaubt. Diese Norm setze sich gegenüber dem Vornahmeort durch.[472]

V. Gemeinsamer Ursprung des ordre public und der Eingriffsnormen

Heute werden der *ordre public* und die Eingriffsnormen strikt getrennt voneinander betrachtet, was man an Art. 9 und Art. 21 Rom I-VO bestens nachvollziehen kann. Das bedeutet jedoch nicht, dass sie keinen gemeinsamen Ursprungsgedanken haben. Beide Rechtsinstitute schützen die elementaren Bestandteile von Rechtsordnungen, vorzüglich der eigenen, und dienen damit Hoheitsinteressen des Staates, dessen Recht sich gegen das durch Kollisionsnormen oder durch Rechtslagenanerkennung gefundene Recht durchsetzt.

E. Amerikanische IPR-Theorien des 20. Jahrhunderts

Amerikanische Theorien der Mitte des 20. Jahrhunderts stehen sinnbildlich für methodische Revolution. Alles Dagewesene sollte unter ihrer Herrschaft aufgewühlt und durch neue Gedanken ersetzt werden. Dabei ist den amerikanischen Revolutionären des 20. Jahrhunderts eines gemein: Sie sträuben sich gegen feste Regeln und legen ein deutlich stärkeres Augenmerk auf die Gerechtigkeit im Einzelfall. Auch „Gerechtigkeit" wird bei ihnen jedoch in einem Sinne verstanden, der von dem historischen und kontinentaleuropäischen abweicht. Der räumlichen Gerechtigkeit wird ein deutlich geringerer Stellenwert eingeräumt, die sachliche Gerechtigkeit gewinnt an Bedeutung.

Objekt des Anstoßes und das, was es den amerikanischen Kollisionsrechtlern zu überwinden galt, war dabei die „vested rights"-Theorie *Beales*, der diese wie gesehen auch dem First Restatement on the Conflict of Laws zugrunde gelegt und ihr auf diese Weise während der Entstehung des Restatements und nach dessen Veröffentlichung eine herausgehobene Stellung, auch in der wissenschaftlichen Diskussion, verschafft hatte.

---

[471] *Beale*, Treatise II, S. 682 f.

[472] Es drängt sich die Frage auf, ob Eingriffsnormen sich im geltenden Recht ebenfalls gegen die Methode der Rechtslagenanerkennung durchsetzen.

Die dogmatischen Schwächen der „vested rights"-Theorie, die ihr wie jedem System der wohlerworbenen Rechte anhafteten, wurden daraufhin zur Zielschreibe einer ganzen Generation von Kollisionsrechtlern. Viele der Kollisionsrechtler beließen es jedoch nicht bei der Kritik, sondern versuchten, konstruktiv Änderungsvorschläge einzubringen bzw. Alternativmodelle zu entwickeln. Von diesen Alternativmodellen sollen hier die einflussreichsten vorgestellt und auf ihre methodischen Implikationen untersucht werden. Bewusst werden die Theorien in ihrer „Reinform" analysiert, also in der Form, wie sie ihre Begründer vor Augen hatten, um durch deren neue Gedanken den größtmöglichen Kontrast zum europäischen Internationalen Privatrecht zu erreichen und dadurch das Säulenmodell zu testen. Namentlich werden die „Local Law"-Theorie *Cooks* als Wegbereiter der Revolution, *Curries* „Governmental Interest Analysis", *Cavers* „Principles of Preference", der „lex fori-approach" *Ehrenzweigs* und der „Better Law-approach" *Leflars* betrachtet. Zudem wird auf das Second Restatement on the Conflict of Laws eingegangen, welches in gewisser Weise einen Kompromiss zwischen der traditionellen Vorgehensweise und den Revolutionären sucht. Bei dieser Analyse werden Gerichtsurteile nur in geringem Maße beachtet.[473] Zwar mag dies auf den ersten Blick bei der Analyse des Rechts eines „case law"-Staates überraschen. Für die Zwecke dieser Arbeit, die sich mit verschiedenen Methoden und Denkmustern auseinandersetzt, scheint jedoch die Befassung mit den einzelnen Autoren zielführender, die die Gedanken der Gerichte entweder als „Realisten" zu bündeln suchen oder die Rechtsfindung der Gerichte als Vordenker zu beeinflussen versuchen. Zudem entscheiden Gerichte lediglich Einzelfälle. Um zu eruieren, wie sich das kollisionsrechtliche System der USA nach den verschiedenen Schulen verhält, können die einzelnen Entscheidungen wenig Aufschluss bieten.

Die Theorie der „vested rights" wurde bereits eingehend bei den historischen Dimensionen der wohlerworbenen Rechte behandelt, weil sie sich dort, obwohl sie auch eine amerikanische Theorie des 20. Jahrhunderts darstellt, dogmengeschichtlich reibungsloser einfügt.

---

[473] Für einen Überblick über die Auswirkungen der Theorien und ihre Übernahme durch amerikanische Gerichte *Hay/Borchers/Symeonides*, S. 93 ff.; für einen Überblick über die aktuellen Änderungen *Symeonides*, Choice of Law in the American Courts (Annual Survey), 63 Am. J. Comp. L. (2015), S. 299 ff., insb. 321 ff. Eine ausführliche Analyse der frühen Gerichtsentscheidungen, die sich vom First Restatement abwandten *Joerges*, Funktionswandel, S. 84 ff.

I. Local Law-Theory

Cook[474] (1873–1943) begann bereits 1924 seinen Kampf gegen *Beales* Theorie und für seine „Local Law"-Theorie.[475] In diesem ersten kritischen Aufsatz legte er sich auf folgendes Grundprinzip seiner Lehre des Kollisionsrechts fest:

„[T]he forum, when confronted by a case involving foreign elements, always applies its own law to the case, but in doing so adopts and enforces as its own law a rule of decision identical, or at least highly similar though not identical, in scope with a rule of decision found in the system of law in force in another state or country with which some or all of the foreign elements are connected [...]."[476]

Damit setzt also das Gericht nie fremdes Recht durch, sondern ein Recht, welches nach dem eigenen Recht begründet wurde.[477] Allerdings erreicht auch *Cook* durch die Umsetzung des fremden im eigenen Recht, dass er dem fremden Recht Geltung verschafft. Somit mag seine Theorie zwar über eventuell gefühlte Souveränitätsprobleme bei der Anwendung fremden Rechts hinweghelfen, für die Frage, nach welchen sachrechtlichen Grundsätzen ein Fall gelöst wird, ist der dargestellte Grundsatz jedoch nicht ergiebig.

Entscheidend ist, dass er neben den „domestic rules" eines Staates, also Regeln, die einen reinen Inlandssachverhalt bestimmen, noch weitere Regeln zu schaffen gedenkt.[478] Letztere sollen in Fällen mit Auslandsberührung Anwendung finden. Betrachtet man diesen Gedanken näher, ist zu erkennen, dass die zweite Kategorie an Regeln nichts weiter ist als die Ansammlung von Normen, hinter denen sich sowohl die kollisionsrechtliche als auch die sachrechtliche

---

[474] Die „Local Law" – Theorie *Cooks* baut sehr stark auf der rechtsphilosophischen Schule des „legal realism" auf, welche von *Holmes* begründet wurde. Für diese Rechtsschule markant ist folgender Satz: „The prophecies of what the courts will do in fact and nothing more pretentious are what I mean by law" (*Holmes*, Collected Legal Papers, S. 173). Andere Vertreter des „legal realism" im Internationalen Privatrecht der USA sind *Yntema* und *Lorenzen*. Aus der Mitte dieser Theoretiker wird *Cook* herausgegriffen, weil seine Alternativtheorie zu den „vested rights" die am weitesten entwickelte darstellt (dazu auch *Brilmayer*, 98 Yale L. J. (1989), S. 1282). Obwohl *Cook* den Satz von *Holmes* in seinen kollisionsrechtlichen Ausführungen wörtlich zitiert (*Cook*, The Logical and Legal Bases, S. 15), verwehrt er sich jedoch der Bezeichnung als „realist" (*Cook*, 37 Ill L. Rev. (1942–1943), S. 423).
[475] *Cook*, 33 Yale L. J. (1924), S. 457 ff. Mit der „Local Law" – Theorie wird oftmals auch *Judge Learned Hand* identifiziert. *Cook* beruft sich in diesem Punkt auch tatsächlich auf ihn (*Cook*, 33 Yale L. J. (1924), S. 474 f.), ob allerdings zu Recht, wird teilweise bestritten (*Cavers*, Selected Essays, S. 45 ff.; *Joerges*, Funktionswandel, S. 32 Fn. 63; letzterer allgemein zu *Judge Learned Hand* auf S. 35 ff.).
[476] *Cook*, 33 Yale L. J. (1924), S. 469.
[477] *Cook*, 33 Yale L. J. (1924), S. 469.
[478] *Cook*, 33 Yale L. J. (1924), S. 469.

Entscheidung versteckt.[479] Die kollisionsrechtliche Komponente der letzteren Kategorie kann man wiederum in kollisionsnormgeprägte Gedanken und solche, die Hoheitsinteressen durchsetzen wollen, unterteilen.

Dass *Cook* seiner Rechtsfindung Kollisionsnormen zugrunde legt, zeigt sich deutlich anhand der Beispiele, die er nennt. Um einige herauszugreifen: Auch *Cook* hält ausdrücklich die *lex rei sitae*-Regel im Immobiliarsachenrecht für richtig.[480] In seinen eigenen Worten: „[T]he general rule or principle that „title to immovables (land) is governed by the law of the situs" is thoroughly sound if it is regarded as a guide for courts in states other than the situs, the purpose being to insure conformity with the law of the situs".[481] Gleichsam entscheidet er die Frage, ob eine Sache beweglich oder unbeweglich ist, nach dem Belegenheitsrecht.[482] Ferner wendet *Cook* in einem Fall des Deliktsrechts, in welchem es einen feststehenden Begehungsort gibt, es sich mithin um ein Platzdelikt handelt, das Recht des Begehungsortes an[483]; bei Distanzdelikten plädiert *Cook* für die Anwendung des dem Kläger günstigeren Rechts.[484] Die Fähigkeit, die Ehe einzugehen, richtet sich für beide nach dem intendierten Ehewohnsitz.[485] Sprachlich würde es lediglich nach der theoretischen Modifikation *Cooks* bedeuten, dass nicht das Recht des Begehungsortes, des Belegenheitsortes oder des intendierten Ehewohnsitzes als solches zur Anwendung kommt, sondern das Recht, welches die *lex fori* für einen solchen Fall mit Auslandsberührung bereithält.

Hoheitsinteressen scheinen bei *Cook* ebenfalls an einigen Stellen durch, zum Beispiel sofern er Regeln ablehnt, soweit „under the changed conditions of modern life judges and legislators seem to be coming to think that the opposite rule will give better social results."[486] Hoheitsinteressen liegen dem Denken *Cooks* zudem unausgesprochen zugrunde, wie wenn die Durchsetzung von Ergebnis-

---

[479] In diesem Sinne wohl auch *Joerges*, Funktionswandel, S. 33. Dieser folgert daraus allerdings eine Nähe zu *Currie* (dazu sogleich).

[480] *Cook*, The Logical and Legal Bases, S. 252 ff.

[481] *Cook*, The Logical and Legal Bases, S. 279.

[482] *Cook*, The Logical and Legal Bases, S. 303: „[T]he applicable law is that of the physical location („situs') *at the decisive moment*." Hier spricht *Cook* sogar nicht mehr in Termini seiner Rechtsfindung, sondern formuliert wie jemand, der nicht seiner Theorie folgt, sondern in der kontinentaleuropäischen Tradition steht. Dies zeigt ebenfalls, dass die Theorie *Cooks* nicht die großen Kategorien der Rechtsfindung ändert, sondern sie lediglich in anderen Worten umschreibt.

[483] *Cook*, The Logical and Legal Bases, S. 313.

[484] *Cook*, The Logical and Legal Bases, S. 345.

[485] *Cook*, The Logical and Legal Bases, S. 451.

[486] *Cook*, 33 Yale L. J. (1924), S. 481; auch *Hay/Borchers/Symeonides*, S. 26, stellen fest, dass Erwägungen der materiellen Gerechtigkeit bei *Cook* eine Bedeutung zukommen.

sen verweigert wird, die in unserem Verständnis dem *ordre public* widersprechen. Das Ergebnis einer abstrakten Regel, welches dem *ordre public* widerspricht, hätte *Cook* wohl nie durchgesetzt, weil es nicht den „considerations of
social or economic policy or ethics"[487] entspricht. Was er jedoch *en détail* mit
diesen „considerations" im Sinn hatte, kann zugegebenermaßen nicht abschließend geklärt werden, da er sie zwar anführte, jedoch nie präzisierte.[488]

Entgegen diesen Ausführungen, die eine große Ähnlichkeit der Rechtsfindung
Cooks mit der des geltenden deutschen Rechts nahelegen, vertritt *Joerges* in
Anlehnung an *Currie*, dass *Cook* nach dem Anwendungsbereich der Statute fragt
und eigentlich gerne die Richtung der „governmental interest analysis" einschla-
gen würde.[489] Dies macht *Joerges* an *Cooks* Ausführungen zu einem amerikanischen Standardfall des Kollisionsrechts, *Milliken v. Patt*[490], fest[491], in welchem
Cook sich in einer Fußnote tatsächlich fragt, ob das Statut *Maines* auf diesen Fall
angewandt werden möchte.[492] Tatsächlich bezieht sich *Cook* an dieser Stelle jedoch vielmehr auf das, was die Anhänger der „vested rights" sich seiner Meinung
nach eigentlich fragen müssten. Diese hätten das Problem zu untersuchen, was
ein Gericht aus Maine in diesem – internationalen – Fall entscheiden würde und
dürften sich nicht mit der Feststellung des Sachrechts von Maine zufriedenge-
ben. Gerichte müssten somit den Gedanken des *renvoi* prüfen.[493] *Cook* selbst will

---

[487] *Cook*, The Logical and Legal Bases, S. 45. Erkennbar wird dies auch bei *dems.*, 37 Ill
L. Rev. (1942–1943), S. 422: „Let it be emphasized once more that it is not for a moment sug-
gested that rules and principles are to be ignored or discarded, but merely that their formula-
tion, selection, use and possible refinement should be carefully worked out *in the light of the
social and economic purposes in view.*" (Hervorhebung hinzugefügt).

[488] *Cavers*, 56 Harv. L. Rev. (1943), S. 1172.

[489] *Joerges*, Funktionswandel, S. 33.

[490] In *Milliken v. Patt* (125 Mass. (1878), S. 374 ff.) hatte eine Frau gegenüber dem Verkäufer von Waren an ihren Mann erklärt, dass sie für die Schuld ihres Mannes einstehen werde.
Als ihr Mann nicht zahlte, forderte der Verkäufer von ihr gerichtlich, die Schuld zu beglei-
chen. Streitpunkt des Falles war, ob sich eine Ehefrau überhaupt vertraglich binden dürfe.
Nach dem Sachrecht von Massachusetts, wo die Frau gemeinsam mit ihrem Mann ihr
domicile hatte, hatte eine Ehefrau zu dieser Zeit nicht die Fähigkeit, eigenständig Verträge zu
schließen. Nach dem Recht von Maine, wo nach der „last event"-rule der „vested rights"-
Theorie der Vertragsort lag, konnte sich die Frau jedoch binden.

[491] *Joerges*, Funktionswandel, S. 33.

[492] *Cook*, The Logical and Legal Bases, S. 25 Fn. 48, schreibt: „The real question would
be, shall the Maine statute be construed to cover: (1) only Maine married women (women
domiciled in Maine); or (2) any woman actually acting in Maine; or (3) any woman so acting
or who sends an agent (in the ordinary sense of that term) into Maine to act for her [...]; or (4)
all such and married women actually acting in other states who by post send offers to Maine
which are received and read there and acted upon there? The list of possible interpretations is
not exhaustive, but merely suggestive."

[493] Gegen *Joerges* Interpretation auch *Green*, 104 Yale L. J. (1994–1995), S. 986.

im Fall *Milliken v. Patt* das Recht des *domicile* der Frau anwenden, an welchem die Frau auch handelt, wie er später ausdrücklich festhält.[494]

Zusammenfassend ist es das wissenschaftliche Ziel *Cooks*, dass die Verweisungs„normen" nicht als feststehend angesehen werden[495], sondern dass die bereits existierenden „Normen" im zu entscheidenden Fall anhand von „considerations of social and economic policy or ethics" zu überprüfen sind, da allein letztere einen Fall zu entscheiden haben.[496] Das Wort „policy" ist bei *Cook* mehrdeutig. Zum einen dienen die „policies" der Fundierung von Kollisions-„normen"[497], womit sie als Äquivalent zu den Interessen, welche Kollisionsnormen zugrunde liegen, angesehen werden können. Zum anderen verhindern sie aber auch gewisse fremde Ergebnisse, die den Gerechtigkeitsvorstellungen der *lex fori* widersprechen. Wenngleich die Benutzung der „policies" damit sicher nicht identisch mit den deutschen Vorstellungen ist, scheint die Annahme naheliegend, dass sich das System *Cooks* aus kollisionsnormtechnischen Erwägungen und aus Hoheitsinteressen zusammensetzt. Ein Mehr an Sicherheit ist bei *Cook* nicht zu erreichen, da er seine rechtstheoretischen Überlegungen nicht in ein vollumfassendes System fasste, was er aber auch ausdrücklich nicht als seine Aufgabe sah.[498]

Cooks eigene Theorie ist damit noch nicht in wirklichem Sinne „revolutionär". Er ist aufgrund seiner gewichtigen Kritik gegen das Überkommene dennoch ein wichtiger Teil der Revolution. Er ist ihr „harbinger".[499]

II. Governmental Interest Analysis

Mit keinem Namen ist die amerikanische „IPR-Revolution" so sehr verbunden wie mit dem „Radikalsten der Radikalen"[500]: *Brainerd Currie* (1912–1965). Seine „Governmental Interest Analysis" prägt seit mehr als einem halben Jahrhun-

---

[494] *Cook*, The Logical and Legal Bases, S. 436. Das bedeutet jedoch nicht, dass *Cook* jeden Fall, in dem die Fähigkeit, einen Vertrag zu schließen, die entscheidende Rechtsfrage ist, die *lex domicilii* anwenden möchte. Vielmehr lässt er die Frage in für ihn schwieriger zu entscheidenden Fällen offen (S. 436 ff.).

[495] Kollisionsnormen beschreibt *Cook* folgendermaßen: „This view does not lead to the discarding of all principles and rules, but quite the contrary. It demands them as tools with which to work; as tools without which we cannot work effectively. It does, however, make sure that they are used as tools and are not perverted to an apparently mechanical use" (*Cook*, The Logical and Legal Bases, S. 44; ähnlich auch *ders.*, 37 Ill L. Rev. (1942–1943), S. 418).

[496] *Cook*, The Logical and Legal Bases, S. 45.

[497] *Cook*, The Logical and Legal Bases, S. 43 ff.

[498] *Cook*, The Logical and Legal Bases, Preface IX.

[499] *Juenger*, Choice of Law and Multistate Justice, S. 92.

[500] *Kegel*, FS Beitzke, S. 554.

dert zu einem bedeutenden Teil die Landschaft des amerikanischen Kollisionsrechts. Nach dieser Theorie[501] kommt es in einem Fall, in dem möglicherweise ein fremdes, von der *lex fori* abweichendes Recht angewandt werden soll, maßgeblich auf die Interessen der beteiligten Staaten an. Die Interessen sind dabei durch Auslegung des Sachrechts nach den „normalen Auslegungsmethoden"[502] zu ermitteln. Ergibt die Auslegung, dass nur ein Staat an der Durchsetzung seines Rechts interessiert ist, so ist dessen Recht anzuwenden. Sofern mehrere Staaten interessiert sind, sind deren ermittelte Interessen daraufhin zu überprüfen, ob sie auch bei zurückhaltender und bescheidener Interpretation tatsächlich durchgesetzt werden müssen oder ob bereits durch eine solche Interpretation ein Konflikt verhindert werden kann.[503] Ist ein Konflikt auch auf diese Weise nicht zu verhindert, entscheidet die *lex fori*.[504] Bei einem solchen „echten Konflikt" zweier Rechte sei es nach *Currie* nicht die Aufgabe der Gerichte, sondern des Kongresses als Gesetzgeber, den Konflikt zu lösen.[505] Die Anwendung der *lex fori* vertrat *Currie* ohne Skrupel zunächst sogar in Fällen, in welchen nicht die *lex fori*, sondern zwei andere Rechte an der Entscheidung interessiert waren.[506] In einem späteren Aufsatz blieb er für Fälle, in denen das Recht eines der interessierten Staaten dem Recht der *lex fori* gleicht, bei dieser Ansicht, wollte sich aber nicht „irrevocably" festlegen.[507] Er hielt auch eine Abwägung zwischen

---

[501] Die folgende Darstellung folgt zu einem großen Teil die Darstellung *Curries* in 63 Colum. L. Rev. (1963), S. 1242 ff., und deren Übersetzung bzw. Darstellung von *Joerges*, Funktionswandel, S. 39 f. Für eine frühe Zusammenfassung seiner Methode *Currie*, Selected Essays, S. 183 f.

[502] *Currie*, 63 Colum. L. Rev. (1963), S. 1242: „ordinary process of construction and interpretation".

[503] *Kanowitz*, 30 Hastings L. J. (1978), S. 268 ff., meint, die bescheidene und zurückhaltende Auslegung beziehe sich lediglich auf die *lex fori*, weil sich *Currie* an manchen Stellen lediglich auf diese bezieht. An diesen Stellen steht wohl aber auch lediglich die *lex fori* in Frage. *Currie* sagt demgegenüber an anderen Stellen (wie bspw. in 63 Colum. L. Rev. (1963), S. 1242) eindeutig, dass sich die zurückhaltende Auslegung auch auf andere Rechte bezieht.

[504] S. aber auch *Cavers*, Process, S. 72 f., nach welchem *Currie* in seinen späteren Aufsätzen nicht länger strikt an der Geltung der *lex fori* in echten Konflikten festgehalten hätte, sondern auch das fremde Recht angewandt hätte. Damit bezieht sich *Cavers* jedoch auf die Möglichkeit der „moderate and restrained interpretation" der beteiligten Sachrechte, nach *Currie* somit kein Fall eines wirklichen Konflikts. *Cavers* ist allerdings dahingehend Recht zu geben, dass hier sicher ein Konflikt zweier Sachrechte vorliegt, den *Currie* lediglich nicht wahrnehmen möchte. *Cavers* nennt diese Fallgruppe dann auch treffend „avoidable conflicts".

[505] Ein wenig scheinheilig erscheint dieser Verweis auf den Gesetzgeber deswegen, weil auch *Currie* den Konflikt löst, nur eben auf seine Weise: durch Anwendung der *lex fori*.

[506] So sogar noch *Currie*, Selected Essays, S. 607.

[507] *Currie*, 28 Law and Contemp. Probl. (1963), S. 780. *Currie* ist in dem Fall eines desinteressierten Forums jedoch dahingehend zuzustimmen, dass es, sofern man das Kollisionsrecht von der Warte sich widerstrebender Hoheitsinteressen aus betrachtet, relativ selten dazu

den Interessen der interessierten Rechte für eine mögliche Lösung.[508] In Fällen, in denen kein Recht der interessierten Staaten dem der *lex fori* entspricht, findet *Currie* ebenfalls keine definitive Lösung. Mangels ersichtlicher besserer Alternativen wird ein „free choice" angeregt, also eine freie Abwägung zwischen den relevanten Interessen.[509]

1. Governmental Interests

Fixpunkt der Theorie sind erkennbar die „governmental interests". Diese werden nach *Currie* bestimmt durch die „policies" des Rechts in Zusammenhang mit einer „appropriate relationship" zwischen dem Staat, der diese „policy" hat, und „the transaction, the parties, or the litigation".[510] Die Ermittlung der relevanten „policies", also des einer staatlichen Regelung zugrunde liegende „Zwecks" zur Lösung eines Konflikts, kann dabei schwierig sein. Das hält *Currie* jedoch nicht davon ab, die Ermittlung zu versuchen.[511] Verallgemeinernd spricht *Currie* einem Staat dann ein Interesse zu, wenn er mit der Regel bestimmte soziale, wirtschaftliche oder administrative Zwecke verfolgt.[512] Das Interesse an der Durchsetzung dieser Zwecke endet dabei nach *Currie* verständlicherweise nicht deswegen, weil ein zwischenstaatliches Element hinzukommt.[513] Es ist zu beachten, wenn das Verhältnis zu dem Staat „furnishes a reasonable basis for the state's assertion of an interest in applying the policy embodied in its law".[514] Selbst *Currie* kann die Interessen somit nicht völlig

---

kommen wird, dass ein Forum keinerlei Interesse zur Fallentscheidung hat, sich aber dennoch als „forum conveniens" ansieht und den Streit tatsächlich zu entscheiden hat (*Currie*, 28 Law and Contemp. Probl. (1963), S. 765 ff.).

[508] *Currie*, 28 Law and Contemp. Probl. (1963), S. 779 f. In Fällen, in denen das entscheidende Gericht kein eigenes Recht hat (Bsp. ebda., S. 787), ist diese Alternative nach *Currie* die einzig brauchbare, *Currie*, 28 Law and Contemp. Probl. (1963), S. 785 ff.

[509] *Currie*, 28 Law and Contemp. Probl. (1963), S. 780. Die Abwägung ist dabei keine bloße Anwendung des „besseren Rechts", wie *Mühl*, Lehre vom besseren Recht, S. 64, meint. Die „better rule" ist für *Currie* die in freier Abwägung zwischen Interessen gefundene. Der Anknüpfung an das bessere Recht im Sinne *Leflars* ist *Currie* suspekt (Selected Essays, S. 105 f.).

[510] *Currie*, Selected Essays, S. 621, 737. Die Rechtsfindung *Curries* ist damit nicht rein unilateralistisch, weil sie nicht subjektiv fragt, ob ein Recht angewendet werden will, sondern diesen subjektiven Wunsch mittels objektiven Kriterien einer Kontrolle unterzieht (*Hay/Borchers/Symeonides*, S. 29).

[511] Sie funktioniert teilweise logisch schlüssig, s. bspw. *Currie*, Selected Essays, S. 84 ff., 703 ff., 724. Teilweise mutet die Ermittlung der Interessen jedoch mehr als schwierig bzw. nicht aussagekräftig an, z. B. *Currie*, Selected Essays, S. 369 f., 597 f.

[512] *Currie*, Selected Essays, S. 189.

[513] *Joerges*, Funktionswandel, S. 46.

[514] *Currie*, Selected Essays, S. 727.

freischwebend Staaten zuordnen. Auch er benötigt gewisse „Anknüpfungspunkte". Diese nehmen in Teilen durchaus Formen an, welche an Anknüpfungsmomente in Kollisionsnormen erinnern. Beispielsweise hat oftmals ein Staat ein Interesse an der Durchsetzung seiner „policies", wenn die durch die Umsetzung dieser „policy" geschützte Person ihr Domizil in ebendiesem Staat hat oder dem Staat auf andere dauerhafte Weise verbunden ist.[515] Diese Zuordnungskriterien dürfen aber nicht mit Anknüpfungsmomenten in Kollisionsnormen verwechselt werden. Sie dienen vielmehr der bloßen Herstellung einer Verbindung zwischen der „policy" und dem Staat, ganz ähnlich der Vorgehensweise, wenn man im Rahmen des deutschen Rechts fragt, ob eine genügende „Inlandsbeziehung" besteht, um die negative Funktion des *ordre public* zu bemühen. In gewisser Weise akzeptiert *Currie* auf diese Weise dennoch implizit, dass eine von der „materiellen" Gerechtigkeit zu unterscheidende „räumliche" Gerechtigkeit existiert.

2. *False conflicts – true conflicts*

Eine bedeutende Rolle spielt bei *Currie* auch der Begriff des „false conflict".[516] Er umschreibt Fälle, in denen es nach *Currie* keiner kollisionsrechtlichen Entscheidung bedarf, weil kein Konflikt bestehe. Einsichtig ist dies für den deutschen Kollisionsrechtler trotz des Umstands, dass der *BGH* der Lehre von den „false conflicts" restriktiv gegenübersteht,[517] sobald jede der beteiligten Rechtsordnungen dasselbe materiell-rechtliche Ergebnis ausspricht. Dann kommt es in der Tat nicht zu einer „Kollision" zwischen den beteiligten Rechtsordnungen. *Currie* bleibt bei dieser Feststellung aber nicht stehen. Nach seiner Ansicht liegt auch dann kein wirklicher Konflikt vor, wenn lediglich ein Staat Interesse an

---

[515] *Currie*, Selected Essays, S. 593, 705.

[516] Grundlegend *Currie*, Selected Essays, S. 107 ff. Gegen die Bedeutung der Lehre von den „false conflicts" bei *Currie* bereits *Ehrenzweig*, P.I.L. I, S. 87 f.

[517] Nach dem *BGH* ist ein Offenlassen des anwendbaren Rechts nur in einer letztinstanzlichen Entscheidung zulässig (*BGH* NJW 1991, S. 2214). Durch ein Berufungsgericht muss eine kollisionsrechtliche Frage selbst dann entschieden werden, wenn alle in Betracht kommenden Sachrechte identisch sind (*BGH* NJW 1996, S. 54 f.). Diese Rechtsprechung beruht jedoch nicht auf einer philosophischen Antipathie oder prinzipiellen Ablehnung der „false conflict" – Doktrin, sondern hat revisionsrechtliche Gründe. Nach einer weiteren Rechtsprechung des BGH ist die Anwendung ausländischen Rechts seinem Inhalt nach nämlich nicht in der Revision überprüfbar (*BGH* NJW 2013, S. 3656). Daraus ergibt sich folgerichtig, dass eine Entscheidung zwischen zwei in Betracht kommenden Rechtsordnungen für ein Berufungsgericht nie dahinstehen kann, da es in der Revision stets entscheidend sein kann, sofern eine fremde Rechtsordnung anwendbar sein könnte. Zu alledem *Kropholler*, IPR, § 59 I.; zur Reversibilität ausländischen Rechts BeckOK/*S. Lorenz*, Einleitung IPR, Rn. 87 f.; *H. Roth*, NJW 2014, S. 1224 ff.

der Anwendung seiner Rechtsordnung hat.[518] Man darf diesen Aspekt der „false conflict"-Doktrin bei *Currie* – selbst in frühen Schriften – jedoch nicht dahingehend verstehen, dass bei einem solchen „false conflict" nicht *Curries* kollisionsrechtliche Methode zur Anwendung kommen würde.[519] Die Ermittlung der Interessen ist bei *Currie* gerade der Kernpunkt der Methode. Vielmehr sind „true conflicts" „problems that are insoluble by any conceivable conflict-of-laws method".[520] Die Lehre *Curries* hinsichtlich der „false conflicts" kann daher einigermaßen verwirren. Hinzu kommt, dass er sie in späteren Aufsätzen teilweise modifiziert hat. So hat er eingeräumt, dass man den Fall, in welchem lediglich ein Recht ein Interesse hat, auch als ein Problem kollidierender Rechtsordnungen beschreiben könnte.[521] An selbiger Stelle führte *Currie* eine weitere Kategorie ein: den „apparent conflict".[522] In diesen Fällen könnte man ein Interesse eines Rechts an seiner Anwendung annehmen, bei erneuter, zurückhaltender Interpretation kann aber ermittelt werden, dass dem Recht kein wirkliches Interesse an seiner Anwendung zukommt.

3. Die Bedeutung der Säule der Hoheitsinteressen bei Currie

Die Stärkung der Hoheitsinteressen in Form der Stärkung der „public policy" gibt *Currie* selbst als eines seiner Ziele an.[523] Sie zu fördern sei die Aufgabe des Kollisionsrechts, Idealen wie die Annahme der prinzipiellen Gleichwertigkeit aller Rechtsordnungen und des internationalen Entscheidungseinklangs kann er wenig abgewinnen.[524] Kollisionsnormen akzeptiert *Currie* – insofern folge-

---

[518] *Currie*, Selected Essays, S. 189; *Hay/Borchers/Symeonides*, S. 30.

[519] *De Boer*, Beyond lex loci delicti, S. 234.

[520] *Currie*, Selected Essays, S. 189.

[521] *Currie*, 28 Law and Contemp. Probl. (1963), 763 f.

[522] *Currie*, 28 Law and Contemp. Probl. (1963), 763 f.; *Hay/Borchers/Symeonides*, S. 31; anders *Heller*, Realität und Interesse, S. 121, nach welchem *Currie* stets alle Konflikte als „falsch" bezeichnet, „bei denen keine konkurrierenden Interessen der betroffenen Staaten bestehen".

[523] *Currie*, Selected Essays, S. 88: „[...] [W]hy not summon public policy from the reserves and place it in the front line where It belongs?"

[524] Bspw. *Currie*, Selected Essays, S. 168 ff., 191. In seinem ersten Aufsatz über das Kollisionsrecht (Married Women's Contracts) vertrat *Currie*, Selected Essays, S. 100 f., noch: „It is also undeniably true that uniformity of result should be one of the primary objectives of a rational system of conflict of laws." Er schiebt aber bereits an dieser Stelle, S. 101, nach, dass das Ideal des internationalen Entscheidungseinklangs in gewissem Maße illusorisch sei und meint entgegen seines Lippenbekenntnisses, dass der Vorzug des internationalen Entscheidungseinklangs die Kosten für die Gerechtigkeit im Einzelfall, die durch Kollisionsnormen verursacht werden, nicht aufzuwiegen vermag. A.A. *de Boer*, Beyond lex loci delicti, S. 4–232, insoweit, als dass nach ihm *Currie* von der prinzipiellen Gleichheit aller Rechtsordnungen ausgeht, weil die Interessenabwägung aus einer supranationalen Perspektive erfolgt. Dabei trägt *de Boer* allerdings der Annahme *Curries*, dass Interessen gegeneinander nicht

richtig – auch lediglich in den wenigsten Fällen. Sicher ist ihm wohl nur, dass sich Verhaltensregeln, beispielsweise im Straßenverkehr, nach dem Ort der Handlung richten.[525] Selbst im Bereich des Immobiliarsachenrechts möchte er sich nicht auf eine Kollisionsnorm festlegen.[526] Auch die Anwendung des eigenen Rechts in „true conflicts" ist für *Currie* keine Kollisionsnorm im hier verstandenen Sinne, sondern der Ausdruck eines Hoheitsinteresse an der Durchsetzung des eigenen Rechts.[527] Durch die Anwendung der *lex fori* in solchen Fällen will *Currie* insbesondere die öffentliche Ordnung des Forumsstaates verteidigen. Ferner sei allein der demokratisch legitimierte Gesetzgeber für die Entscheidung wirklicher Konflikte zuständig und nicht die Gerichte.[528]

Abgesehen von wenigen Kollisionsnormen bedient sich *Currie* daher nicht in ihrem Baukasten.[529] Selbst wenn er charakteristisch kollisionsnormprägende Anknüpfungspunkte benutzt, um die Interessen des Staates zu ermitteln, erfüllen sie, wie gesehen, eine Funktion, die dem Auffinden eines Inlandsbezugs im Rahmen der *ordre public*-Prüfung entspricht. *Currie* ermittelt die „public policy" eines jeden beteiligten Staates und versucht auf diese Weise jeden möglichen Konflikt zu lösen. Im europäischen Verständnis wäre damit vergleichbar, einem System des Kollisionsrechts die Prüfung der positiven und der negativen Funktion des *ordre public* zugrunde zu legen. *Currie* ist damit wohl kein „Neostatutist"[530], da er aus der Betrachtung der Sachnormen keine Kollisions-

---

abzuwägen seien, keine Rechnung. Selbst die „modest and restrained analysis" ist keine Interessenabwägung, sondern bloße Auslegung. Interessenabwägung findet erst bei denen statt, die *Curries* Theorie hinsichtlich der „true conflicts" in diesem Sinne weiterentwickeln (bspw. im Rahmen *Baxters* „comparative impairment"-Methode, die der kalifornische Gerichtshof in *Bernhard v. Harrah's Club*, 546 P. 2d 719, 722–24 (Cal. 1976) übernahm; grundlegend *Baxter*, 16 Stan. L. Rev. (1963), S. 1 ff.).

[525] *Currie,* 63 Colum. L. Rev. (1963), S. 1241.

[526] *Currie,* 63 Colum. L. Rev. (1963), S. 1241 f.

[527] *Joerges,* Funktionswandel, S. 69; anders als bei *Ehrenzweig,* s. u. 1. Kap. E.V.; a.A. *Roosevelt,* 97 Mich. L. Rev. (1998–1999), S. 2468, der die Anwendung der *lex fori* als einzig wahre Kollisionsnorm *Curries* ansieht

[528] *Currie,* Selected Essays, S. 181 ff., 190, 277 ff.; Kritik an der Anwendung der *lex fori* auf „true conflicts" bei *Joerges,* Funktionswandel, S. 69 f.

[529] Auf diese Weise mag man es wohl auch verstehen, wenn *Currie* sagt: „We would be better off without choice-of-law rules", Selected Essays, S. 183. Anders eventuell noch *Kegel,* Rec. de Cours 112 (1964 II), S. 163, nach dem *Currie* eng begrenzte unilaterale Kollisionsnormen bildet (wobei enge unilaterale Kollisionsnormen auch einfach eine Umsetzung von Hoheitsinteressen in dem hier verstandenen Sinn bilden können). *Kegel* relativiert seine Aussage jedoch damit, dass er die Kollisionsnormen *Curries* für „unique" hält. In I.E.C.L., III/1, S. 31, stellt *Kegel* eindeutig klar, dass er *Curries* Vorgehen lediglich vergleichbar, nicht jedoch für identisch hält.

[530] So aber bspw. *Lipert,* Historischer Statutismus und Neostatutismus, S. 74; *Lipstein,* Principles, S. 36 ff.; *Juenger,* Choice of Law and Multistate Justice, S. 98; *Hay/Borchers/*

normen herzuleiten versucht; er ist wahrlich ein Revolutionär, ein „Radikaler", ein „Erneuerer", der, im Säulenmodell gedacht, seinen Fokus in bis dahin nicht dagewesenem Ausmaß auf die Ermittlung der Hoheitsinteressen legt.[531]

4. Kritik

Dies mag man aus vielen Gründen kritisieren.[532] Insbesondere scheint es, als blieben bei *Currie* viele Aspekte unbeachtet, mit denen ein wahrhaftig „gerechtes" Ergebnis erzielt werden kann.[533] Dabei wiegt die fehlende Vorhersehbarkeit, welchem Staat welches Interesse relevant erscheint und ob und wie es „zurückhaltend" ausgelegt werden kann, im internationalen Wirtschaftsverkehr schwer. Die größte Kritik muss aber die Anwendung der *lex fori* bei im Verständnis *Curries* „echten Konflikten" nach sich ziehen.[534] Oftmals werden in beiden interessierten Staaten Gerichtstände offen stehen.[535] Wendet jeder Staat in solchen Fällen seine jeweilige *lex fori* an, ist „forum shopping" vorprogram-

---

Symeonides, S. 27 f.; *Symeonides*, 37 Will. L. Rev. (2001), S. 20; *Dornis*, 44 Ga. J. Int. & Comp. L. (2016), S. 311. Zuzugeben ist diesen Autoren, dass *Currie* als ein Statutist in dem Sinne bezeichnet werden könnte, dass er bei seiner Interessenanalyse an der Sachnorm ansetzt und nicht an einer Kollisionsnorm. Dennoch ist die Methode *Curries* eine gänzlich andere als viele der Strömungen innerhalb der Statutentheorie, da er Kollisionsnormen, seien es auch unliateralistisch geprägte, beinahe gänzlich ablehnt. Statutisten bildeten demgegenüber zu einem bedeutenden Teil solche Kollisionsnormen (s. o. 1. Kap. A.III.). Eine Ähnlichkeit mit der Lehre *Hubers*, die *Hill*, 27 U. Chi. L. Rev. (1960), S. 482, sieht, erscheint noch weniger überzeugend.

[531] Damit soll nicht gleichzeitig vertreten werden, dass der englische Begriff der „governmental interests" mit Hoheitsinteressen übersetzt werden müsse (zu dem Streit hinsichtlich der richtigen Übersetzung bspw. *Kay*, Rec. des Cours 215 (1989 III), S. 105 ff.). Der Ansatz *Curries* verwendet jedoch Gedanken, welche unter die hier vorgeschlagene Säule der Hoheitsinteressen fallen. In dieselbe Richtung argumentieren, weil sie die „governmental interests" mit der Lehre von den Eingriffsnormen vergleichen, *Kühne*, FS Heldrich, S. 824 (Eingriffsnormen sind die europäische Variante der „Governmental Interest Analysis"); *De Boer*, Essays in Honour of Juenger, S. 194; *Thomale*, EuZA 2016, S. 120; *Dickinson*, J. of Priv. Int. Law 3 (2007), S. 57 ff., 74 f.

[532] Statt vieler *Hill*, 27 U. Chi. L. Rev. (1960), S. 463 ff.; *Kegel*, Rec. de Cours 112 (1964 II), S. 98 ff., insb. 180 ff.; Kritikpunkte zusammengefasst auch bei *Hay/Borchers/Symeonides*, S. 38 ff., und bei *Juenger*, 32 Am. J. Comp. L. (1984), S. 26 ff. Die Erwiderung von *Currie* gegenüber der Kritik *Hills* findet sich in Selected Essays, S. 616 ff.

[533] Die Nichtberücksichtigung relevanter Interessen durch *Currie* kritisieren auch *Hill*, 27 U. Chi. L. Rev. (1960), S. 490 ff. und *McDougal*, 26 UCLA L. Rev. (1979), S. 447 ff. Eine ausführliche Verteidigung des Ansatzes *Curries* findet sich bei *Kay*, Rec. des Cours 215 (1989 III), S. 9–198.

[534] In diesem Punkt ist *Currie* auch nahezu niemand gefolgt, *Joerges*, Funktionswandel, S. 63.

[535] Interessierte Staaten werden sich zudem kaum als „forum non conveniens" ansehen.

miert.[536] In einem System wie unter der EuGVVO, in welchem eine früher erho-
bene negative Feststellungsklage eine Leistungsklage sperrt, verstärkt *Curries*
System das „race to the courthouse", welches in dieser potenzierten Form einem
jeden Rechtsstaat unwürdig wäre. Kann es – von einem idealisierten Ausgangspunkt betrachtet – gerecht sein, die Entscheidung davon abhängig zu machen, in
welchem Staat entschieden wird? Die Frage zu stellen heißt sie zu verneinen.[537]
Die Gerechtigkeit im Einzelfall ist in *Curries* System damit relativ und eine so
verstandene relative Gerechtigkeit erscheint in diesem Kontext als Oxymoron.
Selbstverständlich kann es stets ohne ein alle Staaten bindendes „Überrecht"
– welches nicht existiert – lediglich hehres Ziel und nie Tatsache sein, völligen
internationalen Entscheidungseinklang herzustellen. Den Aspekt des internationalen Entscheidungseinklangs nicht zumindest in die Erwägungen miteinfließen zu lassen, kann aber keine brauchbare Alternative sein.

Wer dieser Einschätzung folgt, kann aus der Radikalität *Curries* und dem
Zurückweisen seiner Auffassung von Kollisionsrecht Rückschlüsse über das
Kollisionsrecht im Allgemeinen ziehen. Jedes radikale Vorziehen einer Säule
und der sich hinter dieser Säule verbergenden Interessen führt in vielen Fällen zu
Ergebnissen, die nicht als „gerecht" empfunden werden können.[538] Auch wenn
Currie ungerechte Ergebnisse aufdeckt, die durch die starren Ergebnisse einer
überbetonten Säule der wohlerworbenen Rechte zustande kommen[539], können
die durch seine Methode gewonnenen Ergebnisse nicht als gerecht empfunden
werden. Dasselbe gilt im Übrigen ebenfalls, wenn die räumliche Gerechtigkeit
überbetont wird und beispielsweise eine gegen den Willen einer Ehefrau durch-
gesetzte „talaq"-Scheidung in allen Fällen anerkannt würde. „Salomonisches"[540]
Austarieren der Säulen und der hinter ihnen stehenden Interessen führt demgegenüber zu einer Berücksichtigung aller möglichen Interessen und somit zu einer Entscheidung, die wohl näher an eine wahrlich gerechte herankommt.

Unabhängig davon, wie man den Ansatz *Curries* bewertet und ob man ihn
zumindest als einen Schritt in die richtige Richtung ansieht, ist nicht zu verken-
nen, dass sein Einfluss innerhalb der „revolutionären" Strömungen des amerikanischen Kollisionsrechts beträchtlich ist. So folgt der „governmental interests"-

---

[536] *Kegel*, Rec. de Cours 112 (1964 II), S. 122. Selbst in diesem Punkt wird *Currie* jedoch
von *Kay*, Rec. des Cours 215 (1989 III), S. 166 f., verteidigt.

[537] *Currie* kann nicht vorgeworfen werden, dass er blind gegenüber diesen Vorzügen von
Kollisionsnormen wäre. Für ihn sind diese aber allesamt ein Produkt von Zufälligkeiten der
Kollisionsnormen und verstellen den Blick auf das Erreichen der Gerechtigkeit im Einzelfall,
Currie, Selected Essays, S. 699 ff.

[538] In Bezug auf *Currie* ähnlich *Cavers*, Rec. des Cours 131 (1970 III), S. 149.

[539] Z. B. *Currie*, Selected Essays, S. 138 ff.

[540] Zu Spannungen zwischen dem umgangssprachlichen Verständnis des Wortes „salomo-
nisch" und der tatsächlichen Bedeutung *Finkenauer*, in: Aequitas – Équité – Equity, S. 97 ff.

Lehre in *Curries* Reinform zwar heute kein Gericht mehr. Sie beeinflusst die Gerichte nichtsdestoweniger, da sie innerhalb eines anderen „approach" oftmals „governmental interests" analysieren.[541] Daneben beeinflusste *Currie* einen Großteil seiner akademischen Zeitgenossen wie *Cavers*, *Leflar* und *Ehrenzweig*, die im Folgenden besprochen werden. Aber auch andere, hier nicht besprochene Autoren, prägte er maßgebend. So folgt der „functional approch" von *v. Mehren/Trautmann*[542] *Curries* Gedanken mit gewissen Modifikationen bis zu dem Punkt der „true conflicts".[543] Der rigorosen Annahme *Curries*, in solchen Fällen müsse die *lex fori* angewandt werden, können sie jedoch nichts abgewinnen und befürworten eine Interessenabwägung.[544]

III. Principles of Preference

Nachdem ein Aufsatz *Cavers* (1902–1988) aus dem Jahr 1933[545] noch auf eine Weise verstanden wurde, die ihn in die Nähe zu der These des *Aldricus* rückte, welcher das Recht zur Anwendung bringen wollte, das überlegener und nützlicher erscheint[546], wies *Cavers* dies in seinem Hauptwerk aus dem Jahre 1966 zurück[547], machte seinen Standpunkt deutlich und entwickelte seine Lehre, die nach ihrem Alleinstellungsmerkmal die Lehre von den „principles of preference" genannt wird.

1. False conflicts – True Conflicts bei Cavers

Die „*principles of preference*" sind nicht Allheilmittel in *Cavers* Methode. Zunächst ist ihm zufolge – aus dem Ansatz *Curries* übernommen[548] – zu untersuchen, ob ein wirklicher Konflikt vorliegt.[549] Das ist dann nicht der Fall, wenn

---

[541] *Hay/Borchers/Symeonides*, S. 114; *Symeonides*, 2015 U. Ill. L. Rev. (2015), S. 1890 ff.

[542] *v. Mehren/Trautmann*, The Law of Multistate Problems, insb. S. 76 ff.; überblicksartig auch *Hay/Borchers/Symeonides*, S. 45 ff.; *Joerges*, Funktionswandel, S. 40 ff., 50 ff., 56, 61 f., 67 ff.; *Heller*, Realität und Interesse, S. 147 ff.

[543] *Hay/Borchers/Symeonides*, S. 46; allgemein zur Vergleichbarkeit des „functional approaches" mit der Lehre *Curries Kay*, 18 Journal of Legal Education (1966), S. 346 ff., *De Nova*, Rec. des Cours 118 (1966 II), S. 593.

[544] *v. Mehren/Trautmann*, The Law of Multistate Problems, S. 77.

[545] *Cavers*, 47 Harv. L. Rev. (1933), S. 173 ff.

[546] Eine Primärquelle des *Aldricus* ist nicht überliefert; vgl. aber zur Quellenlage den Überblick bei *Gutzwiller*, Geschichte, S. 14 Fn. 20.

[547] *Cavers*, Process, S. 86.

[548] *Cavers*, Process, S. 88 ff.

[549] *Cavers* meint auch ausdrücklich, dass sein Verständnis von „false conflicts" mit dem *Curries* vergleichbar ist, Process, S. 89 f. Implizit kommt es auch in Process, S. 64, zum Ausdruck. *Joerges*, Funktionswandel, S. 58, sieht allerdings Differenzen, die sich aber wohl eher auf den Begriff der „policy" als auf die „false conflict"-Lehre selbst beziehen.

lediglich ein Staat ein Interesse[550] an der Anwendung seines Rechts hat.[551] Man ahnt es schon: Methodisches Vehikel zum Auffinden des Interesses ist grundsätzlich die Auslegung der eventuell beteiligten Sachrechte.[552] Sobald aber die Auslegung der Sachrechte der beteiligten Staaten ergibt, dass kein „false or readily avoidable[553] conflict" vorliegt, weicht *Cavers* von *Currie* ab.[554] Er will in diesen Fällen nicht die *lex fori* anwenden, sondern zunächst ein „principle of preference" suchen, um den Fall zu lösen.[555] Solche Prinzipien sollen die „relevanten Interessen in einem kollisionsrechtlichen Fall reflektieren"[556] oder die Zwecke der beteiligten Sachrechte zu einem angemessenen Ausgleich bringen.[557] Sollte sich ein „principle" nicht finden lassen, muss der Richter die Gründe offenlegen, welche ihn zu der angewandten Rechtsordnung geführt haben.[558] Der Richter muss die kollisionsrechtlichen Interessen abwägen, um auf diese Weise zu einem anwendbaren Sachrecht zu gelangen.[559]

---

[550] Über die Methode, wie die Interessen eines Staates an der Anwendung seines Rechts zu bestimmen ist, herrscht zwischen *Currie* und *Cavers* terminologische Uneinigkeit. Während *Currie* sein Verständnis von „policy" dafür nutzt, möchte *Cavers* zwischen „policy" und „purpose" unterscheiden und letztere für die Rechtsfindung nutzen, *Cavers*, Process, S. 97 f. Eine friedliche Koexistenz der Begriffe, wie *Cavers*, Process, S. 98, vorschwebt, ist wohl tatsächlich möglich, da die Unterscheidung zwischen „policy" und „purpose" durch *Cavers* nicht bedeutet, dass *Currie* Aspekte, die *Cavers* unter den einen oder den anderen Begriff fassen würde, nicht berücksichtigen würde (a. A. *Joerges*, Funktionswandel, S. 53 f.).

[551] *Cavers*, Process, S. 89.

[552] *Cavers*, Process, S. 74, relativiert den Nutzen der Sachrechtsauslegung jedoch dahingehend, dass nicht jeder Fall durch die Auslegung des Sachrechts gelöst werden könne, da kollisionsrechtliche Wertungen dem Sachrecht nicht in jedem Fall entnommen werden können.

[553] Ein „avoidable conflict" ist für *Cavers* ein solcher, der durch *Currie* im Wege der „moderate and restrained interpretation" erreicht wird, *Cavers*, Process, S. 73.

[554] *Cavers*, Process, S. 93 f.

[555] Nicht vollends eindeutig war zunächst, ob die „principles of preference" teilweise auch in Fällen zum Einsatz kommen, in denen ein „avoidable conflict" vorliegt. *Cavers* bejaht dies an einer Stelle, Process, S. 204 („[…] principles of preference for use in choice-of-law cases involving true or avoidable conflicts […]. An anderer Stelle verneint er die Frage, Process, S. 137 („[…] the principles I am submitting and others having the same function are intended to be invoked only […] when it is evident […] that the conflict is neither false or readily avoidable"). Später stellt *Cavers* klar, dass letzteres sein Standpunkt in „Process" war, 49 Tex. L. Rev. (1970), S. 220, nur um ihn dann zu revidieren und festzuhalten, dass die Prinzipien auch in Bezug auf „avoidable conflicts" und sogar in „false conflicts" „helpful" bzw. „useful" sein könnten, 49 Tex. L. Rev. (1970), S. 220 f.; ebenso *Cavers*, Rec. des Cours 131 (1970 III), S. 153.

[556] *Cavers*, Process, S. 64; die kollisionsrechtlichen Interessen sind im englischen Original „multistate policies".

[557] *Cavers*, Process, S. 64.

[558] *Cavers*, Process, S. 64.

[559] *Cavers*, Process, S. 93. In jedem Fall soll der Richter nach *Cavers* das Recht anwenden, welches zu dem bevorzugten Ergebnis führt, Process, S. 64. Was *Cavers* mit dieser Aussage

2. Cavers Prinzipien

Die Prinzipien an sich, die *Cavers* in seinem Hauptwerk[560] 1966 vorstellt, haben einen eng begrenzten Charakter. Sie umfassen nicht wie deutsche oder europäische Kollisionsnormen einen Systemgegenstand wie Delikte oder Verträge als solche. Vielmehr lösen sie spezielle Probleme. Das sechste *caversche* Prinzip ist ein „case in point":

> „Where, for the purpose of providing protection from the adverse consequences of incompetence, heedlessness, ignorance, or unequal bargaining power, the law of a state has imposed restrictions on the power to contract or to convey or encumber property, its protective provisions should be applied against a party to the restricted transaction where (a) the person protected has a home in the state (if the law's purpose were to protect the person) and (b) the affected transaction or the protected property interest were centered there or, (c) if it were not, this was due to facts that were fortuitous or had been manipulated to evade the protective law."[561]

Dieses Prinzip soll nicht eine Regel für das gesamte Vertragsrecht darstellen, es soll lediglich Fälle wie den Fallklassiker *Milliken v. Pratt*[562] lösen, in denen die Vertragsfähigkeit in Frage steht.[563]

Interessant ist neben der Spezialität der „principles" ihr Aufbau. In ihnen vereinen sich materiell-rechtliche Elemente sowie Elemente, die klassischerweise mit Kollisionsnormen verbunden werden.[564] Im sechsten Prinzip erkennt man dies bereits an seinem spezifischen Inhalt, der Vertragsfähigkeit von Personen, die als schützenswert angesehen werden. *Cavers* siebtes Prinzip hält demgegen-

---

festhalten will, klärt er nicht in seinen weiteren Ausführungen. Sicher ist wohl aber, dass er sich damit inhaltlich nicht in die Nähe des „Better Law Approachs" *Leflars* (dazu unten 1. Kap. E.IV.) begibt. Vielmehr erinnert *Cavers* wohl an dieser Stelle lediglich an das allgemeine Gerechtigkeitsmerkmal, dass den individuellen Umständen des Einzelfalls Rechnung getragen werden muss und dieser zu entscheidende Fall einem gerechten Ergebnis zuzuführen ist (für diese Auslegung *Cavers*, Process, S. 121).

[560] *Cavers*, Process. Für eine spätere Betrachtung seiner „principles" *Cavers*, 49 Tex. L. Rev. (1970), 211 ff. *Cavers* führte auch später noch ein weiteres, die Produkthaftung betreffendes Prinzip ein, 26 Int. and Comp. L. Q. (1977), S. 728 ff., welches jedoch ebenfalls in das Schema der anderen passt, indem es sowohl materielle Elemente als auch Kollisionsnormelemente enthält.

[561] *Cavers*, Process, S. 181.

[562] 125 Mass. (1878), S. 374 ff. S. auch 1. Kap. Fn. 490.

[563] *Cavers*, Process, S. 184.

[564] *Cavers*, Process, S. 74; implizit auch *ders.*, Rec. des Cours 131 (1970 III), S. 187 f., wenn er festhält, dass es ihm in dem besprochenen Fall maßgeblich auf die Förderung eines höheren Schutzstandards ankommt. In eine ähnliche Richtung *Joerges*, Funktionswandel, S. 66, der festhält, dass die Prinzipien des Vertragsrechts sich lediglich auf Materien beziehen, in denen materiell-rechtlich zwingende Regelungen existieren; s. auch *Heini*, ZSchwR 108 (1967 I), S. 272 ff.

über die Parteiautonomie im Vertragsrecht fest, jedoch nur in Fällen, in denen das gewählte Recht die Gültigkeit der Transaktion vorsieht.[565] Im Deliktsrecht werden Anknüpfungsmomente wie der Handlungsort oder das *domicile* in den „principles" stets mit der Frage verbunden, ob das auf diese Weise gefundene Recht den Verletzten stärker bzw. schwächer schützt.[566] Das dritte Prinzip fragt beispielsweise, ob Bestehen spezielle Regeln für gefährliche Handlungen bestehen.[567] Die „principles of preference" sind damit nicht gänzlich homogen. Sie nutzen Elemente sowohl der ersten als auch der zweiten Säule und sind somit „hybride"[568] Regeln. Insbesondere erkennt *Cavers* aber ausdrücklich an, dass spezifisch kollisionsrechtliche Interessen existieren. Er übernimmt sogar den *kegelschen* Begriff der „conflicts justice".[569] Erwähnenswert bleibt, dass *Cavers* seine „principles" nicht als feststehende Regeln sieht, sondern eher als Leitlinie, die stets durch „engere Verbindungen" wieder in Zweifel gezogen werden kann.[570] Auch besteht nach *Cavers* die Möglichkeit des Vorbehalts der entgegenstehenden „public policy".[571]

3. Cavers als Gefolgsmann Curries?

Allerdings sind *Cavers* Prinzipien wohl auch lediglich dann anzuwenden, wenn nicht das Recht des Forums angewandt werden will. Aus dieser Aussage haben manche hergeleitet, dass *Cavers* doch lediglich ein „Jünger" *Curries* sei.[572] Demgegenüber hat bereits *Joerges* vorgebracht, dass sich in *Cavers* Schriften keine einzige Stelle finden lässt, in welche *Cavers* seine Prinzipien aufgrund übergeordneter Forumsinteressen unbeachtet ließ.[573] Die Aussage *Cavers* lässt sich wohl am besten verstehen, wenn sie aus ihrem Kontext heraus betrachtet wird. In dem relevanten Kapitel befasst sich *Cavers* mit der Annahme *Curries*, bei wirklichen Konflikten entziehe sich eine Abwägung der Interessen der beteiligen Staaten der Macht der Gerichte. Dieser Annahme folgt *Cavers* ersichtlich nicht, er will aber durch die Aussage über durchschlagende Forumsinteressen wohl die Bedenken *Curries* über das „Abwiegen von Interessen" zerstreuen

---

[565] *Cavers*, Process, S. 194. Weitere Einschränkung (für alle siehe Process, S. 194 ff.) der Parteiautonomie ist, dass sie sich nicht gegenüber dem „protective law" des sechsten Prinzips durchsetzt.

[566] *Cavers*, Process, S. 139, 156, 159, 166, 177.

[567] *Cavers*, Process, S. 159 ff.

[568] Zu der dem Begriff hier beigelegten Bedeutung s. u. 2. Kap. I.I.

[569] Bspw. *Cavers*, 17 Harv. Int. L. J. (1976), S. 653.

[570] *Cavers*, Process, S. 78. 136.

[571] *Cavers*, Process, S. 201 f.

[572] Z. B. *Baade*, 46 Tex. L. Rev. (1967), S. 151.

[573] *Joerges*, Funktionswandel, S. 65.

und hält dabei etwas Offensichtliches fest: Wenn das Recht der *lex fori* Anwendung finden will, wird es angewandt. Diese Aussage sollte bei jedem auf Zustimmung stoßen, der nicht alten universalistischen Gedanken anhängt. Selbstverständlich kann die *lex fori* ihre Anwendbarkeit auf einen Fall bestimmen, im deutschen Verständnis beispielsweise durch eine Eingriffsnorm, eine das deutsche Recht berufene Kollisionsnorm oder eine „selbstgerechte Sachnorm".[574]

Festzuhalten bleibt bezogen auf *Cavers* mithin, dass er *Currie* in seiner Radikalität nicht folgt. Bei seinen Prinzipien kommt kollisionsnormtechnischen Gedanken und Hoheitsinteressen eine Bedeutung zu.[575] Er ist nicht im gleichen Maße „besessen" von sachrechtlicher Gerechtigkeit, als dass er die räumliche gänzlich ausblendet. Er möchte beiden auf seine Weise Rechnung tragen.

IV. Better Law-Approach

Cavers mochte sich noch gegen eine Lesart gewehrt haben, die zu einem Vergleich mit *Aldricus* anregt. *Leflar*[576] (1901–1997) hatte demgegenüber weniger Skrupel. Offen bekannte er, dass die Anwendung des besseren Rechts einer von fünf[577] Faktoren, jedoch deren gewichtigster[578] sei, die das anwendbare Recht zu bestimmen hätten: „Superiority of one rule of law over another, in terms of socio-economic jurisprudential standards, is far from being the whole basis for choice of law, but it is without question one of the relevant considerations."[579] Die gewöhnliche Bezeichnung der Methode *Leflars*[580] als „better law-approach" erscheint dabei nicht gänzlich zu treffen, da das Kriterium des besseren Rechts nur eines von fünf Kriterien ist. Es ist jedoch eindeutig das Alleinstellungsmerkmal *Leflars*, das Kriterium des besseren Rechts offen in die Diskussion

---

[574] Zu letzteren *Kegel*, Gedächtnisschrift Ehrenzweig, S. 51 ff.; *Kegel/Schurig*, § 6 I 5. Methodisch betrachtet ist eine selbstgerechte Sachnorm lediglich eine einseitige Kollisionsnorm im Verbund mit einer Sachnorm, sodass man sicher darüber streiten könnte, ob beide genannten Beispiele nicht ein und dasselbe sind.

[575] Eindeutig *Cavers*, Process, S. 74.

[576] Ausführlich zu *Leflars* Biographie und Methode *Mühl*, Lehre vom besseren Recht, S. 42 ff.

[577] *Leflar*, American Conflicts Law, S. 195.

[578] *Leflar*, American Conflicts Law, S. 215.

[579] *Leflar*, American Conflicts Law, S. 212.

[580] *Leflars* Einfluss als Hauptvertreter des „better law-approach" blieb nicht allein auf Amerika beschränkt (dort folgte ihm beispielsweise *Juenger*, Choice of Law and Multistate Justice, S. 191 ff.; *ders.*, Wandel, S. 21 ff.; *ders.*, 118 U. Pa. L. Rev. (1969), S. 230 ff.), sondern fand auch in Europa Anklang, insbesondere bei *Zweigert*, RabelsZ 37 (1973), S. 444, 447 f., der das bessere Recht subsidiär anwenden möchte, sofern keine „klare" Kollisionsnorm existiert. Kritik kam von *Kegel*, in: Zum Wandel des IPR, S. 35 ff., der *Juenger* allerdings eher der Gefolgschaft *Cavers* zuordnet.

einzuführen.[581] Neben der Anwendung des besseren Rechts bestehen die verbleibenden vier „choice-influencing considerations" in der Vorhersehbarkeit von Ergebnissen, der Erhaltung der zwischenstaatlichen und internationalen Ordnung, der Vereinfachung der Rechtsanwendung und der Durchsetzung der „governmental interests" des Forums.[582] Eindeutig ist sein Impetus, sachrechtliche Erwägungen nicht mehr nur als Korrektur des räumlich gerechtesten Ergebnisses zu benutzen, sondern sie auf dieselbe Ebene zu heben, auf der die räumliche Gerechtigkeit Bedeutung findet.[583]

1. Die einzelnen Maßgaben Leflars

Betrachtet man die einzelnen „considerations" näher, sind sie für den deutschen Rechtsanwender nicht derartig fremdartig, wie sie auf den ersten Blick scheinen. Das Kriterium des „better law" soll beispielsweise insbesondere verhindern, dass ein Recht angewandt wird, „that goes against some strongly held social policy", welche der Forumsstaat für richtig hält.[584] Der Grundgedanke des *ordre public* erscheint dem deutschen Rechtsanwender an dieser Stelle in neuem Gewand.[585] Interessant ist für den Kontinentaljuristen jedoch, dass *Leflar* nicht nur *ordre public*-Erwägungen aus dem „better law" ableitet. Er will ebenso ein fremdes besseres Recht gegenüber dem eigenen durchschlagen lassen, sofern zu dem Recht genügend Berührungspunkte bestehen.[586] *Leflar* erhebt somit die Anwendung des besseren Rechts zu einem Hoheitsinteresse des Forumsstaates. Dies wäre für einen deutschen Juristen undenkbar, da in Deutschland die rechtsetzende Gewalt primär das Parlament und nicht ein Gericht ist. Unter Perspektive der Gewaltenteilung wäre es daher höchst problematisch, wenn ein deutsches Gericht deutsches Recht nicht anwenden würde, weil es ein anderes Recht aus sozio-ökonomischer Perspektive als besser ansieht, um den Fall gerecht zu entscheiden.[587] Die Frage nach der sachlich besten Regel ist eben eine Frage, die

---

[581] Ähnlich *Westbrook*, 40 Mo. (Missouri) L. Rev. (1975), S. 431 f.; *de Boer*, Beyond lex loci delicti, S. 5–343 (auf den S. 5–343 ff. äußert *de Boer* allgemein Kritik an der Aufnahme des „better law"-Kriteriums in den Methodenkanon des IPR).

[582] *Leflar*, American Conflicts Law, S. 195. Die „considerations" mit zugehöriger Erklärung finden sich bereits nahezu identisch bei *dems.*, 41 N.Y.U.L. Rev. (1966), S. 282 ff. und bei *dems.*, 54 Cal. L. Rev. (1966). S. 1586 ff. Auf S. 315 ff. (N.Y.U.L. Rev.) bzw. S. 1588 ff. (Cal. L. Rev.) erläutert *Leflar* seine Rechtsfindung anhand von Beispielsfällen. Erörtert werden die „considerations" ebenfalls von *Mühl*, Lehre vom besseren Recht, S. 54 ff.

[583] Bspw. *Leflar*, American Conflicts Law, S. 198.

[584] *Leflar*, American Conflicts Law, S. 213.

[585] Ähnlich *Bodenheimer*, FS F.A. Mann, S. 135.

[586] *Leflar*, American Conflicts Law, S. 214.

[587] Daher kommt der Frage nach dem aus Forumsicht besseren Recht nicht bloß *de lege lata* eine Bedeutung im deutschen Internationalen Privatrecht lediglich zur Korrektur im

nach deutschem Verständnis das Parlament zu beantworten hat. In den USA, wo ein Großteil des Privatrechts von Richterhand geprägt ist, scheint diese Erwägung näher zu liegen.[588] Zumindest war sie definitiv für *Leflar* eine valide „consideration".[589]

Die anderen „considerations" folgen eher bekannteren Bahnen. Die „consideration" der „predictability of results" drückt beispielsweise einen Hauptgedanken der räumlichen Gerechtigkeit aus. Es soll stets vorhersehbar sein, welches Recht angewandt wird – unabhängig davon, in welchem Staat geklagt wird.[590] Den Parteien soll zudem insoweit entgegenzukommen sein, als dass das Recht angewandt wird, welches sie erwartet haben.[591] Dies bedeutet nicht nur die Beachtung einer Rechtswahl, sondern auch die Beachtung des „presumed intent", sofern keine ausdrückliche Rechtswahl getroffen wurde. Letztlich sei ebenfalls die Rechtssicherheit von Bedeutung.[592] Die zweite „consideration", die „Maintenance of Interstate and International Order", erhält Bedeutung in einem föderalen System.[593] Es soll maßgeblich die Interessen der „Schwesterstaaten" in Konflikten zwischen ihren Rechten wahren und die Gefahr des „forum shopping" verhindern.[594] Es dient mithin der räumlichen Gerechtigkeit und folgt dem Ideal der prinzipiellen Gleichheit der Rechtsordnungen. In wirklich internationalen Konflikten soll es die Souveränität und damit die Hoheitsinteressen der beteiligten Staaten schützen.[595]

Sinne des *ordre public* zu, sie ist auch *de lege ferenda* nicht zielführend. Kritisch auch *v. Bar/ Mankowski*, IPR I, § 6 Rn. 92, welche rhetorisch fragen, wer aus „social-economic" Gründen sagen möchte, ob die Morgengabe oder ein Versorgungsausgleich „besser" ist. Weitere Bedenken gegen den „better law-approach" zusammengefasst bei *Mühl*, Lehre vom besseren Recht, S. 176 ff.

[588] Ähnliche Bedenken werden jedoch bspw. bei *Cavers*, Rec. des Cours 131 (1970 III, S. 181), und bei *de Boer*, Beyond lex loci delicti, S. 5–345 f., der dieses Argument auch in der amerikanischen Jurisprudenz aufgefunden hat, wiedergegeben. Die Bedeutung der Gewaltenteilung bei *Leflar* kommt zum Tragen, wenn er annimmt, dass Gerichte eines Staates „vermutlich" den Kollisionsnormen, die vom Gesetzgeber erlassen werden, folgen, American Conflicts Law, S. 200; zu demselben Punkt auch *Leflar*, 41 N.Y.U.L. Rev. (1966), S. 271, 276, wo er noch eindeutiger formuliert, dass die Gerichte den kollisionsrechtlichen Kodifikationen Folge zu leisten haben.

[589] Kritisch gegenüber der Anwendung des „besseren Rechts" auch *Cavers*, Selected Essays, S. 206 ff., der selbst lange Zeit für einen Advokaten dieses Gedankens gehalten wurde (s. o. 1. Kap. E.III.).

[590] *Leflar*, American Conflicts Law, S. 205.

[591] *Leflar*, American Conflicts Law, S. 205.

[592] *Leflar*, American Conflicts Law, S. 205 f.

[593] *Leflar*, American Conflicts Law, S. 207 f.

[594] *Leflar*, American Conflicts Law, S. 207 f.

[595] *Leflar*, American Conflicts Law, S. 207.

Eine weitere „consideration" ist die „Simplification of the Judicial Task"[596]. Dabei zielt *Leflar* nicht ausschließlich auf die Einfachheit einer kollisionsrechtlichen Entscheidung ab. Er geht auch davon aus, dass die Anwendung der *lex fori* für die Gerichte einfacher ist.[597] Daher sollten Gerichte auch nicht das fremde Recht anwenden, „unless there is a good reason for doing so".[598] *Leflar* erkennt jedoch zumindest die Gefahr dieser Aussage und hält fest, dass an die „good reason" keine überhöhten Anforderungen gestellt werden sollen.[599] Eine große, die Rechtsfindung im Kollisionsrecht maßgeblich beeinflussende Bedeutung lässt sich für diese, für *Leflar* maßgeblich im Prozessrecht relevante „consideration"[600], welches nach deutschem Verständnis nicht zum Internationalen Privatrecht gehört, nicht erkennen. Sie dient jedoch in manchen Fällen der Stärkung sinnvoller Erwägungen, beispielsweise, dass eine Rechtsspaltung möglichst vermieden werden soll, damit die Anwendung des Rechts einfacher wird.[601]

Die Analyse der „governmental interests" des Forums nimmt ebenfalls die Stellung als „consideration" ein. Dabei wird von *Leflar* eine eingeschränkte Version der Theorie *Curries* zugrunde gelegt; eingeschränkt deswegen, weil *Leflar* sich um Klarheit und Abgrenzung zwischen seinen verschiedenen „considerations" bemüht und daher der Governmental Interest-Methode gewisse Aspekte entzieht, um sie anderen „considerations" zuzuordnen. Beispielsweise muss das *domicile* in einem bestimmten Staat nicht unbedingt bedeuten, dass dieser Staat auch ein „governmental interest" an der Anwendung seines Rechts hat. Vielmehr werde das Domizilrecht in vielen Fällen angewandt, weil es vorhersehbarer sei, es eine Spaltung des anwendbaren Rechts verhindere und es „die Anwendung des Rechts erleichtere".[602] Der „Governmental Interest Analysis" komme jedoch in Fällen eine Bedeutung zu, in denen das Sachrecht zweier Staaten aufgrund tatsächlich verschiedener staatlicher Interessen abweicht. In diesem Fall spreche die „Governmental Interest Analysis" für die Anwendung des Forumsrechts.[603]

---

[596] *Leflar*, American Conflicts Law, S. 208 ff.

[597] Ob dies innerhalb des Systems von *Leflar* in der Tat ein relevantes Argument sein kann, mag bestritten werden, da er in jedem Fall das konkrete Ergebnis unter dem fremden Recht ermitteln muss, um zu erkennen, welches Recht das „bessere" ist.

[598] *Leflar*, American Conflicts Law, S. 209.

[599] *Leflar*, American Conflicts Law, S. 209.

[600] *Leflar*, American Conflicts Law, S. 209.

[601] *Leflar*, American Conflicts Law, S. 211.

[602] *Leflar*, American Conflicts Law, S. 211.

[603] *Leflar*, American Conflicts Law, S. 211 f.

2. Die considerations als Systemgrundlage

Die dargestellten fünf „choice-influencing considerations" dienen in der Vorstellung *Leflars* nicht nur der Korrektur eines vorausgesetzten „starren" kollisionsnormgeprägten Anknüpfungssystems.[604] Sie sind für *Leflar* das Äquivalent zu den Interessen, welche dem Kollisionsrecht zugrunde liegen. Die Überlegungen *Leflars* und seiner Vorgänger[605] erscheinen mithin als amerikanisches Äquivalent zu der Interessenlehre *Kegels*, die er ungefähr zu derselben Zeit entwickelte. Zugegeben: Die Funktion der „considerations" besteht für *Leflar* in erster Linie darin, „precedents" auf ihren Wert zu überprüfen.[606] Sie korrigieren aber nicht bloß die vorherigen gerichtlichen Entscheidungen. Sie sind die Faktoren, die jeder Entscheidung zugrunde liegen.[607] Sie bilden mithin das kollisionsrechtliche System, dem jegliche Entscheidung zu genügen hat – gleichgültig, ob sie einen „precedent" unterstützt oder zur Abkehr von ihm aufruft. Das System *Leflars* folgt dabei jedoch auch den Gedanken der ersten zwei Säulen und dem Gedanken des Widerstreits zwischen räumlicher und materieller Gerechtigkeit. Kollisionsnormtechnische Interessen und Erwägungen scheinen bei dem Erfordernis der Vorhersehbarkeit und Vereinfachung der Rechtsfindung sowie dem Erfordernis der „Maintenance of Interstate and International Order" durch, wohingegen die Beachtung der „governmental interests" und die Durchsetzung des besseren Rechts Hoheitsinteressen dienen.[608] *Leflar* ändert mithin wie andere amerikanische Kollisionsrechtler aus kontinentaleuropäischer Perspektive die Zusammensetzung und Bedeutung der kollisionsrechtlichen Säulen und legt einen größeren Wert auf die Hoheitsinteressen – die Baukästen, aus denen er sein kollisionsrechtliches System aufbaut, bleiben jedoch dieselben. Auch für *Leflar* ist im Übrigen die Bestimmung des Verhältnisses der verschiedenen „considerations" dabei Voraussetzung dafür, das „richtige" kollisionsrechtliche Ergebnis zu finden.[609]

---

[604] *Leflar*, American Conflicts Law, S. 215 f.; *Mühl*, Lehre vom besseren Recht, S. 52 ff.

[605] Insb. *Cheathem/Reese*, 52 Colum. L. Rev. (1952), S. 959 ff.: *Yntema*, 35 Can. B. Rev. (1957), S. 734 f.; *Leflar*, American Conflicts Law, S. 212.

[606] *Leflar*, American Conflicts Law, S. 215 f.

[607] *Leflar*, American Conflicts Law, S. 216.

[608] Dass auch *Leflar* gedanklich in gewisser Weise dieser Einteilung folgt, zeigt sich beispielsweise auf S. 216, American Conflicts Law. Ähnlich wie hier auch *Hay/Borchers/Symeonides*, S. 57.

[609] *Leflar*, American Conflicts Law, S. 193.

V. Lex Fori-Approach

Der „lex fori-approach" ist verbunden mit dem Namen *Ehrenzweig* (1906–1974).[610] Dieser entwickelte seine Theorie stetig weiter; hier interessieren soll das Endprodukt seiner wissenschaftlichen Arbeit.[611]

1. Das „Stufenmodell" Ehrenzweigs

Dieses besteht in erster Linie aus einem Stufenmodell, das den Weg der Rechtsfindung vorgibt.[612] Auf erster Stufe stellt *Ehrenzweig* klar, dass es keinerlei „ominöses" Überrecht gebe, welches Kollisionsregeln vorgibt. Die Entscheidungsgewalt liegt somit bei der *lex fori*, solange keine völkerrechtlichen Verträge oder ein übergeordnetes Verfassungsrecht Regeln vorgeben.[613] In einem zweiten Schritt sind Kollisionsnormen der *lex fori* zu suchen.[614] Diese müssen aber tatsächlich Bindungskraft haben, d. h. sie müssen „settled" bzw. „true" sein.[615] Eine solche Kollisionsnorm bildet für *Ehrenzweig* die „rule of validation".[616] Ein Vertrag ist nach jener Regel grundsätzlich immer dann gültig, sofern er nach einer der

---

[610] Zur Biographie *Ehrenzweigs* und seinem kollisionsrechtlichen Werk ausführlich *Hessel*, Ehrenzweigs kollisionsrechtliche Lehren.

[611] Der einfacheren Verständlichkeit geschuldet ist die Tatsache, dass in der Darstellung der amerikanischen Theorien nicht zwischen den „interstate" und den wirklich internationalen Konfliktfällen unterschieden wird. Selbst bei *Ehrenzweig*, der sein Treatise eindeutig den „interstate"-Fällen und sein Private International Law den wirklich internationalen Fällen widmet (P.I.L I, S. 7 ff.), sind die methodischen Unterschiede nicht derartig bedeutend, dass sich eine getrennte Behandlung aufdrängt.

[612] Die Darstellung lehnt sich dabei im Folgenden teilweise an das durch *Hessel*, Ehrenzweigs kollisionsrechtliche Lehren, S. 143 ff., formulierte „Handlungsmodell" *Ehrenzweigs* an. Für eine zusammenfassende Darstellung der Thesen *Ehrenzweigs* s. auch *Briggs*, 12 UCLA L. Rev. (1964), S. 29 ff. Eine eigene Kurzzusammenfassung gibt *Ehrenzweig*, 18 Okl. L. Rev. (1965), S. 340 ff.

[613] *Ehrenzweig*, Treatise, S. 22 ff.

[614] *Ehrenzweig*, I.P.L. I, S. 85 ff.

[615] *Ehrenzweig* unterscheidet zwischen „formulated" (P.I.L. I, S. 85 ff.) und „non-formulated" (I.P.L. I, S. 89 f.) Kollisionsnormen. Teilweise nennt *Ehrenzweig* die „non-formulated rules" auch „inchoate rules" (Rec. des. Cours 124 (1968 II), S. 208). „Formulated" ist nach *Ehrenzweig* beispielsweise zumindest im Grundsatz die Anwendung der *lex rei sitae* im Immobiliarsachenrecht (auch *Ehrenzweig*, 18 Okl. L. Rev. (1965), S. 342) oder Kollisionsnormen in Statuten. „Non-formulated" sind solche, die zwar nicht durch Gerichte oder den Gesetzgeber formuliert wurden, die aber in „leading cases" der Sache nach verfolgt werden. Eine solche „nonformulated rule" ist beispielsweise die im Folgenden besprochene „rule of validation". All diese Kollisionsnormen müssten angewandt werden, ungeachtet dessen, ob der Rechtsanwender sie für „theoretically sound" (I.P.L. I, S. 90) hält.

[616] *Ehrenzweig*, I.P.L. I, S. 90; *ders.*, Treatise, S. 378 ff., 465 ff.; zu der rule of validation eingehend und kritisch *Heller*, Realität und Interesse, S. 86 ff.

Rechtsordnungen gültig ist, zu der ein „sufficient contact" besteht. Die Ähnlichkeit zu dem europäischen Prinzip des „favor negotii", jedoch bezogen auf materielle Fragen, ist ersichtlich.[617] Wichtige Ausnahmen dieser Regel sind, dass sie nur „unter Gleichen" gilt[618] und nicht beispielsweise bei „adhesion contracts"[619] oder Vertragstypen, bei denen eine Partei eines besonderen Schutzes bedarf, wie es grundsätzlich bei Arbeits- oder Versicherungsverträgen der Fall ist.[620]

Existieren solche Kollisionsnormen nicht, sollen die Sachnormen der *lex fori* auf ihren räumlichen Anwendungsbereich untersucht werden. Diese Auslegung der *lex fori* kann dabei zur Anwendung in- und ausländischem Rechts führen. Sollte die Auslegung kein Ergebnis erzielen, wird die *lex fori* als „residuary rule" angewandt.[621]

2. Die „Datum"-Theorie

Neben diesem Stufenmodell führt *Ehrenzweig* eine „Supplementtheorie", die „Datum"-Theorie, ein.[622] Gewisse „local data" seien stets ortsgebunden. Beispielsweise seien immer die Verkehrsvorschriften des jeweiligen Handlungsortes anzuwenden. Über dieses eher offensichtliche „local datum" kommen „data" bei *Ehrenzweig* auch im Rahmen von Vorfragen Bedeutung zu.[623] Die „local data" sind dabei nach *Ehrenzweigs* Verständnis unabhängig vom „choice

---

[617] *Siehr*, RabelsZ 34 (1970), S. 617; *Heller*, Realität und Interesse, S. 88. Man könnte ferner auf den Gedanken kommen, dass die „rule of validation", die ebenfalls hinsichtlich der Frage nach der Wirksamkeit von Ehen gilt (Treatise, S. 378 ff.), eine besondere Nähe zu dem Gedanken der wohlerworbenen Rechte aufweist. *Ehrenzweig* knüpft jedoch nicht an die subjektiven Rechte der beteiligten Personen an, sondern hält die „rule of validation" im Interesse des „favor matrimonii" für die geeignete *Kollisionsnorm*, um die Fälle, in denen er sie anwenden möchte, zu lösen. Interessanterweise bilden auch Erwägungen, die in den Bereich des *ordre public* einzuordnen sind, Ausnahmen von der „rule of validation" (z.B. werden polygame Ehen nicht anerkannt (Treatise, S. 386 f.)), obwohl der *ordre public* nach *Ehrenzweig* eigentlich überflüssig ist bzw. in anderen Gedanken seiner Theorie aufgeht (Treatise, S. 345; entgegen dieser Aussage benutzt *Ehrenzweig* den *ordre public* bzw. die *public policy* an manchen Stellen, bspw. Treatise, S. 468 f.).

[618] *Ehrenzweig*, Treatise, S. 466, 482 ff.

[619] *Ehrenzweig*, 59 Colum. L. Rev. (1959), S. 976 f.

[620] *Ehrenzweig*, 59 Colum. L. Rev. (1959), S. 1013 ff.

[621] *Ehrenzweig*, I.P.L. I, S. 103.

[622] Der Begriff der „data" findet sich bereits bei *Currie*, Selected Essays, S. 69 ff., der auch bereits die Grundlagen für die „local data"-Regel *Ehrenzweigs* legt. *Ehrenzweig* übernimmt den Begriff auch ausdrücklich von *Currie* (*Ehrenzweig*, I.P.L. I, S. 83). Bei *Currie* nehmen die „data" allerdings in keiner Weise eine vergleichbar bedeutende Stellung wie bei *Ehrenzweig* ein. Zu der „datum"-Theorie bspw. *Siehr*, RabelsZ 34 (1970), S. 605 f., *Mansel*, FS W. Lorenz, S. 703 ff., und *Jayme*, Gedächtnisschrift Ehrenzweig, S. 35 ff.

[623] *Ehrenzweig*, I.P.L. I, S. 83 f.; *ders.*, 16 Buff. L. Rev. (1966), S. 59.

of law" anzuwenden.[624] Dass *Ehrenzweig* aber bei seinen „local data" nicht still-schweigend eine Kollisionsnorm bildet, mag man bezweifeln. Die Verkehrsre-geln des Staates, in welchem der Unfall geschehen ist, wendet er an, weil eben an dieser Stelle der Unfall geschehen ist. Die Vorfrage nach der Gültigkeit einer Ehe entscheidet sich nach italienischem Recht, weil die Ehe dort geschlossen wurde.[625] Da *Ehrenzweig* somit auf Anknüpfungspunkte abstellt, denkt er doch kollisionsnormtechnisch.[626] Indem er behauptet, an dieser Stelle ergebe sich kei-ne kollisionsrechtliche Fragestellung, lässt er sich wohl ein wenig von *Curries* Gedanken zu den „false conflicts" beeinflussen, ein Konzept, welches *Ehren-zweig* eigentlich zurecht ablehnt.[627]

Über „moral data" wie sittliche Standards sowie die Grundsätze der „equity" entscheidet demgegenüber das Forumsrecht.[628] Bei „moral data" handelt es sich oftmals um Gedanken, welche im Säulenmodell der Säule der Hoheitsinteressen zugeordnet werden kann.

3. Der „better law"-Gedanke bei Ehrenzweig

Eine gewisse Bedeutung kommt bei *Ehrenzweig* ferner dem „better law"-Gedanken zu. Er sei zwar kein „general principle" des Kollisionsrechts[629], teils

---

[624] Die Grenzziehung zwischen den „local data" und dem „Kollisionsrecht" ist dabei nach *v. Bar/Mankowski*, IPR I, § 6 Rn. 90, nicht eindeutig. Zudem kommen die „data" nach der überzeugenden Einschätzung von *Cavers*, Rec. des Cours 131 (1970 III), S. 142, nur dann zur Geltung, wenn die Anwendung eines Rechts eindeutig ist.

[625] *Ehrenzweig*, I.P.L. I, S. 83 f. Beachtet man ferner, dass *Ehrenzweig* an dieser Stelle eindeutig auf den von *Currie* gestellten Fall abstellt, damit dessen Fakten übernimmt und dessen kollisionsnormgeprägten Erwägungen wohl gutheißt, wird das kollisionsnormtechni-sche Vorgehen noch eindeutiger. *Currie*, Selected Essays, S. 70 f., stellt ferner darauf ab, dass beide Italiener waren, die zur Zeit der Eheschließung in Italien lebten, dort ihr *domicile* hatten und der Wirksamkeit der Ehe keine „public policy" entgegensteht. Er analysiert somit mög-liche Anknüpfungspunkte und kontrolliert das gefundene Ergebnis vor dem Hintergrund der Vorstellungen der *lex fori*. An anderer Stelle, *Ehrenzweig*, 16 Buff. L. Rev. (1966), S. 59, zeigt sich noch deutlicher die kollisionsnormgeprägte Idee hinter einem „datum". Dort meint *Eh-renzweig*, die *lex fori* sei so zu interpretieren, dass die Ehe dann als wirksam gelten solle, wenn sie der *lex loci celebrationis* entspricht. Somit bildet *Ehrenzweig* in diesem Fall relativ offen-sichtlich eine stillschweigende Kollisionsnorm, nach der er das anwendbare Recht bestimmt. Zur „local data"-Lehre im Rahmen des heutigen Art. 17 Rom II-VO s. noch 2. Kap. I.IV.

[626] Dafür, dass „local data" nichts anderes als Kollisionsnormen darstellen, auch *Schurig*, Kollisionsrecht und Sachnorm, S. 312 f.; *Kegel/Schurig*, IPR, § 1 VIII 2a); wohl auch *Dornis*, 44 Ga. J. Int. & Comp. L. (2016), S. 319 f.; a. A. *Coester-Waltjen*, IPRax 2006, S. 399 f., wel-che die Datumtheorie in die Nähe der Rechtslagenanerkennung rückt.

[627] *Ehrenzweig*, P.I.L. I, S. 87; *Siehr*, RabelsZ 34 (1970), S. 602.

[628] *Ehrenzweig*, P.I.L. I, S. 77 ff.; zu den „moral data" auch *Heller*, Realität und Interesse, S. 93 ff.

[629] *Ehrenzweig*, P.I.L. I, S. 100; *ders.*, 53 Virg. L. Rev. (1967), S. 853.

könne es aber leitender Gedanke sein.[630] Dabei relativiert sich die Bedeutung jedoch, wenn man die Beispiele betrachtet, die *Ehrenzweig* nennt. So sei die Anwendung der *lex fori* als „better law" nicht wirklich verschieden von dem Gedanken des *ordre public*, die Anwendung fremden Rechts vergleichbar mit dem *ordre public international* oder auch einer Rechtswahl, da diese auch die Anwendung des „besseren Rechts" sichert.[631]

4. Die Betonung der lex fori

Bei der Analyse dieser Methode der Rechtsfindung sticht zunächst die Betonung der *lex fori* ins Auge. Der Vergleich mit *Wächter*, der ebenfalls die Bedeutung der *lex fori* akzentuierte[632], liegt nahe und wird des Öfteren gezogen.[633] Selbst die Bezeichnung seiner Person als „Wächter redivivus"[634] scheint nicht gänzlich aus der Luft gegriffen[635], da die Hauptschritte *Ehrenzweigs* denen *Wächters* gleichen. Letzterer fragt ebenfalls zunächst nach festen Regeln, die entweder kodifiziert sind oder sich aus Gewohnheitsrecht ergeben können.[636] Danach muss der Richter sein Sachrecht befragen, ob dieses eine Regelung zur Bestimmung des anwendbaren Rechts enthält[637] Findet er keine Antwort, wird das eigene Recht angewandt.[638]

Die Annahme *Ehrenzweigs*, man könne durch Auslegung des eigenen Sachrechts dessen Anwendungsbereich und den des ausländischen Rechts bestimmen, führt zu einem weiteren Vergleich; dem Vergleich mit der Statutentheo-

---

[630] *Ehrenzweig*, P.I.L. I, S. 101.

[631] *Ehrenzweig*, P.I.L. I, S. 101.

[632] *Wächter*, AcP 24 (1841), S. 261 ff.

[633] *Lipstein*, Principles, S. 30 ff.; *v. Bar/Mankowski*, IPR I, § 6 Rn. 89; *Heller*, Realität und Interesse, S. 79 f.; *Siehr*, Gedächtnisschrift Ehrenzweig, S. 131; *Ehrenzweig* zugute zu halten ist, dass er sich dieser Vergleichbarkeit bewusst war und *Wächter* in seinen Werken des Öfteren zitierte, bspw. *Ehrenzweig*, 58 Mich. L. Rev. (1959–1960), S. 659; *ders.*, Treatise, S. 322. An selbigen Stellen zählt *Ehrenzweig* auch *Savigny* zu seinen Vordenkern. Parallelen zu ihm sind indes in *Ehrenzweigs* Werk schwerer zu finden.

[634] *Lipstein*, Principles, S. 30.

[635] *Hessel*, Ehrenzweigs kollisionsrechtliche Regeln, S. 47 ff., ist demgegenüber der Ansicht, die verschiedenen philosophischen Hintergründe *Wächters* und *Ehrenzweigs* führten zu einer Relativierung ihrer Vergleichbarkeit. Da trotz des verschiedenen Hintergrunds *Ehrenzweig* dieselben rechtsfindungstechnischen Ergebnisse erreicht, die *Wächter* ein Jahrhundert früher propagierte, erscheint das Festhalten an der Bezeichnung des „Wächter redivivus" gerechtfertigt.

[636] *Wächter*, AcP 24 (1841), S. 236 ff.

[637] *Wächter*, AcP 24 (1841), S. 261 ff.; hierzu auch *Gebauer*, Der Fremde im IPR, in: Die Person im IPR (im Erscheinen), IV.; *Lipstein*, Principles, S. 31, sieht an dieser Stelle einen Unterschied, da *Ehrenzweig* diesem Schritt einen größeren Wert beimesse.

[638] *Wächter*, AcP 24 (1841), S. 265 ff.

rie.[639] Allerdings hinkt dieser Vergleich ein wenig, da *Ehrenzweig* in einem entscheidenden Punkt anders vorgeht als die Statutentheoretiker. Er legt nicht das jeweilige Sachrecht aus und versucht so den Anwendungsbereich zu bestimmen, wie es die Statutentheoretiker *teilweise*[640] unternahmen, sondern er versucht durch Auslegung der *lex fori* nicht nur den Anwendungsbereich des eigenen Rechts, sondern auch den des fremden Rechts festzulegen. *Ehrenzweig* will durch Auslegung der Sachnormen der *lex fori* so etwas wie eine allseitige Kollisionsnorm ermitteln. Zwar sei dies bei „statutes" schwierig, bei Normen aber, die sich durch eine gefestigte Rechtsprechung ergeben, lägen die „policies", die zu der Regel geführt haben, durch die Argumentation offener.[641] Daher könne man den Sachzwecken auch teilweise entnehmen, welchen Anknüpfungspunkt die *lex fori* favorisiert. Dieser Ansatz ist sicher nicht gänzlich funktionsunfähig. Gäbe es im deutschen Recht Art. 17b EGBGB nicht, welcher ursprünglich auf das „Gesetz zur Beendigung der Diskriminierung gleichgeschlechtlicher Gemeinschaften: Lebenspartnerschaften" vom 16.02.2001 zurückgeht, könnte aus ebendiesem Gesetz durchaus geschlossen werden, dass Diskriminierung bekämpft werden kann, wenn man an den Registerort anknüpft. Gleiches gilt nunmehr für die gleichgeschlechtliche Ehe. Man könnte ferner argumentieren, dass die deutsche erbrechtliche Kollisionsnorm an ein personales Kriterium anknüpfen muss, weil das Erbrecht im Sachrecht systematisch nicht als Teil des Sachenrechts geregelt ist, sondern in einem eigenen Buch des BGB.[642] Vor allem an letzterem Beispiel zeigt sich jedoch gut die Ambivalenz des *ehrenzweigschen* Modells und seine fehlende Entscheidungskraft. Aus der Systematik lässt sich vielleicht ein Argument für eine personale oder reale Anknüpfung ableiten, alleinentscheidend kann dieses Argument und können andere sachrechtliche Argumente nicht sein. Argumente von enormer praktischer Bedeutung wie die Frage nach der Durchsetzbarkeit einer Entscheidung könnten nie berücksichtigt werden. *Ehrenzweig* erkennt zumindest an, dass die Sachnormauslegung nicht in jedem Fall zum Erfolg führen kann. Daher greift er auch hilfsweise direkt auf die Sachnormen der *lex fori* zurück.

Bei aller Bevorzugung der *lex fori* durch *Ehrenzweig* ist eines zu beachten. Er legt großen Wert darauf, dass ein staatsübergreifender Rechtsstreit stets in einem „forum conveniens" geführt wird.[643] Prozessuales und Materielles wird durch diese Brücke verbunden. Die räumliche Gerechtigkeit wird somit nicht

---

[639] *Lipstein*, Principles, S. 31.

[640] Nach der hier vertretenen Ansicht (1. Kap. A.IV.).

[641] *Ehrenzweig*, I.P.L. I, S. 96.

[642] Auch *Ehrenzweig* meint aus der sachrechtlichen Norm des Staates New Jersey die Kollisionsnormen dieses Staates ableiten zu können (I.P.L. I, S. 98 f.).

[643] *Ehrenzweig*, I.P.L. I, S. 107 ff.; dazu *Lipstein*, Principles, S. 31 f.

nur durch Regeln des Internationalen Privatrechts, sondern auch durch das internationale Zivilverfahrensrecht verwirklicht: „lex propria in foro proprio".[644]

Abgesehen davon, für wie zielführend man die Rechtsfindung *Ehrenzweigs* hält, beruht sie bei aller Betonung der *lex fori* und aller Abgrenzung von bereits Dagewesenem dennoch auf Kollisionsnormen, die teilweise aufgrund von Hoheitsinteressen zu modifizieren sind bzw. durchbrochen werden. Für die „true rules" ist dies offensichtlich, aber auch die Auslegung der *lex fori* führt bei *Ehrenzweig* zu Kollisionsnormen. Die hilfsweise Anknüpfung an die *lex fori* ist in seinem System genau das, was sie vorgibt zu sein: eine Hilfskollisionsnorm. „Local data" sind wie gezeigt ebenfalls Kollisionsnormen, so sehr *Ehrenzweig* diese Einschätzung auch abgelehnt hätte. „Moral data" sind Ausdruck des Hoheitsinteresses, dass Vorstellungen von Sitte und Brauch nur nach dem Maßstab der *lex fori* zu berücksichtigen sind; dass Verträge unter Ungleichen nicht der „rule of validation" unterfallen ebenso. Hinzu kommt die Anwendung des *ordre public*-Gedankens.[645]

VI. Restatement Second on the Conflict of Laws

Das zweite[646] Restatement zum Kollisionsrecht, welches vom American Law Institute 1971 herausgegeben wurde, lenkt die Methodendiskussion wieder in für deutsche Juristen vertrautere Bahnen. Zwar tritt auch hier der Einfluss *Curries* an prominenter Stelle zu Tage, das Restatement als Ganzes folgt jedoch bekannteren Argumentationslinien.

1. § 6 als Kernnorm des Restatements

Dabei ist zunächst auf § 6 des Restatements einzugehen, dem „Dreh- und Angelpunkt" des Restatements.[647] Solange keine gesetzgeberische Regelung eines Einzelstaates existiert, soll sich das Gericht von folgenden relevanten Faktoren leiten lassen:

---

[644] *Ehrenzweig*, I.P.L. I, S. 107.

[645] S. oben 1. Kap. Fn. 625.

[646] Mittlerweile hat sich das American Law Institute entschlossen, das zweite Restatement durch ein drittes zu ersetzen. Arbeiten an diesem wurden bereits begonnen. Der Fortschritt ist auf der Website https://www.ali.org/projects/show/conflict-laws/ (zuletzt besucht am 31.08.2017) einsehbar. Der Sinn eines neuen Restatements ist umstritten (kritisch bereits *Juenger*, 75 Ind. L. J. (2000), S. 403 („How does one restate gibberish?")).

[647] *Hay/Borchers/Symeonides*, S. 64, sehen § 6 mit dem hier genutzten Ausdruck vergleichbar als einen „guide" an, der die Rechtsfindung nach dem Restatement an den allermeisten Stellen leitet.

(a) „The needs of the interstate and international systems,
(b) the relevant policies of the forum,
(c) the relevant policies of other interested states and the relative interests of those states in the determination of the particular issue,
(d) the protection of justified expectations,
(e) the basic policies underlying the particular field of law
(f) certainty, predictability and uniformity of result, and
(g) ease in the determination and application of the law to be applied."[648]

Obwohl diese Ausführungen zunächst so erscheinen, als konstituierten sie neben kollisionsnormtechnischen Erwägungen zu einem maßgeblichen Teil die Relevanz der „Governmental Interest Analysis", ist zu beachten, in welchem Kontext § 6 des Restatements auf die Rechtsfindung einwirkt. Er wird relevant, wenn das „Prinzip der engsten Verbindung" entscheidend sein soll.[649] Dies zeigt das Restatement eindeutig dadurch, dass es an vielen Stellen im Bereich der engsten Verbindung auf § 6 verweist, indem es folgende – oder eine ähnliche – Ausweichklausel aufstellt: Es soll das Recht angewandt werden, welches „with respect to that issue, has the most significant relationship to the occurrence and the parties under the principles stated in § 6."[650]

2. Das Prinzip der engsten Verbindung

Das Prinzip der engsten Verbindung ist nach dem Restatement zum einen eine durchgängige Ausweichklausel, welche Flexibilität in der Anwendung sichern soll und die meisten der „festen Anknüpfungsnormen" korrigieren kann.[651] Solche Kollisionsnormen setzen beispielsweise die *lex situs*-Regel in Bezug auf Verträge fest, die sich auf Immobilien beziehen.[652] Zum anderen wird die engste Verbindung dann relevant, wenn in einem Rechtsgebiet gar keine Kollisionsnormen vorgeschlagen wurden, sondern lediglich mögliche Kontaktpunkte angegeben oder gar keine Konkretisierungsvorschläge für die engste Verbindung vorgeschlagen werden.[653]

Da § 6 des Restatements Erklärung und Leitlinie „lediglich" zur Ermittlung der engsten Verbindung bieten soll[654], unterscheidet sich das methodische Vor-

---

[648] Restatement Second, Conflict of Laws, § 6.

[649] *Juenger*, Choice of Law and Multistate Justice, S. 106; *Kegel/Schurig*, § 3 XI.

[650] Restatement, Second, Conflicts of Laws, bspw. im Delikts- und Vertragsrecht §§ 145–150, 152–155, 175, 188–197. Indirekte Bedeutung hat § 6 aber auch in den meisten anderen Normen, da diese auf die Grundnormen, in welchen die Ausnahme enthalten ist, verweisen oder weil die Normen generell auf die engste Verbindung abstellen.

[651] *Hay/Borchers/Symeonides*, S. 64 f.

[652] Restatement Second, Conflict of Laws, § 189.

[653] *Hay/Borchers/Symeonides*, S. 67.

[654] *Juenger*, Choice of Law and Multistate Justice, S. 106.

gehen nicht übermäßig vom deutschen Verständnis.[655] Auch im deutschen bzw. europäischen Internationalen Privatrecht wird durch Kollisionsnormen zum größten Teil die engste Verbindung gesucht.[656] An einigen Stellen, besonders prominent in Art. 4 III Rom I-VO, sieht das in Deutschland geltende Recht ebenfalls eine Ausweichklausel vor, sofern die Normen, die eigentlich die engste Verbindung konkretisieren sollten, ihre Aufgabe im Einzelfall nicht erfüllen. An anderen Stellen vertraut das deutsche Recht deutlich stärker auf die Fähigkeit, abstrakt vorherzusagen, welche Rechtsordnung in bestimmten Fällen die engste Verbindung darstellt. Hier liegt dann sicher ein großer Unterschied zum Restatement, welches die Gerechtigkeit im Einzelfall höher bewertet und in den allermeisten Fällen die Möglichkeit des Ausweichens vorsieht.[657] Der prinzipiellen Vergleichbarkeit schadet dieser Unterschied jedoch nicht. Dabei handelt es sich jedoch auch nicht um den größten Unterschied. Dieser liegt in den Kriterien, nach welchen die engste Verbindung zu ermitteln ist. Das Restatement meint in § 6 offensichtlich, dass nicht nur das räumlich beste Recht die engste Verbindung darstellt, sondern auch die „Hoheitsinteressen" des Staates berücksichtigt werden müssen, indem es den *policies* der beteiligten Rechtsordnung eine Bedeutung zumisst.[658] Insofern mischt das Restatement bereits auf Ebene der Verweisung die materielle Gerechtigkeit ein und geht damit teilweise unilateralistisch vor.[659]

Geisler hat gegenüber einer solchen Methodik eingewendet, sie sei für das deutsche Recht bereits deswegen unmöglich, weil dann auf Ebene der Verweisung materiell-rechtliche Erwägungen im Vordergrund stünden.[660] Für sich kann diese Überlegung jedoch nicht überzeugen. Dass materiell-rechtliche Erwägungen nicht relevant sind, ist gerade zu beweisen und kann daher nicht gleichzeitig das entscheidende Argument darstellen. Tragender ist *Geislers* Verweis auf die Systematik des in Deutschland geltenden Internationalen Privatrechts.[661] Beispielsweise wird die Verweisung an sich auch bei Eingreifen des *ordre public* beachtet. Lediglich das gegen deutsche Wertvorstellungen verstoßende spezifische sachrechtliche Ergebnis wird korrigiert.[662] Das deutsche Verständnis vom Internationalen Privatrecht gibt somit vor, dass im Rahmen der

---

[655] Dies wird bereits in der Einleitung des Restatements Second, Conflict of Laws, deutlich, S. VII ff.
[656] Allgemein MüKo/*v. Hein*, Einl. IPR, Rn. 29 ff.
[657] *Hay/Borchers/Symeonides*, S. 64 f.
[658] Restatement Second, Conflict of Laws, § 6.
[659] *Hay/Borchers/Symeonides*, S. 65.
[660] *Geisler*, Engste Verbindung, S. 87.
[661] Zum relevanten Ort materiell-rechtlicher Interessen im geltenden Internationalen Privatrecht bereits 1. Kap. B.III.2.
[662] *Geisler*, Engste Verbindung, S. 87.

engsten Verbindung nicht Kriterien der materiellen, sondern der räumlichen Gerechtigkeit den Ausschlag geben. Soweit erkennbar, ist dies heute auch allgemeine Meinung.[663] Insbesondere ist der *BGH* der Ansicht, das Kollisionsrecht soll „der Verwirklichung der kollisionsrechtlichen Sachgerechtigkeit in dem Sinne dienen, daß Rechtsbeziehungen mit Auslandsberührung nach derjenigen materiellen Rechtsordnung beurteilt werden sollen, der sie nach der Fallgestaltung schwerpunktmäßig zugeordnet sind."[664]

Die maßgeblichen Unterschiede des Restatements zum deutschen und europäischen Internationalen Privatrecht bestehen mithin in der qualitativen Bedeutung und des Prüfungsstandorts der Hoheitsinteressen. Die Hoheitsinteressen kommen eindeutig auch auf Ebene der Verweisung in einer hervorgehobenen Stellung zum Einsatz. Im deutschen und europäischen Recht ist dies die Ausnahme.[665] Erklären lässt sich die Vorgehensweise des zweiten Restatements dennoch durch das vorgeschlagene Modell der Säulen, wobei im Restatement nur die ersten zwei Säulen, nicht die der wohlerworbenen Rechte, maßgebend sind.

VII. Schlussfolgerungen

Die Befassung mit den amerikanischen Kollisionsrechtstheorien führt den europäischen Betrachter auf methodische Art in eine andere Welt. Für gewiss gehaltene Wahrheiten wie der Glaube an allseitige Kollisionsnormen und die Annahme, dass neben einer materiellen Gerechtigkeit auch eine räumliche existiert, müssen überprüft werden. Ziel war jedoch nicht, die gefundenen Methoden zu bewerten, auch wenn eingestanden werden muss, dass nicht an jeder Stelle diese Maxime durchgehalten wurde. Vielmehr sollten verschiedene Wege der Rechtsfindung im Kollisionsrecht dargestellt werden und ermittelt werden, inwieweit sich diese Methoden in das hier vorgeschlagene kollisionsrechtliche Modell einfügen.

Die Untersuchungen haben gezeigt, dass ein wirklich revolutionärer Charakter lediglich der Lehre *Curries* zuzusprechen ist – unabhängig davon, ob man seine Ansichten begrüßt oder ablehnt. Er ist wohl der Erste seit Anerkennung der Möglichkeit zur Anwendung fremden Rechts, der in dem von ihm vorgesehenen Maße auf Kollisionsnormen verzichtet. Wo andere amerikanische Wissenschaftler das Gewicht mehr oder weniger zu den Hoheitsinteressen hin verschieben, setzt *Currie* nahezu ausschließlich auf sie.

---

[663] Statt aller (m. w. N.) MüKo/v. *Hein*, Einl. IPR, Rn. 29 ff., der allerdings die Formulierung vom „räumlich besten Recht" als teilweise irreführend kritisiert. Der Kernaussage des Begriffs stimmt er jedoch ausdrücklich zu. S. auch *Geisler*, Engste Verbindung, S. 86.

[664] BGHZ 75, S. 41.

[665] Die Ausnahmen sind die „hybriden" Normen des IPR, dazu 2. Kap. I.I.

Mit dieser Feststellung soll nicht die These vertreten werden, dass die Befassung mit anderen amerikanischen Strömungen sich nicht in gleichem Maße lohnte. Wenn sie auch eher im Rahmen des Bekannten bleiben, bringt ein jeder von ihnen besondere Aspekte – um ein Bild *Curries* zu benutzen[666] – „from the second to the front line" der kollisionsrechtlichen Methode. *Cook* versucht die Natur des anwendbaren Sachrechts zu bestimmen, *Cavers* bringt seine „principles of preference" ein, *Leflar* möchte die Beachtung des „besseren" Rechts mit einfließen lassen, *Ehrenzweig* entwickelt die Lehre von den „data" weiter und er rückt die Vorstellung in den Vordergrund, dass man aus den Sachnormen der *lex fori* Kollisionsnormen herleiten könne. Das Restatement Second versucht sämtliche Stränge zusammenzuführen. All diese Aspekte lohnen eine Befassung, auch wenn man nach gründlicher Überlegung zu dem Schluss kommen sollte, dass manche Aspekte in der Reserve der kollisionsrechtlichen Methode doch gut aufgehoben sind bzw. gar nicht auf dem Schlachtfeld der Kollisionen in Stellung gebracht werden sollten.

Festzuhalten bleibt schließlich, dass sich auch die Ansichten der Revolutionäre aus Amerika mit dem vertretenen Säulenmodell erklären lassen. Hinter aus all der Ablehnung gegen die bisherigen Ansätze entstandenen Theorien stecken bei näherer Betrachtung doch nur eine Mischung von Kollisionsnormen und der Beachtung von Hoheitsinteressen, auch wenn letztere und damit einhergehende Gedanken an die Anwendung des materiell besseren Rechts deutlich bestimmender sind.[667] Den Gedanken der wohlerworbenen Rechte als dritte Säule gebrauchen sie nicht – das lässt sich jedoch mit der sie einenden Ablehnung gegen *Beale* erklären, der die wohlerworbenen Rechte zum Grundstein der kollisionsrechtlichen Rechtsfindung machen wollte.

Somit mögen die amerikanischen Revolutionäre die Säulen aus Sicht des europäischen Kollisionsrechtlers anders definieren, sie mögen den Fokus in deutlich stärkerem Maße auf materiell-rechtliche Gesichtspunkte und damit auf die Säule der Hoheitsinteressen legen.[668] Sie nutzen auch ein anderes kollisionsrechtliches Vokabular. Dennoch stellen sie sich dieselben Fragen und sie bleiben allesamt innerhalb der drei Säulen. Selbst wenn *Leflar* die Anwendung des sachlich (und nicht räumlich) besseren Rechts zu einem selbstständigen Hoheitsinteresse erklärt, hebt er lediglich einen Umstand hervor, der bis dahin ein Schattendasein innerhalb verschiedener kollisionsrechtlicher Behelfe wie des *ordre public* geführt hatte. Dasselbe gilt wie gesehen für den „Radikalsten der

---

[666] *Currie*, Selected Essays, S. 88.
[667] Auch *M.-P. Weller*, IPRax 2011, S. 435, ist der Ansicht, dass Materialisierungstendenzen in „einigen" der amerikanischen Theorien zum Ausdruck kommen.
[668] *Mühl*, VersR 1973, S. 1093.

Radikalen": Currie. Selbst er definiert lediglich um und versetzt den Fokus – wenn auch einigermaßen radikal.

Die Ansicht, dass die amerikanischen Revolutionäre das anwendbare Recht auf ähnlichem Wege finden wie ihre europäischen evolutionären Gegenspieler, mag auf den ersten Blick überraschen, folgt aber daraus, dass sich das Internationale Privatrecht im Kern um die relativ einfache Frage nach dem auf einen Sachverhalt anwendbaren Recht dreht. Damit soll nicht gesagt werden, dass jedes kollisionsrechtliche Problem trivial ist. Das ist sicherlich nicht der Fall. Das Lösen von kollisionsrechtlichen Einzelfragen kann unendlich kompliziert sein. Die übergeordnete Frage bleibt aber dieselbe, gleichgültig, ob man auf dem amerikanischen oder dem europäischen Kontinent schreibt: Wie ist in einem Fall mit Auslandsbezug der Konflikt zwischen mehreren abweichenden Rechtsordnungen aufzulösen?

2. Kapitel

Das Säulenmodell im geltenden Recht[1]

Nachdem im ersten Kapitel rechtshistorische und -vergleichende Betrachtungen im Vordergrund standen, soll der Blick nun auf das geltende Recht gelenkt und die Bedeutung der hier sogenannten Säulen in diesem analysiert werden.

A. Die erste Säule: Kollisionsnormen

Erster Bestandteil des geltenden Kollisionsrechts sind Kollisionsnormen. Bei einem Sachverhalt mit Verbindungen zu verschiedenen Rechtsordnungen wird unter sie subsumiert, um die entscheidende Rechtsordnung zu ermitteln. Sie bestehen aus einem Anknüpfungsgegenstand, welcher mit einem Anknüpfungsmoment verbunden wird. Über diese Verbundenheit führt dann der Weg zum anwendbaren Sachrecht.

Entscheidend für die Charakterisierung als Kollisionsnorm sind die in dieser Kategorie wirkenden Interessen. Sie sind gekennzeichnet durch die Suche nach der räumlich „gerechtesten" Rechtsordnung und durch den Gedanken der Gleichwertigkeit einer jeden Rechtsordnung. Grundlegend für diese Säule sind damit die international-privatrechtlichen Interessen der Interessenlehre *Kegels*, die bereits dargestellt wurde.[2]

Kollisionsnormen sind allerdings nicht nur solche, die der Entscheidung über das anwendbare Recht objektive Kriterien zugrunde legen. Es sind darüber hinaus diejenigen, die subjektiv anknüpfen, mithin das anwendbare Recht vom Willen der Parteien abhängig machen.[3] Selbst wenn man die Rechtswahl als

---

[1] Zu anderen Modellen der Methodik des Internationalen Privatrechts oben Einleitung.B.

[2] Oben 1. Kap. B.III.1.

[3] MüKo/*Martiny*, Art. 3 Rom I-VO Rn. 8; für das Internationale Vertragsrecht auch EWG (11) zur Rom I-VO, der die Vertragsfreiheit als Eckstein des Systems der Kollisionsnormen beschreibt. Der Interpretation als Kollisionsnorm steht ferner nicht entgegen, dass die Parteiautonomie teilweise als verlängerter Arm der Privatautonomie angesehen und daher materiell-rechtlich gerechtfertigt wird (dazu bspw. *Kühne*, liber amicorum Kegel, S. 66 ff.). Selbst wenn man die Parteiautonomie als verlängerten Arm ansieht, bekommt sie durch die Verlagerung in das Kollisionsrecht einen anderen Charakter. Dies sieht man bereits an der

„Verlegenheitslösung" bezeichnet[4], was wohl angesichts ihrer heutigen Stellung und Bedeutung nicht mehr zeitgemäß sein dürfte[5], ist sie dennoch eine Kollisionsnorm. Die Rechtswahl folgt dem Gedanken der grundsätzlichen Gleichwertigkeit der Rechtsordnungen. Weil Rechtsordnungen als gleichwertig angesehen werden, ist im Grundsatz jede geeignet, den Fall zu entscheiden. Die Anknüpfung an den Parteiwillen folgt auch den international-privatrechtlichen Gerechtigkeitsinteressen der kollisionsrechtlichen Interessenlehre. Im Interesse der Parteien wird ihnen eröffnet, das *ihrer Meinung nach* räumlich beste Recht zu bestimmen.[6] Die Parteien und nicht eine vorgegebene Ordnung bestimmen somit, wo das Rechtsverhältnis seinen Sitz nehmen soll, auch wenn es mit dieser Rechtsordnung nicht am engsten oder sogar wenig bis gar nicht verbunden ist.[7] Selbst wenn aber die Möglichkeit der Rechtswahl eröffnet wird, kann sie nicht unbegrenzt wirken. Einschränkungen beispielsweise im Sinne des Art. 3 III, IV Rom I-VO werden dann für notwendig gehalten, wenn Hoheitsinteressen der *lex fori* oder einer anderen Rechtsordnung geschützt werden sollen.

B. Die zweite Säule: Hoheitsinteressen

Die zweite Säule des Systems folgt anderen Interessen als die der Kollisionsnormen. Die Säule der Hoheitsinteressen wird relevant, wenn ein Staat ein Interesse an einem bestimmten materiell-rechtlichen Ergebnis hat oder sachrechtliche Ziele auf kollisionsrechtlicher Ebene durchzusetzen versucht. Die erste Alternative ist das Gegengewicht zur räumlichen Gerechtigkeit. Da die räumliche und die sachrechtliche Gerechtigkeit bloße Facetten einer unteilbaren Gerechtigkeit sind[8], kann die räumliche Gerechtigkeit nicht in jeder Situation die

---

Möglichkeit, durch parteiautonome Gestaltung in einem Fall mit Auslandsberührung einfach zwingende Normen, die eine Grenze der Privatautonomie bilden, abzuwählen.

   [4] So *Kegel/Schurig*, IPR, § 18 I.c.(1).

   [5] Statt vieler BeckOGK/*Wendland*, Art. 3 Rom I-VO Rn. 20 m. w. N.; Rauscher/*v. Hein*, Art. 3 Rom I-VO Rn. 1.

   [6] Ebenso *Leible*, FS Jayme I, S. 487. Daraus, dass bei der Rechtswahl das räumlich beste Recht nicht objektiv bestimmt wird, sondern den Parteien überlassen wird, welches sie für das räumlich beste Recht halten, schließt *Michaels*, liber amicorum *Schurig*, S. 195, dass die Rechtswahl kein „normales" Anknüpfungsmoment sein könne. Wenn man die objektiven Anknüpfungsmomente als „normal" definiert, mag man dem wohl folgen. Zwingend ist die Betrachtung der Rechtswahl als nicht normales Anknüpfungsmoment jedoch nicht. Darüber hinaus sind auch „unnormale" Anknüpfungsmomente Anknüpfungsmomente.

   [7] Zur Unterscheidung zwischen dem Sitz des Rechtsverhältnisses und der engsten Verbindung unten 2. Kap. E. und F. Dafür, dass die Rechtswahl nicht unbedingt die engste Verbindung bestimmt s. bspw. *Geisler*, Engste Verbindung, S. 80.

   [8] *Kegel/Schurig*, IPR, § 2 I.

ausschlaggebende Kraft hinter der kollisionsrechtlichen Entscheidung sein. Ihre Ergebnisse werden „kontrolliert" durch Institute wie die Eingriffsnormen und durch den *ordre public*.

Die zweite Alternative, also sachrechtliche Ziele auf kollisionsrechtlicher Ebene durchzusetzen, erschließt sich dadurch, dass der Gesetzgeber nicht immer ein bestimmtes materiell-rechtliches Ergebnis vor Augen hat, wenn er Hoheitsinteressen durchsetzt. Teilweise ist ihm das konkrete Ergebnis gleichgültig, aber die Auswahl des anwendbaren Rechts soll bestimmten materiell-rechtlichen Wertungen folgen. Bewusst wurde diese Ebene der Gerechtigkeit in vollem Maße im Spanier-Beschluss des *BVerfG*.[9] In ihm hielt das *BVerfG* fest, dass sich auch das Internationale Privatrecht sowie das von ihm berufene fremde Recht an den Grundrechten messen lassen muss. *In casu* führte dies zwar zur Verfassungswidrigkeit der Anwendung des damals scheidungsfeindlichen spanischen Rechts, mithin zur Korrektur der Verweisung aufgrund eines bestimmten Ergebnisses.[10] Die Grundaussage war aber eine allgemeinere: Materiell-rechtliche Wertungen müssen in manchen Fällen auch auf Ebene der Kollisionsnormen berücksichtigt werden.

Im geltenden Recht kommt diese zweite Alternative größtenteils in „hybriden Normen"[11] zum Ausdruck, also Normen, in denen sich Gesichtspunkte der verschiedenen Säulen vermengen. So wird in Art. 6 I Rom I-VO an das „Heimatrecht" des Verbrauchers angeknüpft, weil er im vertraglichen Verhältnis zum Unternehmer von der Rechtsordnung als die schwächere Partei eingeschätzt wird und daher die Rechtsordnung angewandt werden soll, in welcher er sozialisiert ist und in welcher er sich vermutlicher Weise am besten auskennt.[12] Ob das materiell-rechtliche Ergebnis des Rechts seines gewöhnlichen Aufenthalts für ihn günstig ist, ist irrelevant. Wertungsgesichtspunkte der materiellen Rechtsordnungen können somit ein kollisionsrechtliches Eigenleben entwickeln und die Ziele der Rechtsordnung, wie hier den Verbraucherschutz, mit ihren eigenen Mitteln durchsetzen.

Die Wirkungsweise von Hoheitsinteressen soll im Folgenden an Beispielen exemplifiziert werden.

---

[9] *BVerfG* NJW 1971, S. 1509 ff.

[10] Zu beachten ist allerdings, dass Grundrechte nicht immer auf Ebene der Hoheitsinteressen in das Kollisionsrecht eingreifen müssen. So hat das *BVerfG* die frühere Anknüpfung an das Heimatrecht des Mannes in weiten Teilen des Familienrechts für verfassungswidrig erklärt (bspw. *BVerfG* NJW 1983, S. 1968; *BVerfG*, NJW 1985, S. 1282). Dabei folgte zwar die Verfassungswidrigkeit der bestehenden Kollisionsnormen aus der „Sachnorm" des Art. 3 GG. Die dafür neu eingeführten Kollisionsnormen überwanden jedoch lediglich die Diskriminierung, sie nahmen keine Gesichtspunkte der Hoheitsinteressen oder der materiellen Gerechtigkeit in sich auf.

[11] Dazu sogleich unter 2. Kap. I.I.

[12] Art. 6 I Rom I-VO.

I. Ordre public

Das offensichtlichste Einfallstor materiell-rechtlicher Gerechtigkeitserwägungen bildet der *ordre public*.[13] Es ist das größte und nötigste Gegengewicht zum Gedanken der räumlichen Gerechtigkeit. Würde es den *ordre public*-Vorbehalt nicht geben, wäre die amerikanische Kritik an der europäischen Tradition berechtigt, dass sie – überspitzt formuliert – in einem kosmopolitischen Wahn den wichtigsten Leitgedanken des Rechts, das Erzeugen von Gerechtigkeit, außer Acht lässt.[14] Durch den Vorbehalt der Wahrung öffentlicher Ordnung trägt dieses Argument nicht. Vielmehr wird durch den Vorbehalt im Speziellen und die Hoheitsinteressen im Allgemeinen sichergestellt, dass nie ein Ergebnis erreicht wird, welches in einer zu groben Weise gegen die materiell-rechtlichen Gerechtigkeitserwägungen verstößt. Räumliche und sachliche Gerechtigkeitserwägungen werden somit in Relation gestellt.[15] Das räumlich gerechte Ergebnis kann lediglich dann eine gerechte Lösung des Einzelfalls darstellen, wenn es materiell-rechtliche Interessen zumindest aufwiegt. Ansonsten wird der Gedanke der räumlichen Gerechtigkeit nicht akzeptiert und es setzen sich die materiell-rechtlichen Erwägungen der *lex fori* durch, am prominentesten über das Vehikel des *ordre public*. Auf diese Weise erlangt das deutsche und europäische Kollisionsrecht „the best of both worlds" und ignoriert nicht eine Art der Gerechtigkeit zugunsten einer anderen, wie es insbesondere der „Governmental Interest Analysis" vorzuwerfen ist.[16]

II. Eingriffsnormen

Ein zweites Einfallstor der Hoheitsinteressen wird gestürmt, wenn im Interesse eines materiell-rechtlichen Ergebnisses „Eingriffsnormen" gesondert angeknüpft werden.[17] Auch in diesen Fällen muss die kollisionsrechtliche Gerechtig-

---

[13] Für Durchsetzung materieller Gerechtigkeit durch den *ordre public* auch *Schurig*, Kollisionsnorm und Sachrecht, S. 251 f., wenn auch auf S. 252 mit einem Rückbezug auf die international-privatrechtliche Gerechtigkeit. Zudem ist der *ordre public* für *Schurig* methodisch eine Kollisionsnorm (S. 253).

[14] Plastisch hat dies *Cavers* beschrieben. Die Anknüpfungspunkte des herkömmlichen IPR seien nicht mehr als eine Münze, die „when inserted in the doctrinal slot machine, produces the appropriate jursidiction" (43 Harv. L. Rev. (1933), S. 191).

[15] Ähnlich, aber mit wohl deutlich größerem Schwerpunkt auf die kollisionsrechtliche Gerechtigkeit *Kegel*, FS Beitzke, S. 572.

[16] S.o. 1. Kap. E.II.4.

[17] Insoweit ähnlich *Wendehorst*, in: Paradigmen im internationalen Recht, S. 44 (vgl. allgemeiner zum System *Wendehorsts* Einl.B.).Einen Ansatzpunkt der Zuordnung der Lehre von den Eingriffsnormen zur Säule der Hoheitsinteressen findet sich bereits bei *Savigny*, der von seinen „streng zwingenden Normen", welche den Gedanken der Eingriffsnormen umfas-

keit der materiellen weichen, da Eingriffsnormen solche sind, deren Einhaltung nach der Definition des Art. 9 Rom I-VO entscheidend für die Wahrung des öffentlichen Interesse eines Staates sind.[18] Das materiell-rechtliche Ergebnis der Sachnorm soll auch gegenüber dem durch Kollisionsnormen gefundenen Recht Anwendung finden.

Geregelt sind Eingriffsnormen unter anderem in Art. 9 Rom I-VO und Art. 16 Rom II-VO. Eingriffsnormen haben jedoch auch außerhalb des Schuldrechts einen Anwendungsbereich. Der Gedanke der Eingriffsnormen setzt sich überdies nicht nur dann durch, wenn der Gesetzgeber eine Norm als eine Regelung von Eingriffsnormen deklariert. So dient beispielsweise der Gedanke des das Gesamtstatut brechenden Einzelstatuts, zumindest in seinem Kernbereich, der Durchsetzung von Eingriffsnormen.[19]

III. Anpassung

Auch im Rahmen der Anpassung[20] wird das im Interesse der räumlichen Gerechtigkeit gefundene Ergebnis korrigiert. Ergebnisse sollen nicht durchgesetzt werden, die aufgrund der systematisch nach Anknüpfungsgegenständen trennenden Kollisionsnorm gefunden werden, die aber in keinem Sachrecht der beteiligten Staaten als gerechtes Sachergebnis empfunden werden. Daher wird das ursprünglich gefundene Ergebnis durch nachträgliche, entweder auf sachrechtlicher oder kollisionsrechtlicher Ebene[21] ansetzende Manipulation korrigiert.

IV. Rechtswahlbeschränkungen

Der Durchsetzung von Hoheitsinteressen dienen ferner in Teilen die Beschränkungen der freien Rechtswahl.[22] Selbstverständlich ist dies nach dem bereits Gesagten für die Begrenzungen durch Eingriffsnormen und den *ordre public*. Dasselbe gilt jedoch ebenfalls für die Beschränkungen in reinen Inlandssachverhalten (bspw. Art. 3 III Rom I-VO) und Binnensachverhalten (Art. 3 IV Rom I-VO), sowie im Fall des Schutzes als schwächer eingeschätzter Vertragspartner

---

sen (dazu oben 1. Kap. D.3.), sagt, sie sollen Staatsinteressen fördern (*Savigny*, System VIII, S. 307); für Durchsetzung von Hoheitsinteressen, wenn auch in anderer Diktion, bei Anwenden von Eingriffsnormen wohl auch *Trüten*, Entwicklung des IPR in der EU, S. 26; *Schurig*, RabelsZ 54 (1990), S. 233; *v. Bar/Mankowski*, IPR I, § 4 Rn. 91.

[18] Ähnlich auch EWG (37) Rom I-VO/EWG (32) Rom II-VO (Eingriffsnormen (und *ordre public*) dienen öffentlichem Interesse).

[19] Dazu unten 2. Kap. I.III.

[20] Grundlegend *Lewald*, Règles générales, S. 139 ff.

[21] Zu dem Streit über die richtige Lösung s. *v. Bar/Mankowski*, IPR I, § 7 Rn. 249 ff.

[22] Ähnlich *Wendehorst*, in: Paradigmen im internationalen Recht, S. 48 f.

(bspw. Art. 6 II Rom I-VO).[23] Auch in diesen Fällen sollen die materiellen Wertungen der *lex fori* bzw. des europäischen Rechts nicht unterlaufen werden können. Sie sollen gegenüber den Parteien durchgesetzt werden, selbst wenn die Parteien dies einverständlich nicht möchten. Die den Parteien als räumlich am besten geeignete Rechtsordnung wird nicht angewandt, weil sich sachliche Erwägungen durchsetzen.

Wird keine freie Rechtswahl erlaubt, sondern lediglich verschiedene Rechtsordnungen, welche objektiv eine enge Verbindung aufweisen, zur Wahl gestellt (s. bspw. Art. 15 II EGBGB), liegt grundsätzlich keine Beschränkung zur Durchsetzung von Hoheitsinteressen vor. Vielmehr handelt es sich in diesem Fall um eine Modifikation der Kollisionsnormen selbst, weil lediglich die zur Auswahl gestellten Rechtsordnungen nach der Ansicht des Gesetzgebers eine räumlich hinreichend enge Beziehung zu dem zugrunde liegenden Sachverhalt haben. Anders verhält es sich, wenn der Gesetzgeber mit der Beschränkung verhindern möchte, dass eine Seite durch weitergehende Rechtswahlmöglichkeiten übervorteilt wird. Dann sind wiederum Hoheitsinteressen am Werk. Selbstverständlich ist auch hier wieder eine Kombination aus beiden Ansätzen möglich.

C. Die dritte Säule: Wohlerworbene Rechte

Blickt man auf die nunmehr fast ein Jahrtausend währende Befassung mit den Problemen des Internationalen Privatrechts zurück, führte der Gedanke der wohlerworbenen Rechte für die allergrößte Zeit ein Schattendasein. Wie gezeigt[24] konnte er auf dem europäischen Kontinent nie wirklich Fuß fassen, insbesondere nicht nach der ein wenig herablassenden, vierzeiligen Abkanzlung durch *Savigny*, in welcher er lediglich einen Hauptgedanken der eingängigen Kritik *Wächters* übernahm.[25] In den USA konnte sie sich aufgrund der Bedeutung eines gewichtigen Fürsprechers, *Beale*, größeres Gehör verschaffen und prägte für eine gewisse Zeit Theorie und Praxis des Internationalen Privatrechts. Alsbald wurde sie jedoch auch in den USA Zielscheibe massiver Kritik.

---

[23] Für materiell-rechtliche Interessen bei Rechtswahlbeschränkungen für als schwächer eingeschätzte Parteien *Symeonides*, FS Juenger, S. 138; die Vergleichbarkeit zwischen den Rechtswahlbeschränkungen und dem *ordre public* bzw. den Eingriffsnormen sieht – mit Einschränkungen – auch *Michaels*, liber amicorum Schurig, S. 199 ff.; a. A. für reine Inlandssachverhalte *Kühne*, liber amicorum Kegel, S. 73, andere Beschränkungen haben allerdings auch wohl nach *Kühne* materiell-rechtliche Natur (S. 82); a. A. ebenfalls, auch im Hinblick auf Art. 6 II Rom I-VO *Leible*, FS Jayme, S. 492.

[24] Dazu oben 1. Kap. C.

[25] Dazu bereits oben 1. Kap. C.VIII.2.

Besonders durch die Kritik *Cooks* wurde nach der Aussage *Curries*, einem allerdings sehr befangenen Beobachter, die amerikanische Ausprägung der wohlerworbenen Rechte, die „vested rights-theory", „as thoroughly discredited as the intellect of one man can ever discredit the intellectual product of another".[26]

Diese historischen Tatsachen hinderten den *EuGH* nicht, der Theorie der wohlerworbenen Rechte in neuem Gewand einen bedeutenden Platz im europäischen Methodenkanon des Internationalen Privatrechts einzuräumen. Wie bereits erörtert[27], stellt die Rechtslagenanerkennung eine moderne Ausprägung des Gedankens der wohlerworbenen Rechte dar. Auch bei der Rechtslagenanerkennung wird nicht die durch Kollisionsnormen ermittelte objektive Rechtsordnung zum Ausgangspunkt genommen, sondern die subjektiven Rechte bzw. Rechtslagen eines Individuums.

Die durch die Rechtslagenanerkennung neu gefundene Bedeutung der wohlerworbenen Rechte kann jedoch nicht dahingehend verstanden werden, dass wohlerworbenen Rechten vor der Europäisierung des Rechts keinerlei Stellenwert zukam. Ein Schattendasein zu führen bedeutet auch, dass der Gedanke der wohlerworbenen Rechte nie gänzlich verschwand. Dies sicherlich zurecht, liegt ihm doch durchaus eine valide Annahme zu Grunde: Erworbene Rechte Einzelner sollen nicht durch Grenzübertritt obsolet werden. Die Theorie der wohlerworbenen Rechte versucht, dies zu verhindern. Dabei ist aber festzuhalten, dass auch ein prägendes Ideal allseitiger Kollisionsnormen, der internationale Entscheidungseinklang, genau dies zu gewährleisten sucht, allerdings von einem anderen dogmatischen Ausgangspunkt aus.

Im Internationalen Sachenrecht kommt dem Schutz subjektiver Rechte besondere Bedeutung zu. In früheren Zeiten wurde dies teilweise zu verwirklichen versucht, indem man bei beweglichen Sachen zwar an die Belegenheit anknüpfte, gemäß dem Satz *mobilia personam sequuntur* jedoch annahm, dass die Sachen am Wohnort des Eigentümers belegen sind.[28] Nachdem sich jedoch das wirkliche Belegenheitsrecht auch für bewegliche Sachen durchgesetzt hatte, kam es bei jedem Grenzübertritt der Sache zu einem Statutenwechsel. Um den Untergang privater Rechte durch diesen Grenzübertritt zu verhindern, wurde die Lehre vom Statutenwechsel entwickelt, welcher, zumindest in der Fallgruppe der abgeschlossenen Tatbestände, der Gedanke der wohlerworbenen Rechte zugrunde liegt.[29] Die Fallgruppe des abgeschlossenen Tatbestands sagt nichts

---

[26] *Currie*, Selected Essays, S. 6.

[27] Oben 1. Kap. C.I.2.

[28] Dazu bspw. *v. Bar/Mankowski*, IPR I, § 6 Rn. 19; der Gedanke findet sich auch bei *d'Argentré* (*Meili*, Argentraeus und Molinaeus, ZIR 5 (1895), S. 378 f.).

[29] Für das Bedürfnis zum Schutz wohlerworbener Rechte beim Statutenwechsel bspw. MüKo/*Wendehorst*, Art. 43 EGBGB, Rn. 120; BeckOGK/*Prütting*, Art. 43 EGBGB Rn. 118;

weiter, als dass ein wohlerworbenes Recht in einem Staat erworben wurde, welches durch Verbringen der Sache in einen anderen Staat nicht wieder vernichtet werden kann. Dass dieser Gedanke durch den Gedanken des *ordre public* oder der Transpositionslehre, sollte man ihr folgen, begrenzt wird, schadet dem nicht. Wie bereits herausgearbeitet wurde[30], kann die Säule der Hoheitsinteressen auch den Gedanken der wohlerworbenen Rechte begrenzen.

Der Gedanke der wohlerworbenen Rechte kann im Internationalen Sachenrecht auch deswegen überzeugen, weil er in Verbindung mit der Kollisionsnorm *lex rei sitae* und somit nicht gänzlich freischwebend verwendet wird. Indem zunächst die Ausgangsrechtsordnung durch eine Kollisionsnorm ermittelt wird, entgeht der in einem zweiten Schritt verwendete Gedanke der wohlerworbenen Rechte dem Vorwurf eines Zirkelschlusses. In diesem Fall ist nämlich – wie im Intertemporalen Recht[31] – eindeutig, nach welcher Rechtsordnung das Recht wohlerworben sein muss.

Da der Gedanke der wohlerworbenen Rechte im Ausnahmefall überdies durch die Säule der Hoheitsinteressen wirksam begrenzt werden kann (im internationalen Sachenrecht beispielsweise zur Zurückweisung einer Rechtsordnung gänzlich unbekannter Rechtsinstitute), stehen der seiner Verwendung an dieser Stelle auch nicht die von *Wächter* geäußerten[32] Souveränitätsbedenken entgegen.[33] Darüber hinaus erhält im Rahmen des Internationalen Sachenrechts der Gedanke der wohlerworbenen Rechte durch die Europäisierung neuen Schwung. Er wird durch den AEUV, insbesondere durch die Warenverkehrsfreiheit, spürbar verstärkt. Das Ausmaß dieser Verstärkung wurde an anderer Stelle[34] bereits ausführlich behandelt.

Die getroffenen Aussagen über den Statutenwechsel im Internationalen Sachenrecht können im Übrigen verallgemeinert werden. In jedem Fall, in dem man einen Statutenwechsel bei „abgeschlossenen Tatbeständen" ignoriert und ein wohlerworbenes Recht schützt, tritt die dritte Säule zu Tage.[35] In solchen Fällen wird nicht dem Zuweisungsgehalt der Kollisionsnormen gefolgt. Vielmehr wer-

---

v. Caemmerer, FS Zepos, S. 30; *Siehr,* IPR, § 38 II.2 (S. 271); *Wichser,* Begriff des wohlerworbenen Rechts, S. 131 ff., 198 f.

[30]　Oben 1. Kap. D.2.

[31]　Zu wohlerworbenen Rechten im Intertemporalen Privatrecht s. 1. Kap. C.I.1.

[32]　Dazu oben 1. Kap. C.VIII.3.

[33]　Dazu bereits *Berner,* in: Perspektiven einer europäischen Privatrechtswissenschaft, S. 365 ff.

[34]　*Berner,* in: Perspektiven einer europäischen Privatrechtswissenschaft, S. 335 ff.

[35]　Einen Zusammenhang zwischen wohlerworbener Rechte und abgeschlossenen Tatbeständen bei Statutenwechseln sehen bspw. auch: MüKo/*v. Hein,* Einl. IPR, Rn. 82; für die Teilberücksichtigung bei offenen Tatbeständen sprechen *v. Hoffmann/Thorn,* IPR, § 5 Rn. 104, auch von dem Schutz wohlerworbener Rechte.

den diese ignoriert, um den subjektiven Rechtspositionen des Einzelnen Geltung verschaffen zu können. Die subjektiven Positionen werden somit in Fällen des abgeschlossenen Tatbestands im Grundsatz höher bewertet als die ordnenden Kollisionsnormen. In anderen Worten: Die dritte siegt über die erste Säule.

Der Schutz wohlerworbener Rechte beim Statutenwechsel ist in Teilen sogar Gesetz geworden. So ist Art. 7 II EGBGB keine Kollisionsnorm im dem hier vertretenen, engeren Sinne[36], sondern ist Kodifikation des Gedankens der wohlerworbenen Rechte (*semel maior, semper maior*).[37]

Abzugrenzen ist der Gedanke der wohlerworbenen Rechte im Folgenden noch vom „Herkunftslandprinzip". Zudem muss die Frage erörtert werden, ob das BVerfG dem Gedanken in seiner Entscheidung zur Witwenrente einen weiteren Ansatzpunkt im geltenden Recht gegeben hat.

I. Herkunftslandprinzip im Internationalen Privatrecht

Ein eigenes primärrechtlich fundiertes, kollisionsrechtliches Institut „Herkunftslandprinzip" existiert im geltenden Internationalen Privatrecht nicht.[38] Es wird auch nicht benötigt. Ersteres ergibt sich aus der Entscheidung *eDate/Martinez*.[39] In dieser hatte sich der *EuGH* mit der zuvor vieldiskutierten[40] Frage zu befassen, ob Art. 3 I der *eCommerce*-Richtlinie eine Kollisionsnorm im Sinne des Herkunftslandprinzips zu entnehmen ist. Der Gerichtshof verneinte dies.[41] Damit klärte er jedoch nicht nur, dass die *eCommerce*-Richtlinie kein „Herkunftslandprinzip" enthält. Vielmehr ist *v. Hein* dahingehend zuzustimmen, dass da-

---

[36] A.A. bspw. *Kegel/Schurig*, IPR, § 17 I.1.c. und 2.c.; Staudinger/*Hausmann*, Art. 7 EGBGB Rn. 103.

[37] Für wohlerworbene Rechte (wenngleich nicht daraus folgend, dass es sich um keine „Kollisionsnorm" in dem hier vertretenen Sinne handelt) BeckOK/*Mäsch*, Art. 7 EGBGB Rn. 45; jurisPK/*Ludwig*, Art. 7 EGBGB Rn. 32; NK/*Schulze*, Art. 7 EGBGB Rn. 29.

[38] MüKo/*v. Hein*, Art. 3 EGBGB Rn. 83; *Klinke*, liber amicorum Schurig, S. 111; NK/*Freitag*, Art. 3 EGBGB Rn. 54; gegen ein kollisionsrechtliches Herkunftslandprinzip auch bereits *Gebauer*, IPRax 1995, S. 155 f.; gegen ein Herkunftslandprinzip auf primärrechtlicher, aber für ein Herkunftslandprinzip auf sekundärrechtlicher Ebene *Leible*, in: Neue Entwicklungen in der Dienstleistungs- und Warenverkehrsfreiheit, S. 71 ff., allerdings noch vor der EuGH-Entscheidung *eDate/Martinez*, nach welcher der *eCommerce*-Richtlinie, die *Leible* als Beispiel nutzt, kein Herkunftslandprinzip zu entnehmen ist; a. A. (Herkunftslandprinzip auf Primärrechtsebene) *Trüten*, Entwicklung des IPR in der EU, S. 495, der diese Annahme auf die Entscheidungen des *EuGH* zum Internationalen Gesellschaftsrecht sowie *Grunkin Paul* stützt.

[39] *EuGH* NJW 2012, S. 137 ff.

[40] Zum Streitstand m. w. N. MüKo/*Martiny*, § 3 TMG Rn. 24 ff.; vertieft auch *Thünken*, Kollisionsrechtliches Herkunftslandprinzip, S. 62 ff.

[41] *EuGH* NJW 2012, 140 f.

mit ebenfalls im Bereich des Internationalen Privatrechts kein primärrechtliches Herkunftslandprinzip bestehen kann.[42] Würde ein solches existieren, wäre es auf das sekundärrechtliche Herkunftslandprinzip nicht mehr angekommen.[43] Da der *EuGH* es jedoch gar nicht erst in Erwägung zog, darf dies wohl als Klärung durch Schweigen aufgefasst werden.

Das fehlende Bedürfnis nach einem Herkunftslandprinzip ergibt sich daraus, dass alle real existierenden methodischen Lösungen, welche dem Herkunftslandprinzip von manchen Autoren zugeordnet werden, sich auch ohne das Herkunftslandprinzip mit der hier getroffenen Unterteilung erklären lassen. Wenn aus dem Herkunftslandprinzip Kollisionsnormen hergeleitet werden sollen[44], können die dem Herkunftslandprinzip zugrunde liegenden Wertungen (bspw. Schutz des Dienstleisters, Kostensenkung[45]) durchaus im Rahmen der Kollisionsnorm oder auch bei Einzelfragen Berücksichtigung finden. Sie haben bloß keinen zwingenden Charakter, sondern müssen sich im Kampf der Argumente, gegebenenfalls mit der Unterstützung anderer, bewähren. Wo dem Herkunftslandprinzip nach wieder anderen Autoren Funktionen der Rechtslagenanerkennung zukommen soll[46], ist es besser, den schillernden Begriff des Herkunftslandprinzips zu verwerfen und die Komponenten der wohlerworbenen Rechte ohne den Begriff des „Herkunftslandprinzips" der dritten Säule zuzuordnen. Beispiel hierfür steht das Internationale Gesellschaftsrecht. Ist eine im Erststaat gegründete Gesellschaft in allen Mitgliedstaaten als rechtsfähig zu behandeln, wird der Gesellschaft als juristische Person oder wahlweise den hinter der Gesellschaft stehenden Personen ein wohlerworbenes Recht zugewiesen, welches dann in anderen Mitgliedstaaten zu beachten ist. Zur Klärung dieses Phänomens ist das Herkunftslandprinzip nicht nur nicht von Nöten, der Gedanke der wohlerworbenen Rechte erklärt die Vorgehensweise zudem genauer und weniger schillernd.[47]

---

[42] MüKo/*v. Hein*, Art. 3 EGBGB Rn. 83; gegen ein primärrechtliches Herkunftslandprinzip m.w.N. bereits *Thünken*, Kollisionsrechtliches Herkunftslandprinzip, S. 96 ff.

[43] MüKo/*v. Hein*, Art. 3 EGBGB Rn. 83.

[44] Bspw. *Thünken*, Kollisionsrechtliches Herkunftslandprinzip, S. 23 ff.; *Coester-Waltjen*, FS Jayme, S. 122; *Basedow*, RabelsZ 59 (1995), S. 13; *Röthel*, JZ 2003, S. 1030.

[45] Dazu bspw. *Thünken*, Kollisionsrechtliches Herkunftslandprinzip, S. 42 f.

[46] *Drasch*, Herkunftslandprinzip im IPR, S. 206; so wohl auch *Mankowski* und *Roth* (*Stürner/M.-P. Weller*, IPRax 2006, S. 348); für verwandt hält beide Institute *Michaels*, FS Kropholler, S. 163; eine Vermischung beider Rechtsinstitute sehen *Jayme/Kohler*, IPRax 2004, S. 483.

[47] Für die Erklärung der Rechtsprechung des *EuGH* zum Internationalen Gesellschaftsrecht wie hier mit „Anerkennung" MüKo/*v. Hein*, Art. 3 EGBGB Rn. 111; BeckOGK/*Schulze*, Art. 3 EGBGB Rn. 33 f.; NK/*Freitag*, Art. 3 EGBGB Rn. 55.

II. Der Witwenrentenbeschluss

Anders als beim Herkunftslandprinzip handelt es sich bei der Rechtsfindung, die dem „Witwenrentenbeschluss" des *BVerfG* zugrunde liegt, um Rechtsfindung nach dem Gedanken wohlerworbener Rechte.[48]

Beschlusssachverhalt war der folgende[49]: Eine Deutsche und ein Engländer schlossen 1947 in Deutschland vor einem englischen Geistlichen die Ehe. Nach dem englischen Heimatrecht des Mannes war die Eheschließung vor einem solchen Geistlichen wirksam, nach deutscher Auffassung hätte die Eheschließung vor dem Standesamt erfolgen müssen. Die „Ehegatten" siedelten daraufhin nach England über, wo auch die deutsche Ehegattin die englische Staatsbürgerschaft annahm. Später kamen beide nach Deutschland zurück, wo der Mann in die Rentenversicherung einzahlte. Nach dem Tod des Mannes verweigerte jedoch ebendiese Rentenversicherung mit der Begründung, die „Ehegatten" hätten nie eine wirksame Ehe geschlossen, die Zahlung. Dieses Ergebnis sah das *BVerfG* als verfassungswidrig an.

Dabei knüpft der Gedankengang des *BVerfG* nach seinen Worten sicher nicht an wohlerworbene Rechte an. Primär handelt es sich bei den vom *BVerfG* gemachten Ausführungen nicht einmal um kollisionsrechtliche Erwägungen. Sie beziehen sich vielmehr auf die Auslegung einer Sachnorm, dem § 1264 RVO (a. F.). Diese musste nach dem *BVerfG* im Lichte des Art. 6 I GG in der Weise verfassungskonform ausgelegt werden, dass sie nicht nur eine nach der deutschen Rechtsordnung wirksame Ehe erfasst, sondern auch hinkende Ehen, die nach einer der Heimatrechtsordnungen wirksam geschlossen sind.[50] Versteht man das Problem als eines der Sachnormauslegung[51], müsste sich das *BVerfG* in einem zweiten Schritt jedoch wohl die „Vorfrage" stellen, ob eine hinkende Ehe in dem Sinne besteht, dass die Ehe nach einem der Heimatrechte der beiden Verlobten wirksam geschlossen worden ist. Damit würde es eine neue Kollisionsnorm bilden, nach der es die Vorfrage hinsichtlich der Wirksamkeit der Ehe nach einer der beteiligten Rechtsordnungen anknüpft.[52]

---

[48] In diese Richtung auch schon *Nordmeier*, IPRax 2012, S. 34 f.

[49] *BVerfG* NJW 1983, S. 511.

[50] *BVerfG* NJW 1983, S. 512. Das *BVerfG* lässt allerdings offen, ob jede hinkende Ehe einbezogen werden kann oder ob an dieser Stelle Grenzen zu setzen sind (beispielsweise für den Fall, dass die nach ausländischem Recht wirksame Ehe in Deutschland wegen eines Verstoßes gegen den *ordre public* nicht anerkannt wird).

[51] So *Kegel/Schurig*, IPR, § 9 II.2.d; *v. Bar/Mankowski*, IPR I, § 4 Rn. 47.

[52] A. A. (für eine gänzlich sachrechtliche Fragestellung (mit Berücksichtigung eines Auslandssachverhalts)) *Kegel/Schurig*, IPR, § 9 II.2.d. Anders auch *v. Bar/Mankowski*, IPR I, § 4 Rn. 47, nach denen sich das *BVerfG* „ausdrücklich" nur zu § 1264 RVO äußert. Gegen diese Ansicht spricht aber der wiederholte Verweis auf das Heimatrecht der Verlobten, was zum

Eine andere dogmatische Erklärung scheint jedoch treffender.[53] Die sachrechtlichen Erwägungen sollten nicht als dogmatischer Weg, sondern als Umsetzung des durch Art. 6 I GG geforderten Ergebnisses verstanden werden. Blendet man bei der Analyse der Rechtsfindung Art. 6 I GG aus, verschließt man sich den eigentlich streitentscheidenden Erwägungen. Gerade weil die „Ehe" der Beteiligten dem Schutz des Art. 6 I GG unterstellt wird, muss das einfache Recht diesem Schutz Rechnung tragen. Es muss die „hinkende" Ehe als genügend ansehen. In dem entschiedenen Fall liegt ein eindeutiger Schwerpunkt auf subjektiven Rechten. Weil die Ehe nach englischem Recht wirksam war und die Parteien im Vertrauen und in der Gewissheit, Ehegatten zu sein, ihr Leben lebten, ist es nicht gerechtfertigt, der Ehe aufgrund einer nach deutschem Recht erforderlichen Formalie die Wirksamkeit zu versagen.[54] Dass das *BVerfG* die *Umsetzung* des kollisionsrechtlich durch den Schutz wohlerworbener Rechte geforderten Ergebnisses auf sachrechtlicher Ebene sucht, schadet nicht. Auch der deutsche Gesetzgeber hat in Art. 48 EGBGB das durch die Rechtslagenanerkennung im Internationalen Namensrecht erforderliche Ergebnis durch Zugestehen einer sachrechtlichen Rechtswahl[55] umgesetzt. Die sachrechtliche *Gewährleistung* eines kollisionsrechtlich geforderten *Ergebnisses* führt nicht dazu, dass der kollisionsrechtlichen Komponente keine Bedeutung zukommt. Sie ist vielmehr, wenn auch im Hintergrund, treibende Kraft.

Gegen die Theorie der Beachtung wohlerworbener Rechte könnte jedoch sprechen, dass im selben Moment, in dem das englische Recht diese „Rechtslage" schafft, das deutsche Recht sich gegen die Schaffung dieser „Rechtslage" entscheidet. Die Durchsetzung des positiven Bescheids des fremden Rechts gegenüber dem negativen der *lex fori* erscheint merkwürdig. Allerdings spricht dies nicht entscheidend gegen die dritte Säule, da dieser Widerspruch, diese Merkwürdigkeit in vielen Fällen der wohlerworbenen Rechte auftritt, offensichtlich auch in jedem Fall einer hinkenden Ehe. Konzeptionell kann sich dieses Argument nicht durchsetzen, weil bei der Durchsetzung der wohlerworbe-

---

Ausdruck bringt, dass es tatsächlich nur die nach einem der Heimatrechte gültigen Ehen berücksichtigt.

[53] Auf die anderen vorgeschlagenen kollisionsrechtlichen Lösungsmöglichkeiten wie die Heilung durch Statutenwechsel, die Bejahung eines englischem Recht unterliegenden Unterhaltsanspruchs, der an die Stelle des deutschen Rechts tritt, oder die unselbstständigen Anknüpfung der Vorfrage (zu diesen Möglichkeiten bspw. *v. Bar*, NJW 1983, S. 1931; *Müller-Freienfels*, Sozialversicherungs-, Familien- und Internationalprivatrecht und das Bundesverfassungsgericht, S. 33 ff.) wird hier nicht näher eingegangen, da ihnen im Beschluss des *BVerfG* keine Bedeutung zukommt.

[54] Ähnlich, weil mit Betonung auf Vertrauensschutz und damit auf subjektiven Elementen *Müller-Freienfels*, JZ 1983, S. 230 ff.

[55] MüKo/*Lipp*, Art. 48 EGBGB Rn. 2.

nen Rechte den staatlichen Kollisionsnormen generell keine Bedeutung zukommen kann. Sie sind eben in diesen Fällen nicht Ansatzpunkt der Rechtsfindung. Sie müssen sich den subjektiven Rechten unterordnen. Diese Unterordnung kommt im Witwenrentenbeschluss zum Vorschein.

D. Ziele des Säulenmodells im geltenden Recht

I. Beschreibung des geltenden Rechts

Mit dem dargestellten Säulenmodell soll zunächst eine Beschreibung des geltenden Rechts versucht werden. Dies erscheint deshalb erforderlich, weil die Säulen zwei (Hoheitsinteressen) und drei (Wohlerworbene Rechte) einen immer stärkeren Einfluss auf die Rechtsfindung ausüben und daher das traditionelle Verständnis des Internationalen Privatrechts als maßgeblich von Kollisionsnormen geprägtes, „neutrales" Verweisungsrecht den Methodenpluralismus[56] des geltenden Rechts nicht länger exakt abbildet.

II. Systematisierung des geltenden Rechts

Das geltende Recht soll mit Hilfe des Säulenmodels nicht nur beschrieben, es soll gleichzeitig systematisiert werden. Durch die Einordnung der verschiedenen Regeln und Rechtsinstitute unter die Säulen werden die tragenden Grundgedanken dieser Regeln und Rechtsinstitute sichtbar gemacht und für die Falllösung herausgearbeitet.

III. Weiterentwicklung der Interessenanalyse

Die Weiterentwicklung der *kegelschen* Interessenanalyse ist ein weiteres Ziel des Säulenmodells.[57] Im Zuge des Erstarkens der Hoheitsinteressen[58] und des Gedankens der wohlerworbenen Rechte sind auch deren zugrundeliegenden Interessen, das Interesse an materiell-rechtlichen Entscheidungen[59] und an dem

---

[56] Für Vertreter eines Methodenpluralismus im geltenden Recht s. o. Einleitung.B.
[57] Zu anderen Versuchen und deren Verhältnis zu der hier vorgebrachten Ansicht s. oben 1. Kap. B.III.2.
[58] Dazu auch bereits *Joerges*, Funktionswandel, S. 152.
[59] Eine „Materialisierung" des Kollisionsrechts erkennen auch bspw. *Roth*, in: Europäische Kollisionsrechtsvereinheitlichung, S. 32; *M.-P. Weller*, Vom Staat zum Menschen – Die Methodentrias des IPR unserer Zeit, 2017 (bspw. B.III.) (im Erscheinen); *ders.*, IPRax 2011, S. 433 ff., insb. S. 435 f.; *Kühne*, liber amicorum Schurig, S. 138 ff.; *Lehmann*, FS Spellenberg, S. 256; MüKo/*v. Hein*, Einl. IPR, Rn. 41; *Coester*, IPRax 2013, S. 115.

Schutz subjektiver Rechte, erstarkt. Dies bedeutet aber, dass auch die Analyse *Kegels* das geltende Recht nicht mehr insgesamt widerspiegelt. Die durch ihn herausgearbeiteten Kerninteressen (Partei-, Verkehrs- und Ordnungsinteressen) sind weiter Kerninteressen, jedoch nicht für das Kollisionsrecht insgesamt, sondern für die Säule der Kollisionsnormen. Die von ihm als Ausnahme dargestellten Interessen der materiell-privatrechtlichen Gerechtigkeit und Staatsmacht liegen der Säule der Hoheitsinteressen zugrunde, fungieren jedoch nicht mehr lediglich als qualitative Ausnahme[60], sondern stehen als eigene Säule gleichberechtigt neben den Interessen, die den Kollisionsnormen zugrunde liegen. Im Übrigen werden sie nicht mehr nur durch das Institut des *ordre public* durchgesetzt, sondern darüber hinaus beispielsweise über Eingriffsnormen und im Rahmen hybrider[61] Normen.

Ferner kommt dem Interesse an dem Schutz subjektiver Rechte bzw. von Rechtslagen im Rahmen der wohlerworbenen Rechte eine Bedeutung zu, die *Kegel* nicht vorhersehen konnte. Er sah in dem Schutz wohlerworbener Rechte lediglich einen Gedanken, den er dem äußeren Entscheidungseinklang zuordnete, nicht jedoch ein selbstständiges Rechtsinstitut.[62]

Die Interessenanalyse muss daher erweitert werden. Die traditionellen Interessen werden ergänzt und müssen in manchen Fragen neuen Ideen der Rechtsfindung weichen. Sie sind jedoch nicht überholt und haben weiterhin große Bedeutung im Rahmen der ersten Säule des Kollisionsrechts.

IV. Anhaltspunkte zur Lösung von Einzelfragen

Das Säulenmodell kann sicher nicht jede Einzelfrage entscheiden. Oftmals stellen sich die Probleme des Internationalen Privatrechts aber im Spannungsfeld zwischen den Säulen. Materiell-rechtliche und kollisionsnormgeprägte Interessen streiten darüber, welche Gesichtspunkte im spezifischen Fall durchschlagen. Im Hintergrund muss in vielen Fällen das gefundene Ergebnis durch das europäische Primärrecht kontrolliert werden, weil das europäische Primärrecht eventuell das über Kollisionsnormen gefundene Ergebnis verhindert, sollte das Ergebnis ungerechtfertigt in erworbene Rechte eingreifen.

Das oftmals bestehende Spannungsfeld zwischen zwei oder drei Säulen kann besser gesehen und aufgelöst werden, hält man sich das Säulenmodell bei der Bearbeitung vor Augen. Man fragt sich stets, welche Säule in dem zu entscheidenden Fall einschlägig ist. Dadurch übersieht man weniger Rechtsinstitute wie

---

[60] Obgleich sie quantitativ eine Ausnahme bilden mögen.
[61] Dazu unten 2. Kap. I.1.
[62] *Kegel*, FS Lewald, S. 277.

den *ordre public* oder Eingriffsnormen und man wird immer des Einflusses des europäischen Primärrechts gewahr. Durch das Säulenmodell wird dem Rechtsanwender bewusst, dass sein zunächst eingeschlagener Weg nicht der endgültige sein muss und er sich der Nichteinschlägigkeit anderer Lösungsmöglichkeiten vergewissern muss.

E. Der Sitz des Rechtsverhältnisses als Ausgangspunkt

Mit dem traditionellen kontinentaleuropäischen Ansatz der Erklärung von Kollisionsrecht als „eindimensional", also als ein Recht von Kollisionsnormen, ist wohl kein Bild stärker verknüpft, als das Bild vom „Sitz des Rechtsverhältnisses".[63] Ist also mit einer Abkehr von dem „eindimensionalen" Ansatz auch die Abkehr von diesem *savignysch* geprägten Bild verbunden?

Das muss nicht sein. Das Bild des Sitzes ist auch in dem System der „Mehrdimensionalität" immer Leitmotiv und Ziel.[64] Durch das Bild des Sitzes lässt sich beispielsweise veranschaulichen, warum die Rechtslagenanerkennung teilweise die Kollisionsnormen verdrängt. Verdeutlicht werden soll dies hier an der *EuGH*–Entscheidung *Grunkin-Paul*.[65] Ihr lag folgender Sachverhalt zugrunde: Die beiden miteinander verheirateten deutschen Staatsangehörigen *Grunkin* und *Paul* hatten sich für ihren Sohn *Leonard Matthias* auf den Doppelnamen *Grunkin-Paul* geeinigt. Zunächst ließen die in Dänemark wohnhaften Eltern den Doppelnamen ihres Sohnes in das dänische Geburtsregister eintragen. Nach dänischem Kollisionsrecht war dänisches Recht anwendbar; und nach dänischem Sachrecht darf ein Kind einen Doppelnamen führen. Problematisch wurde der Fall allerdings, als die Eltern den Doppelnamen ihres Kindes auch in Deutschland ins Geburtsregister eintragen lassen wollten. Der deutsche Standesbeamte legte deutsches Kollisionsrecht zugrunde und kam aufgrund des Staatsangehörigkeitsprinzips im deutschen Internationalen Namensrecht zur Anwendung deutschen Sachrechts. Dieses verbietet es aber, seinem Kind einen Doppelnamen zu geben.[66] Der Standesbeamte kam aus seiner Sicht deshalb

---

[63] *Savigny*, System VIII, bspw. S. 108. vgl. allerdings auch *Wächter*, der in seinem Werk ebenfalls das Bild vom Sitz benutzte, AcP 25 (1842), S. 47 und 185. Man darf es aber wohl dennoch als „savignysches" Bild bezeichnen, da er es in den Mittelpunkt stellte und allein durch *Savignys* Prägung dieses Bild Einzug in die kollisionsrechtliche Bildersprache gehalten hat.

[64] A. A. *Lehmann*, FS Spellenberg, S. 247 ff., 256; auch *M.-P. Weller*, IPRax 2011, S. 429, meint, dass im Rahmen der Rom I-VO und der Rom II-VO (wohl aufgrund der Materialisierung) der Sitz des Rechtsverhältnisses nur noch eingeschränkt gesucht wird.

[65] *EuGH* EuZW 2008, S. 694.

[66] §§ 1616, 1617, 1355 BGB.

folgerichtig zu dem Ergebnis, den Doppelnamen nicht einzutragen, was zu dem für das Kind sehr beeinträchtigenden Ergebnis führte, dass es mit Übertreten der Landesgrenzen einen anderen Namen hatte. Dies wertete der *EuGH* als Verstoß gegen die Grundfreiheit der Freizügigkeit aus Art. 18 EG (heute Art. 21 AEUV) und verlangte, dass der Doppelname von *Leonard Matthias* in Deutschland anerkannt werde.[67] Der deutsche Staat hat also die in Dänemark geschaffene Rechtslage anzuerkennen, unabhängig davon, welches Recht nach seiner Auffassung eigentlich anwendbar wäre. Um den Erfordernissen der Rechtslagenanerkennung gerecht zu werden, hat der deutsche Gesetzgeber mit Art. 47, 48 EGBGB Sachnormen geschaffen, die Konflikte der deutschen Rechtsordnung mit den Grundsätzen der wohlerworbenen Rechte auflösen sollen.

Heißt das gerade Gesagte nicht aber, dass auch das Prinzip der Suche nach dem Sitz des Rechtsverhältnisses hier ausgehebelt wird? Nach herkömmlichem deutschen Verständnis hat das Rechtsverhältnis seinen Sitz nicht in Dänemark, sondern in Deutschland, da der Namensträger deutscher Staatsangehöriger ist.

Dieses Verständnis muss in Frage gestellt werden. Das Rechtsverhältnis nimmt nämlich in diesem Fall – aufgrund des europäischen Primärrechts auch aus deutscher Sicht in zulässiger Weise – durch die Registrierung im dänischen Geburtenregister seinen Sitz in Dänemark. Damit kann durch Kollisionsnormen kein abweichender Sitz mehr bestimmt werden. Bildlich gesprochen hat sich das Rechtsverhältnis bereits „niedergelassen" und seinen Sitz auf Dauer dort genommen.[68]

Durch dieses Bild lässt sich die Rechtslagenanerkennung nicht nur verständlich erklären, sie lässt sich auch in das Kollisionsrecht einfügen. Die Anerkennung wohlerworbener Rechte ist zwar im Verhältnis zur *Kollisionsnorm* ein Fremdkörper, sie ist es aber nicht im Verhältnis zum *Kollisionsrecht*.

Das Bild schafft aber nicht nur die Erklärung, es kann auch Grenzen visualisieren. Das Rechtsverhältnis kann sich seinen Sitz nämlich nur dann in dem Ursprungsstaat nehmen, wenn die Gesamtrechtsordnung des Forumsstaates es auch zulässt. Die Anerkennung wohlerworbener Rechte ist in jedem Fall von einer hoheitlichen Anordnung abhängig. Diese kann zwar auf vielfältige Art und Weise erfolgen, einer Anordnung bedarf es aber in jedem Fall, damit sich das Rechtsverhältnis im Ursprungsstaat niederlassen kann.

Allerdings darf nicht in Vergessenheit geraten, was bereits *Savigny* wusste und was er eindeutig gesagt hat. Das Bild vom Sitz des Rechtsverhältnisses ist eben genau das: ein Bild. Es ist kein materieller Grundsatz, sondern ein formel-

---

[67] *EuGH* EuZW 2008, S. 694, Rn. 39.

[68] Auch *Ballarin/Ubertazzi*, Yearbook of Priv. Int. L. 85 (2004), S. 124 ff., insb. S. 125, halten die Rechtslagenanerkennung als Ausdruck der Suche nach dem Sitz des Rechtsverhältnisses.

ler.[69] Es ist Leitmotiv und beschreibt nicht die genaue Ausgestaltung des Weges. Dieses Leitmotiv muss mit juristischen Erwägungen unterfüttert werden, um zu einem juristischen Ergebnis zu gelangen.

Zweitens muss man den Begriff des „Rechtsverhältnisses" klären, um das Bild sinnvoll nutzen zu können. Dabei ist die wohl bereits durch *Savigny* stillschweigend vorgenommene Unterscheidung zwischen dem Gesamt- und dem Teilrechtsverhältnis von Bedeutung.[70] Bei Betrachtung von Fällen, in denen beispielsweise Vorfragen oder Eingriffsnormen eine Bedeutung zukommt, wird deutlich, dass im Internationalen Privatrecht nicht der Sitz eines Gesamtrechtsverhältnisses gesucht werden kann, welches den Lebenssachverhalt als Gegenstand eines möglichen Gerichtsverfahrens bildet.[71] In einem komplexen international-privatrechtlichen Fall gibt es mithin nicht einen „Sitz", sondern mehrere. Dies erkannte auch *Savigny*.[72] An dieser Stelle lässt sich ebenso etwas von den amerikanischen Revolutionären lernen, von denen berichtet wurde. Einer ihrer Kritikpunkte gegen das erste Restatement war, dass dieses einen komplexen Sachverhalt einer einzigen Rechtsordnung zuordnen wollte. Die Revolutionäre wollten vielmehr für jede einzelne Rechtsfrage das anwendbare Recht ermitteln.[73] Dieses Verständnis von der Aufgabe des Internationalen Privatrechts sollte man bewusst[74] übernehmen. Gedanklich ist für jedes einzelne Rechtsproblem das anwendbare Recht zu suchen, der Sitz dieses so verstandenen (Teil-)Rechtsverhältnisses zu lokalisieren. Das bedeutet jedoch nicht, dass damit der methodische Ausgangspunkt bei den dieses Problem regelnden Normen genommen werden muss. Zwar wird das Rechtsverhältnis durch *Savigny* als die „Beziehung zwischen Person und Person, [die] durch eine Rechtregel bestimmt [ist]"[75] definiert. Wenn man daher davon ausgeht, dass der Sitz eines solch definierten Rechtsverhältnisses gesucht werden muss, könnte man annehmen,

---

[69] *Savigny*, System VIII, S. 12; *Neuhaus*, RabelsZ 15 (1949/50), S. 373; *Bucher*, Grundfragen der Anknüpfungsgerechtigkeit, S. 14 (auf den S. 18 ff. gibt *Bucher* die Ansicht wieder, die eine materielle Komponente dieses Grundsatzes annimmt, und setzt sich mit ihr kritisch auseinander).

[70] *Reuter*, Das Rechtsverhältnis im internationalen Privatrecht bei Savigny (C.II.3.; C.III.3.) (im Erscheinen).

[71] *Reuter*, Das Rechtsverhältnis im internationalen Privatrecht bei Savigny (C.II.3.) (im Erscheinen).

[72] *Reuter*, Das Rechtsverhältnis im internationalen Privatrecht bei Savigny (D.) (im Erscheinen).

[73] Dazu bspw. *Mühl*, Lehre vom besseren Recht, S. 28.

[74] Durch die Aufspaltung der komplexen Fälle maßgeblich durch Rechtsinstitute des Allgemeinen Teils des Internationalen Privatrechts ist das Verständnis wohl unbewusst bereits maßgebend.

[75] *Savigny*, System I, S. 333.

dass der Lebenssachverhalt lediglich dem Auffinden der Normen der *lex fori* dient, welche dann den eigentlich bestimmenden Gegenstand des kollisionsrechtlichen Prozesses bilden.[76] Anders als im Sachrecht kann man sich jedoch das „formelle" Element[77] des Rechtsverhältnisses nicht nur als eine bestimmte Rechtsregel der *lex fori* denken, sondern als ein bestimmtes rechtliches Problem als Gegenstand einer Rechtsregel. Das formelle Element wird so von einer bestimmten Regelung zu einer potentiellen Regelung. Dadurch passt man das Verständnis vom „Rechtsverhältnis" den Besonderheiten des Internationalen Privatrechts an. Zudem erscheint bei diesem Verständnis die Qualifikation fremder Rechtsinstitute nicht mehr als Zirkelschluss.[78] Methodisch sollte man also das materielle Rechtsproblem, welches den Gegenstand der Sachnormen bildet, von diesen Sachnormen abstrahieren und für dieses abstrakte Rechtsproblem mithilfe des in dem gegebenen Fall einschlägigen methodischen Hilfsmittels das anwendbare Recht ermitteln.

Der gedankliche Übergang zum Teilrechtsverhältnis bzw. zum einzelnen Rechtsproblem bedeutet ferner nicht eine rechtspolitische Unzufriedenheit mit den im deutschen und europäischen Recht bestimmenden Kollisionsnormen mit ihrem weiten Anwendungsbereich. Viele der einzelnen Rechtsfragen lassen sich horizontal zu einer einzigen, weiten Kollisionsnorm bündeln.[79] Man muss sich allerdings bewusst sein, dass aus diesem Bündel in bestimmten Fällen nicht alle Fragen beantwortet werden können. So muss bei einer einschlägigen Eingriffsnorm die eigentlich durch die gebündelte Einzelkollisionsnorm gefundene Sachnorm für dieses Teilrechtsverhältnis der Eingriffsnorm weichen.

Zuletzt ist noch eine Abgrenzung von, eine Bemerkung zur und eine Ausnahme von der Lehre *Savignys* notwendig. Abgrenzung ist insoweit erforderlich, als man *Savigny* wohl so verstehen muss, dass er die Gesetze von streng positiver Natur und die Nichtanerkennung fremder Rechtsinstitute als Ausnahme von seinem formellen Grundsatz ansieht.[80] Sucht man jedoch nicht lediglich den räumlichen, sondern den juristischen Sitz, ist der Ausschluss der Gedanken von *ordre public* und Eingriffsnormen in Bezug auf Teilrechtsverhältnisse nicht zwingend. Der Sitz des Rechtsverhältnisses wird eben nicht lediglich durch die

---

[76] *Reuter*, Das Rechtsverhältnis im internationalen Privatrecht bei Savigny (C.IV.1.) (im Erscheinen).

[77] *Savigny*, System I, S. 333.

[78] So *Reuter*, Das Rechtsverhältnis im internationalen Privatrecht bei Savigny (C.IV.1.) (im Erscheinen).

[79] Zum Bündelungsmodell und seinem Verhältnis gegenüber dem hier propagierten Säulenmodells 2. Kap. G.

[80] Dazu bereits oben 1. Kap. D.3.; so auch *Geisler*, Engste Verbindung, S. 49; *Neuhaus*, RabelsZ 15 (1949/50), S. 369, 380.

räumlichen Gesichtspunkte bestimmt, sondern teilweise auch durch die moralischen bzw. sittlichen, welche nach *Savigny* seinen Ausnahmen zugrunde liegen. Somit bestimmen bezüglich einzelner Teilrechtsverhältnisse in gewissen Fällen auch materielle Interessen (Hoheitsinteressen) die Rechtsfindung. Dabei kann man aber ferner davon ausgehen, dass man den Sitz des (Teil-)Rechtsverhältnisses sucht. Im Falle der Anwendung des *ordre public* führen dann die moralischen oder sittlichen Gesichtspunkte dazu, dass der Sitz des Rechtsverhältnisses im Land der *lex fori* liegt; dies aus dem Grund, weil die *lex fori* über ebendiese Gesichtspunkte entscheidet.

Die Bemerkung betrifft die Frage, ob das Zulassen einer Rechtswahl mit der Suche nach dem Sitz des Rechtsverhältnisses vereinbar ist. Dies wird bezweifelt.[81] Dabei lassen sich bei *Savigny* selbst Anzeichen einer Rechtswahl erkennen, auch wenn er sowohl einen eigenständigen Rechtswahlvertrag ablehnt, als auch den Begriff „Autonomie".[82] Im Vertragsrecht will er jedoch zu Teilen an den Erfüllungsort anknüpfen[83] und diesen primär durch ausdrückliche oder stillschweigende Parteiübereinkunft festlegen.[84] Wenn also bereits *Savigny* Gesichtspunkte der Parteiautonomie zur Suche nach dem Sitz fruchtbar machte, spricht vieles dafür, sie auch heute nicht als *aliud* anzusehen. Dies ergibt ferner rechtstheoretisch einen Sinn. Das Bild vom Sitz des Rechtsverhältnisses verhindert nicht die Annahme, dass die Parteien sich in manchen Fällen selbst aussuchen können, wo sich das zwischen ihnen bestehende Rechtsverhältnis „niederlässt".

Eine die Regel bestätigende Ausnahme von der Ermittlung des Sitzes des Rechtsverhältnisses muss man wohl in der Lehre vom *renvoi* sehen. Bei dieser *Savigny* noch nicht bekannten Lehre des Internationalen Privatrechts wird zwar zunächst der Sitz des Rechtsverhältnisses nach dem Kollisionsrecht des Forumstaats gesucht. Dieser gefundene Sitz wird dann aber dadurch relativiert, dass die *lex fori* die Kollisionsnormen der *lex causae* befragt, wo diese den Sitz des Rechtsverhältnisses verorten. Für beide Teilfragen herrscht somit die Suche nach dem Sitz des Rechtsverhältnisses, für die Gesamtfrage wird aber wohl

---

[81] *Lehmann*, FS Spellenberg, S. 247.

[82] *Savigny*, System VIII, S. 111 ff.; dazu auch *Lehmann*, FS Spellenberg, S. 247.

[83] An diesem ist nach *Savigny* der Sitz des Rechtsverhältnisses (in Teilen) zu verorten, *Savigny*, System VIII, S. 208.

[84] *Savigny*, System VIII, S. 210 ff., 251. Das Zitat der Regeln über den Gerichtsstand ergibt sich in diesem Zusammenhang daraus, dass *Savigny* den Gerichtsstand und das örtliche Recht im Obligationenrecht als eng verknüpft ansah und daher den im Rahmen des Gerichtsstand getroffenen Ausführungen zur Wahl des Erfüllungsorts auch im Rahmen des anwendbaren Rechts Bedeutung zukommt. Zum Parteiwillen bei *Savigny* auch *Hök*, ZfBR 2006, S. 744.

durch die Forumsgerichte nicht ermittelt, wo der Sitz des Rechtsverhältnisses nach ihrem Verständnis liegen müsste.

So präzisiert erhält das Bild vom Sitz des Rechtsverhältnisses auch in dem hier vorgestellten System tragende Bedeutung.

F. Die engste Verbindung

Für das Prinzip der engsten Verbindung lässt sich dasselbe nicht sagen.[85] Die engste Verbindung ist anders als das Bild vom Sitz des Rechtsverhältnisses kein Leitmotiv. Es stellt vielmehr ein, wenn auch ein sehr weites, Anknüpfungsmoment dar. Dies zeigen nicht zuletzt Art. 4 III, IV Rom I-VO und Art. 4 III Rom-II VO. Es ist mithin kein formeller Grundsatz, sondern ein materieller, innerhalb welchem nach europäischem Verständnis[86] die räumlich engste Verbindung gesucht wird.[87] Ein solcher Grundsatz kann jedoch lediglich innerhalb der Säule der Kollisionsnormen Geltung beanspruchen.[88] Die räumlich engste Verbindung wird durch die im Rahmen der ersten Säule maßgebenden kollisionsrechtlichen Interessen gefunden. Häufig ist daher der Gedanke der räumlich engsten Verbindung derjenige, der (reinen) Kollisionsnormen zugrunde liegt. Die engste Verbindung wird jedoch nicht gesucht, wenn ein fremdes Recht wegen Verstoßes gegen den nationalen *ordre public* zurückgewiesen wird. Genauso wenig geht es bei dem Schutz wohlerworbener Rechte um die Suche nach der engsten Verbindung. Vielmehr ist Leitgedanke dort der Schutz subjektiver Rechte oder Rechtslagen. Selbst im Rahmen der Säule der Kollisionsnormen ist die engste Verbindung nicht unumstrittener Leitgedanke. Die Anknüpfung an

---

[85] In der Sache ebenso *Geisler*, Engste Verbindung, S. 71 ff.; a. A. *Lehmann*, FS Spellenberg, S. 253; MüKo/*v. Hein*, Einl. IPR, Rn. 19 (nach *Lehmann* und *v. Hein* ist die engste Verbindung einfach die heutige Übersetzung des „Sitzes des Rechtsverhältnisses"); wie im Folgenden gezeigt wird, steht auch nicht unbedingt dasselbe kollisionsrechtliche Prinzip hinter beiden Gedanken, insoweit a. A. *Geisler*, Engste Verbindung, S. 51.

[86] Innerhalb des zweiten Restatements werden bei der „most significant relationship" beispielsweise auch die materiellen „policies" eines Staates beachtet (s. o. 1. Kap. E.Vi.2.).

[87] BeckOGK/*Köhler*, Art. 4 Rom I-VO, Rn. 199; im Kern auch MüKo/*v. Hein*, Einl. IPR, Rn. 29; *Kropholler*, IPR, § 4 II.1., weist auf einen weiteren Unterschied hin: Das Prinzip der engsten Verbindung betrachtet die Umstände des Einzelfalles, während das Bild vom Sitz des Rechtsverhältnisses nur auf die abstrakte Natur des Rechtsverhältnisses abstellt; im schweizerischen Recht wurde oftmals eine „Generalausweichklausel" gefordert, worin auch der *ordre public* aufging (s. bspw. *Vischer*, ZSR 112 (1971 II), S. 77 (Fn. 63).

[88] Allerdings hat auch innerhalb dieser Säule der Gedanke keinen universellen Anspruch. So können die Parteien über Art. 3 Rom I-VO ein Recht wählen, welchem keine enge Verbindung zu dem zugrunde liegenden vertraglichen Verhältnis zukommt (*Geisler*, Engste Verbindung, S. 80).

eine Rechtswahl sucht diese Verbindung nicht. Die Parteien werden vor allem im Schuldvertragsrecht nicht gezwungen, eine eng verbundene Rechtsordnung zu wählen, sie können die Rechtsordnung ihrer Wahl bestimmen.

Die engste Verbindung ist somit einer der tragenden Gedanken der ersten Säule, nicht jedoch des gesamten kollisionsrechtlichen Systems.[89]

G. Verhältnis zum Bündelungsmodell

Das „Bündelungsmodell" ist *Schurigs* schlüssige Erklärung der Struktur und der Funktionsweise von Kollisionsnormen.[90] Jede Kollisionsnorm besteht aus sogenannten Elementkollisionsnormen. Diese ordnen einem Sachverhalt eine Sachnorm zu. In allseitigen Kollisionsnormen werden dann diese Elementkollisionsnormen vertikal und horizontal gebündelt. Vertikal in dem Sinne, dass inhaltlich zusammengehörige Elementkollisionsnormen zu einer Kollisionsnorm zusammengefasst werden. Beispielsweise werden alle die Intestaterbfolge betreffenden Elementkollisionsnormen zu einer Kollisionsnorm zusammengefasst, die diesen dann ein Anknüpfungsmoment (gewöhnlicher Aufenthalt, Staatsangehörigkeit, …) zuordnet. Horizontale Bündelung bedeutet, dass in einer Kollisionsnorm die Verweisungen auf die für diesen Sachkomplex bezogene Sachnormen aller Länder enthalten sind.

Für die Säule der Hoheitsinteressen bildet das Bündelungsmodell eine gute Erklärung dafür, wieso sie anders als diejenige der Kollisionsnormen zu behandeln ist. Dies soll zunächst am Beispiel der Eingriffsnormen veranschaulicht werden. Gravierendster Unterschied der Eingriffsnormen zur Säule der Kollisionsnormen ist der methodische Umschwung hin zum Unilateralismus.[91] Bei der Frage nach der Anwendbarkeit einer Eingriffsnorm ist zu ermitteln, ob der Staat seine Norm durchsetzen will. Anders gewendet: Zu ermitteln ist, inwiefern ein Staat ein Hoheitsinteresse an der Anwendung der betreffenden Norm hat. Dies kann man zwar damit beschreiben, dass in dem Fall, in dem der Staat dies möchte und das Gericht diesem Wunsch entspricht, eine eigene einseitige „Kollisionsnorm" aufgestellt wird.[92] Man sollte jedoch nicht behaupten, dass

---

[89] In der Sache ebenso wohl MüKo/*v. Hein*, Einl. IPR, Rn. 34 (Materiell-rechtliche Erwägungen durchbrechen den Grundsatz der engsten Verbindung).

[90] Grundlegend *Schurig*, Kollisionsnorm und Sachrecht, S. 89 ff.; vgl. auch *Kegel/Schurig*, § 6 II 2; *v. Bar/Mankowski*, IPR I, § 4 Rn. 5 f.; *Leifeld*, Anerkennungsprinzip, S. 8 ff.

[91] *Junker*, Internationales Arbeitsrecht im Konzern, S. 288 f.; *Schurig*, Kollisionsnorm und Sachrecht, S. 197, 323 (auf den S. 325 ff. meint *Schurig* jedoch, dass dies nicht sein muss und dass man die Lehre von der Sonderanknüpfung auch multilateralistisch aufbauen könnte).

[92] So *Mankowski*, liber amicorum Schurig, S. 165 f.

dies aufgrund einer gleichlaufenden Methodik geschieht. Der Gegensatz zwischen dem multilateralen Gedanken, der im geltenden Recht unseres hier enger verstandenen Kollisionsnormen zugrunde liegt, und dem unilateralen Gedanken, welcher nach dem Anwendungswillen der beteiligten Rechtsordnungen fragt, ist einer der Grundgegensätze des Kollisionsrechts. Wie bereits *Schurig* herausgearbeitet hat, sind die Anknüpfung an einseitige Kollisionsnormen und der unilateralistische Gedanke, auch wenn dieser in einseitigen Kollisionsnormen umgesetzt wird, nicht unbedingt deckungsgleich.[93] Einseitige Kollisionsnorm ist eben nicht gleich einseitige Kollisionsnorm. Methodisch kommt es auf den unterfütterten dogmatischen Ansatz an.[94]

Ähnlich ist beim *ordre public* vorzugehen.[95] Ein Staat weist das fremde Recht dann zurück, wenn die Anwendung dieses fremden Rechts für jenen nicht mehr hinnehmbar ist, wenn also das Ergebnis im Sinne der räumlichen Gerechtigkeit materielle Gerechtigkeitsvorstellungen der *lex fori* zu stark strapaziert. Auch hier bildet man keine Kollisionsnorm im engeren Sinne, sondern weist zunächst[96] das fremde Recht zurück. Diese Vorgehensweise ist nicht mit dem unilateralistischen Gedanken der Eingriffsnormen identisch, Ähnlichkeit haben beide Vorgehensweisen jedoch; nicht zuletzt dienen beide Institute der Durchsetzung materiell-rechtlicher Gerechtigkeitsvorstellungen. Das Bündelungsmodell erklärt schlüssig, warum bei der Anwendung der einzelnen Rechtsinstitute und Normen, welche Hoheitsinteressen verwirklichen, einzelne Halme aussortiert werden und daher der Fall nicht im Bündel der Kollisionsnorm enthalten ist.[97] Im Rahmen der Säule der Hoheitsinteressen sollte man jedoch nach der hier vertretenen Ansicht vorsichtig sein, die Sprache aus den Kollisionsnormen zu übernehmen, um nicht methodischen Gleichlauf zu suggerieren.

Ähnliches gilt für den Gedanken der wohlerworbenen Rechte. Auch diese könnte man, wenn man *Schurig* folgen will, als eine neue „Abart" des unliateralistischen Gedankens verstehen.[98] Dem europäischen Mitgliedstaat, der sich für zuständig erklärt und ein Recht zuweist bzw. eine Rechtslage entstehen lässt, müssen die anderen Staaten entgegenkommen, indem sie dieses Recht

---

[93] *Schurig*, Kollisionsnorm und Sachrecht, S. 192 ff., insb. 193; neu aufgearbeitet durch *Leifeld*, Anerkennungsprinzip, S. 7 ff.

[94] Dazu bereits 1. Kap. B.II.

[95] A.A. *Schurig*, Kollisionsnorm und Sachrecht, S. 252 f. (*ordre public* als Kollisionsnorm); ihm folgend bspw. *Michaels*, liber amicorum Schurig, S. 192 m. w. N. auf andere Gefolgsleute.

[96] Was an Stelle des zurückgewiesenen Rechts anzuwenden ist, ist wiederum eine andere Frage. An dieser Stelle ist es sowohl denkbar, eine neue Kollisionsnorm zu bilden oder bei *ordre public*-Verstoß die eigene Rechtsordnung als „back up"-Lösung heranzuziehen.

[97] Für Eingriffsnormen bspw. *Schurig*, Kollisionsnorm und Sachrecht, S. 103,

[98] Zuletzt *Schurig*, in: IPR im 20. Jahrhundert, S. 21 m. w. N.

bzw. diese Rechtslage anerkennen (zumindest solange es nicht gegen ihren *ordre public* verstößt). Dieses Verständnis ist jedoch nach der hier vertretenen Ansicht zu staatenzentriert. Der elementare Unterschied zwischen Kollisionsnormen und dem Gedanken der wohlerworbenen Rechte besteht vielmehr darin, dass bei Letzterem der Fokus weg vom Staat und hin zum Individuum verschoben wird.[99] Die Anerkennung privater Rechte ist die Korrektur der Verweisungsnormen, deren ordnende Funktion in Einzelfällen das Individuum in einer zu starken Weise belasten kann. Um im Bild des Bündels zu bleiben: Das Bündel der allgemeinen Kollisionsnorm wird durch den wachen Blick des Gedankens der wohlerworbenen Rechte kontrolliert und zurückgewiesen, wenn es zu fest und damit zu starr gebunden wurde.

Im Verhältnis zum Bündelungsmodell setzt das Säulenmodell eine Metaebene höher an. Es versucht nicht die Struktur und Funktionsweise von Normen und Rechtsinstituten des Kollisionsrechts darzulegen. Es versucht vielmehr ein kollisionsrechtliches Gesamtsystem abzubilden und dabei das Telos und die Bedeutung der einzelnen Normen und Rechtsinstitute zu ermitteln.

H. Die Subsumtion von Normen und Rechtsinstituten unter die Säulen

Das Säulenmodell will das Kollisionsrecht systematisieren. Es will unter die drei Säulen zusammenfassen, was gleichen methodischen Grundgedanken folgt. Es soll Grundannahmen und Ansatzpunkte von Normen und Rechtsinstituten des Kollisionsrechts offenlegen.

Wer aber fragt, welcher Sinn, welche Bedeutung einem Rechtsinstitut oder einer Norm zukommt, muss die vorgelagerte Frage beantworten, wie denn überhaupt der Sinn eines Rechtsinstituts oder einer Norm zu ermitteln ist. Um unter die vorgestellten Säulen zu subsumieren, muss folglich die Methode offengelegt werden, mit der Telos und Bedeutung des zu Subsumierenden ermittelt werden. Dabei ist die Unterscheidung zwischen einer Norm und einem Rechtsinstitut nicht in jedem Fall trennscharf. So kodifizieren Art. 6 EGBGB oder Art. 9 II Rom II-VO lediglich ein Rechtsinstitut. Daher müssen sie wohl vor diesem Hintergrund verstanden werden, auch wenn es im Grunde genommen Normen im Sinne der anderen Kategorie sind. Diesen Abgrenzungsschwierigkeiten zum Trotz ist die Unterscheidung dennoch hilfreich:

---

[99] *M.-P. Weller*, Vom Staat zum Menschen – Die Methodentrias des IPR unserer Zeit, 2017 (insb. C.I.) (im Erscheinen).

Für Rechtsinstitute ist die Frage nach ihrem Sinn und Zweck oftmals leichter zu beantworten, weil sie zur Lösung eines spezifischen Rechtsproblems entwickelt worden sind, sie aber gleichzeitig in gewisser Weise über der konkreten Lösung schweben. So soll der Vorbehalt des *ordre public* sicherstellen, dass das sachrechtliche Ergebnis nach dem ermittelten anwendbaren Recht nicht vor dem Hintergrund der *lex fori* unerträglich ist. Damit legt das Rechtsinstitut seinen Zweck offen. Das Rechtsinstitut des *ordre public* wird gerade durch seinen Zweck charakterisiert.

Demgegenüber werden Normen zwar auch zur Lösung eines Rechtsproblems erlassen. Nicht immer ist allerdings eindeutig, welche Aussage die Normen in einem konkreten Fall treffen wollen. Dies liegt nicht zuletzt an der Schwierigkeit, notwendige Offenheit allgemein-genereller Regelungen und eine konkrete Rechtsfolge unter dem Dach einer Norm zu vereinen. Normen bedürfen daher der Auslegung. Einer Auslegung bedarf es auch, wenn man fragt, welcher Sinn und Zweck einer Norm im Generellen zukommt und welche Wertungen ihr zugrunde liegen.

Relevant ist damit, was genau Auslegungsziel des Auslegungsvorgangs sein soll. Im deutschen Verständnis ist dies das Herausarbeiten des Sinnes der Regelung.[100] Die Folgefrage drängt sich aber auf: Was ist der Sinn einer Regelung? Ist es die Erforschung des „historisch-psychologischen Willens" des Gesetzgebers, wie es die subjektive Theorie meint, oder ist es die „Erschließung des dem Gesetz selbst innewohnenden Sinnes", wie es die „objektive" Theorie für richtig hält.[101] Mit der heute wohl überwiegenden Auffassung[102] ist davon auszugehen, dass keine der beiden völlig falsch oder völlig richtig liegt. Vielmehr sind beide *teilweise* wahr.[103]

Der objektiven Theorie[104] ist insoweit zuzustimmen, als das Gesetz nach seinem Inkrafttreten ein gewisses Eigenleben entwickelt und stets der Ausprägung

---

[100] *Larenz*, Methodenlehre der Rechtswissenschaft, S. 313.

[101] Überblick über beide Theorien bspw. bei *Fleischer*, in: Mysterium „Gesetzesmaterialien", S. 5 ff.; *Larenz*, Methodenlehre der Rechtswissenschaft, S. 316 ff.; für einen Sympathisanten mit der „subjektiven" Theorie *Engisch*, Einführung in das juristische Denken, S. 172 ff.; zur Entwicklung der „objektiven" und „subjektiven" Interpretationstheorie *Schröder*, in: Rechtswissenschaft in der Neuzeit, S. 585 ff.

[102] Als herrschend bezeichnet die vermittelnde Ansicht auch *Fleischer*, in: Mysterium „Gesetzesmaterialien", S. 10 mit vielen w.N.

[103] *Larenz*, Methodenlehre der Rechtswissenschaft, S. 316 ff. m. w. N.; *Kramer*, Juristische Methodenlehre, S. 138 ff.; so wohl auch *Mennicken*, Ziel der Gesetzesauslegung, S. 86 ff. (*Mennicken* sieht den Streit zwischen der subjektiven und der objektiven Theorie wohl zutreffend auch als einen Streit zwischen den Idealen Rechtssicherheit und Einzelfallgerechtigkeit (S. 78 ff.).

[104] Bedeutsamster Vertreter der objektiven Theorie ist wohl das BVerfG (grundlegend

durch Rechtsprechung und Rechtswissenschaft bedarf.[105] Für die objektive Theorie wird ferner die Möglichkeit der Beachtung sich wandelnder Lebensverhältnisse und Ansichten vorgebracht.[106]

Der objektiven Theorie kann jedoch nicht in jeder ihrer Konsequenzen gefolgt werden. Der *BGH* in Strafsachen hat einmal treffend formuliert, dass zwar der objektive Sinn der Norm ermittelt werden muss, aber nur so weit, wie man nicht die Form sprengt, in die die Norm gegossen ist.[107] Dabei hatte der *BGH* wohl die das Strafrecht beherrschende Wortlautgrenze vor Augen, aber nicht nur durch sie kann der Gesetzgeber eine Form prägen. Auch der von den Gesetzesvorstellungen durchdrungene Wortlaut kann in gewissen Fällen eine Norm formen.

Abweichend von der objektiven Theorie muss der subjektive Wille des Gesetzgebers daher immer dann beachtet werden, wenn er eindeutig zum Ausdruck gebracht wurde und nicht mittlerweile durch andere gesetzgeberische (!) Aktivitäten überholt worden ist oder gegen die Verfassung oder sonst anerkannte Rechtsprinzipien verstößt.[108] Eine besonderes Gewicht muss auch ethischen Grundentscheidungen des Gesetzgebers zugesprochen werden. Die bloße Wandlung gesellschaftlicher Ansichten genügt nicht, um einem *eindeutigen* Willen des Gesetzgebers die Bedeutung abzusprechen. Alles andere verstieße gegen die Gewaltenteilung, da der Rechtsanwender das gesetzte Recht in seiner konkreten Ausgestaltung ignorierte. Will der Gesetzgeber die Rechtslage ändern, kann er eine neue, die gesellschaftliche Entwicklung widerspiegelnde Regelung treffen und die alte Regelung überholen. Wird der Gesetzgeber nicht tätig, bleibt es bei der bisherigen Rechtslage.[109] Eine Ausnahme ist mit *Windscheid* dann zu erlauben, wenn der niedergeschriebene Wille des Gesetzgebers dem eigentlichen, wahren Willen des Gesetzgebers widerspricht.[110] Der ermittelte Wille muss die vernünftige Konsequenz des Denkens des Gesetzgebers darstellen.

BVerfGE 1, S. 312). In der Praxis kommt den Gesetzesmaterialien allerdings auch in der Rechtsprechung des BVerfG eine Bedeutung zu (dazu ausführlich *Fleischer*, in: Mysterium „Gesetzesmaterialien", S. 11). Zur objektiven Theorie und zu den für diese vorgetragenen Argumente ausführlich *Mennicken*, Ziel der Gesetzesauslegung, S. 24 ff.; S. 48 ff.

[105]   Dekonstruktion des Arguments m.w.N. bei *Kramer*, Juristische Methodenlehre, S. 132.

[106]   Dazu auch *Kramer*, Juristische Methodenlehre, S. 135 ff.; *Mennicken*, Ziel der Gesetzesauslegung, S. 27 f., jeweils m.w.N.

[107]   *BGHSt* 10, 159 f.

[108]   Für die letzten beiden Fallgruppen ebenso *Larenz*, Methode der Rechtswissenschaft, S. 318; für die Berücksichtigung sich wandelnder Verhältnisse bei legislativem Ansatzpunkt *Nawiasky*, Allgemeine Rechtslehre, S. 130 f.

[109]   In dieselbe Richtung gehen wohl die Ausführungen in einem Sondervotum der Richter des BVerfG *Voßkuhle*, *Osterloh* und *Di Fabio*, NJW 2009, S. 1476 f.

[110]   *Windscheid*, Lehrbuch des Pandektenrechts I, S. 102.

Nach alledem ist auch der subjektive Wille des Gesetzgebers zu berücksichtigen; bei der Suche nach dem Sinn des Gesetzes bleibt ein Platz für die historische Auslegung.[111] Bei dieser muss allerdings wiederum eine Unterscheidung vorgenommen werden. Auf der einen Seite sind im Rahmen der historischen Auslegung die übergreifenden Ziele des Gesetzgebers bzw. seine Regelungstendenzen relevant, auf der anderen Seite die konkreten Vorstellungen der bei Schaffung der Norm beteiligten Akteure. Erstere haben ein deutlich größeres Gewicht, da sie die Triebfedern der gesamten Regelung sind und das Gesetz nach diesen Tendenzen geformt wird.[112] Letztere sind zwar auch beachtlich, können aber nicht in jedem Fall durchschlagen. Beispielsweise können die Vorstellungen der Akteure des Gesetzgebungsprozesses hinter den „Anwendungsmöglichkeiten" des Gesetzes zurückbleiben.[113]

I. Grenzfälle

I. Hybride Normen

Die Einteilung des Kollisionsrechts in drei Säulen soll nicht den Eindruck vermitteln, jede Regel entspräche lediglich einer der drei Säulen. Vielmehr existieren auch „hybride Normen", welche sich mehr als einer Säule zuordnen lassen.

Häufig sind solche Normen ein Hybrid aus Gesichtspunkten traditioneller Kollisionsnormen und Hoheitsinteressen. Im Zuge der allgemeinen Entwicklung des Zivilrechts – weg von einer liberalen Rechtsordnung und hin zu mehr staatlichem Protektionismus – wurden Hoheitsinteressen des Staates auch im Rahmen des Kollisionsrechts bedeutender.[114] Eine dieser Ausprägungen ist die Modifizierung klassischer Normen im Sinne dieser Hoheitsinteressen. Denkbar ist auch die Zusammensetzung einer Norm aus Gedanken der Kollisionsnormen und der wohlerworbenen Rechte. Eine solche Norm wäre beispielsweise Art. 43 II EGBGB, wohingegen im Rahmen des Art. 17b EGBGB Gedanken der wohlerworbenen Rechte keine Bedeutung zukommt.[115]

---

[111] Den Platz der Gesetzesmaterialien in historischer Sicht beleuchtend *Thiessen*, in: Mysterium „Gesetzesmaterialien", S. 52 ff.

[112] *Larenz*, Methodenlehre der Rechtswissenschaft, S. 329.

[113] *Larenz*, Methodenlehre der Rechtswissenschaft, S. 329.

[114] Dazu auch *Symeonides*, FS Juenger, S. 128 ff.

[115] Zu Art. 17b EGBGB unten 3. Kap. C.I.2.c).aa)). Nichtsdestoweniger ist Art. 17b EGBGB eine hybride Norm, weil in ihr ein Hoheitsinteresse am Schutz der eingetragenen Partnerschaften zum Ausdruck kommt.

1. Art. 6 I Rom I-VO

Für einen Hybrid zwischen Kollisionsnorm und Hoheitsinteressen steht hier zunächst Art. 6 I Rom I-VO Beispiel.[116] Die Entwicklung weg von der räumlichen Gerechtigkeit ist an den Art. 6 – Art. 8 Rom I-VO[117] offensichtlich. In Art. 4 I lit. a Rom I-VO wird die engste Verbindung eines Kaufvertrags mit einer Rechtsordnung am Ort des gewöhnlichen Aufenthalts des Verkäufers ausgemacht. Im Rahmen des Art. 6 I Rom I-VO verschiebt sich der Anknüpfungspunkt zum gewöhnlichen Aufenthalt des Verbrauchers. Dies lässt sich nur damit erklären, dass der europäische Gesetzgeber aufgrund eines vermuteten Kräfteungleichgewichts ein materielles Interesse am Schutz des Verbrauchers in die Norm miteinfließen lässt, hier durch die Anrufung „seiner Rechtsordnung".[118] Beispielhaft an Art. 6 I Rom I-VO lässt sich auch erkennen, dass Auslegungsfragen der Norm häufig durch die Frage nach der Reichweite der Hoheitsinteressen geprägt sind. So überlagerten Verbraucherschutzargumente in *Emrek/Sabranovic*[119] bedeutende Argumente gegen einen Verzicht auf das Kausalitätserfordernis im Rahmen des Art. 15 I EuGVVO a. F.[120] Dieselben Verbraucherschutzinteressen sprechen, entgegen dem Erwägungsgrund 25 S. 2 zur Rom I-VO, für die Übernahme der Rechtsprechung des EUGH in das materielle Kollisionsrecht.

2. Art. 40 I EGBGB

Art. 40 I EGBGB bietet ein weiteres Beispiel einer hybriden Norm. Sie bringt ein Hoheitsinteresse an der Begünstigung des Geschädigten zum Ausdruck, indem sie ihm ein Optionsrecht einräumt.[121] Er kann entscheiden, ob er das Hand-

---

[116] In die Richtung der hier vertretenen Ansicht gehen wohl auch die Erwägungen *Kühnes*, liber amicorum Kegel, S. 73; ebenfalls *Hay/Borchers/Symeonides*, S. 61; *Köhler*, IPR, Rn. 10.

[117] Für ein Beispiel einer hybriden Norm in der Rom II-VO (Art. 7) s. *Junker*, liber amicorum Schurig, S. 89 ff., 96.

[118] Erwägungsgrund (23) Rom I-VO. Wie bereits dargelegt, ist dies nicht dasselbe wie die Bevorzugung eines sachrechtlichen Ergebnisses (im gleichen Sinne *Geisler*, Engste Verbindung, S. 77).

[119] *EuGH* EuZW 2013, S. 943.

[120] Vgl. zu der Entscheidung auch die Anmerkung von *Lubrich*, GPR 2014, S. 116 ff.

[121] *v. Hoffmann/Thorn*, IPR, § 11 Rn. 26; jurisPK/*Wurmnest*, Art. 40 EGBGB Rn. 19; *Huber*, JA 2000, S. 73; *v. Hein*, ZVglRWiss 99 (2000), S. 266 f.; in dieselbe Richtung BeckOK/ *Spickhoff*, Art. 40 EGBGB Rn. 1 („der deutsche Gesetzgeber […] [hat] wenigstens etwas mehr Sympathie mit dem Opfer als mit dem Täter", allerdings stellt *Spickhoff* auch die Akzentverschiebung weg vom reinen Günstigkeitsprinzip durch Art. 40 EGBGB heraus, was meiner Ansicht nach aber nicht ausschließt, dennoch in gewissem Rahmen von einer Begünstigung des Geschädigten auszugehen (dass der Gesetzgeber den Geschädigten weniger begünstigt als vor der Einführung des Art. 40 EGBGB heißt nicht, dass er ihn gar nicht mehr begünstigt.); implizit in diese Richtung auch BT-Drucks. 14/343 S. 11, nach welchem an der vorherigen

lungsortsrecht abwählen und sich in das Erfolgsortsrecht einwählen möchte. Anders als im Rahmen des Art. 6 I Rom I-VO stehen die Hoheitsinteressen allerdings nicht im Mittelpunkt der Auslegungsfragen.

Die hinsichtlich Art. 40 I EGBGB problematischen Fragen kreisen hauptsächlich um die Ermittlung des Handlungs- und des Erfolgsorts, insbesondere im Rahmen von Streudelikten.[122] Das Verhältnis zwischen S. 1 und S. 2 ist lediglich in einem Punkt relevant, für die Frage, ob es sich bei der Verweisung auf das Erfolgsortrecht um eine Gesamt- oder eine Sachnormverweisung handelt. Grundsätzlich ist wohl von einer Gesamtnormverweisung auszugehen.[123] Dem Geschädigten ist lediglich ein Optionsrecht eingeräumt. Mit einer Rechtswahl im Sinne des Art. 4 II EGBGB ist es nicht zu vergleichen, da Art. 4 II EGBGB ausdrücklich von „den Parteien" und damit von einer zweiseitigen Rechtswahl ausgeht.[124] Zudem kann das Optionsrecht über die Ausweichklausel des Art. 41 EGBGB und durch den gemeinsamen gewöhnlichen Aufenthalt, Art. 40 II EGBGB, überwunden werden, was bei Art. 42 EGBGB gerade nicht der Fall ist.[125] Eine direkte oder analoge Anwendung des Art. 4 II EGBGB kommt daher nicht in Betracht.[126]

In Betracht kommt die Sachnormverweisung noch wegen Sinnwidrigkeit einer Gesamtnormverweisung im Sinne des Art. 4 I 1 EGBGB. Sinnwidrig ist die Gesamtnormverweisung jedoch wohl lediglich in einem Fall; und hier kommen die Hoheitsinteressen ins Spiel: Wenn das Erfolgsortsrecht zurück- oder weiterverweist auf das Handlungsortrecht, würde dem Geschädigten entgegen seiner intendierten Besserstellung das Optionsrecht versagt. Dies wäre sinnwidrig, weil es den hoheitsrechtlichen Teil der hybriden Norm des Art. 40 I EGBGB verkennt. Dieses Argument kann jedoch nicht dahingehend ausgeweitet werden, dass man die Verletzteninteressen im Rahmen der Verweisung auf den Erfolgsort immer als verkannt ansieht, wenn ein Rück- oder Weiterverweis ausgesprochen wird.[127] Ein Rück- bzw. Weiterverweis ist für den Verletzten grund-

---

Rechtslage (und damit auch in gewisser Weise der Geschädigte begünstigt wird) im Grundsatz festgehalten wird, nur eben abgemildert; allgemein *Symeonides*, FS Juenger, S. 128; kritisch *Schurig*, Gedächtnisschrift Lüderitz, S. 699 ff.; a. A. *Looschelders*, VersR 1999, S. 1317.

[122] Vgl. hierzu *Rauscher*, IPR, Rn. 1373 ff.

[123] Für den Grundsatz ebenso BeckOK/*Spickhoff*, Art. 40 EGBGB Rn. 43 m. w. N.; generell für Gesamtnormverweisung *Looschelders*, VersR 1999, S. 1324.

[124] *v. Hein*, ZVglRWiss 99 (2000), S. 264 f.

[125] *Dörner*, FS Stoll, S. 495.

[126] MüKo/*Junker*, Art. 40 EGBGB Rn. 121; *v. Hein*, ZVglRWiss 99 (2000), S. 264 ff.: so aber *v. Hoffmann/Thorn*, IPR, § 11 Rn. 61; *Heiderhoff*, IPRax 2002, S. 368; *Schurig*, Gedächtnisschrift Lüderitz, S. 709.

[127] So aber MüKo/*Junker*, Art. 40 EGBGB Rn. 120; jurisPK/*Wurmnest*, Art. 40 EGBGB Rn. 15; *Huber*, JA 2000, S. 73; *Kreuzer*, RabelsZ 65 (2001), S. 424.

sätzlich neutral. Es kann sein, dass der *renvoi* zu einem für ihn günstigeren Recht führt; es kann sein, dass er zu einem für ihn ungünstigeren führt.[128] Er wird also lediglich dann schlechter gestellt, wenn der *renvoi* zum Handlungsortrecht führt. In allen anderen Fällen sind die niedergelegten Hoheitsinteressen nicht verletzt.

3. Alternativanknüpfungen

Als letztes Beispiel zu den hybriden Normen dienen Regelungen, welche wie Art. 11 I Rom I-VO/EGBGB alternativ anknüpfen.[129] Alternativanknüpfungen fördern ein bestimmtes materiell-rechtliches Ergebnis, wie die Gültigkeit eines Vertrages (*favor negotii*).[130] Ist dieser Gedanke treibende Kraft, kommt in der Alternativanknüpfung ein Hoheitsinteresse zum Vorschein. Für sich genommen sind die Anknüpfungen „normale" Kollisionsnormen, bei Hinzukommen der Alternativität im Interesse eines materiell-rechtlichen Ergebnisses werden sie zu Hybriden.

Nicht jeder sieht jedoch in alternativen Anknüpfungen die Förderung materiell-rechtlicher Interessen. Vertreten wird, dass sie nicht einem materiell-rechtlichem, sondern einem kollisionsrechtlichen Parteiinteresse oder Verkehrsinteresse dienen.[131] Dies muss nicht unbedingt ausgedrückt werden, indem man beispielsweise den Sinn der in den Art. 11 I EGBGB/Rom I-VO niedergelegten Alternativität nicht in einem *favor negotii*, sondern in einem *favor gerentis* sieht. *Kegel* vertritt beispielsweise, dass der Alternativität durchaus der *favor negotii* zugrunde liegt, dieser aber dem Partei- und Verkehrsinteresse und eben keinem materiell-rechtlichen Interesse dient.[132] Die Alternativanknüpfung er-

---

[128] Man könnte daran denken, den *renvoi* im letzteren Fall nicht zuzulassen. Dann würde man aber die durch den Gesetzgeber gesetzten Grenzen des Günstigkeitsprinzips nicht beachten. Es soll nicht das für den Geschädigten beste Recht angewendet werden, zu welchem irgendein Kontakt besteht. Die Günstigkeitserwägungen sind lediglich insofern relevant, als dass dem Geschädigten die Möglichkeit gegeben werden soll, sich zwischen dem Handlungs- und dem Erfolgsortsrecht entscheiden zu können (gegen diese Erwägung auch *v. Hein*, ZVgl-RWiss 99 (2000), S. 268 ff.).

[129] Für eine Mischung der verschiedenen Säulen im Rahmen der alternativen Anknüpfung der Sache nach wohl auch *Symeonides*, American Choice-of-Law Revolution, S. 406 ff.; ebenso *Baum*, Alternativanknüpfungen, S. 57; *Hay/Borchers/Symeonides*, S. 61.

[130] Staudinger/*v. Winkenfels*, Art. 11 EGBGB Rn. 42; Staudinger/*v. Winkenfels*, Art. 11 Rom I-VO Rn. 11; *v. Bar/Mankowski*, IPR I, § 7 Rn. 103 ff.; *v. Hoffmann/Thorn*, IPR, § 5 Rn. 117; *Schurig*, Kollisionsnorm und Sachrecht, S. 207 f.; *Symeonides*, American Choice-of-Law Revolution, S. 404, 407; *Baum*, Alternativanknüpfungen, S. 56 f.; in Bezug auf Art. 11 EGBGB BeckOK/*Mäsch*, Art. 11 EGBGB Rn. 1.

[131] *Kegel*, FS Lewald, S. 271 f., 274 f.; *Leible*, FS Jayme, S. 492.

[132] *Kegel*, FS Lewald, S. 271 f., 274 f.; *Kegel* erwägt sogar (S. 271 f.), dass Alternativan-

leichtere es den Parteien in ihrem Interesse, die notwendige Form einzuhalten.[133] Bereits die Wortwahl *Kegels*, die alternative Anknüpfung der Form des Rechtsgeschäfts als *favor negotii* zu bezeichnen, liefert Nahrung für Widerspruch. Der *favor*-Gedanke betrifft das Rechtsgeschäft selbst und nicht nur über den Umweg der Verkehrsbegünstigung. Lediglich im Windschatten der Rechtsgeschäftsbegünstigung werden die Parteien und der Verkehr begünstigt.[134]

Alternative Anknüpfungen im Interesse des Kollisionsrechts zu erklären vermengt zudem die Betrachtung der einzelnen Anknüpfungsmomente mit der sie verknüpfenden Alternativität. Beispielsweise dient die *locus regit actum*-Regel in der Tat den Parteien, die nicht die Form des Geschäftsstatuts einhalten müssen, sondern die oftmals opportunere Form des Abschlussorts wählen können. Dies ist aber der Gedanke des *favor gerentis*. Die Verknüpfung im Sinne der Alternativität verfolgt demgegenüber das Ziel, die Gültigkeit des Rechtsgeschäfts zu begünstigen. In den Materialien zu Art. 11 EGBGB kommt genau dies auch zum Ausdruck.[135] Diese Unterscheidung zwischen dem Zweck der Anknüpfungen als solchen und ihrer Verbindung über die Alternativität[136] überzeugt jedoch nicht nur im Rahmen der Art. 11 I EGBGB/Rom I-VO, sondern allgemein für alternative Anknüpfungen.[137] Denkt man von der Rechtsfolge her – Gültigkeit eines Rechtsverhältnisses –, sollten die Voraussetzungen einer von mehreren Rechtsordnungen erfüllt sein, wird man stets in die Richtung materiell-rechtlicher Begünstigung gewiesen. Alternative Anknüpfungen sind damit im Normalfall hybride Normen mit einer materiell-rechtlichen Begünstigung. Die Ansicht, die in Alternativanknüpfungen kollisionsrechtliche Interessen ver-

---

knüpfungen in Fällen – gerade im Schuldrecht – eingesetzt werden können, in denen mehreren Anknüpfungen „sich die Waage halten" und deswegen eine Entscheidung zwischen den Anknüpfungsmomenten schwierig ist. Gegen solch eine Überlegung spricht aber, dass die Alternativität in diesem Fall lediglich eine weitere Option neben den verschiedenen Anknüpfungsmomenten und nicht die „goldene Mitte" zwischen mehreren Anknüpfungsmomenten ist.

[133] MüKo/*Spellenberg*, Art. 11 Rom I-VO Rn. 3.

[134] Ähnlich Staudinger/*v. Winkenfels*, Art. 11 EGBGB Rn. 40 ff.; Staudinger/*v. Winkenfels*, Art. 11 Rom I-VO Rn. 9 ff., der jedoch noch weitergehend selbst im Rahmen der Ortsform den *favor gerentis* lediglich als Sekundärzweck ansieht, der hinter den *favor negotii* zurücktritt.

[135] BT-Drucks. 10/504 S. 48 („Die alternative Anknüpfung entspricht schließlich dem Interesse, nach einer Rechtsordnung formgültige Rechtsgeschäfte nicht an Formerfordernissen einer anderen Rechtsordnung scheitern zu lassen."); anders deutet die Gesetzesmaterialien MüKo/*Spellenberg*, Art. 11 EGBGB Rn. 1 Fn. 3.

[136] Dasselbe gilt für die subsidiäre und mit umgekehrten Vorzeichen für die kumulative Anknüpfung.

[137] Ähnlich BeckOGK/*Gebauer*, Art. 11 Rom I-VO Rn. 21; ebenso Staudinger/*v. Winkenfels*, Art. 11 EGBGB Rn. 40 ff.; Staudinger/*v. Winkenfels*, Art. 11 Rom I-VO Rn. 9 ff.

wirklicht sieht, verkennt zudem die heutige Bedeutung von Alternativanknüpfungen als Steuerungsinstrumente des Gesetzgebers.[138]

Oftmals wird dem Streit zwischen kollisionsrechtlichem und materiell-rechtlichem Verständnis der alternativen Anknüpfung allerdings keine Bedeutung zukommen, weil im Rahmen der alternativen Anknüpfung ein unterschiedliches Verständnis nicht zu unterschiedlichen Ergebnissen führt. So deuten beispielsweise der *favor negotii* und der *favor gerentis* im Rahmen des Art. 11 I Rom I-VO bzw. des Art. 11 I EGBGB oftmals in dieselbe Richtung.[139] Es lassen sich jedoch auch Gegenbeispiele finden. So kann man bei materiell-rechtlichem Verständnis von Alternativanknüpfungen Fälle lösen, in denen die alternativen Anknüpfungen zu sich widersprechenden Ergebnissen führen.[140]

II. Der Allgemeine Teil des Internationalen Privatrechts

Ebenso wenig wie die „hybriden" Normen lässt sich der allgemeine Teil des Internationalen Privatrechts eindeutig einer Säule zuordnen. Einige Rechtsinstitute des allgemeinen Teils setzen Hoheitsinteressen um. Dazu gehören der *ordre public*, die Lehre von den Eingriffsnormen und die Anpassung.

Andere Rechtsinstitute sind den Kollisionsnormen zugeordnet, wie der *renvoi*, die Qualifikation und in gewisser Weise, weil im Rahmen der durch die Kollisionsnormen ermittelten Sachnormen wirkend, die Substitution. Wird nach der Durchsetzung wohlerworbener Rechte gefragt, kommt der Subsumtion eines Lebenssachverhalts unter den Systemgegenstand einer Kollisionsnorm nur dann eine Bedeutung zu, wenn der Gesetzgeber versucht, den Gedanken der wohlerworbenen Rechte in eine Kollisionsnorm umzusetzen, wie beispielsweise im Rahmen des Art. 7 II EGBGB. Freilich könnte man jedoch das Verständnis des Begriffs „Qualifikation" erweitern, um auch bei der Frage nach wohlerworbenen Rechten von „Qualifikation" zu sprechen. Der Begriff der Qualifikation selbst bezeichnet im Grunde lediglich den Subsumtionsvorgang im Rahmen einer Kollisionsnorm.[141] Ohne das stetig mitschwingende „Qualifikationsproblem" bleibt die Verknüpfung des Begriffes mit dem Subsumtionsvorgang ohne wirkliche Bedeutung.

Schwieriger ist es, das Institut der Vorfrage einzuordnen. Nutzt man die Säule der wohlerworbenen Rechte, wie es wohl überwiegend diskutiert wird, lediglich im Anerkennungsstaat und schaltet dementsprechend für den Erststaat ein kollisionsnormgeprägtes System voraus, kommt der Vorfrage im Rahmen der wohlerworbenen Rechte keine Bedeutung zu. Man fragt lediglich, ob dem Indi-

[138] *De Boer*, FS Juenger, S. 196 f.; *v. Bar/Mankowski*, IPR I, § 7 Rn. 103.
[139] BeckOGK/*Gebauer*, Art. 11 Rom I-VO Rn. 21 (insb. Fn. 106).
[140] Für ein Beispiel s. unten 3. Kap. B.5. und 6.
[141] *v. Hoffmann/Thorn*, IPR, § 6 Rn. 1.

viduum ein Recht zugeordnet wurde. Dies bedeutet jedoch nicht, dass sich die Beantwortung einer Vorfrage sich nicht nach der Säule der wohlerworbenen Rechte richtet. Das ist selbstverständlich möglich. In diesem Fall stellt sich jedoch die Vorfrage nicht bei der Rechtsfindung nach wohlerworbenen Rechten, sondern in einer Kollisionsnorm.

Bei der Suche nach wohlerworbenen Rechten können zudem Anpassungsprobleme in einem weiteren Sinne entstehen. Die Möglichkeit sich widersprechender Rechte ist einer der großen Kritikpunkte an einem System und auch an dem Gedanken wohlerworbener Rechte. Sich widersprechende Rechtslagen sind selbst im Namensrecht möglich. Wandelt man den Fall *Grunkin/Paul* ab, indem angenommen wird, dass nicht nur das dänische Standesamt den Doppelnamen einträgt, sondern auch das deutsche Standesamt einen Einzelnamen, entsteht ein solcher Konflikt. Für einen Drittstaat würde sich die Frage stellen, welche Rechtslage zu berücksichtigen wäre. Es würde eine „Rechtslagenhäufung" entstehen. Wie im Rahmen der Einzelfragen erörtert wird, sollte man eine solche Häufung über das Prioritätsprinzip lösen.[142] Versteht man die Anpassung in diesem Sinne, wird über sie durch ein Rechtsinstitut der zweiten sowohl die Ergebnisse der ersten als auch der dritten Säule modifiziert. Diese Aussage lässt sich in gewisser Weise verallgemeinern, weil auch der *ordre public* und die Lehre der Eingriffsnormen die Ergebnisse des Gedankens der wohlerworbenen Rechten modifizieren können.

III. Einzelstatut bricht Gesamtstatut

Die Rechtsfigur „Einzelstatut bricht Gesamtstatut" ist – zumindest in seinem Kernbereich – eine besondere Form der Durchsetzung von Eingriffsnormen. Tragender Gedanke dieser Rechtsfigur ist, dass bestimmte Vorschriften der *lex rei sitae* existieren, die so elementar bedeutsam sind, dass sie auch dann durchgesetzt werden müssen, wenn die *lex rei sitae* nicht *lex causae* ist. Ein Staat hat ein Hoheitsinteresse an der Durchsetzung dieser Normen, was sowohl nach deutschem als auch nach europäischem Recht[143] zu respektieren ist.[144] Ein prägnantes Beispiel sind die teilweise noch existierenden „Höfeordnungen", also Sondervorschriften über die Erbfolge in landwirtschaftliche Betriebe. Diese dienen dem Erhalt landwirtschaftlicher Betriebe und damit der Nutzung des Bodens im Interesse der Allgemeinheit.[145]

---

[142] 3. Kap. B.VI.1.c).

[143] S. Art. 30 EuErbVO.

[144] Ähnlich MüKo/*Dutta*, Art. 30 EuErbVO, Rn. 1.

[145] Vgl. bereits *Savigny*, System VIII, S. 306 f.; zu den deutschen Höfeordnungen MüKo/ *v. Hein*, Art. 3a EGBGB, Rn. 37 ff.

Auf europäischer Ebene ist es dabei im Übrigen wohl nahezu unbestritten, dass die europäische Parallelregelung in Art. 30 EuErbVO eine Regelung von Eingriffsnormen darstellt.[146]

Hinsichtlich der nationalen Regelung ist die Rechtslage weniger eindeutig. Zwar wird häufig davon ausgegangen, dass es sich bei Art. 3a II EGBGB um eine Regelung von Eingriffsnormen handelt.[147] Dem widerspricht jedoch die „weite Auslegung" des Art. 3a II EGBGB, die der *BGH* in ständiger Rechtsprechung vertritt[148] und der ein großer Teil der Literatur[149] folgt.[150] Nach dieser Auffassung sind von Art. 3a II EGBGB auch Kollisionsnormen der *lex rei sitae* erfasst, die den unbeweglichen Nachlass gesondert anknüpfen und dem Belegenheitsrecht unterstellen. Der Streit soll vorliegend vor dem Hintergrund des nunmehr sehr begrenzten Anwendungsbereichs des Art. 3a II EGBGB nicht *en détail* neu aufgewärmt werden. Zu bemerken ist lediglich, dass die „weite" Auslegung vor dem Hintergrund des hier zugrunde gelegten Verständnisses von dem Gedanken des vorrangigen Einzelstatuts als besonderer Ausprägung der Eingriffsnormen Bedenken erzeugt. Die „weite" Auslegung des Instituts „Einzelstatut bricht Gesamtstatut" wird in Folge der Europäisierung jedoch nunmehr ohnehin der Rechtsgeschichte überantwortet. Für die EuErbVO erteilt Erwägungsgrund 54 (S. 4) der weiten Auffassung eine eindeutige Absage. Der akademische Schmerz der Vertreter der „engen" Auslegung[151] wird sich somit durch die Europäisierung lindern.

---

[146] MüKo/*Dutta*, Art. 30 EuErbVO, Rn. 1 m. w. N.; *ders.*, RabelsZ 73 (2009), S. 557 f.; BeckOGK/*Schmidt*, Art. 30 EuErbVO, Rn. 1, 13 ff.; *Wilke*, RIW 2012, S. 607 f.; jurisPK/*Ludwig*, Art. 30 EuErbVO, Rn. 1.

[147] Als Regelung von Eingriffsnormen bezeichnen Art. 3a II EGBGB bspw. MüKo/*v. Hein*, Einl. IPR, Rn. 287; *Schurig*, RabelsZ 54 (1990), S. 238; *Stoll*, FS Kropholler, S. 248; *Thoms*, Einzelstatut bricht Gesamtstatut, S. 100 ff.; wohl auch in Bezug auf Art. 3a II EGBGB jurisPK/*Ludwig*, Art. 30 EuErbVO, Rn. 1; *Solomon*, IPRax 1997, S. 86, sieht zumindest Ähnlichkeiten; vgl. auch BT-Drs. 10/504 S. 37.

[148] Grundlegend *BGHZ* 50, S. 63 ff. (noch zu Art. 28a EGBGB a. F.); fortgeführt bspw. in *BGH* IPRax 2005, S. 254 f.

[149] Bspw. NK/*Freitag*, Art. 3a EGBGB Rn. 8; Palandt/*Thorn*, Art. 3a EGBGB, Rn. 6; *Dörner*, IPRax 1994, S. 362 ff.; Erman/*Hohloch*, Art. 3a EGBGB Rn. 10; *Tiedemann*, Internationales Erbrecht in Deutschland und Lateinamerika, S. 50.

[150] *Stoll*, FS Kropholler, S. 249 (*Stoll* akzeptiert jedoch dennoch die Ausweitung der h. M. (S. 250)).

[151] Bspw. *Kegel/Schurig*, IPR, § 12 II.2; *Solomon*, IPRax 1997, S. 83 f.; *Thoms*, Einzelstatut bricht Gesamtstatut, S. 48 f.; Soergel/*Schurig*, Art. 15 EGBGB Rn. 66/Art. 25 EGBGB Rn. 89; *Gottschalk*, Allgemeine Lehren, S. 229 ff.

IV. Sicherheits- und Verhaltensregeln

Einen weiteren Grenzfall bzw. eine weitere Brücke zwischen den Säulen bildet Art. 17 Rom II-VO. Dabei ist zunächst festzuhalten, dass die Berücksichtigung örtlicher Sicherheits- und Verhaltensregeln, zumindest in bestimmtem Umfang, von niemandem bezweifelt wird. Selbst wenn Art. 17 Rom II-VO nicht existieren würde, käme wohl niemand auf die Idee, das deutsche Rechtsfahrgebot auf einen Unfall in England anzuwenden, unabhängig davon, ob ansonsten alle relevanten Anknüpfungsmomente nach Deutschland weisen. Obwohl über dieses grundlegende Ergebnis Einigkeit herrscht, spalten sich auch nach der Kodifikation des Art. 17 Rom II-VO über den dogmatischen Weg die Geister.[152] Teilweise wird der Berücksichtigung örtlicher Sicherheits- und Verhaltensvorschriften (und damit auch Art. 17 Rom II-VO) der kollisionsrechtliche Charakter abgesprochen bzw. im Sinne der Zwei-Stufen-Theorie im Internationalen Privatrecht Art. 17 Rom II-VO bloße Bedeutung für die materiell-rechtliche Ebene eingeräumt.[153] Die „Berücksichtigung" von Verhaltensvorschriften erfolge im Rahmen der Auslegung des Sachrechts. Wenn dieses frage, ob die „erforderliche Sorgfalt" eingehalten wurde oder sich der potentielle Schädiger „verkehrsgerecht verhalten" hat, füllen die Sicherheitsregeln des Handlungsortes diese unbestimmten Rechtsbegriffe aus.[154] Art. 17 Rom II-VO kodifiziert nach dieser Ansicht folglich die „local data"-Lehre *Ehrenzweigs*.[155] Dies führe zu einer faktischen Berücksichtigung der örtlichen Sicherheits- und Verhaltensregeln.[156]

---

[152] Hingewiesen sei darauf, dass die Ansichten nicht immer klar zu trennen sind und sich teilweise überschneiden. So geht z. B. MüKo/*Junker*, Art. 16 Rom II-VO Rn. 31 Fn. 59, wohl davon aus, dass es sich den Sicherheits- und Verhaltensvorschriften um Eingriffsnormen handelt, auf der anderen Seite (MüKo/*Junker*, Art. 17 Rom II-VO Rn. 2) geht er aber davon aus, dass Art. 17 Rom II-VO der „local data"-Regel folgt.

[153] Bspw. BeckOGK/*Maultzsch*, Art. 17 Rom II-VO Rn. 60; MüKo/*Junker*, Art. 17 Rom II-VO Rn. 22.

[154] *v. Hoffmann*, FS Henrich, S. 289.

[155] MüKo/*Junker*, Art. 17 Rom II-VO Rn. 2 (allerdings relativierend in Rn. 23, was ihn in eine enge Nähe zu der hier vertretenen Ansicht rückt); Gebauer/Wiedmann/*Staudinger*, Kap. 38 Rn. 87; *Eckert*, GPR 2015, S. 305; jurisPK/*Engele*, Art. 17 Rom II-VO Rn. 11 ff.; Calliess/*v. Hein*, Art. 17 Rom II-VO Rn. 3; *Leible/Lehmann*, RIW 2007, S. 725; BeckOK/ *Spickhoff*, Art. 17 Rom II-VO Rn. 5; BeckOGK/*Maultzsch*, Art. 17 Rom II-VO Rn. 2 ff.; zu der „local data"-Lehre *Ehrenzweigs* und deren kollisionsnormtechnischen Charakter s. auch bereits oben 2. Kap. E.V.2.

[156] Eine weitere „faktische" Ansicht sieht den Sinn des Art. 17 Rom II-VO lediglich darin, eine Beweisregel bezüglich des Verschuldens des potentiellen Schädigers zu formulieren (so wohl *Symeonides*, 56 Am. J. Comp. L. (2008), S. 213). Das ist aber zu eng, da Art. 17 Rom II-VO nicht nur das Verschulden betrifft (NK/*Lehmann*, Art. 17 Rom II-VO Rn. 5).

Für diese Ansicht wird im Rahmen des Art. 17 Rom II-VO dessen Wortlaut angeführt, der in der Tat von einer faktischen Berücksichtigung spricht und nicht davon, dass diese Verhaltensregeln angewandt werden.[157]

Sowohl der Wortlaut als auch die Ansichten über die „faktische" Berücksichtigung im Rahmen des eigenen Sachrechts verleiten jedoch dazu, den Blick dafür zu verstellen, wie man dogmatisch zu einer Berücksichtigung gelangt. Selbst wenn man von „faktischer" Berücksichtigung im Sachrecht spricht, wird die Frage nach den geltenden Verhaltensstandards in einem ersten Schritt nochmals selbstständig angeknüpft, bevor man das so gefundene Recht „faktisch" berücksichtigen kann. Wie anders als durch eine Kollisionsnorm, die auf die *lex delicti commissi* verweist, oder durch die Deklaration der Verhaltensstandards als Eingriffsnormen sollte denn zu dem bestimmten Recht des Handlungsorts zu gelangen sein? Wer sagt, dass Verhaltensvorschriften im Rahmen des Sachrechts zu berücksichtigen sind, muss in einem zweiten Schritt fragen: die Verhaltensvorschriften welcher Rechtsordnung? Auch wenn die Antwort auf diese Frage trivial erscheint, bedarf es eines kollisionsrechtlichen Vehikels, welches zum Recht des Handlungsortes führt.[158] Der kollisionsrechtliche Charakter der Vorgehensweise nach Art. 17 Rom II-VO selbst bei bloß „faktischer" Berücksichtigung wird überdies dadurch offenbar, dass die fremden Sicherheits- und Verhaltensregeln nach wohl ganz herrschender Ansicht in prozessualer Hinsicht als fremdes Recht und nicht als Tatsache zu behandeln sind.[159] Wenn an der Stelle, an welcher die Unterscheidung zwischen Tatsache und Recht relevant wird, etwas als Recht eingeordnet wird, spricht doch viel dafür, Art. 17 Rom II-VO insgesamt Kollisionsnormcharakter zuzusprechen.

Vor diesem Hintergrund erscheint aber auch eine bloße „Berücksichtigung im Sachrecht" als nicht zielführend. Vielmehr sollte der Systematik gefolgt werden und Art. 17 Rom II-VO als Sicherheits- und Verhaltensregeln betreffende Regelung einer Teilfrage aufgefasst werden.[160] Dem widerspricht der Wortlaut nicht, auch wenn er zunächst in eine andere Richtung weisen mag. Selbst bei

---

[157] Statt vieler BeckOGK/*Maultzsch*, Art. 17 Rom II-VO Rn. 60.

[158] *Schurig*, Kollisionsnorm und Sachrecht, S. 312 f. („auch eine selbstverständliche Regel ist eine Regel"); weitere Nachweise oben 1. Kap. E.V.2.

[159] Bspw. Palandt/*Thorn*, Art. 17 Rom II-VO Rn. 3; *v. Hein*, VersR 2007, S. 446; *Lehmann/Duszek*, JuS 2012, S. 685; BeckOK/*Spickhoff*, Art. 17 Rom II-VO Rn. 5; BeckOGK/*Maultzsch*, Art. 17 Rom II-VO, Rn. 91 (der an selbiger Stelle (und in Rn. 3) auch die „funktionale Vergleichbarkeit" mit einer kollisionsrechtlichen Sonderanknüpfung einräumt); a.A. Gebauer/Wiedmann/*Staudinger*, Art. 17 Rom II-VO Rn. 87.

[160] Ebenso *Pfeiffer*, liber amicorum Schurig, S. 234; *Mankowski*, IPRax 2010, S. 390; *Kegel/Schurig*, IPR, § 1.VIII.2a) (S. 59 f.), allerdings vor Geltung der Rom II-VO. Die Begründung lässt aber darauf schließen, dass sich deren Ansicht wohl nicht aufgrund der Kodifizierung ändern würde.

dem Verständnis als Teilfrage werden die örtlichen Regelungen „faktisch" berücksichtigt – eben als „faktischer" Inhalt einer über die in Art. 17 Rom II-VO enthaltene Kollisionsnorm überhaupt erst ermittelten Sachnorm. Dass Art. 17 Rom II – je nach Verständnis – entweder von einer Ermessensentscheidung oder einer objektiven Abwägung auf Tatbestandsseite abhängt[161], steht dem ebenfalls nicht entgegen. Solche Bestandteile einer Kollisionsnorm mögen zwar ungewöhnlich sein, unmöglich sind sie aber in keinem Fall. Man kann insofern sprechen von einer „unfertigen Kollisionsnorm, die den Gerichten noch Konkretisierungsmöglichkeiten lassen will".[162]

Der Ansicht, die Art. 17 Rom II-VO zumindest eine Nähe zu einer Regelung von Eingriffsnormen zuweist[163], ist allerdings auch in gewissem Maße zuzustimmen. Dies stellt keinen Widerspruch zum eben Gesagten dar. Vielmehr überschneiden sich im Rahmen des Art. 17 Rom II-VO Kollisionsnormaspekte und Eingriffsnormen.[164] Grundsätzlich ordnet Art. 17 Rom II-VO die Anknüpfung der Teilfrage der Sicherheits-und Verhaltensvorschriften an den Handlungsort an. Manche dieser Normen sind allerdings Eingriffsnormen, die über Art. 17 Rom II-VO verwirklicht werden. Insofern nimmt die Regelung auch Eingriffsnormen mit auf.[165] In gewisser Weise handelt es sich bei Art. 17 Rom II-VO damit um eine hybride Norm in dem hier vertretenen Verständnis. Dies wirft die Folgefrage auf, welche der beiden Säulen sich bei einer Kollision im Rahmen des Art. 17 Rom II-VO durchsetzt. Teilweise wird vertreten, Art. 17 Rom II-VO sei in dem Sinne *lex specialis*, dass gegen das Recht des Handlungsorts keine Sicherheits- und Verhaltensnormen der *lex fori* als Eingriffsnormen durchgesetzt werden könnten.[166] Dies erscheint zunächst überzeugend. Art. 17 Rom II-VO regelt explizit den Spezialbereich der Sicherheits-und Verhaltensregeln und hat daher in der Tat den Anschein einer speziellen Regelung der spezifischen Materie. Zweifel kommen an dieser Auslegung aber auf, wenn man bedenkt, dass Art. 17 Rom II-VO die Kodifizierung einer Selbstverständlichkeit ist und daher wohl auch vor diesem Hintergrund ausgelegt werden muss. Werden die selbstverständlichen Gebiete wie die Geltung der örtlichen Straßenverkehrsvorschriften verlassen und gerät man zu anderen Fragen im Rahmen des

---

[161] Für Ermessen bspw. Calliess/*v. Hein*, Art. 17 Rom II-VO Rn. 30; für Zugehörigkeit zum Tatbestand NK/*Lehmann*, Art. 17 Rom II-VO Rn. 80 jeweils m.w.N.

[162] *Pfeiffer*, liber amicorum Schurig, S. 234 (ähnlich auch auf S. 236).

[163] *Roth*, EWS 2011, S. 323; *Sonnenberger*, FS Kropholler, S. 242; NK/*Lehmann*, Art. 17 Rom II-VO Rn. 4 ff.

[164] Ähnlich NK/*Lehmann*, Art. 17 Rom II-VO Rn. 20.

[165] NK/*Lehmann*, Art. 17 Rom II-VO Rn. 20.

[166] MüKo/*Junker*, Art. 16 Rom II-VO Rn. 31; BeckOK/*Spickhoff*, Art. 17 Rom II-VO Rn. 2; *Eckert*, GPR 2015, S. 305.

Anwendungsbereichs des Art. 17 Rom II-VO, wie beispielsweise Verhaltensvorschriften des Kapitalmarkts, erscheint der Vorrang des Art. 17 Rom II-VO nicht mehr so schlüssig. Wieso sollte ohne klaren gesetzlichen Anhaltspunkt Vorschriften der *lex fori*, die aufgrund ihrer Natur als Eingriffsnorm evident wichtig für diesen Staat sein müssen, die Wirkung versagt werden? Man muss jedoch auch nicht den allgemeinen Vorrang des Art. 16 Rom II-VO anordnen[167], um die Eingriffsnormen der *lex fori* zu schützen. Vielmehr erscheint eine flexible Handhabung im Rahmen des Art. 17 Rom II-VO vorzugswürdig. In manchen Fällen ist die Berücksichtigung der Ortsvorschriften eben nicht „angemessen" im Sinne des Art. 17 Rom II-VO, wenn in dem konkreten Fall die Anwendung der forumseigenen Eingriffsnormen vorzugswürdig ist. Damit wäre im konkreten Fall Art. 17 Rom II-VO nicht anwendbar und der Anwendung des Art. 16 Rom II-VO stünde nichts im Weg.

J. Zusammenfassung in Thesenform

Im Folgenden werden trotz der Gefahr, die jedes plakative Vereinfachen eines komplexen Themas in sich trägt, die wesentlichen Ergebnisse in Thesenform zusammengefasst.

1. Das geltende Internationale Privatrecht ist zusammengesetzt aus den drei Säulen der Kollisionsnormen, der Hoheitsinteressen und der wohlerworbenen Rechte.

2. Jeder dieser Säulen sind Rechtsinstitute und Normen zugeordnet, welche sich in der Säule aufgrund bestimmter methodischer und interessentechnischer Gemeinsamkeiten verbinden.

3. Die Säule der Kollisionsnormen entspricht den Gedanken des „klassischen" Internationalen Privatrechts. Sie wird getragen durch den Gedanken der räumlichen Gerechtigkeit und dem der Gleichwertigkeit aller Rechtsordnungen.

4. Die Säule der Hoheitsinteressen dient materiell-rechtlichen Gerechtigkeitserwägungen und Zielvorstellungen als Einfallstor. Das Rechtsinstitut des *ordre public* und die Anwendung von Eingriffsnormen sind die prominentesten dogmatischen Vehikel der Durchsetzung von Hoheitsinteressen.

5. Die dritte Säule trägt dem Gedanken der wohlerworbenen Rechte Rechnung. Sie ist gekennzeichnet durch ihren Fokus auf das Individuum und dient wie die Hoheitsinteressen der Korrektur der Kollisionsnormen.

---

[167] So Rauscher/*Jakob*/*Picht*, Art. 17 Rom II-VO Rn. 3a; Calliess/*v. Hein*, Art. 17 Rom II-VO Rn. 16; wohl auch BeckOGK/*Maultzsch*, Art. 17 Rom II-VO Rn. 87.

6. Die Säulen stehen nicht beziehungslos nebeneinander. Zum einen vereinen sich Gedanken verschiedener Säulen zu „hybriden" Normen. Zum anderen stehen die Säulen und die zugrunde liegenden Gedanken oftmals im Widerspruch. Sie bilden ein System der „checks and balances". Die Auflösung der zwischen ihnen bestehenden Spannung bildet oftmals den Kern der Entscheidung von international-privatrechtlichen Fällen. Einige der größeren Fragen und Fragenkomplexe, in denen dieses Spannungsfeld aktuell wird, sollen im Folgenden zu beantworten versucht werden.

3. Kapitel

Einzelfragen vor dem Hintergrund des Säulenmodells

Rechtliche Systematisierung bleibt akademisches Glasperlenspiel, sofern aus einem System keine Rückschlüsse auf praktische Fragen gezogen werden können. Daher soll nun versucht werden, die praktischen Vorteile des hier vorgeschlagenen Säulenmodells herauszustellen. Dabei werden drei Themen herausgegriffen, deren Praxisrelevanz sich allein daraus ergibt, dass zu ihnen in den letzten Jahren höchstrichterliche Entscheidungen oder neue Gesetze ergangen sind. Namentlich werden die Frage der Behandlung drittstaatlicher Eingriffsnormen im Rahmen der Rom I-VO[1], die kollisionsrechtliche Behandlung der gleichgeschlechtlichen Ehe[2] und der Leih- bzw. Mietmutterschaft erörtert.[3]

Anhand dieser drei Themen soll exemplarisch aufgezeigt werden, wie das Säulenmodell praktische Rechtsanwendung erleichtern kann. An anderer Stelle wurde zudem bereits auf die Bedeutung „wohlerworbener Rechte im europäischen Kreditsicherungsrecht" hingewiesen.[4] Auch wenn dort noch nicht ausdrücklich das Säulenmodell zur Rechtsfindung herangezogen wurde, liegt es stillschweigend den dortigen Ausführungen zu Grunde. Im europäischen Kreditsicherungsrecht streiten ebenfalls alle drei Säulen um Vorrang. Wird eine Sache nach dem Recht des Landes, in welchem sie belegen ist, besichert und wird sie dann in einen anderen Staat verbracht, welcher das Sicherungsrecht nicht kennt, würde das Sicherungsrecht bei strikter Anwendung der Kollisionsnorm der *lex rei sitae* untergehen. Dies wird jedoch teilweise durch den Gedanken der wohlerworbenen Rechte verhindert. Bei abgeschlossenen Tatbeständen hat das Individuum ein Recht an dem Gegenstand erworben, welches bei Grenzübertritt nicht untergehen dürfe. Gegen den Gedanken der wohlerworbenen Rechte streitet auf der anderen Seite jedoch ein Gedanke, der der Säule der Hoheitsinteressen zuzuordnen ist: Über den *ordre public* wird versucht, dem Aufnahmestaat unbekannte Rechtsinstitute abzuwehren. Im Rahmen des europäischen Kreditsicherungsrechts ist dem Aufnahmestaat die Abwehr fremder

---

[1] 3. Kap. A.
[2] 3. Kap. C.
[3] 3. Kap. B.
[4] *Berner*, in: Perspektiven einer europäischen Privatrechtswissenschaft, S. 335 ff. Dazu schon 2. Kap. C.

Kreditsicherungsrechte jedoch in manchen Fällen verwehrt. So verstößt beispielsweise ein Erstarken fremder Kreditsicherungsrechte zum Sicherungsei-
gentum sowie der Untergang deutschen Sicherungseigentums an der Grenze zu
Österreich gegen die Warenverkehrsfreiheit.[5]

Auf einen Aspekt der Wirkungsweise des europäischen Primärrechts im
Rahmen des europäischen Kreditsicherungsrechts soll vorliegend jedoch nochmals eingegangen werden, da das europäische Kreditsicherungsrecht einen gu-
ten Ansatzpunkt für Ausführungen dafür bietet, wieso die Rechtslagenanerkennung lediglich als ein Unterfall des übergreifenden Gedankens der wohlerworbenen Rechte aufgefasst werden sollte und beide Gedanken nicht völlig
deckungsgleich verwendet werden können.[6] Zwar teilen die Rechtslagenanerkennung und die wohlerworbenen Rechte ihren Grundgedanken, also die Anknüpfung an subjektive Rechte beziehungsweise an subjektive Rechtspositionen. Der Gedanke der wohlerworbene Rechte umfasst jedoch mehr als die
Rechtslagenanerkennung. So ist er beispielsweise nicht wie die Rechtslagenanerkennung auf Fälle beschränkt, in denen sich die Rechtslage durch einen behördlichen Akt manifestiert hat.[7] Es wäre im Rahmen der Kreditsicherungsrechte auch gänzlich unverständlich, wieso lediglich registrierte Kreditsicherungsrechte als wohlerworbene Rechte Schutz genießen sollten, unregistrierte
jedoch nicht. Es ist für die Anerkennung wohlerworbener Rechte ferner nicht
unbedingt erforderlich, dass das wohlerworbene Recht aus einem Mitgliedstaat
der Europäischen Union stammt. Beispielsweise kann sich theoretisch aus der
EMRK eine Pflicht zur Anerkennung eines Rechts beziehungsweise einer
Rechtsposition ergeben.[8] Die EMRK schließt aber Fälle mit ein, in denen die zu
schützenden Rechtspositionen aus Drittstaaten stammen. Die Rechtslagenanerkennung auf der anderen Seite ist auf mitgliedsstaatliche Rechtslagen beschränkt.[9] Um nicht Konkretisierungsversuche der Rechtslagenanerkennung
in unpassender Weise auf die gesamte Säule der wohlerworbenen Rechte auszudehnen, sollte der Begriff der Rechtslagenanerkennung daher auf Fälle begrenzt
werden, in welchen sich die Anerkennung wohlerworbener Rechte auf Art. 21
AEUV stützt. Dies hat überdies den Vorteil, dass man dann einen allgemeinen
Teil der Rechtslagenanerkennung entwickeln und sie auf diese Weise präzisie-
ren kann.[10] Für andere Ausprägungen des Schutzes subjektiver Rechte bzw.

---

[5] *Berner*, in: Perspektiven einer europäischen Privatrechtswissenschaft, S. 335 ff.
[6] *Berner*, in: Perspektiven einer europäischen Privatrechtswissenschaft, S. 337 ff.
[7] 3. Kap. B.VI.1.a).
[8] Dazu in Bezug auf Kinder, die im Wege der Leih- oder der Mietmutterschaft gezeugt
wurden, unten 3. Kap. B.VI.2.
[9] 3. Kap. VI.1.b).
[10] In Teilen wird dies in dieser Arbeit versucht, s. 3. Kap. B.VI.1.a).-d). und 3. Kap. C.II.1.c).

Rechtspositionen greift demgegenüber der allgemeine Gedanke der wohlerworbenen Rechte.

Nach dieser Vorrede soll nun auf die erste Einzelfrage eingegangen werden: der Beachtung drittstaatlicher Eingriffsnormen im Internationalen Vertragsrecht. Bei dieser Einzelfrage kommt der Säule der wohlerworbenen Rechte allerdings keine Bedeutung zu. Vielmehr muss im Rahmen drittstaatlicher Eingriffsnormen die Bedeutung von Hoheitsinteressen definiert und gefragt werden, inwiefern auch drittstaatliche Hoheitsinteressen zu berücksichtigen sind und das über Kollisionsnormen gefundene Recht an seiner Anwendung hindern können. Es handelt sich folglich um einen „dualen" Konflikt zwischen zwei der drei Säulen.

A. Drittstaatliche Eingriffsnormen im Internationalen Vertragsrecht

Der Begriff der Hoheitsinteressen bezieht sich in erster Linie auf die Interessen der *lex fori*. Diese kann in bestimmten Fällen das Ergebnis des durch Kollisionsnormen gefundenen Rechts nicht akzeptieren und das eigentlich anwendbare Recht negativ abwehren (beispielsweise über den *ordre public*). Andere materiell-rechtliche Ergebnisse sind der *lex fori* derart wichtig, dass sie die Sachnormen, die dieses Ergebnis aussprechen, generell für nicht disponibel hält und daher diesen Sachnormen als „Eingriffsnormen" zur Durchsetzung verhilft.

Es hat jedoch nicht nur der Gerichtsstaat hoheitliche Interessen. Auch andere Staaten haben ein Interesse an der Durchsetzung ihres Rechts bzw. ihrer Wertvorstellungen. Üblicherweise sind solche Rechts- und Wertvorstellungen vor den Gerichten anderer Staaten nicht zu beachten. Gerichte setzen eben die Wertvorstellungen ihres Rechts und nicht die eines anderen Staates durch.

In einigen Fällen erkennt die deutsche *lex fori* aber die Hoheitsinteressen eines anderen Staates an und verhilft ihnen zur Durchsetzung.[11] Ein Beispiel hierfür ist der Gedanke des Gesamtstatut brechenden Einzelstatuts. Ein anderes Beispiel ist der allgemeine Gedanke der Anerkennung drittstaatlicher Eingriffsnormen.[12] Der Begriff des Drittstaats bezeichnet hierbei nicht einen Staat, wel-

---

[11] Für den Gedanken, dass fremde Hoheitsinteressen – bezogen auf ausländische Eingriffsnormen – nur bei einer entsprechenden Erlaubnis durch die *lex fori* durchgesetzt werden können bspw. *Kegel/Schurig*, IPR, § 2 IV 2; *Maultzsch*, RabelsZ 75 (2011), S. 96.

[12] Dogmatisch betrachtet ist der Fall „Einzelstatut bricht Gesamtstatut", zumindest in seinem Kernbereich, auch ein Fall der Anwendung von Eingriffsnormen (s. o. 2. Kap. I.IV.). Art. 3a II EGBGB bzw. Art. 30 EuErbVO sind somit *lex specialis* zu dem allgemeinen Gedanken der Durchsetzung von Eingriffsnormen.

cher nicht der Europäischen Union angehört, sondern meint jeden Staat mit Ausnahme des Gerichtsortsstaats und des Staats der *lex causae*.

Drittstaatliche Eingriffsnormen haben nicht nur im Vertragsrecht Relevanz, werden aber überwiegend dort aufgrund der Regelung des Art. 9 III Rom I-VO diskutiert. Vergegenwärtigt man sich die Existenz des Art. 9 III Rom I-VO, kann man daraus zunächst auf einen übergreifenden Gedanken schließen. Die Anwendung ausländischer Eingriffsnormen bedarf stets der Gestattung durch die *lex fori*. Die *lex fori* sieht bei der Anwendung ausländischer Eingriffsnormen, dass eine ausländische Rechtsordnung ein berechtigtes Hoheitsinteresse hat und verhilft diesem zur Durchsetzung. Die Gestattung muss dabei nicht ausdrücklich über eine Norm erfolgen. Auch wenn eine solche beispielsweise im Familienrecht nicht existiert, kann man nicht darauf schließen, dass dort in keinem Fall ein drittstaatliches Hoheitsinteresse anerkannt wird.[13] Sofern sich der Gesetzgeber aber zu der Frage geäußert hat, muss man dies anerkennen. Insbesondere müssen etwaig gezogene Grenzen der Anwendung drittstaatlicher Eingriffsnormen beachtet werden.

Betrachtet man den Wortlaut des Art. 9 III Rom I-VO unbedarft, könnte man davon ausgehen, dass dort eine klare Grenze der Anwendung drittstaatlicher Eingriffsnormen niedergelegt ist. Lediglich Eingriffsnormen des Staates, in welchem auch der Erfüllungsort liegt, sind nach dem Wortlaut des Art. 9 III Rom I-VO anzuerkennen. Eingriffsnormen anderer Staaten werden dort nicht erwähnt.

Trotz dieser auf den ersten Blick klaren Regelung ist in der Literatur die Frage aufgekommen, ob Art. 9 III Rom I-VO abschließend ist. Dieser Streit hat durch eine Vorlage des *BAG*[14] nun auch den *EUGH*[15] erreicht. Zur Illustration des Problems wird der Fall im Folgenden verkürzt wiedergegeben[16]:

Herr *Nikiforidis* ist Lehrer an einer griechischen Schule in Deutschland. Im Zuge der Finanzkrise des griechischen Staates wurde dieser durch die „Troika" verpflichtet, seine Staatsfinanzen zu stabilisieren. Daher beschloss Griechenland, die Bezüge seiner Beamten und Angestellten pauschal zu kürzen. Dazu erließ der griechische Staat ein Gesetz, nach welchem allen seinen Beamten und Angestellten die Bezüge gekürzt werden, also auch solchen, die nicht in Griechenland, sondern in einem anderen Land für den griechischen Staat arbeiten.

---

[13] Allerdings sind die Hürden aufgrund der Tatsache, dass dort oftmals heikle gesellschaftliche Fragen geregelt werden, im Familienrecht deutlich höher als im Vertragsrecht. Zur Diskussion über die Anwendung der Regelungen über Leih- bzw. Mietmutterschaft als Eingriffsnormen s. unten 3. Kap. B.IV.

[14] *BAG* NZA 2015, S. 542 ff.

[15] *EuGH*, Urteil vom 18.10.2016 – Rs. C-135/15 (=NJW 2017, S. 141 ff.).

[16] *BAG* NZA 2015, S. 542.

Eine solche Kürzung möchte Herr *Nikiforidis* nicht hinnehmen und klagt vor einem zuständigen deutschen Arbeitsgericht auf Zahlung seiner vollen Bezüge. Er kann sich darauf stützen, dass nach Art. 8 I bzw. II Rom I-VO deutsches Recht auf den Arbeitsvertrag Anwendung findet. Nach deutschem Recht ist jedoch die einseitige Kürzung der Bezüge des Herrn *Nikiforidis* nicht möglich.[17] Die einzige Möglichkeit, dem kürzenden griechischen Gesetz vor deutschen Gerichten Wirkung zuzubilligen, ist seine Anwendung als Eingriffsnorm. Dabei steht man jedoch vor dem vorliegend interessierenden Problem. Zwar kann man mit dem *BAG* durchaus davon ausgehen, dass es sich bei der kürzenden Norm um eine Eingriffsnorm handelt.[18] Da aber auch der Erfüllungsort in Deutschland lag, kam eine Anwendung des griechischen Gesetzes über Art. 9 III Rom I-VO nicht in Betracht. Es stellt sich somit die Frage, ob Art. 9 III Rom I-VO abschließend ist.

Das *BAG* legte dem *EuGH* diese Frage in zwei Schritten vor.[19] Zunächst fragt es, ob Art. 9 III Rom I-VO im Allgemeinen keinen abschließenden Charakter hat und bereits deswegen dem griechischen Gesetz Wirkung verliehen werden kann. Sofern dies nicht der Fall ist, stelle sich die Frage, ob für Eingriffsnormen von Mitgliedstaaten der Europäischen Union in Anbetracht von Art. 4 III EUV etwas anderes gelte. Anhand dieser Prüfungsschritte wird auch die vorliegende Prüfung gegliedert.

I. Der abschließende Charakter des Art. 9 III Rom I-VO im Allgemeinen

Betrachtet man den Art. 9 III Rom I-VO unabhängig vom europäischen Primärrecht, spricht bereits der Wortlaut in Verbindung mit einem Vergleich zum EVÜ stark für einen abschließenden Charakter. Nach dem EVÜ waren ausländische Eingriffsnormen berücksichtigungsfähig (Art. 7 I EVÜ). Zwar war diese Vorschrift in Deutschland nicht anwendbar, weil Deutschland gegenüber dieser Regelung einen Vorbehalt erklärt hatte.[20] Nichtsdestoweniger ist sie die Vorgängernorm des Art. 9 Rom I-VO. In der Rom I-VO findet sich jedoch mit Art. 9 III Rom I-VO eine Norm, die drittstaatliche Eingriffsnormen regelt. Wenn diese

---

[17] *BAG* NZA 2015, S. 543 (Rn. 10).

[18] A.A. *Thomale*, EuZA 2016, S. 118 ff.

[19] *BAG* NZA 2015, S. 543 f. (Rn. 15 f.).

[20] Unter der Geltung des Art. 34 EGBGB war es innerhalb der deutschen Literatur umstritten, ob eine Anwendung oder Berücksichtigung drittstaatlicher Eingriffsnormen möglich ist. Streitig war dies insbesondere, weil Deutschland gegen Art. 7 I EVÜ, der die Anwendung drittstaatlicher Eingriffsnormen ermöglichte, einen zulässigen Vorbehalt erhoben hatte (zum Streitstand vgl. *Kropholler*, IPR, § 52 X).

eine Einschränkung in räumlicher Hinsicht enthält, spricht vieles dafür, dass diese Einschränkung beachtet werden *muss* und die Norm abschließend ist.[21]

Auch systematisch spricht alles für einen abschließenden Charakter. Hinsichtlich Eingriffsnormen der *lex fori* wurden keinerlei Einschränkungen in den Gesetzestext aufgenommen, hinsichtlich drittstaatlicher schon.

Wortlaut, Verhältnis zum EVÜ und Systematik werden durch die Gesetzgebungsgeschichte[22] zu Art. 9 III Rom I-VO unterstützt. Zunächst war in Art. 8 III Rom I-VOE (KOM (2005) 650 endg.) vorgesehen, eine Norm entsprechend dem Art. 7 I EVÜ einzufügen, also die Berücksichtigungsmöglichkeit drittstaatlicher Eingriffsnormen bei einer engen Verbindung zu diesem Staat anzuordnen. Dieser Kommissionsvorschlag stieß jedoch auf heftige Gegenwehr, vor allem aus Großbritannien.[23] In der Rom I-VO findet sich nunmehr nicht mehr die weite Regelung des EVÜ, sondern eine auf die Eingriffsnormen des Staates begrenzte, in welchem sich der Erfüllungsort befindet.[24]

Nun wird teilweise behauptet, eine begrenzende Funktion der Bezugnahme auf den Erfüllungsort lasse sich nicht mit Blick auf den vorhergegangenen, die Anwendung drittstaatlicher Eingriffsnormen relativ weitgehend zulassenden Kommissionsvorschlag begründen.[25] Dies wird durch die Aussage zu untermauen versucht, in den Gesetzesmaterialien finde sich keine explizite Befassung hierzu. Der europäische Gesetzgeber habe somit keinen Willen geäußert, Art. 9 III Rom I-VO als abschließende Norm aufzufassen.[26]

Dieser Auffassung ist insoweit zuzustimmen, als dass ein gesetzgeberischer Wille lediglich dann berücksichtigt werden kann, wenn er sich auf irgendeine Weise im Gesetzgebungsprozess manifestiert hat. Eine solche Manifestation ist jedoch gegeben. Sie liegt in der Diskrepanz zwischen dem Kommissionsvorschlag und der Regelung in Art. 9 III Rom I-VO. Unter dem Eindruck der Tatsache, dass der Kommissionsvorschlag als zu weit kritisiert wurde und in Art. 9 III Rom I-VO dann eine eingeschränkte Regelung kodifiziert wurde, lässt sich

---

[21] *Mankowski*, IPRax 2016, S. 486; *ders.*, IHR 2008, S. 148.

[22] Dazu ausführlich bspw. *Hauser*, Eingriffsnormen, S. 57 ff.

[23] *Ministry of Justice*, Consultation Paper CP05/08 (vom 02.04.2008), Rome I – Should the UK opt in? (zitiert nach *Köhler*, Eingriffsnormen, S. 265); aus der englischen Literatur bspw. *Dickinson*, J. of. Priv. Int. Law 3 (2007), S. 53 ff.

[24] Aufgrund der Einschränkungen bei Berücksichtigung ausländischer Eingriffsnormen, die nachträglich eingeführt wurden, können aus der liberalen Haltung und der dementsprechenden Argumentation in Grünbuch und Kommissionsbegründung keine Argumente für eine fehlende Sperrfunktion des Art. 9 III Rom I-VO gezogen werden (damit argumentiert jedoch *Thomale*, IPRax 2013, S. 379; *ders.*, EuZA 2016, S. 123; wie hier *Mankowski*, IPRax 2016, S. 487).

[25] Bspw. *Köhler*, Eingriffsnormen, S. 265 ff.

[26] *Köhler*, Eingriffsnormen, S. 265.

wohl eindeutig auf die Kausalität der Kritik schließen. Ferner wurde die ursprüngliche Regelung nicht nur kritisiert, Großbritannien hätte bei einer weitgehenderen Regelung zu ausländischen Eingriffsnormen wohl nicht einmal von seiner *opt in*-Möglichkeit Gebrauch gemacht.[27] Will man die erreichte politische Einigung nicht konterkarieren, muss man aus der Kausalität eine Sperrwirkung schließen.[28]

Die hier erfolgte historische Auslegung hinsichtlich der Sperrwirkung des Art. 9 III Rom I-VO wird wiederum durch den Wortlaut des Art. 9 III Rom I-VO unterstützt, der fast wortgleich dem fast 100 Jahre alten Urteil eines englischen Gerichts entnommen ist.[29] Zwar kann die englische Rechtsprechung aufgrund der Pflicht zur autonomen Auslegung des Art. 9 III Rom I-VO nicht auf letztere Norm übertragen werden.[30] Es ist aber durchaus bezeichnend, dass die englische Regelung eingefügt wurde, nachdem Großbritannien an der zu weiten Fassung Kritik geäußert hatte.

Nach alledem kann man davon ausgehen, dass der europäische Gesetzgeber die Berücksichtigung fremder Hoheitsinteressen im Internationalen Vertragsrecht bewusst beschränkt hat. Es sind daher – insofern in Übereinstimmung mit dem *EuGH*[31] – im Internationalen Vertragsrecht drittstaatliche Eingriffsnormen ausschließlich dann anzuwenden, wenn der Erfüllungsort in ebendiesem Staat liegt.[32]

---

[27] 13035/ADD 4 (22.9.2006) (United Kingdom); *Ministry of Justice, Rome I – Should the UK Opt in?*, Consultation Paper CP05/98 para. 77 (2.4.2008) (zitiert nach *Köhler*, Eingriffsnormen, S. 265); *Freitag*, IPRax 2009, S. 110.

[28] *Mankowski*, IPRax 2016, S. 486 f.; insoweit ebenso wohl auch *EuGH* NJW 2017, S. 142 f. (Rn. 40 ff.).

[29] *Ralli Brothers v. Compania Naviera Sota y Aznar* [1920] 2 K.B. 287.

[30] Statt aller *Freitag*, IPRax 2009, S. 110 f.

[31] *EuGH* NJW 2017, S. 142 f. (Rn. 40 ff.).

[32] Ebenso *Mankowski*, IPRax 2016, S. 486; *ders.*, IHR 2008, S. 148; BeckOGK/*Maultzsch*, Art. 9 Rom I-VO Rn. 153 ff.; HK-BGB/*Staudinger*, Art. 9 Rom I-VO Rn. 12; Gebauer/Wiedmann/*Nordmeier*, Kapitel 37 Rn. 93; MüKo/*v. Hein*, Einl. IPR Rn. 289; NK/*Doehner*, Art. 9 Rom I-VO Rn. 52; *Günther*, Anwendbarkeit ausländischer Eingriffsnormen, S. 173 ff.; *Maultzsch*, RabelsZ 75 (2011), S. 98 f.; *Deinert*, Internationales Arbeitsrecht, § 10 Rn. 161; *ders.*, Symposium Mohrenfels, S. 118; *Magnus*, IPRax 2010, S. 41 f.; jurisPK/*Ringe*, Art. 9 Rom I-VO Rn. 27; *Freitag*, IPRax 2009, S. 115; Reithmann/Martiny/*ders.*, Internationales Vertragsrecht, Rn. 5.36, 5.131; *Tehrani*, VersR 2016, S. 94; *Hauser*, Eingriffsnormen, S. 114 ff.; Rauscher/*Thorn*, Art. 9 Rom I-VO Rn. 61, 81; wohl auch Staudinger/*Magnus*, Art. 9 Rom I-VO Rn. 123 f.; a. A. (nicht abschließender Charakter des Art. 9 III Rom I-VO) *Köhler*, Eingriffsnormen, S. 267 ff.; *ders.*, IPR, Rn. 209; *ders.*, in: Internationale Dimensionen des Wirtschaftsrechts, S. 218 ff.; *Thomale*, IPRax 2013, S. 379; *ders.*, EuZA 2016, S. 123 f.; BeckOK/*Spickhoff*, Art. 9 Rom I-VO Rn. 30; Spindler/Schuster/*M.-P. Weller/Nordmeier*, Recht der elektronischen Medien, Art. 9 Rom I-VO Rn. 6; *Pötting*, Beachtung forumsfremder Eingriffsnormen, S. 147; Calliess/*Renner*, Art. 9 Rom I-VO Rn. 34; Erman/*Hohloch*, Art. 9 Rom I-VO Rn. 27; *Siehr*, RdA 2014, S. 209; *Martiny*, ZEuP 2010, S. 780; *Rühl*, FS Kropholler,

Das kann man *de lege ferenda* durchaus bedauern.[33] Gerade der dargestellte Ausgangsfall zeigt, dass in manchen Fällen ein Bedürfnis nach der Anwendung drittstaatlicher Eingriffsnormen existiert. Dieses Bedürfnis könnte im Verhältnis zu anderen europäischen Mitgliedsstaaten über Art. 4 III EUV zu stillen sein.

II. Die Bedeutung des Art. 4 III EUV

Das klare Ergebnis der Auslegung wird im dargestellten Ausgangsfall, also in einem Fall, in welchem es sich um mitgliedsstaatliche Eingriffsnormen handelt, teilweise mit Hinweis auf den Grundsatz der loyalen Zusammenarbeit, Art. 4 III EUV, in Frage gestellt.[34] Dabei ist zunächst festzustellen, dass Art. 4 III EUV über die unmittelbare Wortlautbedeutung hinaus Treuepflichten zwischen den einzelnen Mitgliedsstaaten schafft.[35]

Man muss allerdings überlegen, ob eine Berufung auf Art. 4 III EUV im Ausgangsfall bereits deswegen ausscheidet, weil sich die Pflicht zur Umsetzung des zu Einsparungen zwingenden Beschlusses lediglich an Griechenland richtet.[36] Man könnte daher argumentieren, dass der Beschluss keinerlei Rechtswirkungen für Deutschland haben kann und man eine solche Rechtswirkung faktisch begründete, nähme man eine Pflicht zur Anwendung griechischen Rechts im vorliegenden Fall an. Diese Argumentation ist aber nicht zwingend. Zwar hat

---

S. 206 f.; *Einsele*, WM 2009, S. 296; *Hellner*, J. of Priv. Int. Law 5 (2009), S. 469 f.; *Rentsch*, in: Konstitutionalisierung in Zeiten globaler Krisen, S. 297; *Franzen/Gallner/Oetker/Krebber*, Art. 9 Rom I-VO Rn. 15; Jauernig/*Mansel*, vor Art. 1 Rom I-VO Rn. 57; wohl auch Prütting/Wegen/Weinreich/*Remien*, Art. 9 Rom I-VO Rn. 45 f. und *M.-P. Weller*, Die Grenze der Vertragstreue von (Krisen-)Staaten, S. 44; die praktische Umsetzung der Annahme des nicht abschließenden Charakters divergiert zwischen den Vertretern der a. A. Nach manchen ist trotz Art. 9 III Rom I-VO eine Sonderanknüpfung möglich. Andere greifen zurück auf eine Berücksichtigung im Rahmen der *lex causae* (zu letzterem s. sogleich).

[33] Ein Ausdruck des Bedauerns kann man auch darin sehen, dass Generalanwalt *Szpunar* im dargestellten Ausgangsfall versucht, Griechenland als „Erfüllungsort" des Vertrags anzusehen (*Szpunar*, 20.4.2016, C-135/15, BeckEuRS 2016, 472004, Rn. 91 ff.). Das scheint jedoch den Begriff des Erfüllungsorts, auch wenn man ihn sehr weit auslegt, zu überspannen. Inwiefern irgendeine Leistung eines Vertrags über Lehrleistungen an einer deutsche Schule in Griechenland zu erfüllen sind, ist nicht ersichtlich. Zur rechtspolitischen Diskussion s. BeckOGK/*Maultzsch*, Art. 9 Rom I-VO Rn. 102 ff. (m. w. N.).

[34] Für Verstoß gegen Art. 4 III EUV *W.-H. Roth*, FS Dauses, S. 331 ff.; *ders.*, in: Europäische Kollisionsrechtsvereinheitlichung, S. 43 ff.; *ders.*, EWS 2011, S. 326 f.; im Fall einer grundlegenden Wertungskonvergenz ebenfalls *Remien*, FS Hoffmann, S. 340 f.; vor Inkrafttreten der Rom I-VO für eine Pflicht aus Art. 10 EGV a. F. (nach der hier vertretenen Ansicht aufgrund der klaren Regelung überholt) bspw. *Fetsch*, Eingriffsnormen und EG-Vertrag, S. 319 ff.

[35] Statt vieler *EuGH* Slg. 1980, 2443 ff., Rn. 46 ff.; *Geier*, Internationales Privat- und Verfahrensrecht in föderalen Systemen, S. 30 ff.

[36] Generalanwalt *Szpunar*, 20.4.2016, C-135/15, BeckEuRS 2016, 472004, Rn. 122.

der Beschluss lediglich Rechtswirkung gegenüber Griechenland. Man könnte aber durchaus annehmen, dass Deutschland seine Treuepflicht verletze, wenn es Griechenland durch die Anwendung deutschen Rechts die Umsetzung des Beschlusses erschweren würde.

Nach Generalanwalt *Szpunar* scheidet eine Bedeutung des Grundsatzes loyaler Zusammenarbeit jedoch aufgrund des Charakters des Kollisionsrechts als Verweisungsrechts aus.[37] In der Sache bedeute nicht der Verweis auf deutsches Recht, sondern dessen Anwendung einen möglichen Verstoß gegen den Gedanken der loyalen Zusammenarbeit. Auf den ersten Blick erinnert das Argument stark an die seit dem „Spanier-Beschluss" des *BVerfG*[38] für das deutsche Verfassungsrecht überholte Ansicht, die mit ebendieser Begründung gegen einen Einfluss von Grundrechten auf das Kollisionsrecht kämpfte. Den Ausgang über den Vorlagefall entscheidet auch durchaus die Auslegung der Frage, ob über Art. 9 III Rom I-VO hinaus Eingriffsnormen anderer Staaten als dem des Erfüllungsorts Anwendung finden können. Zuzugeben ist allerdings, dass die Äußerung des Generalanwalts vor dem Hintergrund der Annahme einer nicht abschließenden Regelung durch Art. 9 III Rom I-VO ergangen ist.[39] Folgt man dem Generalanwalt dahingehend, dass Art. 9 III Rom I-VO es nicht ausschließt, fremde Eingriffsnormen auf materiell-rechtlicher Ebene zu berücksichtigen (dazu sogleich), ist die Frage nach der Bedeutung ausländischer Eingriffsnormen im Rahmen des nationalen Bürgerlichen Rechts keine Frage der Auslegung des Unionsrechts. Verortet man das Problem der Auslegung jedoch wie hier auf der Ebene der Rom I-VO, trägt das Argument nicht, das IPR sei als bloßes Verweisungsrecht neutral, entscheide nicht in der Sache und sei daher primärrechtlich irrelevant.

Die Anwendung von Art. 4 III EUV erscheint aber deshalb bedenklich, weil sich aus dem Beschluss 2010/320 der Kommission keine Pflicht zur generellen Kürzung der Lehrergehalte an griechischen Schulen ergibt.[40] Zwar hat Griechenland im Rahmen seines Ermessensspielraums eine generelle Kürzung durchgesetzt, um den Erfordernissen des Sparbeschlusses nachzukommen. Es bestand aber keine unionsrechtliche Pflicht speziell zur Kürzung der Bezüge von in Deutschland beschäftigten Lehrern. Daher verletzt Griechenland keine unionsrechtliche Pflicht, wenn die Bezüge von Herrn *Nikiforidis* nicht gekürzt werden können. Eine von dieser abgeleiteten Treuepflicht der Unterstützung Griechenlands bei der Umsetzung einer europäischen Vorgabe kann daher ebenfalls nicht angenommen werden.[41]

---

[37] Generalanwalt *Szpunar*, 20.4.2016, C-135/15, BeckEuRS 2016, 472004, Rn. 116 ff.
[38] *BVerfG* NJW 1971, S. 1509 ff.
[39] Generalanwalt *Szpunar*, 20.4.2016, C-135/15, BeckEuRS 2016, 472004, Rn. 97 ff.
[40] Generalanwalt *Szpunar*, 20.4.2016, C-135/15, BeckEuRS 2016, 472004, Rn. 123.
[41] Staudinger/*Magnus*, Art. 9 Rom I-VO Rn. 123.

Die fehlende Bedeutung des Art. 4 III EUV im Kontext drittstaatlicher Eingriffsnormen folgt ferner aus einer anderen Überlegung. Einigen sich die Organe der Europäischen Union darauf, eine Verordnung zu erlassen, und legen sie wie im Falle des Art. 9 III Rom I-VO eine Regelung ausdrücklich fest, kann diese Regelung nicht mit einem bloßen Verweis auf den Grundsatz loyaler Zusammenarbeit überwunden werden.[42] Vielmehr würde es den Grundsatz loyaler Zusammenarbeit konterkarieren, wendete man drittstaatliche Eingriffsnormen an. Man würde die gefundene Einigung auf die getroffene Regelung aushebeln und den Interessen der Mitgliedstaaten missachten, die zu dieser politischen Einigung geführt haben. Loyale Zusammenarbeit setzt voraus, dass man sich an getroffene Vereinbarungen hält.[43] Wird in einem Sekundärrechtsakt wie in Art. 9 III Rom I-VO eine ausdrückliche Regelung gefunden, ist diese mithin vorrangige *lex specialis*.[44] Daher kann Art. 4 III EUV nicht für die Umgehung des Art. 9 III Rom I-VO herangezogen werden.[45]

III. Bedeutung und Reichweite der Sperrwirkung des Art. 9 III Rom I-VO

Folgt man der hier angenommenen Sperrwirkung für Eingriffsnormen von Staaten, in denen nicht der Erfüllungsort liegt, darf diese in Deutschland nicht durch einen Rückgriff auf die Rechtsprechung des *BGH* vor Einführung der Rom I-VO ausgehöhlt werden. Der *BGH* lehnte zwar eine Sonderanknüpfung fremder Eingriffsnormen ab, berücksichtigte sie jedoch im Rahmen der deut-

---

[42] *EuGH* NJW 2017, S. 144 f. (Rn. 54).

[43] Ebenso wohl MüKo/*Martiny*, Art. 9 Rom I-VO Rn. 32; Ähnlich *Hauser*, Eingriffsnormen, S. 144 f.; für eine Pflicht aus Art. 4 III EUV zur Umsetzung des europäischen Sekundärrechts vergleiche bspw. Callies/Ruffert/*Callies/Kahl/Puttler*, Art. 4 EUV, Rn. 79.

[44] Das dürfte auch auf der Linie der *EuGH*-Rechtsprechung liegen, vgl. bspw. EuGH Slg. 2006, I-9881 Rn. 40; vgl. übereinstimmend auch *Mauer*, jurisPR ArbR 42/2015 Anm. 3 (C.) und Grabitz/Hilf/Nettesheim/*v. Bogdandy/Schill*, Art. 4 EUV Rn. 66.

[45] *EuGH* NJW 2017, S. 144 f. (Rn. 54); ebenso MüKo/*Martiny*, Art. 9 Rom I-VO Rn. 32; HK-BGB/*Staudinger*, Art. 9 Rom I-VO Rn. 12; *Thomale*, EuZA 2016, S. 120 f.; Reithmann/Martiny/*Freitag*, Internationales Vertragsrecht, Rn. 5.41; *Köhler*, Eingriffsnormen, S. 294 ff. (allerdings für eine aus Rom I- und II-VO abgeleitete sekundärrechtliche Anwendungspflicht (S. 309 ff.)); *Geier*, Internationales Privat- und Verfahrensrecht in föderalen Systemen, S. 157 ff. (nach *Geier* kann die Anwendung mitgliedsstaatlicher Eingriffsnormen sogar teilweise gegen den Grundsatz der loyalen Zusammenarbeit verstoßen (S. 149 f.)); wohl auch *Sonnenberger*, in: Brauchen wir eine Rom 0-VO?, S. 442 und Prütting/Wegen/Weinreich/*Remien*, Art. 9 Rom I-VO Rn. 32 f.; für den Ausgangsfall gleich, teilweise aber anders, da Art. 4 III EUV anwendbar sei, sofern das Erlassen der Eingriffsnorm eine unionsrechtliche Pflicht darstellt Staudinger/*Magnus*, Art. 9 Rom I-VO Rn. 123.

schen *lex causae*, beispielsweise im Rahmen des § 138 BGB.[46] Eine solche Berücksichtigung der „rechtlichen Auswirkungen" der Eingriffsnormen würde die in Art. 9 III Rom I-VO gefundene Regelung konterkarieren.[47] Sie wäre auch vor dem Hintergrund des europäischen *effet utile* sehr bedenklich.[48] Dass der Generalanwalt *Szpunar*[49] und der *EuGH*[50] dies anders sahen, enttäuscht insbesondere deswegen, weil der *EuGH* all die Argumente nennt, die gegen eine Durchsetzung drittstaatlicher Eingriffsnormen über Art. 9 III Rom I-VO hinaus sprechen. Wie aber dann das Ergebnis, welches nach der Rom I-VO gerade verhindert werden sollte, über eine „materiell-rechtliche Berücksichtigung" erreicht werden soll, erschließt sich nicht. Daher muss Art. 9 III Rom I-VO *in rechtlicher Hinsicht* auch im materiellen Recht Sperrwirkung entfalten.

Eine Sperrwirkung *in rechtlicher Hinsicht* anzunehmen bedeutet jedoch nicht, die tatsächlich existierenden *faktischen Wirkungen* von Eingriffsnormen zu übergehen.[51] Es kann durchaus vorkommen, dass Eingriffsnormen fremder Staaten faktische Auswirkungen auf die Vertragsabwicklung haben. So kann beispielsweise ein Erfüllungsverbot in einem Drittstaat dazu führen, dass eine der Parteien ihrer Leistungspflicht faktisch nicht nachkommen kann. Diese Tatsache führt zur Unmöglichkeit der Leistungserfüllung im Sinne des § 275 BGB. Tatsachen kann eine Rechtsordnung nicht ignorieren. Man muss jedoch in jedem einzelnen Fall prüfen, ob es sich um die Berücksichtigung von geschaffenen Tatsachen handelt oder ob fremde Eingriffsnormen „durch die Hintertür" *rechtlich* berücksichtigt werden.

---

[46] Statt vieler *BGH* NJW 1972, S. 1575 ff.

[47] Statt vieler *Freitag*, IPRax 2009, S. 115; vgl. auch die unter 3. Kap. Fn. 32 gegen eine Sperrwirkung des Art. 9 III Rom I-VO Genannten. Von diesen geht jedoch *Köhler*, Eingriffsnormen, S. 269, davon aus, dass zwar der Verweis auf das Recht des Erfüllungsortes nicht abschließend ist, bei Annahme einer abschließenden Regelung aber auch der Rückgriff auf die sachrechtliche „Berücksichtigung" ausgeschlossen ist.

[48] Anders *Siehr*, RdA 2014, S. 209, der die Ausweitung auf drittstaatliche, mitgliedsstaatliche Eingriffsnormen gerade unter dem Gesichtspunkt des *effet utile* propagiert. Der *effet utile* bezieht sich aber ausschließlich auf das Unionsrecht und nicht auf nationales Recht der Mitgliedsstaaten (*Potacs*, EuR 2009, S. 465 ff.).

[49] *Szpunar*, 20.4.2016, C-135/15, BeckEuRS 2016, 472004, Rn. 97 ff.

[50] *EuGH* NJW 2017, S. 143 f. (Rn. 51 ff.); anders – Absage an die Rechtsprechung des *BGH* – interpretieren den *EuGH* *Mansel/Thorn/Wagner*, IPRax 2017, S. 32; wie hier *Pfeiffer*, IWRZ 2017, S. 38, und *Duden*, EuZW 2016, S. 943.

[51] Wie hier *Freitag*, IPRax 2009, S. 115; *Mankowski*, IPRax 2016, S. 489 ff.; Reithmann/Martiny/*ders.*, Internationales Vertragsrecht, Rn. 5.131; Rauscher/*Thorn*, Art. 9 Rom I-VO Rn. 81; BeckOGK/*Maultzsch*, Art. 9 Rom I-VO Rn. 157; *ders.*, EuZA 2017, S. 248 ff.; wohl auch Staudinger/*Magnus*, Art. 9 Rom I-VO Rn. 124 und *Günther*, Anwendbarkeit ausländischer Eingriffsnormen, S. 175 ff.; a. A. wohl NK/*Doehner*, Art. 9 Rom I-VO Rn. 52 (insb. auch Fn. 120), der eine Sperrwirkung auch in den Fällen annimmt, die hier ausgenommen wurden; ebenso *Hauser*, Eingriffsnormen, S. 114 ff.

IV. Ergebnis

Art. 9 III Rom I-VO prädeterminiert das Verständnis der Beachtung fremder Hoheitsinteressen im Bereich des Internationalen Vertragsrechts. Er beschreibt abschließend, in welchen Fällen des Internationalen Vertragsrechts fremden Hoheitsinteressen Wirkung zugebilligt wird.

Drittstaatliche Eingriffsnormen, die nicht dem Staat des Erfüllungsortes entstammen, können daher im Rahmen der Rom I-VO nicht berücksichtigt werden. Art. 9 III Rom I-VO entfaltet somit sowohl auf kollisionsrechtlicher als auch auf materiell-rechtlicher Ebene Sperrwirkung. Nichts anderes gilt für mitgliedsstaatliche Eingriffsnormen. Aus dem Primärrecht kann keine Pflicht zur Anwendung von solchen Eingriffsnormen über den Wortlaut des Art. 9 III Rom I-VO hinaus abgeleitet werden.

Die auf die Eingriffsnormen bezogenen Auslegungsfragen des *BAG* hätte der *EuGH* nach alledem negativ beantworten und dem Votum des Generalanwalts nicht folgen sollen. Wünschenswert wäre, dass der *EuGH* seine Aussagen dahingehend modifizierend klarstellt, dass eine Berücksichtigung lediglich in Bezug auf faktische Wirkungen von drittstaatlichen Eingriffsnormen möglich ist, nicht jedoch in Bezug auf deren rechtliche Wirkungen

Den Ausgangsfall, in dem die Berücksichtigung der griechischen Spargesetze sicher das politisch gewollte und wohl auch das *de lege ferenda* vorzuziehende Ergebnis darstellt, hätte man auf andere Weise lösen können, wie die – bislang unterschlagene – erste Vorlagefrage des *BAG* zeigt. Diese erste Vorlagefrage bezog sich auf die intertemporale Anwendbarkeit der Rom I-VO. Nach Art. 28 Rom I-VO ist die Verordnung auf Verträge anwendbar, die ab dem 17.12.2009 geschlossen wurden. Da der Vertrag mit Herrn *Nikiforidis* bereits 1996 geschlossen wurde, scheint die Rom I-VO unanwendbar zu sein.[52] Allerdings kann man in Bezug auf Dauerschuldverhältnisse überlegen, ob es stets auf den ursprünglichen Vertragsschluss ankommt oder ob spätere Umstände, die den Arbeitsvertrag modifizieren, zu einem neuen „Vertragsschluss" führen. Unabhängig davon, ob man diese Frage mit dem Generalanwalt nach der über Art. 10 I Rom I-VO potentiell anwendbaren *lex causae* beantwortet[53], sie nach dem potentiellen Vertragsstatut des früheren Rechts klärt[54] oder ob man – wohl vorzugswürdig – eine autonome Auslegung des Begriffs „geschlossen" vorzieht[55], wird man wohl lediglich dann von der Anwendbarkeit der Rom I-VO

---

[52] *ArbG Nürnberg*, Schlussurteil vom 30.03.2012 – 10 Ca 59/11 (BeckRS 2015, 66709).

[53] Generalanwalt *Szpunar*, 20.4.2016, C-135/15, BeckEuRS 2016, 472004, Rn. 40 ff.; ebenso *Pfeiffer*, EuZW 2008, S. 622.

[54] Dafür MüKo/*Martiny*, Art. 28 Rom I-VO Rn. 3.

[55] Palandt/*Thorn*, Art. 28 Rom I-VO Rn. 2; BeckOK/*Spickhoff*, Art. 29 Rom I-VO Rn. 2.

ausgehen können, wenn sich die Parteien nach dem 17.12.2009 auf rechtsgeschäftliche Vertragsänderungen, die zu einer substanziellen Änderung des Vertrags geführt haben, geeinigt haben.[56] Alles andere würde dem Wortlaut des Art. 28 Rom I-VO nicht gerecht. Zudem bestünde – worauf auch der *EuGH* abstellt[57] – eine nicht hinnehmbare Rechtsunsicherheit, wenn man, wie das *BAG* erwägt[58], „Änderungen" wie die Fortsetzung des Arbeitsverhältnisses nach Vertragsbruch genügen ließe.[59] Letztlich könnten durch ein Aufweichen der Erfordernisse des Art. 28 Rom I-VO dem Arbeitgeber intertemporale Manipulationsmöglichkeiten eingeräumt werden.

Eine solche zumindest zu fordernde substanzielle Änderung des Vertrages lässt sich den Tatsachenschilderungen der drei nationalen Sachverhaltsschilderungen nicht entnehmen.[60] Hat es eine solche auch tatsächlich nicht gegeben, ist die Rom I-VO bereits intertemporal nicht anwendbar, sodass die beiden anderen Vorlagefragen des *BAG* nicht mehr streiterheblich wären. Aufgrund der letztlich bestehenden Unsicherheit über die Frage der intertemporalen Anwendbarkeit der Rom I-VO ist dem *EuGH* jedoch nicht vorzuwerfen, dass er die Frage hiernach offen gelassen hat und die Fragen zu den drittstaatlichen Eingriffsnormen beantwortet hat.

Nichtsdestoweniger hätte durch das Verneinen der intertemporalen Anwendbarkeit der Rom I-VO ein wohl rechtspolitisch gewolltes Ergebnis erreicht werden können, ohne das der Rom I-VO zugrunde liegende Verständnis des Einflusses fremder Hoheitsinteressen auszuhöhlen und damit ohne auf eine – insbesondere im Hinblick auf die Gewaltenteilung – bedenkliche Auslegung des Art. 9 III Rom I-VO zu rekurrieren. Visualisiert man die entscheidungserheblichen Interessen anhand des Säulenmodells, hätte eine solche Auslegung verhindert werden können. Das Säulenmodell hilft dabei aufzudecken, dass die Anerkennung fremder Hoheitsinteressen immer einer Überleitung der eigenen Rechtsordnung bedarf. Existiert eine solche nicht und gibt es – wie mit Art. 9 III Rom I-VO – sogar eine Norm, welche die Anerkennung eindeutig einschränkt, darf man sich nicht über die Aussagen der Rechtsordnung hinwegsetzen und fremde Eingriffsnormen anwenden.

---

[56] *Deinert*, Internationales Arbeitsrecht, § 2 Rn. 10; *Wurmnest*, EuZA 2009, S. 486; wohl auch *Thomale*, EuZA 2016, S. 122; a. A. *Siehr*, RdA 2014, S. 208 f., der annimmt, dass Art. 9 Rom I-VO ab dem 17.12.2009 unabhängig davon Anwendung findet, ob der Vertrag an sich der Rom I-VO untersteht.

[57] *EuGH* NJW 2017, S. 142 (Rn. 35 f.).

[58] *BAG* BeckRS 2015, 66693 Rn. 11.

[59] *Thomale*, EuZA 2016, S. 122.

[60] *ArbG Nürnberg*, Schlussurteil vom 30.03.2012 – 10 Ca 59/11 (BeckRS 2015, 66709); *LAG Nürnberg*, Urteil vom 25.09.2013 – 2 Sa 253/12 (BeckRS 2015, 66710); *BAG*, Beschluss vom 25.02.2015 – 5 AZR 962/13 (BeckRS 2015, 66693).

B. Leih- und Mietmutterschaft im Internationalen Privatrecht

I. Einführung

Technologischer Fortschritt ist der Tod altbekannter Weisheiten. Der Ausspruch „mater semper certa est" ist eine davon. Was im römischen Recht noch selbstverständlich war[61], ist es heute nicht mehr. Der medizinische Fortschritt erlaubt es, dass Paare, denen die Zeugung eines Kindes auf natürlichem Wege verwehrt ist, „ihr" Kind durch eine Dritte austragen lassen können. Dies führt unter anderem zu der Frage, wer nun Mutter des Kindes ist. Ist es die Frau, die das Kind ausgetragen hat, oder die, die es „in Auftrag gegeben hat"?[62] Das deutsche Sachrecht hat sich klar positioniert. In § 1591 BGB hat der Gesetzgeber eindeutig festgelegt, dass stets die Frau Mutter ist, welche das Kind geboren hat – also die Leih- bzw. Mietmutter. Flankiert wird diese Regelung des bürgerlichen Rechts durch das Strafrecht, welches zwar weder die Leih- noch die Mietmutterschaft als solche ausdrücklich verbietet, aber die künstliche Befruchtung einer Leih- oder Mietmutter unter Strafe stellt[63], was einem Verbot in praktischer Hinsicht gleichkommt. Zudem hat der Gesetzgeber die Vermittlung von Leihmüttern sanktioniert.[64]

Die Rechtslage verliert jedoch ihre Klarheit, sobald der Fall eine internationale Komponente erhält. In einigen Rechtsordnungen ist es möglich, dass im Fall einer Leih- bzw. Mietmutterschaft die Wunschmutter rechtliche Mutter wird.[65] Dies wirft die Frage auf, inwieweit der rechtlichen Zuordnung des Kindes zur Wunschmutter in Deutschland zu folgen ist. Aufgeworfen werden kann dieses Problem nicht nur im Internationalen Privatrecht, sondern auch im Internationalen Zivilverfahrensrecht, da die Zuordnung des Kindes zuweilen gerichtlich festgestellt werden muss.[66] In letzterem Fall stellt sich die Frage, ob die gerichtliche Entscheidung des Erststaats anzuerkennen ist. Einen Fall dieser Art hatte der *BGH* bereits zu entscheiden.[67] Dabei ist er davon ausgegangen, dass die in Kalifornien ergangene Entscheidung anzuerkennen war. Insbesondere hat er

---

[61] S. Dig. 2, 4, 5.

[62] Daneben ist oftmals fraglich, wer Vater dieses Kindes ist. Gerade wenn die Leih- bzw. Wunschmutter verheiratet ist, kann es durchaus sein, dass zunächst der Mann der Leihmutter als Vater angesehen wird (so wäre es bspw. nach deutschem Sachrecht (§ 1592 Nr. 1 BGB)).

[63] § 1 I Nr. 7 ESchG.

[64] § 13c AdVermG.

[65] Rechtsvergleichender Überblick bei *Helms*, StAZ 2013, S. 114 ff.; *Duden*, Leihmutterschaft, S. 74 ff.

[66] Bspw. in England durch *parental order* (dazu *Duden*, Leihmutterschaft, S. 80 f.).

[67] *BGH* NJW 2015, S. 479 ff.

keinen Verstoß gegen den anerkennungsrechtlichen *ordre public* feststellen können.[68]

Vorliegend sind die Fälle der Anerkennung gerichtlicher Entscheidungen auszublenden, da sich das hier vorgestellte Säulenmodell lediglich auf das Internationale Privatrecht und nicht auf das Internationale Zivilverfahrensrecht bezieht. Es bleibt eine zweite Art von Fällen; Fälle, in denen die Abstammung von der Wunschmutter nicht gerichtlich festgestellt wurde. In diesen stellen sich genuin international-privatrechtliche Fragen. Dabei handelt es sich wiederum um Fragen, die im Spannungsfeld zwischen den einzelnen Säulen zu entscheiden sind. Über die geltenden Kollisionsnormen ist zunächst zu fragen, welches Recht Anwendung findet. Sollte nach diesem Recht die Leih- bzw. Mietmutterschaft erlaubt sein und das Kind daher den Wunscheltern zugeordnet werden, kommen über den *ordre public* die Hoheitsinteressen ins Spiel. Die Hoheitsinteressen müssen definiert und gewichtet werden, um festzustellen, ob die Zuordnung des Kindes gegen den (nationalen[69]) *ordre public* verstößt. In einem dritten Schritt ist das in den ersten beiden Schritten gefundene Ergebnis vor dem Hintergrund des Schutzes wohlerworbener Rechte zu überprüfen.[70] Dabei steht der Fall im Vordergrund, in welchem die vorhergehenden Schritte dazu führten, dass das Kind nicht den Wunscheltern zugeordnet wird.

---

[68] *BGH* NJW 2015, S. 481 ff. (Rn. 34 ff.); zum Verstoß gegen den *ordre public* unten 3. Kap. B.V.

[69] National ist hier dahingehend zu verstehen, dass die deutsche Rechtsordnung autonom entscheidet, ob ein Verstoß gegen den *ordre public* vorliegt. Dabei können durchaus Gesichtspunkte des europäischen Rechts zu berücksichtigen sein, sie bilden aber keine klare Grenze des *ordre public* wie in den Fällen, in denen der *ordre public* gegen die Rechtslagenanerkennung bzw. wohlerworbene Rechte vorgebracht wird (dazu unten 3. Kap. C.II.2.). In diesen Fällen gibt das europäische Primärrecht die Anerkennung grundsätzlich vor, sodass der *ordre public* lediglich in dem Rahmen angewandt werden kann, in welchem auch eine Rechtfertigung möglich ist.

[70] Selbstverständlich ist diese Reihenfolge der Prüfung nicht zwingend. Man könnte auch zunächst fragen, ob das europäische Primärrecht oder nationales Verfassungsrecht als höherrangiges Recht das Ergebnis vorgibt. Ist dies der Fall, entfällt die Prüfung der Kollisionsnormen und des nationalen *ordre public*. Die hier gewählte Prüfungsreihenfolge hat demgegenüber aber den Vorteil, dass sie den Regel-Ausnahme-Charakter der Prüfung international-privatrechtlicher Fälle wahrt. Grundsätzlich werden diese Fälle durch das von Kollisionsnormen anwendbare Recht entschieden. Nur ausnahmsweise geben Hoheitsinteressen und noch seltener die im nationalen oder europäischen Recht garantierten Freiheits-, Grund- oder Menschenrechte das Ergebnis vor. Zudem erübrigt sich die aufwendige Prüfung der europäischen Freiheitsrechte, wenn das durch Kollisionsnormen ermittelte Recht zu einem Ergebnis führt, welches die Freiheitsrechte in dem Fall, dass sie auf den gegebenen Fall anwendbar sind, fordern würden.

Bevor jedoch das Phänomen der Leih- bzw. Mietmutterschaft kollisionsrechtlich abgehandelt werden kann, sind zunächst diese Begriffe zu klären und voneinander abzugrenzen.

II. Begriffsbestimmung

Leih- und Mietmutterschaft sind in technischen Fragen durchaus vergleichbar. In beiden Situationen wird der Leih- bzw. Mietmutter eine Eizelle der Wunschmutter oder einer dritten Frau eingepflanzt, welche mit Samen, meist denen des Wunschvaters, befruchtet wurde. In einer wichtigen Frage unterscheiden sich jedoch Leih- und Mietmutterschaft: bei der Frage nach der Entgeltlichkeit.

Für das Austragen des Kindes gegen Entgelt wird der in Teilen der Literatur gebräuchliche Begriff der Mietmutterschaft verwendet.[71] Auch wenn dieser Begriff provokant sein mag[72], trifft er besser den Punkt, als es der Begriff der Leihmutterschaft könnte. Stellt jemand seinen Körper gegen Entgelt zur Verfügung, um anderer Leute Kinder auszutragen, kann man dies – untechnisch – durchaus als Gebrauchsüberlassung gegen Entgelt auffassen. Selbstverständlich drückt man mit der Bezeichnung Mietmutterschaft direkt einen der Punkte aus, der sie ethisch zumindest problematisch macht. Das ethisch Problematische sollte jedoch nicht durch die Wahl einer unbefangen klingenden Bezeichnung verwischt werden. Tritt man dafür ein, dass die Fälle internationaler Mietmutterschaft in Deutschland dazu führen können, dass den Wunscheltern das Kind rechtlich zugeordnet wird, muss man die ethisch problematischen Punkte überwinden und kann sie nicht ausblenden.

Den Begriff Leihmutterschaft für den gesamten Komplex des Austragens fremder Kinder zu verwenden verstellt auch den Blick dafür, dass es tatsächlich Fälle gibt, in denen der Begriff Leihmutterschaft passt. Das Austragen fremder Kinder muss nicht unbedingt gegen Entgelt erfolgen. Es kann ebenso aus altruistischen Gründen geschehen. Es ist durchaus denkbar, dass sich eine Person bereit erklärt, beispielsweise für enge Freunde oder Familienmitglieder, die selbst keine Kinder bekommen können, deren Kind auszutragen. Diese Fälle könnten durchaus anders zu bewerten sein als Fälle der Mietmutterschaft. Daher wird im Folgenden zwischen beiden Begriffen differenziert.

---

[71] *Thomale*, Mietmutterschaft, S. 7 f.; *Wagener*, mater semper certa est, S. 16; *Dietrich*, Mutterschaft für Dritte, S. 8 f.; *Medicus*, Jura 1986, S. 302 (der allerdings darüberhinausgehend die Einordnung als entgeltlichen Werkvertrag für dogmatisch treffender hält); Günther/Taupitz/*Kaiser*, ESchG, C. § 1 I Nr. 7 Rn. 8.

[72] So *Rühl*, http://conflictoflaws.net/2016/thomale-on-surrogate-motherhood (zuletzt abgerufen am 31.08.2017).

Sowohl der Begriff der Leihmutterschaft als auch der Begriff der Mietmutterschaft ist von dem Begriff der Ersatzmutterschaft zu unterscheiden. Leider schillert dieser ebenfalls. Er ist in den Begriff der Ersatzmutterschaft im engeren und der im weiteren Sinne zu untergliedern.[73] Als Ersatzmutterschaft im engeren Sinne wird der Fall bezeichnet, in welchem die Ersatzmutter, anders als bei Leih- und Mietmutterschaftsfällen, ihr eigenes Kind austrägt.[74] Hierzu wird eine Eizelle der Ersatzmutter mit dem Samen eines Spenders, meist dem des Wunschvaters, befruchtet. Die Ersatzmutter ist in diesen Fällen also auch genetische Mutter.[75] Unter den Begriff der Ersatzmutterschaft im weiteren Sinne, welcher § 13a AdVermiG zu Grunde liegt, fallen sowohl die Ersatzmutterschaft im engeren Sinne als auch die Fälle der Leih- sowie der Mietmutterschaft.

Um die Prüfung nicht zusätzlich zu verwirren, sollen die Fälle der Ersatzmutterschaft im engeren Sinne in die folgenden Ausführungen nicht mit einbezogen werden. Die folgende Untersuchung beschränkt sich mithin auf die Fälle, in denen einer Frau ein fremder Embryo eingepflanzt wird, also die Fälle der Leih- und der Mietmutterschaft.

III. Das gemäß Art. 19 I EGBGB anwendbare Recht

1. Anwendbarkeit des Art. 19 I EGBGB

Art. 19 I EGBGB regelt die Abstammung kraft Gesetzes. Da in Deutschland eine Abstammung kraft Gesetzes im Falle von Leih- oder Mietmutterschaft für die Wunschmutter nie in Betracht kommt, bedarf die Anwendung des Art. 19 I EGBGB der Rechtfertigung. Diese Rechtfertigung erhält die Anknüpfung an Art. 19 I EGBGB durch den Gedanken der funktionalen Qualifikation. Auch wenn die deutsche Rechtsordnung die Abstammung kraft Gesetzes für Wunschmütter nicht kennen mag, stellt sich in Leih- und Mietmutterschaftsfällen dennoch die Frage nach der Zuordnung des Kindes kraft Gesetzes, da die Rechtsordnung, nach denen die Mietmutterschaft möglich ist, meist eine solche Zuordnung kraft Gesetzes vorsieht. Folgerichtig ist es allgemeine Meinung, die Leih- und Mietmutterschaft unter Art. 19 I EGBGB zu fassen.[76]

---

[73] Dazu BeckOGK/*Haßfurter*, § 1591 Rn. 76 ff.

[74] *Kaiser*, FS Brudermüller, S. 361; MüKo/*Wellenhofer*, § 1591 BGB Rn. 12.

[75] Nur für diese Fälle passen im Übrigen auch die biblischen Vorbilder (Gen. 30, 1–7; Gen. 30,9–13), die im Rahmen der Erörterungen von Leih-, Miet- und Ersatzmutterschaft immer wieder auftauchen.

[76] Vgl. statt aller *Duden*, Leihmutterschaft, S. 29 f. (m. w. N.); auch *Andrae*, welche im Bereich der Co-Mutterschaft die Anknüpfung an Art. 22 EGBGB vertritt (*Andrae*, Internationales Familienrecht, § 5 Rn. 53; *dies.*, StAZ 2015, S. 167), behandelt Leihmutterschaftsfälle nach Art. 19 I EGBGB.

2. Art. 19 I S. 1 EGBGB

Nach Art. 19 I S. 1 EGBGB entscheidet die Abstammungsfrage das Recht des
Staates, in welchem das Kind seinen gewöhnlichen Aufenthalt hat. Für die Frage nach der Zuordnung des Kindes in Leih- und Mietmutterschaftsfällen bedarf
dies einer Konkretisierung. Da es sich hierbei in den allermeisten Fällen um
eine Zuordnung *ex lege* handelt, kommt es auf den ersten gewöhnlichen Aufenthalt an. Eine Änderung des gewöhnlichen Aufenthalts führt nicht zu einer Änderung der Abstammung. Die einmal erworbene Abstammung ist – nach ganz
herrschender Meinung – ein wohlerworbenes Recht, welches durch Statutenwechsel nicht wieder zerstört werden kann.[77] Auch an dieser Stelle zeigt sich,
weshalb sich die Säule der wohlerworbenen Rechte nicht nur durch das europäische Primärrecht konstituiert, sondern in der deutschen Rechtsordnung stets
eine gewisse Bedeutung hatte, die lediglich durch das europäische Primärrecht
verstärkt wird. Der kollisionsnormgeprägten Ordnung, welche einen Statutenwechsel vorsieht, wird nicht gefolgt. Sie wird vielmehr im Interesse des Schutzes subjektiver Rechtspositionen durchbrochen.

Zurück zum ersten gewöhnlichen Aufenthalt: Den ersten *tatsächlichen* Aufenthalt hat das Kind sicher dort, wo es geboren wurde. Dies bedeutet jedoch
nicht, dass es dort auch seinen ersten *gewöhnlichen* Aufenthalt erlangt. Dazu
müsste das Kind am Ort seiner Geburt seinen ersten Lebensmittelpunkt[78] bzw.
Daseinsmittelpunkt[79] erlangen.

Dabei leitet sich der erste Lebensmittelpunkt und damit der erste gewöhnliche Aufenthalt nicht vom gewöhnlichen Aufenthalt der Betreuungspersonen des
Kindes ab. Vielmehr ist der erste gewöhnliche Aufenthalt für das Kind selbst-

---

[77] Vgl. bspw. BeckOGK/*Haßfurter*, § 1591 Rn. 111; NK/*Bischoff*, Art. 19 EGBGB Rn. 15;
Staudinger/*Henrich*, Art. 19 EGBGB Rn. 14; BeckOK/*Heiderhoff*, Art. 19 EGBGB Rn. 14
(*Heiderhoff* führt ebenda auch treffend aus, dass dies grundsätzlich auch dann gelten muss,
wenn dem Kind zwei Mütter bzw. zwei Väter zugeordnet wurden; die Grenze wohlerworbener Rechte bildet lediglich der *ordre public* (über dessen Eingreifen man dann entscheiden
muss)); MüKo/*Helms*, Art. 19 EGBGB Rn. 26 (jeweils m.w.N); *v. Hoffmann/Thorn*, IPR, § 8
Rn. 125; der Sache nach ebenso *OLG Hamm*, FamRZ 2005, S. 293 („einmal erworbener Status bleibt unberührt"); ein wenig unklar Erman/*Hohloch*, Art. 19 EGBGB Rn. 9; a. A. wohl
Palandt/*Thorn*, Art. 19 EGBGB Rn. 4; a. A. wohl *Sitter*, Grenzüberschreitende Leihmutterschaft, S. 248 f. (allerdings wohl im Widerspruch zu den Ausführungen *Sitters* auf den
S. 260 f.; a. A. auch *Duden*, Leihmutterschaft, S. 69, der in dem Fall, in welchem der Wechsel
des gewöhnlichen Aufenthalts zu einem Wechsel der rechtlichen Eltern führt, die „sozialen
Eltern" bevorzugen möchte.

[78] Erman/*Hohloch*, Art. 19 EGBGB Rn. 9; jurisPK/*Gärtner/Duden*, Art. 19 EGBGB
Rn. 35; NK/*Bischoff*, Art. 19 EGBGB Rn. 14; Staudinger/*Henrich*, Art. 19 EGBGB Rn. 13.

[79] *BGH* FPR 2002, S. 666; BeckOK/*Heiderhoff*, Art. 19 EGBGB Rn. 11; MüKo/*Helms*,
Art. 19 EGBGB Rn. 8.

ständig zu bestimmen, auch wenn faktisch der erste gewöhnliche Aufenthalt nahezu stets der gewöhnliche Aufenthalt seiner Betreuungspersonen sein wird, da das Kleinkind weder seinen Aufenthaltsort selbst bestimmen noch sich einen eigenständigen Aufenthaltswillen bilden kann.[80]

Zu welchem Ort die Kriterien der Aufenthaltsdauer und des *animus manendi* als maßgebliche Indizien des gewöhnlichen Aufenthalts im Verständnis des EGBGB[81] führen, hängt vom jeweiligen Einzelfall ab. Eine gute Leitlinie scheint, zwischen Fällen mit und ohne Komplikationen zu unterscheiden.[82] Gibt die Leih- oder Mietmutter das Kind an die Wunscheltern heraus und können die Wunscheltern das Kind nach Deutschland zurückführen, hat das Kind – bereits ab dem Zeitpunkt der Rückführung[83] – seinen ersten gewöhnlichen Aufenthalt in Deutschland.[84] Treten Komplikationen auf und gibt die Leih- oder Mietmutter das Kind nicht heraus oder wird den Wunscheltern die Einreise mit dem Kind versagt, erhält das Kind zumindest nach einiger Zeit seinen gewöhnlichen Aufenthalt im Geburtsstaat.[85] In letzterer Fallgestaltung wird die Wunschmutter Mutter im Rechtssinne, sofern keine Rückverweisung auf deutsches Recht erfolgt. Einer Rückverweisung ist bei alternativen Anknüpfungen jedoch nur dann zu folgen, wenn sie nicht dem Sinn der alternativen Anknüpfung widerspricht (Art. 4 I letzter Hs. EGBGB). Sinn der alternativen Anknüpfung des Art. 19 I EGBGB ist der Versuch, im Interesse des Kindeswohls möglichst viele Rechtsordnungen zur Verfügung zu stellen, nach denen das Kind Eltern erhält. Es scheint daher auch zunächst im Interesse des Kindeswohls zu liegen, wenn die alternative Anknüpfung dazu führt, dass verschiedene Rechts-

---

[80] MüKo/*Helms*, Art. 19 EGBGB Rn. 8; BeckOK/*Heiderhoff*, Art. 19 EGBGB Rn. 11.

[81] *Kegel/Schurig*, IPR, § 13 III.3.a.; *Hoffmann/Thorn*, IPR, § 5 Rn. 73 ff.

[82] Statt vieler *Henrich*, IPRax 2015, S. 232; a. A. *Sitter*, Grenzüberschreitende Leihmutterschaft, S. 245 ff.

[83] Vorausgesetzt, die Eltern wollen in Deutschland bleiben, tritt in diesem Fall das Kriterium der Aufenthaltsdauer aufgrund des klaren Willens in den Hintergrund.

[84] *KG Berlin*, StAZ 2013, S. 351; *Henrich*, IPRax 2015, S. 232; *Thomale*, Mietmutterschaft, S. 24; *Duden*, Leihmutterschaft, S. 98.

[85] MüKo/*Helms*, Art. 19 EGBGB Rn. 8; BeckOK/*Heiderhoff*, Art. 19 EGBGB Rn. 26a; welche Zeitdauer genau in Fällen von Komplikationen für den gewöhnlichen Aufenthalt im Geburtsstaat erforderlich ist, wird streitig diskutiert. Nach *Heiderhoff*, IPRax 2012, S. 525, genügt es, wenn das Kind seine „ersten Lebenswochen" in dem Staat des Geburtsorts verbringt. *Benicke*, StAZ 2013, S. 107, sieht wohl eine Zeit von 6 Monaten als taugliche Faustregel an. Das *VG Berlin*, StAZ 2012, S. 383, hielt sogar eine Aufenthaltsdauer von über sechs Monaten in einem von ihm zu entscheidenden Fall für zu gering. Dem *OLG Celle*, NJW-RR 2011, S. 1158, genügten jedenfalls sieben Wochen Aufenthalt nicht. Nach *Duden*, Leihmutterschaft, S. 101 f., ist in diesen Fällen bis zur Erlangung eines gewöhnlichen Aufenthalts auf den bloßen Aufenthalt abzustellen, um die Situation zu verhindern, dass keine Möglichkeit besteht, die Abstammung festzustellen.

ordnungen berufen werden, nach denen verschiedene Frauen als Mutter gelten. Dann kann nämlich auf zweiter Ebene, bei der Entscheidung, welche Rechtsordnung sich durchsetzt, im Einzelfall geprüft werden, welche Zuordnung dem Kindeswohl dienlicher ist.[86] Daher ist einer Rück- bzw. Weiterverweisung dann nicht zu folgen, wenn sie zu einer Verminderung der Anzahl der anwendbaren Rechtsordnungen führt.[87]

3. Art. 19 I S. 2 EGBGB

Die zweite Gesetzesalternative beinhaltet Art. 19 I S. 2 EGBGB. Danach kann die Elternschaft ebenfalls nach dem Heimatrecht des in Betracht kommenden Elternteils bestimmt werden. Die Frage, die sich dabei stellt, ist, welche „Eltern" Art. 19 I S. 2 EGBGB meint. Meint er die Mietmutter und gegebenenfalls ihren Ehemann, die Wunscheltern oder sogar Eizellen- bzw. Samenspender als genetische Eltern, sofern diese von den Wunscheltern abweichen?

a) Der Begriff der Eltern im Sinne des Art. 19 I S. 2 BGB

Zum einen könnte man von einer Beschränkung auf die Wunscheltern ausgehen, da in den praxisrelevanten Fällen vor deutschen Gerichten stets das Verhältnis zu den Wunscheltern in Frage steht und deshalb nur letztere als potentielle „Eltern" im Sinne des Art. 19 I S. 2 EGBGB angesehen werden könnten. Ebenfalls könnte zu überlegen sein, ob auf Art. 19 I S. 2 EGBGB die Wertung des § 1591 BGB zu übertragen ist und daher nur die Leih- bzw. Mietmutter und gegebenenfalls ihr Ehemann sich auf Art. 19 I S. 2 EGBGB berufen können. Beide Beschränkungsversuche scheinen jedoch nicht sinnvoll.[88] Bereits der

---

[86]   Dazu sogleich 3. Kap. B.III.6.

[87]   Staudinger/*Henrich*, Art. 19 EGBGB Rn. 25; NK/*Bischoff*, Art. 19 EGBGB Rn. 34; andere Formulierung, aber im Ergebnis wohl genauso Erman/*Hohloch*, Art. 19 EGBGB Rn. 4; Palandt/*Thorn*, Art. 19 EGBGB Rn. 2; ein wenig anders BeckOK/*Heiderhoff*, Art. 19 EGBGB Rn. 30, die eine Rückverweisung lediglich dann annimmt, wenn durch den Wegfall einer anwendbaren Rechtsordnung die Möglichkeit einer Feststellung der Vaterschaft entfällt (diese Formulierung führt jedoch in den entscheidungserheblichen Fällen wohl zu denselben Ergebnissen, wie wenn man allgemein auf den Wegfall einer möglichen Rechtsordnung abstellt; a. A. *Duden*, Leihmutterschaft, S. 49; MüKo/*Helms*, Art. 19 EGBGB Rn. 28 f., der den *renvoi* dazu nutzen möchte, konkurrierende Elternschaften zu vermeiden. Das erscheint jedoch aufgrund der Zufälligkeiten, von denen dann die Durchsetzung einer Rechtsordnung abhängig gemacht wird, sehr fraglich. Ein *renvoi* soll nach *Helms* nur dann ausscheiden, wenn die Feststellung der Abstammung durch eine mit dem *renvoi* verbundene Verringerung der Anzahl der in Betracht kommenden Rechtsordnungen erschwert wird.

[88]   Eine andere Frage ist, ob im Verhältnis zu jedem Elternteil nur das Heimatrecht *dieses* Elternteils in Betracht kommt. Diese Frage ist aufgrund des klaren Wortlauts zu bejahen

Wortlaut, der *jedes* Elternteil einschließt, spricht gegen eine solche Beschränkung, auch wenn das Wortlautargument durch Art. 19 I S. 3 EGBGB relativiert wird. Dort spricht der Gesetzgeber von *der* Mutter, was zeigt, dass er im Rahmen des Art. 19 EGBGB die Möglichkeit der Leihmutterschaft wohl nicht mit einbezogen hat. Entscheidend gegen eine Beschränkung spricht aber der Gedanke des Entscheidungseinklangs. Die Prüfung der Elterneigenschaft von der Person der Verfahrensbeteiligten abhängig zu machen hieße, die Möglichkeit einer unterschiedlichen Elternschaft in verschiedenen Verfahren zuzulassen. Gerade aber in einem solch sensiblen Bereich wie der Eltern-Kind-Zuordnung kommt dem (internen) Entscheidungsgleichklang eine besondere Bedeutung zu.

Daher ist nach Art. 19 I S. 2 EGBGB die Elterneigenschaft jedes potentiellen Elternteils zu prüfen, unabhängig davon, ob dieses Elternteil an dem konkreten Verfahren, in welchem die Abstammung relevant ist, beteiligt ist.[89]

b) *Praxisrelevanz des Art. 19 I S. 2 EGBGB*

Durch den Verweis auf das Heimatrecht der potentiellen Eltern wird jedoch in den hier relevanten Fällen für die Wunscheltern das deutsche und für die Leih- bzw. Mietmutter und ihren Ehemann das Recht berufen, nach welchem bei Leih- und Mietmutterschaft das Kind den Wunscheltern zugeordnet wird. Die Anknüpfungen des Art. 19 I S. 2 EGBGB führen somit in den meisten Fällen der Leih- bzw. der Mietmutterschaft zu einem Recht, nach welchem gerade nicht das potentielle Elternteil, dessen Elternstellung untersucht wird, Elternteil im Rechtssinne ist.[90] Dies könnte sich im Falle einer Rück- bzw. Weiterverweisung ändern. Praktisch kommt eine Rück- bzw. Weiterverweisung aber wohl nicht vor, da sie nach den Ländern, die eine Mietmutterschaft ermöglichen, im Fall der Leih- und Mietmutterschaft nicht vorgesehen ist.[91] Gänzlich praxisfern ist Art. 19 I S. 2 EGBGB in Leih- und Mietmutterschaftsfällen jedoch nicht, da potentielle Eltern nicht unbedingt die Staatsangehörigkeit des Staates besitzen müssen, in welchem sie ihren gewöhnlichen Aufenthalt haben. Praxisrelevanz könnte Art. 19 I S. 2 EGBGB auch für einen deutschen Wunschvater bei einer Leih- oder Mietmutter, die nicht verheiratet ist, erlangen. Der Wunschvater kann nämlich nach wohl ganz herrschender Meinung auch gemäß deutschem

---

(bspw. *KG Berlin*, IPRax 2014, S. 76; Staudinger/*Henrich*, Art. 19 EGBGB Rn. 78; BeckOK/*Heiderhoff*, Art. 19 EGBGB Rn. 26a; *Benicke*, StAZ 2013, S. 106 f.).

[89] Ebenso *Henrich*, FS Schwab, S. 1147 f.; in Teilen anders *Duden*, Leihmutterschaft, S. 72, der die reinen Keimzellenspender von dem Kreis der möglichen Eltern ausschließen möchte; anders auch *Sitter*, Grenzüberschreitende Leihmutterschaft, S. 250 f., die nur die Wunschmutter als Mutter im Sinne des Art. 19 I S. 2 EGBGB ansehen möchte.

[90] *Duden*, Leihmutterschaft, S. 88.

[91] *Duden*, Leihmutterschaft, S. 37 ff.

Sachrecht in jedem Fall mit Zustimmung der Mietmutter die Vaterschaft des Kindes anerkennen.[92] Dieser Ansicht ist jedoch nicht zu folgen. Richtigerweise sollte im deutschen Sachrecht danach differenziert werden, ob der Wunschvater genetischer Vater ist. Ist er dies nicht, sollte er auch nicht die Vaterschaft des Kindes anerkennen können. Für ihn trifft die Vermutung des Gesetzgebers nicht zu, nur ein Mann, welcher der wirkliche Vater ist oder der die gebärende Frau heiraten möchte, werde die Vaterschaft anerkennen.[93] Die Anerkennung der Vaterschaft durch den Wunschvater mit Zustimmung soll in diesen Fällen einzig und allein dazu führen, dass ein Mann Vater wird, der nicht der wirkliche Vater ist. Ferner ist diese Vaterstellung einzig und allein darauf gerichtet, die nach deutschem Sachrecht bestehende Mutterschaft der Leih- bzw. Mietmutter zu überwinden und den Weg für eine Überführung in die Wunschfamilie zu ebnen. Wie *Thomale* treffend formuliert, will der Vater dann nicht seine Vaterschaft anerkennen, sondern die Vaterschaft zu einem fremden Kind begründen.[94] Damit handelt es sich in diesen Fällen wertend betrachtet nicht um eine Anerkennung, sondern um eine Adoption des Kindes. Folglich sollten die §§ 1592 Nr. 2, 1594 ff. BGB teleologisch reduziert werden, wenn feststeht, dass der Anerkennende nicht genetischer Vater des Kindes ist und auch keine sonstige soziale Verbindung[95] zum Kind hat.[96]

Falls der Wunschvater jedoch genetischer Vater des Kindes ist, muss er die Vaterschaft nach deutschem Sachrecht anerkennen können. Er ist dann im biologischen Sinn Vater des Kindes, weshalb die Anerkennungsmöglichkeit in diesem Fall ihre Kernfunktion zukommt: biologische und rechtliche Vaterschaft gleichlaufen zu lassen. Diese genetische Verbindung kann nicht – an diesem Punkt ist *Thomale* zu widersprechen – durch den Verweis auf die Missbilligung des Gesetzgebers in Hinblick auf die Leih- und Mietmutterschaft und die vertragliche Verpflichtung der Mietmutter zur Zustimmung überwunden werden. Auch wenn die Mietmutter, da sie das Kind weggeben möchte, oftmals nicht dasselbe Interesse an dem Kind hat wie andere Mütter, erklärt sie nichts Falsches, wenn sie den Wunschvater als Vater bezeichnet und ihn diese Vaterschaft

---

[92] Statt aller MüKo/*Wellenhofer*, § 1592 BGB Rn. 14; BeckOK/*Hahn*, § 1592 BGB Rn. 4; *Frank*, FamRZ 2014, S. 1529; *Duden*, Leihmutterschaft, S. 24 f.

[93] *Thomale*, Mietmutterschaft, S. 19 ff.

[94] *Thomale*, Mietmutterschaft, S. 22.

[95] Der Gesetzgeber nennt den Beispielfall, dass der Anerkennende die Mutter des Kindes heiraten möchte.

[96] Hiergegen spricht auch nicht, dass im Fall der Leih- bzw. Mietmutterschaft mit einer Eizelle der Wunschmutter das deutsche Recht die Mutterschaft nicht der Wunschmutter als der genetischen Mutter, sondern der Leih- bzw. Mietmutter zuordnet. Die § 1591 ff. BGB unterscheiden eindeutig zwischen Mutter- und Vaterschaft. Mutter soll die gebärende Frau sein, Vater der Mann, von dem das Kind genetisch abstammt.

anerkennen lässt. Zudem entspricht es durchaus dem Interesse des Kindes, seinem genetischen Vater zugeordnet zu werden. Insbesondere ist dies der Fall, wenn die Mietmutter das Kind nicht behalten und der Wunschvater es zu sich nehmen möchte. Dass dadurch eine Sukzessivadoption der Wunschmutter ermöglicht wird, ist in Anbetracht des Umstands, dass auch bei ihr das Kindeswohl geprüft wird, nicht weiter bedenklich. Letztlich spricht auch systematisch einiges für die Anerkennungsmöglichkeit, da nach deutschem Sachrecht die Vaterschaft gerichtlich festgestellt werden müsste, sofern keine Vaterschaft durch Stellung als Ehemann oder durch Anerkennung erworben würde (§ 1600d BGB). Im Rahmen der Vaterschaftsfeststellung, welche auf Antrag des Wunschvaters eingeleitet werden kann[97], würde der Wunschvater als genetischer Vater festgestellt. Ein Grund dafür, wieso der genetische Vater die Vaterschaft nicht anerkennen können sollte, wenn er doch im gerichtlichen Verfahren als solcher festgestellt werden würde, liegt nicht vor. Daher muss der Wunschvater, der genetischer Vater ist, auch das Kind als seines anerkennen können.[98]

4. Art. 19 I S. 3 EGBGB

Als letzte Möglichkeit der Abstammungsfeststellung sieht Art. 19 I EGBGB in seinem S. 3 die Anknüpfung an das Ehewirkungsstatut vor.

a) Kreis der möglichen Eltern

Entsprechend den Ausführungen zu Art. 19 I S. 2 EGBGB gilt die Anknüpfung an das Ehewirkungsstatut sowohl für die Leih- bzw. Mietmutter und ihren Ehemann als auch für die Wunscheltern, unabhängig davon, wer am konkreten Verfahren beteiligt ist.[99]

Duden will jedoch Art. 19 I S. 3 EGBGB nur dann anwenden, wenn nach dem Ehewirkungsstaat beide Ehepartner als Eltern des Kindes angesehen werden.[100] Dies begründet er mit der Annahme, Art. 19 I S. 3 EGBGB wolle ein einheitliches Familienstatut schaffen. Wesentliche Rechtsfragen sollten innerhalb der

---

[97] MüKo/*Wellenhofer*, § 1600d BGB Rn. 14.

[98] Diese Ausführungen stehen allerdings unter dem Vorbehalt, dass die Mietmutterschaft nicht generell eine Verletzung der Menschenwürde darstellt. Falls eine Verletzung angenommen wird, wird der Schutz der Menschenwürde wohl erfordern, dass auch der Wunschvater nicht als rechtlicher Vater des Kindes gilt. Er müsste wie die Kindesmutter auf die Möglichkeit der Adoption verwiesen werden. Zu einer möglichen Verletzung der Menschenwürde bei Leih- und Mietmutterschaft unten 3. Kap. B.VI.1.)

[99] A.A. wohl *Mayer*, RabelsZ78 (2014), S. 579 f., die S. 3 wohl auf die Leih- bzw. Mietmutter und deren Ehemann beschränken möchte.

[100] *Duden*, Leihmutterschaft, S. 90, 91 f.

ehelichen Kleinfamilie einheitlich behandelt werden.[101] Wie *Duden* jedoch selbst einräumt[102], führt die erste Aussage nicht zwingend zur zweiten. Ein gemeinsames Familienstatut kann durchaus bedeuten, dass die Abstammungsverhältnisse für Vater und Mutter innerhalb einer Ehegemeinschaft unterschiedlich gewertet werden können. Auch wenn es auf den ersten Blick erstaunlich erscheint, dass es ohne die Einschränkung *Dudens* zur Vaterschaft des Ehemanns einer Frau kommen kann, die nicht gleichzeitig Mutter des Kindes ist, ist dieses Ergebnis nicht *per se* sinnwidrig. Das deutsche Sachrecht sieht diese Situation in Fällen der Leih- und Mietmutterschaft ebenfalls vor (wenn auch nach der hier vertretenen Ansicht lediglich zugunsten des genetischen Vaters). Nach alledem ist Art. 19 I S. 3 EGBGB nicht auf Fälle einzuschränken, in denen das Ehewirkungsstatut die Elternschaft beider Eheleute begründet.

Von diesem Einschränkungsversuch des Anwendungsbereichs ist jedoch die Frage zu trennen, ob über Art. 19 I S. 3 EGBGB auch Dritte ihre Elternstellung erlangen können. Praxisrelevant wird dies in Fällen der Mietmutterschaft für die jeweils andere Mutter bzw. für deren Partner. Würde man den Anwendungsbereich des Art. 19 I S. 3 EGBGB auf Dritte ausdehnen[103], könnte die Elternschaft der Mietmutter und ihres Ehemannes nach dem Ehewirkungsstatut der Wunscheltern bestimmt werden und die Elternschaft der Wunscheltern nach dem Ehewirkungsstatut der Mietmutter, sofern diese verheiratet ist.

Gerade in Fällen der Leih- und Mietmutterschaft erscheint aber eine Ausdehnung des Art. 19 I S. 3 EGBGB auf die jeweils andere „Mutter" bedenklich. Wieso beispielsweise die Elternstellung der Leih- oder Mietmutter über das Ehewirkungsstatut der Wunscheltern bestimmt werden können sollte, erschließt sich nicht. Die Leih- bzw. Mietmutter selbst und ihr Verhältnis zum Kind werden in den praktisch relevanten Fällen, in welchen die Mietmutter ihren gewöhnlichen Aufenthalt im Geburtsstaat hat und auch dessen Staatsangehörigkeit besitzt, keinerlei Berührungspunkt zu dem Ehewirkungsstaat aufweisen, welches in den meisten Fällen zu dem Staat weisen wird, in welchem die Mietmutterschaft nicht möglich ist.[104] Würde man dennoch das Ehewirkungsstatut auch für die jeweils andere „Mutter" öffnen, untergräbt man den Gedanken der engsten Verbindung, der dem kollisionsnormgeprägten Teil der hybriden Norm des Art. 19 I S. 3 EGBGB zugrunde liegt. Das Kindeswohl, welches für eine möglichst große Anzahl an möglichen Anknüpfungen streitet, kann in diesem

---

[101] *Duden*, Leihmutterschaft, S. 92.

[102] *Duden*, Leihmutterschaft, S. 92.

[103] So *LG Düsseldorf*, Beschluss vom 15. März 2012 – 25 T 758/10 – juris Rn. 35; Staudinger/*Henrich*, Art. 19 EGBGB Rn. 19; Palandt/*Thorn*, Art. 19 EGBGB Rn. 7.

[104] Ebenso, in Bezug auf Vaterschaftsprätendenten, *Duden*, Leihmutterschaft, S. 91.

Fall die kollisionsnormtechnischen Aspekte nicht überwinden.[105] Eine Ausdehnung des Art. 19 I S. 3 EGBGB auf Dritte ist mithin nicht möglich.[106]

b) Anwendbarkeit des Art. 19 I S. 3 EGBGB auf gleichgeschlechtliche Partnerschaften

Weil die Leih- bzw. Mietmutterschaft häufig von gleichgeschlechtlichen Paaren genutzt wird und die gleichgeschlechtliche Ehe im Mittelpunkt des nächsten Unterkapitels steht, scheint vorliegend interessant, ob unter den Begriff der Ehe im Sinne des Art. 19 I S. 3 EGBGB auch die gleichgeschlechtliche Ehe bzw. die gleichgeschlechtliche eingetragene Lebenspartnerschaft[107] fällt.

In Bezug auf eingetragene Lebenspartnerschaften scheidet eine direkte Anwendung bereits aufgrund des klaren Wortlauts aus, der eine „Ehe" verlangt. In Betracht kommt jedoch eine entsprechende Anwendung.[108] Hiergegen spricht aber, dass die Anknüpfung an den registerführenden Staat, anders als die Anknüpfung an Art. 14 I EGBGB, keine Gewähr für eine enge Beziehung des Kindes zu diesem Staat bietet.[109] Daher kann eine gleichgeschlechtliche eingetragene Partnerschaft nicht als Ehe im Sinne des Art. 19 I S. 3 EGBGB angesehen werden.[110]

In Bezug auf die gleichgeschlechtliche Ehe traf diese Argumentation nach bisher geltendem Recht lediglich dann zu, wenn man sie mit dem *BGH* und der herrschenden Meinung, aber entgegen der hier vertretenen, unter Art. 17b EGBGB fasst.[111] Qualifizierte man die gleichgeschlechtliche Ehe als „Ehe" im Sinne des Art. 13 EGBGB, sprach nichts gegen die Anwendung von Art. 19 I S. 3

---

[105] Wiederum greift hier die Unterscheidung zwischen dem kollisionsnormgeprägten Sinn der einzelnen Anknüpfungen und der Alternativität dieser Anknüpfungen, in der ein Hoheitsinteresse des Staates (das Kindeswohl) zum Ausdruck kommt. Hierzu bereits allgemein oben 2. Kap. I.I.3.

[106] Ebenso *Duden*, Leihmutterschaft, S. 90 f.; MüKo/*Helms*, Art. 19 EGBGB Rn. 10; jurisPK/*Gärtner/Duden*, Art. 19 EGBGB Rn. 53; BeckOK/*Heiderhoff*, Art. 19 EGBGB Rn. 9; NK/*Bischoff*, Art. 19 EGBGB Rn. 18.

[107] Oder eine funktional vergleichbare ausländische Form der registrierten Partnerschaft.

[108] Hierfür BeckOK/*Heiderhoff*, Art. 19 EGBGB Rn. 18; wohl auch *Duden*, Leihmutterschaft, S. 94 f.; nach NK/*Bischoff*, Art. 19 EGBGB Rn. 20, scheitert die entsprechende Anwendung bereits wegen des klaren Wortlauts. Dem ist aber nicht zu folgen, da Art. 19 EGBGB gegenüber Art. 17b EGBGB die *lex praevia* darstellt. Zum Zeitpunkt des Erlasses des Art. 19 EGBGB kannte die deutsche Rechtsordnung keine andere Verrechtlichung einer Partnerschaftsverbindung als die Ehe. Daher kann man wohl nicht bereits aus dem Wortlaut schließen, dass eine entsprechende Anwendung des Art. 19 I S. 3 EGBGB von vornherein ausscheidet.

[109] MüKo/*Helms*, Art. 19 EGBGB Rn. 48.

[110] MüKo/*Helms*, Art. 19 EGBGB Rn. 48; Palandt/*Thorn*, Art. 19 EGBGB Rn. 5; Erman/*Hohloch*, Art. 19 EGBGB Rn. 11; a. A. wohl Staudinger/*Henrich*, Art. 19 EGBGB Rn. 78a.

[111] Folgerichtig MüKo/*Helms*, Art. 19 EGBGB Rn. 48.

EGBGB.[112] Die Frage, ob die Zuordnung eines Kindes bei Geburt kraft Gesetz zu Partnern bzw. Partnerinnen einer gleichgeschlechtlichen Ehe mit deutschen Grundsätzen vereinbar ist[113], war eine Frage des *ordre public* und keine Frage der Verweisungsnorm des Art. 19 I S. 3 EGBGB.

Nach Einführung der gleichgeschlechtlichen Ehe – die Verfassungsmäßigkeit des Gesetzes unterstellt – dürfte Art. 19 I S. 3 EGBGB unstreitig auch auf gleichgeschlechtliche Ehen Anwendung finden, teleologischen Bedenken zum Trotz, das Recht des registerführenden Staates anzuwenden.

5. Verhältnis der Verweisungen des Art. 19 I EGBGB

Aufgrund der verschiedenen Anknüpfungen des Art. 19 I EGBGB, sind Konstellationen denkbar, in denen die verschiedenen Verweisungen zu unterschiedlichen Rechtsordnungen führen und diese konkurrierende Elternstellungen produzieren. In solchen Fällen stellt sich die Frage nach dem Verhältnis der Verweisungen. Teilweise wird davon ausgegangen, dass der Anknüpfung an den gewöhnlichen Aufenthalt Vorrang zukommt.[114] Dafür soll sprechen, dass nach dem Wortlaut des Art. 19 I EGBGB dem Aufenthaltsrecht die Abstammung „unterliegt", im Rahmen der S. 2 und 3 die Abstammung „lediglich" nach diesen Anknüpfungen festgestellt werden „kann".[115] Dieser Wortlaut wurde jedoch von der Vorgängerversion der abstammungsrechtlichen Kollisionsnorm übernommen, bei der nach allgemeiner Meinung Gleichrangigkeit der Anknüpfungsalternativen angenommen wurde.[116] Hätte der Gesetzgeber die Gleichrangigkeit ändern wollen, hätte er sich hierzu wohl geäußert.[117] Zudem erschließt sich auch nicht, wieso die Wahl der Worte „unterliegen" und „können" ein Rangverhältnis ausdrücken sollte. Die Formulierung ist vielmehr indifferent.[118] Ferner lässt sich aus der Deklaration des gewöhnlichen Aufenthalts als „Regelanknüpfung" durch den Gesetzgeber[119] keine Subsidiarität der anderen An-

---

[112] Ebenso wohl Erman/*Hohloch*, Art. 19 EGBGB Rn. 11 („erforderlich ist Ehe i. S. d. deutschen Qualifikationsverständnisses"); diesem folgend jurisPK/*Gärtner/Duden*, Art. 19 EGBGB Rn. 92.

[113] Für eine Vereinbarkeit mit dem deutschen *ordre public* BGH NJW 2016, S. 2326 (Rn. 49 ff.) (m. w. N.).

[114] *Kegel/Schurig*, IPR, § 20 X 2; *Dethloff*, IPRax 2005, S. 329; *Andrae*, Internationales Familienrecht, § 5 Rn. 33 ff.

[115] *Kegel/Schurig*, IPR, § 20 X 2; *Dethloff*, IPRax 2005, S. 329.

[116] *Looschelders*, IPRax 1999, S. 421.

[117] MüKo/*Helms*, Art. 19 EGBGB Rn. 12; Staudinger/*Henrich*, Art. 19 EGBGB Rn. 22; *Looschelders*, IPRax 1999, S. 421.

[118] So auch NK/*Bischoff*, Art. 19 EGBGB Rn. 22.

[119] BT-Drucks. 13/4899, S. 137; darauf stellt insb. *Andrae*, Internationales Familienrecht, § 5 Rn. 34, ab.

knüpfungen entnehmen[120], sondern ein Hinweis auf die realen Gegebenheiten, nach denen die Anknüpfung an den gewöhnlichen Aufenthalt die prägende Anknüpfung im Abstammungsrecht darstellt.[121] Letztlich spricht noch ein systematisches Argument für die Gleichrangigkeit der Anknüpfungen. Der Gesetzgeber zeigt beispielsweise in Art. 14 I EGBGB und in Art. 40 I EGBGB deutlich, dass er zur Formulierung subsidiärer Anknüpfungen im Stande ist. Diese Vorgehensweise nutzt er in Art. 19 I EGBGB nicht. Vielmehr nutzt er Formulierungen, die deutlich stärker an die klassischen „oder"-Formulierungen bei Formvorschriften erinnern. Ob verschiedene Möglichkeiten durch ein „oder" verknüpft werden, wie in Art. 11 I EGBGB, oder durch ein „auch" bzw. ein „ferner", wie bei Art. 19 I EGBGB, bedingt keinen großen Unterschied. Somit ist mit Rechtsprechung[122] und herrschender Lehre[123] von einer echten Alternativität im Rahmen des Art. 19 I EGBGB auszugehen.[124]

6. Konkurrierende Mutterschaft

Folgt man der Einstufung als alternative Anknüpfung sind durchaus Fallgestaltungen denkbar, in denen die Anknüpfungen des Art. 19 I EGBGB zu unterschiedlichen Rechtsordnungen führen und nach einer dieser Rechtsordnungen die Wunschmutter rechtliche Mutter ist, nach einer anderen aber die Leih- oder Mietmutter. Es kommt zu konkurrierenden Mutterschaften. Wie solche aufzulösen sind, ist umstritten. Nach einer Ansicht soll sich die sachrechtliche Wertung des deutschen Rechts durchsetzen und die Leih- bzw. Mietmutter als rechtliche Mutter angesehen werden.[125] Eine andere Ansicht meint, dass das Kind im Interesse des Kindeswohls stets der Wunschmutter zuzuordnen und daher das Recht anzuwenden ist, welches eine solche Zuordnung ermöglicht.[126] Eine dritte

---

[120] So aber *Dethloff*, IPRax 2005, S. 329.

[121] MüKo/*Helms*, Art. 19 EGBGB Rn. 12; *Duden*, Leihmutterschaft, S. 31.

[122] Statt aller *BGH* FamRZ 2006, S. 1745.

[123] Bspw. MüKo/*Helms*, Art. 19 EGBGB Rn. 12; HK-BGB/*Kemper*, Art. 19 EGBGB Rn. 6; Palandt/*Thorn*, Art. 19 EGBGB Rn. 6; *Frank*, StAZ 2009, S. 65 f.

[124] Keinen wirklichen Unterschied zwischen beiden Ansichten sehen jurisPK/*Gärtner*/ *Duden*, Art. 19 EGBGB Rn. 58, da bei Annahme einer wirklichen Alternativität von der herrschenden Meinung ein Prioritätsprinzip angewandt wird (dazu sogleich), welches ebenfalls zu einer Sperrwirkung führe. Diese Sperrwirkung kann jedoch auch dazu führen, dass Art. 19 I S. 2 oder 3 Vorrang beanspruchen, sodass selbst bei Anwenden eines Prioritätsprinzips durchaus ein Unterschied zwischen Alternativität und Vorrang des S. 1 existiert.

[125] *Looschelders*, IPRax 1999, S. 422 f.; *ders.*, IPR, Art. 19 Rn. 20; *Hepting*, Deutsches und Internationales Familienrecht im Personenstandsrecht, Rn. IV-165 f.; NK/*Bischoff*, Art. 19 Rn. 29; *Wedemann*, Konkurrierende Vaterschaften und doppelte Mutterschaft, S. 141 f.

[126] *Mayer*, RabelsZ 78 (2014), S. 580; *Sitter*, Grenzüberschreitende Leihmutterschaft,

Ansicht betont zwar ebenso das Kindeswohl, prüft aber in jedem Einzelfall, welche Zuordnung dem Kindeswohl am besten entspricht.[127]

Auch in dieser Frage hilft das Säulenmodell. Bei Kollisionsnormen, die alternativ anknüpfen, handelt es sich um hybride Normen, in denen sowohl Elemente einer Kollisionsnorm im engeren Sinne als auch Hoheitsinteressen zum Ausdruck kommen.[128] Hoheitsinteressen, die der Alternativität des Art. 19 I EGBGB zugrunde liegen, sollten die Auslegung des Artikels bestimmen.

Dabei haben sich diese Hoheitsinteressen im Laufe der Zeit gewandelt. Früher wurde die Abstammung (teilweise) alternativ angeknüpft, um eine eheliche Abstammung zu begünstigen (*favor legitimitatis*).[129] Im Rahmen des heute geltenden Art. 19 I EGBGB wird die im Interesse des Kindeswohls alternativ angeknüpft.[130] Diesem sei am besten gedient, wenn dem Kind Vater und Mutter zugeordnet werden können.[131] Problematisch ist dies dann, wenn nach den verschiedenen Rechtsordnungen verschiedene Personen als Eltern des Kindes gelten. Der hier relevante Aspekt des Kindeswohls, also die Zuordnung von Vater und Mutter zu ermöglichen, ist in diesen Fällen übererfüllt und bildet kein taugliches Abgrenzungskriterium. Daher müssen für die Fälle widersprüchlicher Statuszuweisungen nach Art. 19 I EGBGB Hilfskriterien gefunden werden. Dabei hat sich eine herrschende Meinung herausgebildet, die auf das Prioritätsprinzip zurückgreift.[132] Die Rechtsordnung, die dem Kind am schnellsten zu Vater bzw. Mutter verhilft, sei anzuwenden. Gleichwie man zu diesem Kriteri-

---

S. 259; differenzierter, in den praktisch relevanten Fällen aber auch *Duden*, Leihmutterschaft, S. 61 ff., 109 f.

[127] Staudinger/*Henrich*, Art. 19 EGBGB Rn. 77a f.; *ders.*, FS Schwab, S. 1148 f.; *Mayer*, IPRax 2014, S. 60; jurisPK/*Gärtner/Duden*, Art. 19 EGBGB Rn. 83; MüKo/*Helms*, Art. 19 EGBGB Rn. 25; BeckOK/*Heiderhoff*, Art. 19 EGBGB Rn. 26 (als Regel stellen die Genannten zumindest teilweise auf, dass die Unterscheidung hinsichtlich des Kindeswohls danach zu treffen ist, ob die Mietmutter das Kind herausgibt. Sofern dies der Fall ist, soll sich die Anknüpfung durchsetzen, nach welcher die Wunschmutter als Mutter anzusehen ist. Will die Mietmutter das Kind behalten, soll sich die Anknüpfung durchsetzen, welche sie als Mutter ansieht).

[128] Hierzu oben 2. Kap. I.I.3.

[129] MüKo/*Klinkhardt*, 3. Aufl. 1998, Art. 19 EGBGB Rn. 3.

[130] *BayObLG* IPRax 2002, S. 407; *OLG Hamm* FamRZ 2009, S. 128; jurisPK/*Gärtner/ Duden*, Art. 19 EGBGB Rn. 55, 61; HK-BGB/*Kemper*, Art. 19 EGBGB Rn. 6; MüKo/*Helms*, Art. 19 EGBGB Rn. 13 (jedoch kritisch gegenüber den daraus von anderen gefolgerten Ergebnissen); BeckOK/*Heiderhoff*, Art. 19 EGBGB Rn. 20; kritisch *Frank*, StAZ 2009, S. 66 f., 70.

[131] BeckOK/*Heiderhoff*, Art. 19 EGBGB Rn. 20.

[132] Bspw. *BayObLG* IPRax 2002, S. 407; HK-BGB/*Kemper*, Art. 19 EGBGB Rn. 6; Erman/*Hoholoch*, Art. 19 EGBGB Rn. 17; NK/*Bischoff*, Art. 19 EGBGB Rn. 23 f.; *Sturm*, StAZ 2003, S. 359 ff.

um im Allgemeinen steht[133], kann es den vorliegenden Fall nicht lösen.[134] In Leih- bzw. Mietmutterschaftsfällen wird das Kind in den allermeisten Fällen entweder der Leih-/Miet- oder der Wunschmutter *ex lege* zugeordnet. Beide Frauen werden also in derselben juristischen Sekunde zu „Müttern".

Damit ist man bei dem oben dargestellten Streit angelangt. Die drei vorgestellten Ansichten sollen nun vor dem Hintergrund bewertet werden, dass Art. 19 I EGBGB eine alternative Anknüpfung im Interesse des Kindeswohls vorsieht.

Nach der ersten Ansicht ist die Wertung des § 1591 BGB auf das Kollisionsrecht zu übertragen. Damit würde sich das Recht durchsetzen, welches die Leihbzw. Mietmutter als rechtliche Mutter ansieht. Sachrechtliche Wertungen ins Kollisionsrecht zu übertragen ist jedoch nur dann zulässig, wenn sich im Rahmen der auszulegenden Kollisionsnorm diese sachrechtliche Wertung niedergeschlagen hat. Ansonsten greift man die Eigenständigkeit der Kollisionsnormen an und würde ohne Grund Kollisionsnormen sachrechtlich aufladen. Zwar dient § 1591 BGB nach Auffassung des Gesetzgebers auch dem Kindeswohl. Was materiell-rechtlich dem Kindeswohl dient, muss jedoch nicht unbedingt auch auf kollisionsrechtlicher Ebene kindeswohlfördernd sein. Im Sachrecht stellt § 1591 BGB, flankiert durch die Strafrechtsvorschriften, sicher, dass Leih- und Mietmutterschaft generell nahezu unmöglich ist. Im Kollisionsrecht ist man jedoch vor die Tatsache gestellt, dass andere Länder die Leih- und Mietmutterschaft ermöglichen und dadurch Kinder in Leih- oder Mietmutterschaft geboren werden, die dann den Wunscheltern übergeben werden. In diesem Falle

---

[133] Priorität hat stets etwas Zufälliges. In einer für das Kind derart elementar wichtigen Frage erscheint es daher nur dann gerechtfertigt, an die Priorität anzuknüpfen, wenn keine überzeugenden Alternativlösungen vorgebracht werden können. Alternativlösungen in Fällen konkurrierender Elternschaften sind das Abstellen auf die Abstammungswahrscheinlichkeit (*OLG Karlsruhe* FamRZ 2015, S. 1637 f.; *AG Hannover* IPRax 2005, S. 358) und das Übertragen der Wertungen des deutschen Sachrechts (zu allen Möglichkeiten im Überblick Staudinger/*Henrich*, Art. 19 EGBGB Rn. 37 ff.). Versteht man unter Wertungsübertragung nicht die Übertragung der Kriterien einer Kindeswohlprüfung aus § 1592 ff. BGB (so aber *Dörner*, FS Henrich, S. 122 ff.) und führt man diese Kindeswohlprüfung auf kollisionsrechtlicher Ebene eigenständig durch (so wohl *Witzleb*, FS Martiny, S. 222), ist dieser Ansicht wohl Folge zu leisten. MüKo/*Helms*, Art. 19 EGBGB Rn. 13, hält dies für falsch, da auf diese Weise das Postulat der Gleichwertigkeit aller Rechtsordnungen unterlaufen wird. Dass der Gleichwertigkeitsgedanke an dieser Stelle unterlaufen wird, ist aber durchaus systemkohärent. Wenn die Alternativität in Art. 19 I EGBGB auf dem Gedanken des Kindeswohls beruht, bekommt ein aus dem materiellen Recht bekanntes Prinzip eine kollisionsrechtliche Komponente. Damit wird Art. 19 I EGBGB zur hybriden Norm, in welcher nicht nur kollisionsnormgeprägte Gedanken dominieren. Daraus folgen Abstriche am Postulat der Gleichwertigkeit aller Rechtsordnungen.

[134] Ebenso wohl BeckOK/*Heiderhoff*, Art. 19 EGBGB Rn. 21.

kann es, wie im Rahmen des *ordre public* erörtert wird, durchaus im Interesse des Kindes liegen, den Wunscheltern zugeordnet zu werden.[135] Daher ist das Kindeswohl für das Kollisionsrecht eigenständig zu ermitteln und nicht § 1591 BGB auf das Kollisionsrecht zu übertragen.

Die zweite Ansicht, also Zuordnung zur Wunschmutter im Interesse des Kindeswohls, überzeugt mehr, erscheint jedoch noch als zu pauschal. Richtigerweise wird man wohl in jedem Einzelfall mit der dritten Ansicht fragen müssen, was in diesem Fall dem Kindeswohl besser entspricht. Dabei wird es wohl oft so sein, dass es dem Kindeswohl besser entspricht, bei der Wunschmutter zu bleiben, wenn die Leih- oder Mietmutter ihr das Kind freiwillig herausgegeben hat.[136] Man sollte diese „Regel" aber stets genauerer Betrachtung zuführen und eine einzelfallbezogene Kindeswohlprüfung durchführen.[137] Alles andere würde dem Kindeswohl als Grund für die alternative Anknüpfung nicht gerecht.[138]

IV. Die Regelungen zur Leih- bzw. Mietmutterschaft als Eingriffsnormen

Durch den *VfGH* wurde noch eine weitere Möglichkeit in Erwägung gezogen: die Berücksichtigung der Regelungen zur Eltern-Kind-Zuordnung des Geburtsstaats als drittstaatliche Eingriffsnormen.[139] Dies verkennt jedoch die Wirkungsweise von Eingriffsnormen.[140] Drittstaatliche Eingriffsnormen können wie gezeigt lediglich dann berücksichtigt werden, wenn die *lex fori* dies zulässt.

---

[135] Im Ergebnis ebenso *Henrich*, FS Schwab, S. 1148 f., der die Übertragung von § 1591 BGB ins Kollisionsrecht als Abstellen auf das abstrakte Kindeswohl bezeichnet und die eigenständige kollisionsrechtliche Bestimmung, welche nach *Henrich* vorzugswürdig ist, als konkrete Bestimmung des Kindeswohls.

[136] Staudinger/*Henrich*, Art. 19 EGBGB Rn. 78.

[137] Anders BeckOK/*Heiderhoff*, Art. 19 EGBGB Rn. 26 (dazu bereits 3. Kap. Fn. 133). Da an dieser Stelle lediglich das kollisionsnormtechnische Ergebnis und nicht das Endergebnis in Frage steht, ist es zu rechtfertigen, dass man das Gericht das Kindeswohl prüfen lässt und nicht auf das Adoptionsverfahren verweist.

[138] Die Tatsache, dass die Alternativität der Verweisungen des Art. 19 I EGBGB dem Kindeswohl dient, heißt jedoch nicht, dass sich das Kindeswohl in jeder Frage der Mietmutterschaft durchsetzt. Es sollte strikt getrennt werden zwischen der Frage nach der Auslegung der hybriden Norm des Art. 19 I EGBGB und des Vorbehalt des *ordre public*. Teilweise werden die beiden Fragen jedoch vermischt (bspw. BeckOK/*Heiderhoff*, Art. 19 EGBGB Rn. 26).

[139] *VfGH* IPRax 2013, S. 277; dazu *Lurger*, IPRax 2013, S. 283, 285.

[140] Anderes gilt für die Frage nach der rechtlichen Zulässigkeit des medizinischen Eingriffs (hierzu *Lurger*, IPRax 2013, S. 285). Hierbei handelt es sich jedoch um öffentlich-rechtliche Vorschriften, die mit der Frage nach der Eltern-Kind-Zuordnung nicht im Zusammenhang stehen.

Letztere muss das Hoheitsinteresse des Drittstaats anerkennen.[141] Selbst wenn man die Eltern-Kind-Zuordnung als Eingriffsnorm ansähe[142], könnte man nicht von einer Anerkennung eines fremden Hoheitsinteresses ausgehen. In dem Fall der Leih- und Mietmutterschaft drehen sich die Fragen nach der rechtlichen Zulässigkeit um ethisch problematische und gesellschaftlich hoch umstrittene Themen, zu welchen sich der deutsche Gesetzgeber ausdrücklich geäußert hat. Es wäre in Anbetracht der Gewaltenteilung höchst bedenklich, würde man diese Entscheidung dadurch ignorieren, dass man das Hoheitsinteresse des Drittstaates derart über das eigene stellte und die Regelung des anderen Staates als Eingriffsnormen anwendete.[143]

---

[141] Vgl. dazu oben 3. Kap. A.Einl. Für Anwendung drittstaatlicher Eingriffsnormen nur bei eigenem Interesse der *lex fori* in Bezug auf Leih- bzw. Mietmutterschaftsfälle auch *Heiderhoff*, NJW 2014, S. 2677. *Heiderhoff* kommt jedoch in der darauf folgenden Erörterung zu dem Schluss (S. 2677 f.), dass die deutsche Rechtsordnung ein eigenes Interesse an der Anwendung fremder Vorschriften hat, die den Wunscheltern das Kind zuordnen. Dieser Einschätzung kann vor dem Hintergrund der eigentlich klaren, diesem Ergebnis konträr entgegenstehenden deutschen Rechtslage nicht gefolgt werden.

[142] Für Charakter als Eingriffsnorm *Heiderhoff*, NJW 2014, S. 2677 f.; dagegen *Lurger*, IPRax 2013, S. 285; *Struycken*, liber amicorum Siehr, S. 371 f.; *Woitge*, Jura 2015, S. 504; für Charakterisierung der Regelungen zur Leih- und Mietmutterschaft als Eingriffsnormen auch *Thomale*, Mietmutterschaft, S. 38 ff., der allerdings dann zumindest den dogmatisch richtigen Schluss zieht, dass die eigenen Eingriffsnormen angewendet werden müssen. Der Deklaration der inländischen Regeln zur Leihmutterschaft als Eingriffsnormen steht jedoch entgegen, dass der deutsche Gesetzgeber seine Rechtsvorstellungen wohl nicht in jedem Fall durchgesetzt haben möchte, sondern nur bei Inlandsbezug. Ferner soll in den relevanten Fällen nicht unbedingt eigenes Recht durchgesetzt, sondern fremdes Recht, welches die Leih- und Mietmutterschaft vorsieht, abgewehrt werden. Richtiges dogmatisches Hilfsmittel ist daher der *ordre public*, nicht die Eingriffsnormen.

[143] A.A. *Heiderhoff*, NJW 2014, S. 2677 f. aufgrund der Tatsache, dass das Kind ansonsten in manchen Fällen gar keine Mutter zugeordnet bekommen könnte. Dies dürfte jedoch wegen der Reichweite des Art. 19 I S. 1 EGBGB nie der Fall sein. Nach Art. 19 I S. 1 EGBGB bestimmt das Recht des gewöhnlichen Aufenthalts stets eine Mutter (entweder die Leih- bzw. Mietmutter oder die Wunschmutter). Dies führt aufgrund dessen, dass die nach dem ersten Aufenthaltsrechts erworbene Abstammung ein wohlerworbenes Recht darstellt (dazu oben 3. Kap. B.III.1.), zur sicheren Mutterstellung einer der beteiligten Frauen, sofern nicht der *ordre public* eingreift. In letzterem Fall setzt sich die deutsche Rechtsordnung durch, weshalb das Kind also auch in diesem Fall eine Mutter hat. Sollte die Feststellung des gewöhnlichen Aufenthalts zu einem Zeitpunkt geschehen, an der das Kind noch keinen gewöhnlichen Aufenthalt besitzt und auch weder S. 2 noch S. 3 zu einer Mutter führen, kann die Mutterlosigkeit dadurch verhindert werden, dass im Rahmen des Art. 19 I S. 1 EGBGB in diesen Fällen der schlichte Aufenthalt genügt.

V. Ordre public

Spätestens seit der Entscheidung des *BGH* zur verfahrensrechtlichen Anerkennung bei „Leihmutterschaft" und den Anmerkungen zu dieser Entscheidung, darf man wohl davon ausgehen, dass sich eine herrschende Meinung[144] gegen die Annahme eines *ordre public*-Verstoßes bei Zuordnung des Kindes zu den Wunscheltern gebildet hat.[145] Diese herrschende Meinung beruht im Ergebnis auf einem durchaus nachvollziehbaren Grund: dem Schutz des Kindeswohls.[146] Trotz des deutschen Verbots der Leih- und der Mietmutterschaft dürften die Folgen eines Verstoßes gegen ebendieses Verbot nicht auf dem Rücken des Kindes ausgetragen werden. Das ist sicherlich richtig. Für Taten der Eltern dürfen Kinder nicht büßen müssen.[147]

Ob diese Bewertung jedoch dazu führt, einen Verstoß gegen den *ordre public* abzulehnen, bedarf genauerer Betrachtung. Bei der Prüfung des Art. 6 EGBGB ist zwischen der Zuordnung zur Wunschmutter und der zum Wunschvater zu unterscheiden, da die Zuordnung zum Wunschvater für die deutsche Rechtsordnung weniger problematisch sein könnte. Vor der Prüfung des *ordre public* ist zudem darauf hinzuweisen, dass die Frage nach der Einschlägigkeit des *kollisionsrechtlichen ordre public* nicht höchstrichterlich geklärt ist. Zwar hat der *BGH* im Rahmen der Anerkennung einer ausländischen Entscheidung keinen

---

[144] Im Rahmen der Anerkennung ausländischer Entscheidungen *BGH* NJW 2015, S. 481 ff. (Rn. 34 ff.) (gegen diese Entscheidung aber *OLG Braunschweig*, StAZ 2017, 237 ff., allerdings für einen Fall nicht festgestellter genetischer Abstammung vom Wunschvater; kritisch zu dieser Entscheidung *Duden*, StAZ 2017, S. 225 ff.); für Österreich *VfGH*, IPRax 2013, S. 277 f.; für das Kollisionsrecht *Frank*, FamRZ 2014, S. 1529; *Duden*, Leihmutterschaft, S. 133 ff.; *Wedemann*, Konkurrierende Vaterschaften und doppelte Mutterschaft, S. 137 ff.; *Mayer*, IPRax 2014, S. 59 ff.; *dies.*, RabelsZ 78 (2014), S. 580 ff.; *Sitter*, Grenzüberschreitende Leihmutterschaft, S. 261 f.; *Helms*, StAZ 2017, S. 4 f.; *Lagarde*, ZEuP 2015, S. 239; *Diel*, Leihmutterschaft und Reproduktionstourismus, S. 191 ff.; *Witzleb*, FS Martiny, S. 227 ff.; *Henrich*, FS Schwab, S. 1148 ff.; *Coester-Waltjen*, FF 2015, S. 186 ff.; *Woitge*, Jura 2015, S. 501 ff.; *Sturm*, FS Kühne, S. 931 f.; *Dethloff*, JZ 2014, S. 926 ff.; BeckOK/*Heiderhoff*, Art. 19 EGBGB Rn. 26; *dies.*, NJW 2015, S. 485; jurisPK/*Gärtner/Duden*, Art. 19 EGBGB Rn. 112; Staudinger/*Henrich*, Art. 19 EGBGB Rn. 110a; *ders.*, IPRax 2015, S. 232 ff. (mit Ausnahme für den Fall, dass das Kind mit keinem der Wunscheltern genetisch verwandt ist); eine Ausnahme dürfte wohl nach den meisten dann anzunehmen sein, wenn die Leih- bzw. Mietmutter das Kind nicht freiwillig herausgibt (statt aller BeckOK/*Heiderhoff*, Art. 19 EGBGB Rn. 27, 36); unschlüssig hinsichtlich des Eingreifens des *ordre public Andrae*, Internationales Familienrecht, § 5 Rn. 52.

[145] Zumindest in den Fällen, in denen der tatsächliche Vorgang der Leih- bzw. Mietmutterschaft reibungslos ablief, also die Mietmutter das Kind, nachdem sie es ausgetragen hatte, den Wunscheltern freiwillig übergeben hat.

[146] Statt aller *BGH* NJW 2015, S. 482 ff. (Rn. 46 ff.).

[147] *Frank*, FamRZ 2014, S. 1529.

ordre public-Verstoß bei Zuordnung eines Kindes zu den Wunscheltern angenommen.[148] Der *BGH* hat aber selbst darauf hingewiesen, dass der anerkennungsrechtliche *ordre public* enger zu fassen ist als der kollisionsrechtliche und damit aus der anerkennungsrechtlichen Vereinbarkeit mit dem *ordre public* nicht unbedingt die kollisionsrechtliche Vereinbarkeit folgt.[149] Nichtsdestoweniger sprechen die Argumente, die der BGH in seinem Urteil zur Anerkennung ausländischer Entscheidung genutzt hat, auch im Rahmen des Kollisionsrechts gegen einen *ordre public*-Verstoß. Die Wertung dieser Argumente verbleibt aber eine spezifisch kollisionsrechtliche.

1. Die Bedeutung der Menschenwürde in Leih- und Mietmutterschaftsfällen

Bevor jedoch zur konkreten Betrachtung des *ordre public* übergegangen werden kann, muss zunächst gefragt werden, ob ein *ordre public*-Verstoß nicht bereits deswegen anzunehmen ist, weil dies der Schutz der Menschenwürde, Art. 1 I GG, als oberstes Verfassungsgut erfordert.

Man kann, zumindest in Fällen der entgeltlichen Mietmutterschaft, diskutieren, ob es mit der Menschenwürde unvereinbar ist, ein fremdes Kind (gegen Entgelt) auszutragen. Nimmt man dies an, müsste der Schutz der Menschenwürde auch in grenzüberschreitenden Fällen beachtet werden. Ein Verstoß gegen den *ordre public* bei Zuordnung des Kindes zu den Wunscheltern könnte dann mit dem Argument generell anzunehmen sein[150], alles andere würde Wunscheltern Anreize verschaffen, die menschenwürdebedingte Unzulässigkeit nach deutschem Sachrecht durch die Mietmutterschaft im Ausland zu umgehen.

Für einen Verstoß gegen die Menschenwürde bei Mietmutterschaft lassen sich beachtliche Argumente vorbringen. Zum einen kann man annehmen, dass in entgeltlichen Fällen das Kind zum Objekt, zur bloßen „Ware" wird.[151] Gegen Austragen und Übergeben des Kindes zahlen die Wunscheltern Geld an die Mietmutter. Dies bestreitet *Mayer* mit dem Argument, dass sie den der Mietmutterschaft zugrunde liegenden Vertrag als reinen „Dienstvertrag" bezeichnet.[152] Das entspricht jedoch nicht der Rechtswirklichkeit. Die Wunscheltern

---

[148] *BGH* NJW 2015, S. 479 ff.

[149] *BGH* NJW 2015, S. 480 (Rn. 28) (Grund für den engeren *ordre public* im Anerkennungsrecht ist nach dem *BGH*, dass im Recht der Entscheidungsanerkennung der internationale Entscheidungseinklang das „vornehmliche Ziel" darstellt); ebenso bspw. *Henrich*, IPRax 2015 S. 230; gegen eine engere Auslegung des anerkennungsrechtlichen *ordre public Thomale*, Mietmutterschaft, S. 43 ff.

[150] So *KG Berlin* StAZ 2013 S. 349 f.

[151] *Thomale*, Mietmutterschaft, S. 11 ff., S. 59; gegen dieses Argument *Duden*, Leihmutterschaft, S. 182, 194 f.

[152] *Mayer*, IPRax 2014, S. 62.

werden die Mietmutter nicht bezahlen, wenn letztere während der Schwangerschaft oder während der Geburt beschließt, das Kind zu behalten. Dies zeigt aber eindeutig, dass der Vertrag eben auch auf die Herausgabe des Kindes gegen Entgelt gerichtet ist. Für die Abwertung des Kindes zur Ware sprechen zudem die in zumindest einigen Mietmutterschaftsvereinbarungen anzutreffenden Regelungen zur Abtreibung in Fällen, in denen sich das Kind im Mutterleib nicht gesund entwickelt.[153]

Ferner kommt eine Verletzung der Würde der Mietmutter in Betracht.[154] Das Erlauben der Mietmutterschaft führt in den gestattenden Ländern teilweise regelrecht zu einer Mietmutterschaft im industriellen Stil.[155] In diesen Ländern wird die Mietmutter tatsächlich nur als „bezahlter Brutkasten" genutzt.[156] Über die eigene Menschenwürde sollte die Mietmutter auch nicht durch Einwilligung disponieren können.[157] Die Menschenwürde ist oberstes Verfassungsgut und durch den Staat zu schützen. Die Schutzpflicht besteht auch dann, wenn sich das Individuum der menschenunwürdigen Handlung „freiwillig"[158] aussetzt.

Auf der anderen Seite[159] wird gegen eine Verletzung der Menschenwürde eingewendet, dass das Einsetzen des fremden Embryos und das Austragen eines Kindes an sich keinerlei herabsetzenden Charakter hätten und keinerlei Verachtung der Person der Mietmutter mit sich brächte.[160] Teilweise wird auch der Schluss zwischen der Menschenunwürdigkeit der Mietmutterschaft an sich und der rechtlichen Zuordnung zu den Wunscheltern für nicht zwingend gehal-

---

[153] S. Section VI des bei *Thomale*, Mietmutterschaft, S. 109 ff., 116 f., abgedruckten amerikanischen Standardvertrags. Danach verliert die Mietmutter jeden Anspruch auf Zahlung der vereinbarten Summe, sollte sie sich dem Wunsch erwehren, einen sich nicht „normal" entwickelnden Fötus abzutreiben.

[154] Hierfür bspw. *Diel*, Leihmutterschaft und Reproduktionstourismus, S. 72 f. m. w. N.; *Küppers*, Entgeltliche Tragemutterschaft, S. 177 ff. (die Argumentationslinie vor S. 177 ist aufgrund des ProstG überholt).

[155] Dazu m. w. N. *Thomale*, Mietmutterschaft, S. 8 ff.

[156] *Diel*, Leihmutterschaft und Reproduktionstourismus, S. 73.

[157] Str., dazu m. w. N. *Diel*, Leihmutterschaft und Reproduktionstourismus, S. 72 f.

[158] Zudem kann man in den praxisrelevanten Fällen durchaus diskutieren, ob die wirtschaftliche Drucksituation, welche gerade Frauen aus Osteuropa und Indien dazu veranlasst, als Mietmutter zu arbeiten, noch in einem Grad „freiwillig" ist, den man im Rahmen des Art. 1 I GG ausreichen lässt, wenn man überhaupt davon ausgeht, dass die individuelle Bestimmung der Menschenwürde möglich ist.

[159] Gegen Verletzung der Menschenwürde bspw. *BGH* NJW 2015, S. 483 (Rn. 49); Maunz/Dürig/*Herdegen*, Art. 1 GG Rn. 104; Dreier/*Dreier*, Art. 1 GG Rn. 93; Mangoldt/Klein/*Starck*, Art. 1 GG Rn. 97; *Hieb*, Gespaltene Mutterschaft, S. 38 ff., 104, 151 ff.; *Duden*, Leihmutterschaft, S. 159 ff., 194 ff. (mit Ausnahme der Fälle, in denen die Leihmutter zur Herausgabe des Kindes gezwungen wird (S. 199 ff.); *Mayer*, IPRax 2014, S. 61 f.

[160] *Mayer*, IPRax 2014, S. 61.

ten.[161] Letzteres erscheint zumindest bedenkenswert, weil in den hier relevanten Fällen nicht die Mietmutterschaft als solche in Frage steht, sondern die rechtlichen Folgen für das Kind. Beide Sachverhalte müssen in der Tat getrennt werden, um die Bestrafung des Kindes für die Taten der Eltern zu vermeiden.

In Bezug auf die unentgeltliche Leihmutterschaft liegt ein Verstoß gegen die Menschenwürde weniger nahe. In diesen Fällen wird das Kind nicht zur Ware und die Leihmutter wird nicht zu einem bloßen entgeltlichen „Brutkasten". Vielmehr bestimmt Altruismus das Bild unentgeltlicher Leihmutterschaft. Wer sich aufgrund familiärer Verbundenheit, freundschaftlicher Zuneigung oder aus Mitgefühl für Personen, welche selbst keine Kinder bekommen können, bereit erklärt, deren Kind auszutragen, handelt ethisch nicht verwerflich. Es besteht keinerlei Gefahr, dass die Frau aufgrund wirtschaftlicher Schwierigkeiten ausgebeutet wird. Auch die ethisch wohl brisanteste Folge der Mietmutterschaft, das Entstehen einer ganzen Mietmutterschaftsindustrie, kann im Bereich der Leihmutterschaft nicht eintreten. Letztlich wird auch das Kind nicht zur Ware, da die Leihmutter keinerlei wirtschaftlichen Gewinn aus dem Vorgang erzielt.[162] Die (unentgeltliche) Leihmutterschaft verletzt daher die Menschenwürde wohl in keinem Fall.[163]

Die schwieriger zu beantwortende Wertungsfrage nach Verletzung der Menschenwürde durch (entgeltliche) Mietmutterschaft wird hier offen gelassen, da die vorliegende Arbeit nicht der richtige Ort ist, die Leihmutterschaft verfassungsrechtlich zu beurteilen.[164] In Bezug auf die Zuordnung des Kindes zur Wunschmutter ändert die Wertungsfrage auch nichts am kollisionsrechtlichen Ergebnis. Wie gezeigt werden wird, greift der *ordre public* bei Zuordnung zur Mutter bereits aus anderen Gründen. Relevanz könnte der Frage nach dem Einfluss der Menschenwürde jedoch in Bezug auf den Wunschvater zukommen. Sofern man einen Verstoß gegen die Menschenwürde annimmt, muss der Schutz der Menschenwürde wohl auch dazu führen, dass dem Wunschvater das Kind

---

[161] *Mayer*, IPRax 2014, S. 62; *Duden*, Leihmutterschaft, S. 172; *Dethloff*, JZ 2014, S. 926; *Diel*, Leihmutterschaft und Reproduktionstourismus, S. 176 f.

[162] Zuzugeben ist jedoch, dass die Abgrenzung zwischen Leih- und Mietmutterschaft oftmals Schwierigkeiten bereiten wird. Insbesondere erscheint fraglich, ob und wenn ja ab welchem Umfang eine wirkliche Aufwandsentschädigung die Leihmutterschaft zu einer Mietmutterschaft werden lässt.

[163] Zwischen unentgeltlicher Leih- und entgeltlicher Mietmutterschaft wird in der Frage nach der Menschenwürdeverletzung oftmals unterschieden (s. bspw. *Diel*, Leihmutterschaft und Reproduktionstourismus, S. 68 ff.).

[164] Das *BVerfG* hatte noch keine Gelegenheit, sich mit dem Thema der Leihmutterschaft zu befassen. Eine Verfassungsbeschwerde aus dem Jahr 2012 zur „Nachbeurkundung einer Auslandsgeburt bei Leihmutterschaft" wurde aufgrund mangelnder Begründung der Verfassungsbeschwerde abgewiesen (*BVerfG* NJW-RR 2013, S. 1 f.).

nicht zugeordnet werden kann.[165] Dann wäre aber ebenfalls das deutsche Sachrecht verfassungswidrig, da dieses eine Zuordnung zum genetischen Wunschvater – zumindest in manchen Fällen[166] – erlaubt. Die Ausführungen zur Zuordnung des Kindes zum Wunschvater stehen mithin unter dem Vorbehalt, dass die Mietmutterschaft nicht gegen die Menschenwürde verstößt.

2. Der ordre public bei Zuordnung zur Wunschmutter

Eigentlich ist die Haltung der deutschen Rechtsordnung zur Leih-und Mietmutterschaft eindeutig. Der Gesetzgeber hat, vielleicht etwas überspitzt formuliert, alles ihm Mögliche versucht, um auszudrücken, dass er die Leih- bzw. Mietmutterschaft aus ethischen Gründen für verwerflich hält und sie deshalb aus seiner Sicht nicht zulässig sein soll. Dabei hat er sich sogar eindeutig zu der Frage nach der Mutterschaft geäußert. Mutter soll die Frau sein, die das Kind geboren hat, § 1591 BGB, und nicht die Wunschmutter. Zwar gehört keinesfalls jede zwingende Regel des Sachrechts gleichzeitig bei hinreichendem Inlandsbezug zum Anwendungsbereich des *ordre public*.[167] Wenn sich aber der einfache Gesetzgeber derart dezidiert zu einer ethischen Grundfrage äußert, wird man diese Äußerung auch im Rahmen des *ordre public* beachten müssen.

Schwieriger zu entscheiden wird die Frage nach der Zuordnung des Kindes jedoch dadurch, dass in dem Fall der Zuordnung des Kindes zu den Wuncheltern durch das ausländische Recht nicht mehr abstrakt die rechtliche Behandlung der Leih- bzw. der Mietmutterschaft in Frage steht, sondern die rechtliche Zuordnung eines real existierenden Kindes. Das Kindeswohl dieses Kindes muss bei der Entscheidung über die rechtliche Zuordnung beachtet werden. Dies folgt nicht zuletzt aus Art. 3 der UN-Kinderrechtskonvention.[168]

Ob das Kindeswohl jedoch für oder gegen eine Anwendung des *ordre public* spricht, wird streitig beurteilt. Dabei kommt der Unterscheidung zwischen einer abstrakten Betrachtung des Kindeswohls in Fällen der Leih- bzw. Mietmutterschaft und einer konkreten Beurteilung des Einzelfalls Bedeutung zu.[169] Abstrakt hat sich der deutsche Gesetzgeber eindeutig dazu geäußert, dass er die Zuordnung des Kindes zur Leih- bzw. Mietmutter aufgrund ihrer pränatalen Beziehung zum Kind für kindeswohlfördernd hält. Auch wenn die Auswirkung einer pränatalen Beziehung zwischen Mutter und Kind medizinisch durchaus kontrovers diskutiert wird, ist der nicht gänzlich tatsachenfernen Einschätzung

---

[165] *Mayer*, IPRax 2014, S. 62.
[166] Vgl. 3. Kap. B.III.2.
[167] Statt aller MüKo/*v. Hein*, Art. 6 EGBGB Rn. 8.
[168] Auf diese stellt auch der *BGH* NJW 2015, S. 482 (Rn. 41), ab.
[169] Dazu *Henrich*, FS Schwab, S. 1148.

des Gesetzgebers Folge zu leisten. Abstrakt betrachtet spricht daher das Kindswohl für eine Zuordnung des Kindes zur Leih- bzw. Mietmutter.[170]

Im Rahmen des *ordre public* kommt es jedoch auf den Einzelfall an. Mit einer Beurteilung des Einzelfalls ist eine durch den Gesetzgeber festgelegte abstrakte Beurteilung des Kindeswohls schwer vereinbar. Die Haltung des Gesetzgebers darf zwar keinesfalls unberücksichtigt bleiben, für die Frage des Kindeswohls muss aber der konkrete Fall entscheidend sein.[171] Eine konkrete Betrachtung des Kindeswohls wird meist dafür sprechen, das Kind der Wunschmutter zuzuordnen.[172] Zwar hat die Wunschmutter das Kind durch Umgehung des klaren Verbots erhalten, Berücksichtigung finden muss aber die Motivation hinter dieser Gesetzesumgehung. Für die Wunscheltern ist die Inanspruchnahme einer Leih- bzw. Mietmutter oftmals der einzige Weg, ihren Kinderwunsch zu befriedigen. Eine Adoption von Kleinkindern ist aufgrund der enormen Nachfrage schwierig. Zudem kann durch Surrogation oftmals eine genetische Elternschaft, zumindest eines Elternteils, erreicht werden. Dass die Eltern daher versuchen, diesen Weg trotz des deutschen Verbots zu beschreiten, spricht ihnen nicht *per se* jegliche Eignung ab, das durch Surrogation ausgetragene Kind liebevoll zu behandeln.

Hinzu kommt, dass die Leih- bzw. Mietmutter das Kind in den meisten Fällen nicht behalten möchte. Kann das Kind nicht bei den Wunscheltern bleiben, wird es seinerseits zur Adoption freigegeben werden müssen. Bei konkreter Betrachtung wird das Kindeswohl daher meistens für eine Zuordnung zur Wunschmutter streiten.

Nach der herrschenden Meinung folgt nun aus dem soeben Dargestellten und der Beachtung des Kindeswohls auch zwingend die rechtliche Zuordnung des Kindes zu den Wunscheltern.[173]

Dem kann nicht gefolgt werden. Zunächst wird zwar das Kindeswohl oftmals für eine Zuordnung zu den Wunscheltern sprechen. Zur tatsächlichen Ermittlung dessen, was für das Kind im Ergebnis am besten ist, bedarf es jedoch einer genauen Untersuchung. Der Ort für diese Untersuchung ist das Adoptionsverfahren.[174] Die Prüfung im Rahmen des *ordre public* ist demgegenüber nicht der geeignete Ort für die erforderliche präzise Bestimmung des Kindeswohls.

---

[170] *Thomale*, Mietmutterschaft, S. 30 ff.; *Diel*, Leihmutterschaft und Reproduktionstourismus, S. 79 f.

[171] *Diel*, Leihmutterschaft und Reproduktionstourismus, S. 171 f.

[172] *Henrich*, FS Schwab, S. 1148.

[173] Vgl. die in 3. Kap. Fn. 144 Genannten.

[174] *KG Berlin* StAZ 2013, S. 350; *Thomale*, Mietmutterschaft, S. 33 ff., 101; *ders.*, IPRax 2016, S. 497 f.; *Benicke*, StAZ 2013, S. 111; *Engel*, ZEuP 2014, S. 559. Teilweise wird die Berufung auf den *ordre public* für widersprüchlich gehalten, weil dasselbe Ergebnis, also die rechtliche Zuordnung zu den Wunscheltern, über die Adoption erreicht werden kann (*BGH* NJW 2015, S. 484 (Rn. 58); *Mayer*, IPRax 2014, S. 61 f.). Beide Situationen sind jedoch nicht

Das Kindeswohlargument kann zudem dadurch relativiert werden, dass das Kindeswohl auch bei Annahme eines Verstoßes gegen den *ordre public* auf anderen Wegen geschützt werden kann. Neben der Möglichkeit der Adoption wird das Interesse durch eine unterhaltsrechtliche Substitution, aufgrund derer die Wunscheltern dem Kind zum Unterhalt verpflichtet sind, und durch die Anerkennung einer „faktischen" Familie gewahrt.[175]

Des Weiteren lädt die Anerkennung der rechtlichen Zuordnung zu den Wunscheltern geradewegs zur Umgehung des deutschen Verbots der Leih-und damit Mutterschaft ein. Die generalpräventive Wirkung, die mit § 1591 BGB erreicht werden soll, liefe leer.[176] Anders als die herrschende Meinung annimmt[177], können generalpräventive Aspekte auch nicht vollständig ausgeblendet werden, wenn gegen sie im Einzelfall Aspekte des Kindeswohls eingewendet werden. Generalprävention schafft zuweilen Härten im Einzelfall. Das macht sie jedoch nicht überflüssig.[178] Hinzu kommt in den vorliegenden Fällen, dass die Generalprävention nicht nur im Einzelfall überwunden wird. Vielmehr stellt die herrschende Meinung bei genereller Verneinung des *ordre public* eine Regel auf, die das, was eigentlich verhindert werden soll, erlaubt.

Das Argument der Generalprävention führt zu einem nächsten. Durch § 1591 BGB wird in Inlandsfällen dasselbe Ergebnis erreicht, welches die herrschende Meinung in Fällen mit Auslandsbezug für *ordre public*-widrig hält. Wenn ein Arzt in Deutschland das gesetzliche Verbot ignoriert und einer Leih- oder Mietmutter einen befruchteten Embryo einpflanzt, ist das auf diese Weise gezeugte Kind ebenfalls eindeutig das Kind der Leih- oder Mietmutter.[179] Der Gesetzgeber sieht demnach die Härten, die durch die Zuordnung des Kindes zur Leih- bzw. Mietmutter erreicht werden, und hält sie dennoch für richtig. Dieser Einschätzung sollte auch in Fällen mit Auslandsbezug, die der Gesetzgeber explizit ebenfalls erfassen möchte[180], Rechnung getragen werden.[181]

---

vergleichbar. Die rechtliche Zuordnung kraft Geburt ist die bloße Anerkennung einer bestehenden Familienbandes, die rechtliche Zuordnung kraft Adoption ist die Aufnahme eines rechtlich „Fremden" in die Familie.

[175] 3. Kap. B.VII.

[176] *OLG Braunschweig*, StAZ 2017, S. 240; *KG Berlin* StAZ 2013, S. 350; *Benicke*, StAZ 2013, S. 111; *Thomale*, Working Paper, S. 6.

[177] S. statt vieler *BGH* NJW 2015, 483; *Sturm*, FS Kühne, S. 930 ff.

[178] *Engel*, ZEuP 2014, S. 558.

[179] BT-Drs. 13/8511, S. 69; BT-Drs. 13/4899, S. 82.

[180] BT-Drs. 13/4899, S. 82: „Eine Klarstellung der Mutterschaft im Zivilrecht erscheint dennoch im Hinblick auf die Fälle geboten, in denen eine Eispende entweder im Ausland oder verbotenerweise im Inland vorgenommen wird".

[181] Ebenso *KG Berlin* StAZ 2013, S. 350; *Benicke*, StAZ 2013, S. 110 f.; ähnlich *Thomale*, Mietmutterschaft, S. 77 ff.; für die Gegenansicht problematisch ist der Fall, in welchem das

Zuletzt setzt sich die herrschende Meinung über einen weiteren Aspekt hinweg: die Relativität des *ordre public*. In den praxisrelevanten Fällen ist die Inanspruchnahme einer Leih- oder Mietmutter im Ausland eine klare Umgehung des deutschen Rechts. Dies bedeutet jedoch auch, dass die Frage nach der Zuordnung des Kindes zu den Wunscheltern einen sehr starken Inlandsbezug aufweist.[182] Bei einem solch starken Inlandsbezug muss in Verbindung mit den groben Abweichungen von den Vorstellungen der deutschen Rechtsordnung zu zulässiger Reproduktionstechnik ein Verstoß gegen den *ordre public* angenommen werden.

Der Gedanke der Relativität des *ordre public* führt jedoch in anderen Fällen dazu, dass kein Verstoß anzunehmen ist. Wenn beispielsweise ein Ehepaar in den USA im Wege der dort zulässigen Mietmutterschaft ein Kind zeugt, welches Ihnen rechtlich zugeordnet ist, muss man die Eltern-Kind-Beziehung wohl kaum wegen Verstoßes gegen das deutsche Verbot der Mietmutterschaft für unwirksam halten, wenn einer der Eltern verstirbt und sich vor deutschen Gerichten die Frage der Nachfolge stellt.[183]

In den üblichen Fällen der Leih-und der Mietmutterschaft wird die Zuordnung des Kindes zur Wunschmutter aber gegen den nationalen *ordre public* verstoßen.[184]

Kollisionsrecht zur Anwendung deutschen Sachrechts führt. Für einen „ausnahmsweise" vorzunehmenden Rückgriff auf ausländisches Recht in diesem Fall BeckOK/*Heiderhoff*, Art. 19 EGBGB Rn. 26a; konsequent insofern *Duden*, Leihmutterschaft, S. 298 f., der § 1591 BGB wegen Verstoß gegen Art. 3 I GG für verfassungswidrig erklärt (dazu sogleich 3. Kap. B.V.3.); für Nichtanwendbarkeit des § 1591 BGB wegen Verstoßes gegen höherrangiges Recht ebenso *Mayer*, IPRax 2014, S. 60 f.; *dies.*, RabelsZ 78 (2014), S. 586.

[182] *KG Berlin* StAZ 2013, S. 350; *Thomale*, Mietmutterschaft, S. 27; *ders.*, Working Paper, S. 5.

[183] In der Sache genauso *Benicke*, StAZ 2013, S. 111; *Henrich*, FS Schwab, S. 1151.

[184] *OLG Braunschweig*, StAZ 2017, S. 237 ff.; *KG Berlin* StAZ 2013, S. 349 ff.; *VG Berlin* StAZ 2012, S. 383; *Benicke*, StAZ 2013, S. 110 ff.; *Thomale*, Mietmutterschaft, S. 26 ff.; *Krömer*, StAZ 2000, S. 311; *Otte*, Yearbook of Priv. Int. Law 1999, S. 199; *Engel*, ZEuP 2014, S. 558; ebenso *Looschelders*, IPRax 1999, S. 423; in diese Richtung tendierend auch *Wagner*, StAZ 2012, S. 296 f.; *Gaul*, FamRZ 2000, S. 1476. In der Zuordnung zur Leih- oder Mietmutter liegt auch keine Schlechterstellung des in Surrogation ausgetragenen Kindes (a. A. *Mayer*, IPRax 2014, S. 2014, S. 60 f.; *Duden*, Leihmutterschaft, S. 228 ff., 279 ff.; *ders.*, ZEuP 2015, S. 655 f.; *ders.*, StAZ 2015, S. 206, der sowohl einen Verstoß gegen Art. 3 I GG als auch gegen Art. 8 I EMRK i. V. m. Art. 14 I ERMK annimmt). Das Kind erhält wie jedes andere Kind eine rechtliche Mutter. Diese Mutter ist eben die Leih- bzw. Mietmutter, auch wenn diese Mutter das Kind nicht haben möchte und in dem Verständnis des deutschen Sachrechts zur Adoption durch die Wunschmutter freigibt. Auch rechtlich werden die Kinder in keiner Weise anders behandelt als andere Kinder. Ein Verweis auf die frühere Behandlung unehelicher Kinder (*Sturm*, FS Kühne, S. 930) trägt daher nicht. Gegen Gleichheitsverstoß auch *Engel*, ZEuP 2014, S. 554.

3. Der ordre public bei Zuordnung zum Wunschvater

Hinsichtlich der Zuordnung zum Wunschvater ist nach der hier vertretenen Ansicht zu unterscheiden.[185] Wenn man wie hier annimmt, dass der genetische Vater das Kind als seines anerkennen kann, sofern die Leih- bzw. Mietmutter nicht verheiratet ist[186], liegt sicher kein Verstoß gegen den *ordre public* vor. Was nach deutschem Sachrecht möglich ist[187], kann nicht gleichzeitig gegen Grundgedanken des deutschen Rechts verstoßen. Richtigerweise verstößt jedoch eine Zuordnung zum Wunschvater auch dann nicht gegen den *ordre public*, wenn die Leih- bzw. Mietmutter verheiratet ist. § 1592 Nr. 1 BGB beruht nicht wie § 1591 BGB auf einer ethischen Grundentscheidung des Gesetzgebers, sondern aufgrund der Vermutung, dass der Ehemann der biologische Vater ist, und um eine einfache und schnelle Klärung der Vaterschaft zu ermöglichen.[188]

Ist der Vater nicht genetischer Vater, dient die Anerkennung, wie oben dargelegt, nicht dazu, dem Kind den „richtigen" Vater zuzuordnen, sondern dazu, das Verbot der Leih- und Mietmutterschaft des deutschen Rechts zu umgehen. Nach der hier vertretenen Ansicht ist dies im deutschen Sachrecht nicht möglich. Aus denselben Gründen, die für den *ordre public* bei Zuordnung zur Wunschmutter sprechen, verstößt in diesen Fällen auch die Zuordnung zum Wunschvater gegen den nationalen *ordre public*.

Folglich stellt zwar im Normalfall die Zuordnung zur Wunschmutter einen Verstoß gegen den deutschen *ordre public* dar, nicht aber in jedem Fall die Zuordnung zum Wunschvater. In dieser unterschiedlichen Behandlung wird teilweise ein Verstoß gegen Art. 3 GG gesehen.[189] Gleichheitsbezüglich sei auch problematisch, dass die Unfruchtbarkeit des Mannes durch fremde Samenspende überwunden werden könne, die fehlende Fähigkeit der Frau, ein Kind auszutragen, aber nicht durch die Miet- oder zumindest die Leihmutterschaft.[190]

---

[185] Wie hier anscheinend Staudinger/*Henrich*, Art. 19 EGBGB Rn. 61a; a. A. die ganz h. M., die auch bei keiner genetischen Abstammung vom Wunschvater die Anerkennung nach deutschem Sachrecht ermöglicht (vgl. hierzu die Nachweise in 3. Kap. Fn. 92).

[186] Ob der Wunschvater die rechtliche Vaterschaft des Ehemannes anfechten kann, sofern die Leih- oder Mietmutter verheiratet ist und der Mann der Befruchtung zugestimmt hat, ist streitig. Fraglich ist dabei, ob § 1600 V BGB Anwendung findet (dazu m. w. N. *Duden*, Leihmutterschaft, S. 25 f.).

[187] Selbstverständlich wiederum unter dem Vorbehalt der Vereinbarkeit des einfachen Sachrechts mit der Verfassung.

[188] BeckOGK/*Balzer*, § 1592 BGB Rn. 10 ff.

[189] *Duden*, Leihmutterschaft, S. 27, 318; *Witzleb*, FS Martiny, S. 236; *Sitter*, Grenzüberschreitende Leihmutterschaft, S. 78; *Andrae*, Internationales Familienrecht, § 5 Rn. 52; zum Verstoß gegen Art. 3 GG wegen Ungleichbehandlung des Kindes oben 3. Kap. Fn. 184.

[190] *Kaiser*, FS Brudermüller, S. 362 ff.; *Hieb*, Gespaltene Mutterschaft, S. 178 f., 197 ff.

Beides begründet jedoch keinen Verstoß gegen Art. 3 GG, da eine unterschiedliche Behandlung aufgrund von „Problemen, die ihrer Natur nach nur entweder bei Männern oder bei Frauen auftreten können, zwingend erforderlich […] [ist]."[191]

Die Leih- und die Mietmutterschaft sind nicht aufgrund der Überwindung der fehlenden Gebärfähigkeit der Frau verboten, sondern aufgrund der vom Gesetzgeber angenommenen pränatalen Prägung sowie ethischer Bedenken gegen die Benutzung eines Surrogats, um ein Kind auszutragen.[192] Zudem ist es im Rahmen der Vaterschaft sicher, wer „wirklicher" Vater ist. In Betracht kommt nur der genetische Vater. In Bezug auf die Mutterschaft ist es demgegenüber eine Wertungsfrage, ob man als „wirkliche" Mutter die Frau ansieht, von der das Kind genetisch abstammt, oder die Frau, die das Kind austrägt.

4. Zwischenergebnis

Die Zuordnung des Kindes zur Wunschmutter widerspricht bei hinreichend engem Inlandsbezug dem nationalen *ordre public*, die Zuordnung zum Wunschvater lediglich dann, wenn er nicht der genetische Vater ist. Zwar wird das Kindeswohl in den meisten Fällen für eine Zuordnung zur Wunschmutter sprechen. Dies führt jedoch nicht dazu, dass der *ordre public* in Fällen der Leih- und Mietmutterschaft nicht einschlägig wäre. *De lege lata* ist die Haltung der deutschen Rechtsordnung zur Eltern-Kind-Zuordnung in Fragen der Leih- und Mietmutterschaft eindeutig. Das Kind kann nicht *ex lege* der Wunschmutter und nur in einigen Fällen dem Wunschvater zugeordnet werden.

Die Zuordnung *ex lege* zu den Wunscheltern abzulehnen heißt jedoch nicht, dass dem Schutz des Kindeswohls keine Rechnung getragen werden könnte. Es lässt sich schützen durch eine Kombination aus der Möglichkeit der Adoption, einer unterhaltsrechtlichen Substitution und durch die Annahme einer „faktischen Familie".[193]

VI. Ergebniskorrektur aufgrund des Schutzes wohlerworbener Rechte

Folgt man den bisherigen Ergebnissen zur Leih- und Mietmutterschaft, wird der rechtlichen Zuordnung des Kindes zur Wunschmutter in vielen Fällen weder dann gefolgt, wenn die Kollisionsnorm des Art. 19 I EGBGB zu einem Recht führt, welches die Leihmutterschaft nicht kennt, noch dann, wenn das anwend-

---

[191] *BVerfG* NJW 1992, S. 965; *BVerfG* NJW 2009, S. 662 f. (Rn. 27) m. w. N.

[192] Für deutliche Unterschiede der Leih- und Mietmutterschaft zu anderen Reproduktionstechniken auch *Duden*, Leihmutterschaft, S. 7 f.

[193] Dazu unten 3. Kap. B.VII.3.

bare Recht die Leih- oder Mietmutterschaft kennt, weil in letzteren Fällen oftmals der *ordre public* greift. Damit befindet sich die Prüfung jedoch noch nicht an ihrem Ende. Zu diskutieren ist, ob auch in Fällen der Leih- und Mietmutterschaft die staatliche Ordnung zu Gunsten des Schutzes wohlerworbener Rechte zurücktreten muss, wenn die staatliche Ordnung dazu führt, dass das Kind nicht den Wunscheltern zugeordnet werden kann. Zusätzlich könnte sich ein Problem der europäischen Freizügigkeit theoretisch dann stellen, wenn man mit der herrschenden Meinung keinen Verstoß gegen den *ordre public* bei Zuordnung des Kindes zur Wunschmutter annimmt. Denkbar ist, dass aus der Rechtslagenanerkennung eine Pflicht zur Anerkennung einer Eintragung des Registerstaats folgt, wenn in dieser Eintragung die Leih- bzw. Mietmutter als rechtliche Mutter festgelegt ist. Letzterer Fall soll hier jedoch nicht erörtert werden, da es sich wohl nur um einen theoretischen handelt. In der Praxis wird das Land, in welchem die Leihmutterschaft vorgenommen und registriert wird, diese auch kennen. Zwar ist es durchaus denkbar, dass dieses Land über sein Internationales Privatrecht zu einer Rechtsordnung kommt, nach welchem die Leihmutterschaft nicht vorgesehen ist und daher die Wunscheltern eigentlich nicht als rechtliche Eltern in das Register eingetragen werden könnten. Dieses Ergebnis wird ein Staat, der die Leihmutterschaft kennt, jedoch wohl aus Gründen des Kindeswohls nicht anerkennen und durch seinen *ordre public* verhindern.

Untersucht wird damit lediglich, ob die Zuordnung des Kindes zu den Wunscheltern in einem Staat ein wohlerworbenes Recht der Beteiligten begründet, welches in jedem anderen Staat zu achten ist. Rechtsgrundlage hierfür könnte sowohl die europäische Freizügigkeit (Art. 21 AEUV) als auch Art. 8 EMRK (Recht auf Achtung des Privat- und Familienlebens) bilden.

1. Art. 21 AEUV

Die Pflicht der Mitgliedstaaten, die Zuordnung zur Wunschmutter als wohlerworbenes Recht zu schützen, könnte sich zunächst aus dem Recht auf Freizügigkeit, Art. 21 AEUV, ergeben. Dabei kann man in Fällen der Leih- bzw. Mietmutterschaft, anders als im Europäischen Kreditsicherungsrecht, den Schutz subjektiver Rechte bzw. Rechtspositionen durchaus auf das Institut der Rechtslagenanerkennung stützen. Dieses stellt, wie gezeigt[194], einen Unterfall des Gedankens der wohlerworbenen Rechte dar.

Dabei bietet es sich sogar an, im Rahmen des Art. 21 AEUV den Begriff der Rechtslagenanerkennung zu verwenden, da dieser Begriff dann mit einem „Allgemeinen Teil" verbunden werden kann, dem dogmatische Vorgaben für das gesamte Internationale Namens- und Familienrecht entnommen werden kön-

---

[194] S.o. 3. Kap. Einl.

nen. Drei dieser Vorgaben des „Allgemeinen Teils" der Rechtslagenanerkennung sollen im Folgenden erörtert werden, da ihnen in Fällen der Leih- bzw. Mietmutterschaft besondere Bedeutung zukommt. Zum einen stellt sich die Frage, ob die Rechtslagenanerkennung lediglich dann in Betracht kommt, wenn eine staatliche Stelle das Entstehen der Rechtslage begleitet hat. Zum anderen wird untersucht, ob die Rechtslagenanerkennung auf Drittstaatenfälle auszuweiten ist. Drittens wird die Frage gestellt, wie sich widersprechende Rechtslagen aufzulösen sind. Ein weiteres allgemeines Problem der Rechtslagenanerkennung, die Frage nach dem Erfordernis eines hinreichend engen Bezugs zum Erststaat, wird im Rahmen der kollisionsrechtlichen Behandlung der gleichgeschlechtlichen Ehe besprochen.[195]

Nach der Behandlung der allgemeinen Fragen wird untersucht, ob die Nichtanerkennung der Eltern-Kind-Zuordnung des Erststaats eine nicht zu rechtfertigende Beeinträchtigung der Freizügigkeit darstellt.

a) Rechtslagenanerkennung nur bei behördlicher Beteiligung

Dass die europäische Rechtslagenanerkennung lediglich bei Akten behördlicher Beteiligung anzuwenden ist, ist zu Recht ganz herrschende Meinung.[196] Das Einbeziehen privater Akte würde eine nicht zu rechtfertigende Ausdehnung des Gedankens der wohlerworbenen Rechte mit sich bringen.

Im Rahmen der geschichtlichen Entwicklung der wohlerworbenen Rechte wurde gezeigt, dass eine zu weite Ausdehnung des Gedankens der wohlerworbenen Rechte, wie es *Dicey* und *Beale* versuchten, in gewisser Weise zu einem Verrat ebendieses Gedankens führt.[197] Aus der Theorie der wohlerworbenen Rechte wurde ein verkapptes zweites System von Kollisionsnormen entwickelt,

---

[195] Im Bereich der Mietmutterschaft wäre das Kriterium der hinreichend engen Beziehung, selbst wenn man eine solche entgegen der unten vertretenen Ansicht für erforderlich halten sollte, wohl in den meisten Fällen erfüllt, da die Mietmutter oftmals ihren gewöhnlichen Aufenthalt in dem Staat haben wird, in welchem sie das Kind austrägt. Dadurch erhält auch die Frage nach der Zuordnung des Kindes zur Wunschmutter einen Bezug zum Erststaat, da die Verweigerung der Zuordnung des Kindes zur Wunschmutter die Zuordnung des Kindes zur Mietmutter miteinschließt.

[196] *Basedow*, FS Martiny, S. 248; *Mansel*, RabelsZ 70 (2006), S. 728; *Michaels*, J. of Priv. Int. L. 2 (2006), S. 240; *Funken*, Anerkennungsprinzip, S. 221 ff. (m. w. N. auf S. 220 f.); *Rieks*, Anerkennung, S. 136 ff.; *Trüten*, Entwicklung des IPR in der EU, S. 36 f.; *Perner*, Grundfreiheiten, Grundrechte-Charta und Privatrecht, S. 131; wohl anders noch *Coester-Waltjen*, FS Jayme, 2004, S. 122, 128 f. (später allerdings *Coester-Waltjen*, IPRax 2006, S. 392 397); der ersten „Arbeitsdefinition" *Coester-Waltjens* wohl folgend *Grünberger*, in: Brauchen wir eine Rom-0-VO?, S. 86; a. A. wohl auch *Duden*, Leihmutterschaft, S. 257 Fn. 201.

[197] 1. Kap. C.VIII.1.

welches überdies interessentechnisch unausgewogen war, weil es seine Aufmerksamkeit auf das Entstehen subjektiver Rechte fokussierte.[198] Dehnte man die Rechtslagenanerkennung nun auf private Akte aus, stünde man vor demselben Problem: Lässt man private Akte genügen, muss gedanklich jede Rechtsordnung der Welt gefragt werden, ob nach dieser eine Rechtslage entstanden ist. Dies wird in vielen Fällen beinahe notwendig zu sich widersprechenden Rechtslagen führen. Um zu entscheiden, welche Rechtslage sich durchsetzt, müsste eine Kollisionsnorm gebildet werden. Durch die behördliche Mitwirkung bekommt die Rechtslage demgegenüber ein territoriales Moment. Ein erwünschter Nebeneffekt der behördlichen Mitwirkung ist ferner, dass durch die Mitwirkung der Inhalt der Rechtslage fest- und offengelegt wird.

Neben diesen konzeptorischen Argumenten, die im Übrigen gegen jede zu weite Ausdehnung einer unilateralistischen Herangehensweise an das Kollisionsrecht vorgebracht werden können, wird durch die Ausdehnung der Rechtslagenanerkennung auf private Akte das im Rahmen der Rechtslagenanerkennung stets bestehende Problem der Umgehung der staatlichen Ordnung grob verschärft.[199] Zudem schafft die behördliche Mitwirkung ein Vertrauen sowohl in die Richtigkeit der Eintragung als auch der beteiligten Parteien in den Bestand der Rechtslage. Bei rein privatrechtlichen Akten besteht ein solches Vertrauen nicht.[200]

Eine Ausdehnung der Rechtslagenanerkennung auf private Akte muss daher mit der ganz herrschenden Meinung abgelehnt werden.[201]

b) Drittstaatenfälle

Ferner ist zweifelhaft, ob die Rechtslagenanerkennung auch auf Rechte bzw. Rechtspositionen ausgedehnt werden kann, welche in Drittstaaten begründet wurden. Im Rahmen von Leih- und Mietmutterschaft ist dies deshalb eine durchaus relevante Frage, da in der Praxis Fälle mit Drittstaatenbezug weit überwiegen.

---

[198] S.o. 1. Kap. C.VIII.4. Nebenbei hebelt dieses zweite verkappte System von Kollisionsnormen in einer Rechtsordnung, in welcher der Gesetzgeber Kollisionsnormen kodifiziert hat, diese durch den Gesetzgeber vorgesehenen Kollisionsnormen aus.

[199] *Coester-Waltjen*, IPRax 2006, S. 397.

[200] Auf das Vertrauen der Parteien abstellend *Rieks*, Anerkennung, S. 138 f.; in Bezug auf die Richtigkeitsgewähr *Trüten*, Entwicklung des IPR in der EU, S. 36.

[201] *Rieks*, Anerkennung, S. 140 ff., fragt zusätzlich, ob die Rechtslagenanerkennung auf Rechtshandlungen Privater beruhen muss oder ob sie auch bei *ex lege* entstandenen Rechtslagen greift. Folgt man dem hier Vertretenen, dass die Rechtslagenanerkennung lediglich in Betracht kommt, wenn eine staatliche Stelle mitgewirkt hat, kommt es auf diesen Kontroverse jedoch nicht an. Wenn sich die Rechtslage in einer behördlichen Handlung materialisiert haben muss, handelt es sich nicht mehr um eine klassische Rechtslage *ex lege*.

Zunächst ist festzuhalten, dass eine Ausdehnung auf Drittstaatenfälle nicht auf Art. 21 AEUV gestützt werden kann. Die europäische Freizügigkeit gilt lediglich im Hoheitsgebiet der Mitgliedstaaten, also innerhalb der Grenzen der Europäischen Union.[202] Das europäische Primärrecht als höherrangiges Recht gibt die Rechtslagenanerkennung in diesen Fällen mithin nicht vor.

Dennoch wird teilweise erwogen, den Gedanken der Rechtslagenanerkennung auch ohne Vorgabe des europäischen Rechts oder des Verfassungsrechts auf Drittstaatenfälle auszudehnen.[203] Fehlt jedoch eine höherrangige Rechtsnorm, welche die Anerkennung von Rechten bzw. Rechtslagen vorgibt, befindet man sich in exakt derselben Position, der sich auch die historische Form der Anerkennung wohlerworbener Rechte ausgesetzt sah. Damit verfängt in Drittstaatenfällen die Kritik *Wächters*, welcher der Theorie der wohlerworbenen Rechte zirkulären Charakter vorwarf. In der Tat setzt man etwas voraus, was es erst zu beweisen gilt, wenn man meint, die durch den Drittstaat geschaffene Rechtslage sei im Inland anzuerkennen. Dass das Recht anwendbar ist, welches der Drittstaat für anwendbar hält, ist erst zu ermitteln. Ob der Drittstaat ein wohlerworbenes Recht schaffen kann, welches im Inland anzuerkennen ist, steht zu diesem Zeitpunkt nicht fest. Im Gegenteil: Über die Kollisionsnorm bzw. den *ordre public* wird gerade ermittelt, dass das drittstaatliche Recht, welches die Möglichkeit einer Leih- oder Mietmutterschaft vorsieht, nicht anwendbar sein soll bzw. dass seine Anwendung gegen deutsche Hoheitsinteressen verstößt. Folglich hebelte man die staatliche Ordnung ohne jeglichen Anhaltspunkt der Rechtsordnung zugunsten von subjektiven Rechten aus, deren Existenz aus deutscher Sicht fragwürdig ist. Dies ist nicht richtig. Neben diesen methodischen Argumenten spricht gegen die Ausdehnung der Rechtslagenanerkennung auf Drittstaaten, dass Drittstaaten gegenüber nicht das Vertrauen entgegengebracht werden kann, welches im Verhältnis zu anderen Mitgliedstaaten zumindest fingiert wird. Dieses Vertrauen legitimiert es jedenfalls teilweise, die Entscheidung über das anwendbare Recht aus der Hand zu geben und die Rechte anzuerkennen, welche ein anderer Mitgliedstaat geschaffen hat. Existiert dieses Vertrauen nicht, besteht kein Grund, die Entscheidung über die Frage des anwendbaren Rechts aus der Hand zu geben.

Eine Ausdehnung der Rechtslagenanerkennung auf Drittstaatenfällen kommt somit nicht in Betracht.[204] Das schließt jedoch nicht aus, dass die Anerkennung

---

[202] Vgl. den eindeutigen Wortlaut des Art. 21 I AEUV und statt aller Grabitz/Hilf/*Nettesheim*, Art. 21 AEUV Rn. 19.

[203] Mit der Ausdehnung auf Drittstaaten sympathisierend bspw. *Coester-Waltjen*, IPRax 2016, S. 133.

[204] Ebenso bspw. *Gärtner*, Privatscheidung, S. 395 ff.; *Heiderhoff*, IPRax 2012, S. 523; *Kuipers*, Eur. J. of Legal Studies 2009, S. 90; *Funken*, Anerkennungsprinzip, S. 65 ff.

von wohlerworbenen Rechten aus anderen Gründen (insb. des Grundgesetzes oder der EMRK) im Einzelfall zu prüfen sein können. In diesen Fällen sollte man zur Klarstellung allerdings nicht von der Rechtslagenanerkennung, sondern allgemein von der Frage des Schutzes wohlerworbener Rechte sprechen.

c) Sich widersprechende Rechtslagen

Die letzte der allgemeinen Fragen der Rechtslagenanerkennung, die hier im Rahmen der Leih- bzw. Mietmutterschaft erörtert werden sollen[205], ist die Frage nach der Behandlung sich widersprechender Rechtslagen. Tragen beispielsweise Behörden zweier verschiedener Mitgliedsstaaten gegenläufige Rechtslagen in ein Register ein, streiten beide konkurrierende Rechtslagen um Durchsetzung.

Bei dieser Frage handelt es sich eine Problematik, die sich geradezu aufdrängt, sobald man subjektive Rechte zum Hauptanknüpfungspunkt eines Kollisionsrechtssystems erhebt. Im Rahmen der Leih- und Mietmutterschaft könnte sie bei Anwendung der Grundsätze über die Rechtslagenanerkennung auch durchaus Praxisrelevanz erlangen. Es liegt sogar nahe, dass im Geburtsstaat die Wunschmutter als Mutter im Rechtssinne in ein Register eingetragen wird und im Staat des gewöhnlichen Aufenthalts der Wunscheltern die Mietmutter.[206]

Beale als Hauptvertreter der *vested rights*-Doktrin hätte Fälle, in denen fraglich war, welche Rechtsordnung sich bei Berührungspunkten zu mehreren Rechtsordnungen durchsetzt, wohl dahingehend gelöst, dass sich die Rechtsordnung durchgesetzt hätte, in welcher der letzte Akt der Tatbestandserfüllung vollzogen wurde.[207] Übersetzt man diese Vorgaben in die Gegenwart, würde *Beale* wohl für eine strikte Prioritätslösung plädieren.[208]

In der Tat sollte eine Diskrepanz der Eintragungen zumindest in Fällen, in denen mehrere Personen beteiligt sind, anhand eines Prioritätssystems gelöst werden.[209] Es muss sich die Rechtslage durchsetzen, die sich als erstes manifestiert hat. Durch diese Manifestation der Rechtslage „setzt sich das Rechtsverhältnis". Jede weitere Manifestation einer gegenläufigen Rechtslage vermag

---

[205] Damit sind längst nicht alle Fragen eines „Allgemeinen Teils" der Rechtslagenanerkennung abgehandelt. Weitere Problematiken sind beispielsweise die Frage nach der Möglichkeit einer *revision au fond* oder die Wirkungen der Rechtslagenanerkennung.

[206] Diese Gefahren sieht bereits *Henrich*, IPRax 2005, S. 424; ebenso *Funken*, Anerkennungsprinzip, S. 81.

[207] S. oben 1. Kap. C.VI.2.

[208] Dazu ebenfalls 1. Kap. C.VI.2.

[209] So auch *Coester-Waltjen*, IPRax 2006, S. 398 (allerdings insofern abweichend, da mit der Möglichkeit einer vorrangigen Rechtswahl); *Wall*, StAZ 2009, S. 263. In diese Richtung deuten auch die Ausführungen des *EuGH* in *Grunkin-Paul* (EuZW 2008, S. 695 ff. (Rn. 22, 31, 39)).

dies nicht mehr zu ändern, da sie versucht, in ein einmal erworbenes Recht rückwirkend einzugreifen. Eine solche Rückwirkung wäre eine nicht hinzunehmende Belastung für das Individuum, da die Möglichkeit der Rückwirkung stets zu einer bloß bedingten Rechtslage führte und das Individuum fürchten müsste, ein bestehendes subjektives Recht wieder zu verlieren.[210] Sobald sich ein Rechtsverhältnis „niedergelassen" hat, bedarf es zu seiner Änderung einer Aktivität der Parteien. Für die vorliegend relevanten Fälle bedeutet dies, dass eine einmal erworbene Abstammung nur durch Adoption wieder geändert werden kann.[211]

d) Zwischenergebnis zu den allgemeinen Fragen der Rechtslagenanerkennung

Angesichts der vorliegenden Entscheidungen bei Fragen des allgemeinen Teils der Rechtslagenanerkennung ist die praktische Relevanz des Freizügigkeitsrechts zurzeit gering. Insbesondere beschäftigten die deutschen Gerichte bisher stets Fälle von in Drittstaaten geborenen Kindern.[212] Sachverhalte mit bloßem Drittstaatenbezug werden jedoch, wie gesehen, nicht erfasst.

Aufgrund der bisher fehlenden praktischen Relevanz vor deutschen Gerichten werden im Folgenden lediglich Leitlinien in Bezug zur Bedeutung der Rechtslagenanerkennung in Leih- bzw. Mietmutterschaftsfällen aufgezeigt. Eine nähere Untersuchung der Kriterien, die Art. 21 I AEUV für das Interna-

---

[210] A.A. mit Verweis auf die gewisse Zufälligkeit einer jeden Prioritätsregel *Funken*, Anerkennungsprinzip, S. 81 f., 326 f.; *Wagner*, FamRZ 2011, S. 612. *Wagner* denkt als Alternativvorschläge ein Wahlrecht sowie den Vorrang von innerstaatlichen Urkunden an. Hinsichtlich letzteren Gedankens kann er sich auf den hier angenommenen „Urvater" der wohlerworbenen Rechte, *Huber*, stützen (dazu oben 1. Kap. C.2.b)); a.A. auch *Geier*, Internationales Privat- und Verfahrensrecht in föderalen Systemen, S. 116 ff. m.w.N., der für ein Wahlrecht plädiert (allerdings lediglich bezogen auf das internationale Namensrecht, in welchem das Wahlrecht weniger problematisch ist, als wenn mehrere Parteien unmittelbar beteiligt sind).

[211] Etwas anders gelagert ist die Frage, wie mit zwei widersprechenden Eintragungen im Erststaat umzugehen ist (*Rieks*, Anerkennung, S. 140). Dabei handelt es sich jedoch nicht um ein kollisionsrechtliches Problem, sondern um eines des erststaatlichen Sachrechts. Dieses muss entscheiden, welche Rechtslage sich durchsetzt. Eine anerkennungsfähige Rechtslage existiert lediglich dann, wenn der Erststaat sie auch tatsächlich einräumt.

[212] In den anderen Mitgliedsstaaten hält sich die Bedeutung der Rechtslagenanerkennung aufgrund Art. 21 AEUV wohl auch in Grenzen. Eine Ausnahme bildet nach *Nordmeier*, IPRax 2012, S. 33, *Corte di Appello di Bari*, Rivista di Diritto Internazionale Privato e Processuale 2009, S. 699 ff. (zitiert nach *Nordmeier*, IPRax 2012, S. 33 f. (Fn. 19)). In diesem Fall handelte es sich jedoch um die Anerkennung einer *parental order*, also eines Gerichtsbeschlusses aus Großbritannien. In diesen Fällen ist wohl die verfahrensrechtliche und nicht die kollisionsrechtliche Anerkennung einschlägig (*Duden*, Leihmutterschaft, S. 123; *Henrich*, FS Schwab, S. 1146 f.).

tionale Familienrecht aufstellt, wird im Rahmen der kollisionsrechtlichen Behandlung der gleichgeschlechtlichen Ehe vorgenommen[213], da der Rechtslagenanerkennung im Rahmen der gleichgeschlechtlichen Ehe – zumindest bisher – eine bedeutendere praktische Rolle zukommt. Die allgemeinen Ausführungen zum Freizügigkeitsrecht gelten für die Fälle der Leih- und Mietmutterschaft ebenso.

e) Beeinträchtigung bei Nichtanerkennung einer Elternstellung

Der *EuGH* hat im Rahmen seiner Entscheidungen zum Namensrecht eine Beschränkung angenommen, wenn die Nichtanerkennung zu einem schwerwiegenden Nachteil administrativer, beruflicher und privater Art führt.[214] Dieses Kriterium lässt sich verallgemeinern und auf die Fälle des Internationalen Familienrechts übertragen.[215] Überträgt man das Kriterium des schwerwiegenden Nachteils von den namensrechtlichen Entscheidungen auf die Frage der Leih- und Mietmutterschaft, ist die Annahme eines schwerwiegenden Nachteils bei Nichtanerkennen der Eltern-Kind-Beziehung zwischen dem Kind und seinen Wunscheltern wohl unausweichlich. Ändert sich die Eltern-Kind-Zuordnung bei Grenzüberschreitung, verlieren sowohl das Kind als auch das Elternteil jeglichen Schutz, den diese Eltern-Kind-Beziehung gewährt. Es kann teilweise sogar dazu führen, dass die Eltern das Kind nicht über die Grenze bringen dürfen.[216] Wenn aber schon die Probleme, die sich bei verschiedenen Namen in verschiedenen Mitgliedstaaten ergeben, für eine Beeinträchtigung des Freizügigkeitsrechts ausreichen, muss wohl erst recht das Untergehen der Eltern-Kind-Beziehung zu einer Beeinträchtigung führen.[217]

f) Rechtfertigung

Eine Anwendung der Grundsätze der Rechtslagenanerkennung auf Fälle der internationalen Leih-bzw. Mietmutterschaft scheitert jedoch daran, dass es sich bei diesem Fragenkomplex um ethisch problematische und gesellschaftlich hoch umstrittene Fragen handelt. Den Mitgliedstaaten muss der Raum verblei-

---

[213] 3. Kap. C.II.

[214] *EuGH* NJW 2016, S. 2095 (Rn. 38) (Bogendorff von Wolffersdorff); in diesem Sinne wohl auch schon *EuGH* EuZW 2008, S. 695 f. (Rn. 23 ff.) (Grunkin-Paul).

[215] S. dazu ausführlich 3. Kap. C.II.1.a).

[216] Bspw. konnten in einem Fall indische Zwillinge erst, nachdem der Wunschvater zwei Jahre mit ihnen in Indien lebte, nach Deutschland verbracht werden (dazu *Duden*, Leihmutterschaft, S. 1 ff.; *ders.*, ZEuP 2014, S. 648 m. w. N. auch zur nicht-juristischen Berichterstattung über diesen Fall).

[217] Für Beeinträchtigung auch *Duden*, Leihmutterschaft, S. 256 ff.

ben, solche Fragen selbst zu entscheiden. Es muss ein „Kernbereich nationaler Rechtsetzungshoheit"[218] eingeräumt werden. Die Verweigerung der rechtlichen Zuordnung bei Leih- und Mietmutterschaftsfällen fällt aufgrund ihrer Brisanz in diesen Kernbereich. Die Verweigerung ist aus den Gründen, welche im Rahmen der Prüfung des nationalen *ordre public* angeführt wurden, ebenfalls nicht unter Kindeswohlgesichtspunkten unverhältnismäßig.[219]

g) *Ergebnis zu Art. 21 AEUV*

Die aus Art. 21 AEUV abzuleitenden Grundsätze der Rechtslagenanerkennung sind nicht auf Leih-und Mietmutterschaftsfälle anzuwenden. Zum einen greifen sie in den praxisrelevanten Drittstaatensachverhalten nicht, zum anderen sind die Mitgliedstaaten gerechtfertigt, wenn sie die rechtliche Zuordnung zu den Wunscheltern nicht anerkennen.[220]

2. *Art. 8 EMRK*

Teilweise wird die Anerkennung eines rechtlichen Bandes zwischen Kind und Wunscheltern mit, meist pauschalem, Verweis auf Art. 8 EMRK zu begründen versucht.[221] Im Folgenden soll anhand der zwei *leading cases* des *EGMR* untersucht werden, ob Art. 8 EMRK tatsächlich die rechtliche Zuordnung der Eltern kraft Geburt erfordert und wenn nicht, ob sich aus der Rechtsprechung des *EGMR* andere Vorgaben ergeben.

---

[218] *Leifeld*, Anerkennungsprinzip, S. 116; ausführlich wird die Frage nach der Rechtfertigung aufgrund des „Kernbereichs nationaler Regelungshoheit" noch im Rahmen der kollisionsrechtlichen Behandlung gleichgeschlechtlicher Ehen behandelt.

[219] A. A. *Duden*, Leihmutterschaft, S. 263.

[220] Gegen Rechtslagenanerkennung bei Leih-/Mietmutterschaft bzw. im Abstammungsrecht allgemein Palandt/*Thorn*, Art. 19 EGBGB Rn. 3; *Thomale*, Mietmutterschaft, S. 57 f.; *ders.*, Working Paper, S. 7; *Sitter*, Grenzüberschreitende Leihmutterschaft, S. 266; *Heiderhoff*, NJW 2014, S. 2677; *Reuß*, FS Coester-Waltjen, S. 688; *Diel*, Leihmutterschaft und Reproduktionstourismus, S. 158 ff.; MüKo/*Helms*, Art. 19 EGBGB Rn. 60; *Andrae*, StAZ 2015, S. 164 f.; gegen Übertragung der namensrechtlichen Grundsätze auf jegliches Statusverhältnis *Sommer*, Einfluss der Freizügigkeit auf Namen und Status, S. 277 ff.; a. A. *Duden*, Leihmutterschaft, S. 254 ff.; für Rechtslagenanerkennung in Fällen der Vaterschaftsanerkennung *KG Berlin*, IPRax 2011, S. 70 ff.

[221] Dieses Argument benutzt nicht zuletzt der *BGH* NJW 2015, S. 482 (Rn. 42).

a) Mennesson

In *Mennesson*[222] hatte sich der *EGMR* zum ersten Mal mit der Frage einer Leihmutterschaft[223] zu beschäftigen. Ein französisches Ehepaar hatte durch eine kalifornische Leihmutter Zwillinge austragen lassen und war mit diesen zurück nach Frankreich gelangt. Die französischen Behörden hatten auch keinerlei Anstalten gemacht, die Kinder den Wunscheltern wegzunehmen. Die Familie konnte ungestört zusammen leben. Nach französischem Recht war es aber nicht möglich, dass die Eltern auch eine rechtliche Elternschaft übernehmen konnten. Es wurde weder die rechtliche Zuordnung nach kalifornischen Recht anerkannt noch war die Möglichkeit der Adoption eröffnet.

Der *EGMR* sah hierin zwar keine Verletzung des Art. 8 EMRK unter dem Gesichtspunkt des Rechts auf Familienleben, aber eine Verletzung des Rechts auf Privatleben der Kinder.[224] Die Kinder hätten, zumindest im Verhältnis zu ihrem genetischen Vater, ein Recht darauf, eine rechtliche Verbindung zu ihrem Wunschelternteil zu erreichen. Die Verweigerung der französischen Gerichte, die Eltern-Kind-Zuordnung zu dem Wunschvater anzuerkennen, hielt der *EGMR* daher für nicht mit Art. 8 EMRK vereinbar.[225]

Aus der Entscheidung *Mennesson* wird in der deutschen Rechtsprechung und Literatur nun teilweise abgeleitet, der *EGMR* habe generell eine Anerkennung der Elternschaft der Wunscheltern verlangt.[226] Diese Einschätzung kann jedoch nicht geteilt werden. Zunächst hat der *EGMR* ausdrücklich auf die genetische Abstam-

---

[222] *EGMR* NJW 2015, S. 3211 ff.; am selben Tag hat der *EGMR* in einem für die hier interessierenden Punkte gleichgelagerten Fall (*Labassée v. France*) entschieden. Da die Entscheidung selbst und auch ihre Begründung keine weitergehenden Gesichtspunkte enthalten, konzentrieren sich die vorliegenden Ausführungen auf die Entscheidung *Mennesson v. France*. Die Entscheidung in der Sache *Labassée* ist abrufbar unter http://hudoc.echr.coe.int/eng?i=001-149046 (zuletzt besucht am 31.08.2017); einen Kurzüberblick über die Entscheidungen und eine den Ausführungen hier entsprechende Einschätzung bei *Engel*, StAZ 2014, S. 353 ff.; ebenfalls Kurzüberblick mit allerdings teilweise abweichender Bewertung bei *Frank*, FamRZ 2014, S. 1525 ff. Die Folgen der Entscheidungen in der französischen Rechtsprechung erläutert *Fulli-Lemaire*, ZEuP 2017, S. 471 ff.

[223] Nach dem Urteil des *EGMR* handelte es sich in dem Fall tatsächlich um eine Leihmutterschaft in dem hier vertretenen Sinne. Die französischen Wunscheltern hatten lediglich die Kosten der Schwangerschaft übernommen. Die amerikanische Leihmutter hatte die Kinder „aus Solidarität" ausgetragen (*EGMR* NJW 2015, S. 3211).

[224] *EGMR* NJW 2015, S. 3216 f. (Rn. 96 ff.).

[225] *EGMR* NJW 2015, S. 3217 (Rn. 101).

[226] *BGH* NJW 2015, S. 483 (Rn. 56); *Heiderhoff*, NJW 2014, S. 2673; wohl auch *Henrich*, IPRax 2015, S. 231; für eine Pflicht zur rechtlichen Anerkennung aus Art. 8 EMRK (allerdings vor *Mennesson*) *Mayer*, IPRax 2014, S. 60; *dies.*, RabelsZ 78 (2014), S. 574 ff.); ebenfalls vor *Mennesson* für eine solche Pflicht *Lurger*, IPRax 2013, S. 288 f. und *Sturm*, FS Kühne, S. 930 f.

mung des Kindes vom Wunschvater abgestellt.[227] Zur Wunschmutter hatte sich der *EGMR* nicht in dieser Weise geäußert.[228] Wichtiger ist noch, dass der *EGMR* ein besonderes Augenmerk auf die Rechtslage in Frankreich legt.[229] Diese ist in Ansehung von Leih-und Mietmutterschaft deutlich restriktiver als die Rechtslage in Deutschland. In Deutschland ist es anders als in Frankreich möglich, dass die Wunscheltern ein durch Surrogation gezeugtes Kind adoptieren. Den Kindern ist es also grundsätzlich möglich, eine Verrechtlichung ihrer Beziehung zu den Wunscheltern zu erreichen. Nur dies wird in *Mennesson* gefordert.[230]

Eine Pflicht zur Anerkennung der rechtlichen Elternschaft der Wunscheltern folgt aus *Mennesson* mithin nicht.[231]

b) Paradiso

Aus der Entscheidung *Paradiso und Campanelli v. Italy*[232] lässt sich ebenfalls keine Pflicht der Vertragsstaaten, die Zuordnung des Kindes zu den Wunscheltern anzuerkennen, ableiten. Ausdrücklich bezieht der *EGMR* in *Paradiso* zu der hier interessierenden Fragestellung gar nicht Stellung. Der *EGMR* stellt klar, dass in dem Fall *Paradiso* anders als in *Mennesson* nicht die Zuordnung eines durch eine Mietmutter ausgetragenen Kindes Streitpunkt ist, sondern Maßnahmen der italienischen Behörden.[233] Dem lag folgender Sachverhalt zugrunde: Ein Ehepaar beauftragte nach erfolglosen Versuchen, selbst Kinder zu bekommen, eine russische Mietmutter. Nach der Vereinbarung zwischen den Wunscheltern und der Mietmutter sollte der Mietmutter der Samen des Wunschvaters eingepflanzt werden. Aus nicht aufgeklärten Gründen wurde jedoch nicht der Samen des Wunschvaters, sondern der eines Dritten verwendet. Nachdem das Kind geboren worden war, übergab die Mietmutter das Kind den Wunscheltern. Die russischen Behörden trugen ferner die Wunscheltern in der Geburtsurkunde als Eltern ein. Als die Wunscheltern mit dem Kind nach Italien zurückkehrten, wurde ihnen jedoch das Kind durch die italienischen Behörden weggenom-

---

[227] *EGMR* NJW 2015, S. 3216 f. (Rn. 99 f.).
[228] *Engel*, StAZ 2014, S. 356.
[229] *EGMR* NJW 2015, S. 3217 (Rn. 100).
[230] Ebenso *Engel*, StAZ 2014, S. 356; *Frank*, FamRZ 2014, S. 1527; *Thomale*, Mietmutterschaft, S. 68; *Helms*, FamRZ 2015, S. 246; *Dethloff*, JZ 2014, S. 928; *Duden*, ZEuP, 2015, S. 657 (nach *Duden* liegt es jedoch nahe, die Entscheidung in *Mennesson* dahingehend auszuweiten, dass Art. 8 EMRK auch in Fällen greift, in denen die besonderen Umstände der Entscheidung, insbesondere die strikte Rechtslage in Frankreich, nicht gegeben sind (ebd. S. 658 f.; offene Formulierung auch bei *dems.*, Leihmutterschaft, S. 290 f.)).
[231] So für Art. 8 EMRK bereits vor *Mennesson Nordmeier*, IPRax 2012, S. 35 f.
[232] *EGMR* (Große Kammer), Urteil vom 24.1.2017 – 25358/12 (NJW 2017, S. 941 ff.).
[233] NJW 2017, S. 942 (Rn. 133).

men und zur Adoption freigegeben. Die Große Kammer des *EGMR* sah in der Wegnahme des Kindes und der Freigabe zur Adoption – im Gegensatz zur vorausgegangen Kammerentscheidung[234] – keine Verletzung des Art. 8 EMRK.[235] Auch wenn dieser Fall nicht ausdrücklich auf die Frage der rechtlichen Zuordnung des Kindes zu dem Wunscheltern eingeht, trifft der *EGMR* implizit aber doch eine Aussage zu den Anforderungen der EMRK bezüglich einer Pflicht zur Anerkennung. Zumindest in Fällen, in denen keine genetische Verbindung der Wunscheltern zum Kind besteht, kann die EMRK nicht zur Anerkennung einer rechtlichen Elternschaft der Wunscheltern verpflichten. Wären die Wunscheltern als rechtliche Eltern anzusehen, wäre es sicherlich nicht zulässig, ihnen das Kind wegzunehmen und zur Adoption freizugeben.

Damit stellt der *EGMR* in *Paradiso* keine neuen zwingenden Erfordernisse der EMRK auf, die im Rahmen der hier interessierenden Fragestellung zu berücksichtigen wären. Nichtsdestoweniger lohnt sich eine weitere Beschäftigung mit dem Fall und vor allem mit der Kammerentscheidung des *EGMR*, in welcher eine Verletzung des Art. 8 EMRK noch angenommen wurde.

Die erstentscheidende Kammer meinte, es sei mit der EMRK unvereinbar, dass die italienischen Behörden den Wunscheltern das Kind wegnahmen, obwohl keine konkrete Gefährdung des Kindes bei Verbleiben in der Familie nachgewiesen oder auch nur Geltend gemacht wurde.[236] Anders als die Große Kammer des *EGMR*[237] nahm die erstentscheidende Kammer zur Begründung an, dass in Fällen wie *Paradiso* zwar keine rechtliche Familie bestehe, wohl aber eine „faktische", da die Wunscheltern die ersten Monate des Lebens des Kindes mit diesem verbracht und daher das Kind bei den ersten wichtigen Momenten seines jungen Lebens begleitet hatten.[238] Nun hat zwar die Große Kammer des *EGMR* klargestellt, dass in üblichen Fällen der Leih- und der Mietmutterschaft keine „faktische Familie" im Sinne der EMRK besteht. Dies hin-

---

[234] *EGMR* (Kammer), Urteil vom 27.1.2015 – 25358/12 (Rn. 87) (Englischer Volltext abrufbar unter hudoc.echr).

[235] *EGMR*, NJW 2017, S. 946 (Rn. 215). Kritisch *Sanders*, NJW 2017, S. 925 ff. Ebenfalls kritisch *Hösel*, StAZ 2017, S. 162 ff.

[236] *EGMR* (Kammer), Urteil vom 27.1.2015 – 25358/12 (Rn. 86 f.)

[237] *EGMR*, NJW 2017, S. 943 (Rn. 146 ff.).

[238] *EGMR* (Kammer), Urteil vom 27.1.2015 – 25358/12 (Rn. 69), jedoch mit einer *dissenting opinion* der Richter *Raimondi* und *Spano* (*EGMR* (Kammer), Urteil vom 27.1.2015 – 25358/12, diss. op. Rn. 3). Nicht ganz eindeutig war, ob die Kammer eine faktische Familie bereits nach einem relativ kurzen Aufenthalt der Wunscheltern mit dem Kind im Geburtsland angenommen hätte oder ob dies nur in Kumulation mit der in Italien verbrachten Zeit genügte (in Russland, dem Geburtsland, verbrachten die Wunscheltern „ein paar Wochen" mit dem Kind; in Italien weitere sechs Monate). Die Große Kammer sah den Zeitraum (im Zusammenspiel mit anderen Gründen) nicht als genügend an (*EGMR*, NJW 2017, S. 943 (Rn. 146 ff.).

dert jedoch Deutschland als Vertragsstaat nicht, das Konzept der faktischen Familie auszudehnen und in Leih- und Mietmutterschaftsfällen nutzbar zu machen. Auf diese Weise kann man einer der Hauptbefürchtungen derjenigen begegnen, die gegen die Anwendung des *ordre public* in Fällen plädieren, in denen den Wunscheltern das Kind nach dem anwendbaren Recht zugewiesen wird. Akzeptiert man nämlich das Konstrukt der faktischen Familie, kann man es als Abwehrmittel gegen staatliche Eingriffe nutzen. Das Bestehen einer faktischen Familie hätte – auch insoweit angelehnt an die Kammerentscheidung des *EGMR* – zur Folge, dass das Kind den Eltern vorübergehend nicht weggenommen werden darf, bis im Rahmen der Adoption eine ausgiebige Prüfung des Kindeswohls erfolgen kann. Das Institut der faktischen Familie kann auch über ein weiteres Problem hinweghelfen, welches von denjenigen, die die rechtliche Zuordnung zu den Wunscheltern vertreten, des Öfteren gegen einen Verstoß gegen den *ordre public* vorgebracht wird.[239] Erkennt man das Rechtsinstitut der „faktischen" Familie an, muss dieser Familie erlaubt werden, gemeinsam nach Deutschland einzureisen. Damit erweist sich das Rechtsinstitut der faktischen Familie als eine wirksame Möglichkeit, das Kindeswohl miteinzubeziehen.

Die Annahme einer faktischen Familie ist auch nicht denselben Bedenken ausgesetzt wie die Zuordnung des Kindes zu den Wunscheltern.[240] Dem Verbot der Leih- und Mietmutterschaft des deutschen Rechts wird in genügender Weise Rechnung getragen, wenn § 1591 BGB beachtet wird. Dass das Kind von den Wunscheltern, die sich um das Kind kümmern und es aufziehen wollen, sofort getrennt werden muss, sieht das deutsche Recht nicht vor. An dieser Stelle kann man nun auch gerechtfertigter Weise den Gedanken des Kindeswohls anführen. Diesem würde es in der Tat entgegenstehen, wenn das Kind von seinen Wuncheltern ohne triftigen Grund getrennt würde.

c) Zwischenergebnis

Die rechtliche Zuordnung des Kindes zu seinen Wunscheltern *ex lege* ist durch die EMRK nicht vorgegeben. Ferner führt die Tatsache, dass sich die Wunscheltern seit der Geburt um das Kind kümmern, nicht unbedingt zum Vorliegen einer faktischen Familie im Sinne der EMRK. Die EMRK schützt nach der Auslegung des *EGMR* ebenfalls nicht vor Wegnahme des Kindes, sofern die Eltern durch die Inanspruchnahme einer Leih- oder Mietmutter gegen ein gesetzliches Verbot verstoßen haben. Nichtsdestoweniger werden durch Art. 8 EMRK Vorgaben gemacht, die auch im Rahmen des Kollisionsrechts zu beachten sind.

---

[239] Beispielhaft für diese Bedenken *Mayer*, IPRax 2014, S. 60; *Helms*, FamRZ 2015, S. 246; *Lagarde*, ZEuP 2015, S. 239.
[240] *EGMR*, NJW 2017, S. 946 (Rn. 215).

Das Kind muss die Möglichkeit haben, die rechtliche Zuordnung zu seinem leiblichen Vater zu erlangen. Da dieser Vater im rechtlichen Sinne lediglich der Mann sein kann, von dem das Kind genetisch abstammt, müssen die Vertragsstaaten die Zuordnung zum genetischen Vater, meist dem Wunschvater, vorsehen. Diesen Anforderungen wird die deutsche Rechtsordnung gerecht. Der leibliche Vater kann bei Anwendung des deutschen Sachrechts die Vaterschaft anerkennen, sofern die Leihmutter nicht verheiratet ist. Sofern die Leihmutter verheiratet ist, steht dem genetischen Vater zwar wohl nach herrschender Meinung die Anfechtung der Vaterschaft nicht offen.[241] Er kann aber das Kind adoptieren und so die rechtliche Zuordnung sicherstellen. Die rechtliche Zuordnung zur Wunschmutter, die zugleich genetische Mutter ist, kann das Kind nach deutschem Sachrecht ebenfalls nicht durch Anerkennung oder Anfechtung erlangen. Solche Möglichkeiten einzuräumen erfordert Art. 8 EMRK jedoch auch nicht. Anders als bei der Vaterschaft ist im Rahmen der Mutterschaft unsicher, wer „wirkliche" Mutter ist. Ist es die Frau, von der das Kind genetisch abstammt, oder ist es die Frau, die das Kind gebiert?[242] Mangels einer Übereinstimmung zwischen den Vertragsstaaten in dieser ethischen Grundfrage ist den Vertragsstaaten zuzugestehen, diese Frage selbst zu entscheiden. Der Wunschmutter ist jedoch auch nicht die Möglichkeit der Adoption versperrt, sodass auch sie die rechtliche Stellung als Mutter nach der deutschen Rechtsordnung trotz des Verbots erreichen kann.

Teilt man die vorliegenden Einschätzungen nicht und nimmt man weitergehend – zumindest bei genetischer Abstammung – eine Pflicht zur Anerkennung der Elternschaft der Wunscheltern aus Art. 8 EMRK an, sollte dies nicht dazu führen, gleichfalls einen Verstoß gegen den nationalen *ordre public* abzulehnen. Die rechtliche Zuordnung zur Wunschmutter und zum genetisch nicht verwandten Wunschvater bleibt trotz Anerkennungspflicht aus Art. 8 EMRK mit der deutschen Wertentscheidung in § 1591 BGB unvereinbar. Bei hinreichendem Inlandsbezug muss daher der *ordre public* gegen die Anwendung des durch eine Kollisionsnorm gefundenen ausländischen Rechts eingreifen. Art. 8 EMRK würde jedoch den Schutz des wohlerworbenen Rechts erfordern, welches das Kind nach der Geburtsrechtsordnung erwirbt. Dies hat in methodischer Hinsicht den großen Vorteil, dass es erklärt, wieso die Zuordnung auch dann erfolgen muss, wenn Art. 19 I EGBGB auf deutsches Recht verweist. In diesen Fällen kann lediglich mit dem Gedanken des wohlerworbenen Rechts die Zuordnung zu den Wunscheltern begründet werden. Gedanken aus anderen Säulen das Kollisionsrecht stoßen hier an ihre Grenzen.

---

[241] Dazu *Duden*, Leihmutterschaft, S. 25 f.
[242] Dieselbe Frage stellt *Lescastereyres*, ERA Forum (2015), S. 156.

VII. Ergebnisse und Lösungsvorschlag

Mit medizinischem Fortschritt geht stets die Frage einher, wie die neuen Möglichkeiten gesellschaftlich zu bewerten sind. Nicht alles, was medizinisch möglich ist, muss auch erlaubt werden. Hinsichtlich der Leih- und Mietmutterschaft hat sich der deutsche Gesetzgeber klar positioniert. In Bedrängnis kommt diese klare Position aber in Fällen mit Auslandsbezug.

Die Bedrängnis darf nicht dazu führen, die klare Position des Gesetzgebers außer Acht zu lassen. Gerade in ethisch problematischen Wertungsfragen muss die Position des einfachen Gesetzgebers bis zur Grenze der Verfassungswidrigkeit auch im Kollisionsrecht Berücksichtigung finden.[243] Daher ist entgegen der herrschenden Meinung ein Verstoß gegen den deutschen *ordre public* anzunehmen, wenn das anwendbare ausländische Recht eine Zuordnung des Kindes zur Wunschmutter bzw. zum genetisch nicht verwandten Wunschvater vorsieht. Der Verweis auf das Kindeswohl vermag eine andere Einschätzung nicht zu rechtfertigen.

Vielmehr ist das Kindeswohl mithilfe anderer Instrumente zu schützen: der Möglichkeit der Adoption, einer unterhaltsrechtlichen Substitution und der Anerkennung der faktischen Familie.

1. Adoption

Das Verbot der Leih-und Mietmutterschaft in Deutschland bedeutet nicht, dass die Wunscheltern auf keinem Wege eine rechtliche Beziehung zum Kind aufbauen können. Unbestritten ist die grundsätzliche Möglichkeit der Adoption durch die Wunscheltern. Streit herrscht lediglich über die zu stellenden Anforderungen. Grundsätzlich richtet sich die Adoption nach § 1741 I S. 1 BGB. Demnach können die Wunscheltern das Kind anerkennen, wenn es dem Kindeswohl dient und zu erwarten ist, dass sich eine Eltern-Kind-Beziehung entwickelt. Dies wird häufig der Fall sein, da die Wunscheltern seit der Geburt mit dem Kind zusammenleben und für das Kind wie Eltern sorgen. Die Eltern-Kind-Beziehung ist in solchen Fällen meist bereits entwickelt, und dem Kindeswohl wird es wohl auch häufig entsprechen, rechtlich in die Familie eingegliedert werden.[244]

Zuweilen wird jedoch vertreten, dass die Anforderungen des § 1741 I S. 1 BGB nicht ausreichen. Es müsse vielmehr § 1741 I S. 2 BGB angewandt werden, da die Wunscheltern das Verbot der Leih- und der Mietmutterschaft umgangen

---

[243] Ähnlich *Thomale*, Mietmutterschaft, S. 77 ff., der vom „Primat des Parlaments in ethischen Grundfragen" spricht.

[244] Zum Kindeswohl bereits oben (3. Kap. B.V.2.) im Rahmen der *ordre public*-Prüfung.

hätten.[245] Dies erscheint jedoch bereits aufgrund des Wortlauts fragwürdig.[246] In den hier relevanten Fällen wird ein Kind weder gesetzes- oder sittenwidrig vermittelt noch zum Zweck der Annahme an einen anderen Ort verbracht.[247] Das Kind entsteht erst durch die Leih- oder die Mietmutterschaft.[248] Ein weiterer Unterschied zwischen den in § 1741 I S. 2 BGB sanktionierten Fällen und den hier erörterten besteht darin, dass die Wunscheltern gerade keine Adoption wollen, sondern versuchen, ein Kind zu zeugen, welches Ihnen bereits aufgrund Geburt zugeordnet ist. Zudem muss die Motivation der Wunscheltern berücksichtigt werden, welche, wie gezeigt, nicht unbedingt als verwerflich eingeordnet und daher nicht mit Kinderhandel, dessen Verhütung die Vorschrift bezweckt[249], verglichen werden kann.[250] Ebenso sind die Eltern in den meisten Fällen mit den Kindern genetisch verwandt, was einen weiteren Unterschied zu den in § 1741 I S. 2 BGB sanktionierten Fällen des Kinderhandels darstellt. Aus den genannten Gründen erscheint die Anwendung des § 1741 I S. 2 BGB nicht überzeugend.[251]

Letztlich wird der Streit um die Anwendung des § 1741 I S. 2 BGB in der Praxis häufig offen gelassen werden können, da es aufgrund des Lebens in der „faktischen" Familie und dem daraus real bestehenden Bezug des Kindes zu den Wunscheltern meist im Interesse des Kindeswohls im Sinne des § 1741 I S. 2 BGB erforderlich sein wird, das Kind den Wunscheltern durch Adoption zuzuordnen.[252]

Können die Wunscheltern das Kind adoptieren, ist ihnen einerseits die Herstellung einer Eltern-Kind-Beziehung möglich, andererseits wird sie durch ein Verfahren ermöglicht, in welchem das Kindeswohl gründlich geprüft und ihm Rechnung getragen wird.

---

[245] *LG Düsseldorf* 15.3.2012 – 25 T 758/10; *AG Hamm*, BeckRS 2011, 25140; MüKo/*Maurer*, § 1741 BGB Rn. 25, 31; Staudinger/*Frank*, § 1741 BGB Rn. 34 f.; *Kaiser*, FS Brudermüller, S. 361; *Thomale*, Mietmutterschaft, S. 16 f.; *Coester*, FS Jayme, S. 1250; zumindest im Fall der Mietmutterschaft auch *Benicke*, StAZ 2013, S. 112 f.

[246] *Botthof/Diel*, StAZ 2013, S. 212; *Dethloff*, JZ 2014, S. 930; BeckOGK/*Löhnig*, § 1741 BGB Rn. 45.

[247] *LG Frankfurt a. M.*, NJW 2012, S. 3111.

[248] *Duden*, Leihmutterschaft, S. 24, 180.

[249] BT-Drs. 13/8511, S. 72.

[250] Für fehlende Vergleichbarkeit mit Kinderhandel auch *Duden*, Leihmutterschaft, S. 23 f., 180 ff.; *Witzleb*, FS Martiny S. 236; a. A. *Thomale*, Working Paper Surrogacy, S. 6.

[251] Ebenso bspw. *LG Frankfurt a. M.*, NJW 2012, S. 3111 f.; *Botthof/Diel*, StAZ 2013, S. 212 ff.; *Diel*, Leihmutterschaft und Reproduktionstourismus, S. 98 ff., 117 f.; *Duden*, Leihmutterschaft, S. 23 f.; *Dethloff*, JZ 2014, S. 930; BeckOGK/*Löhnig*, § 1741 BGB Rn. 45; BeckOK/*Enders*, § 1741 BGB Rn. 26; *Witzleb*, FS Martiny S. 236; *Engel*, ZEuP 2014, S. 559.

[252] *Dethloff*, JZ 2014, S. 930 f.; für ein Beispiel s. *LG Düsseldorf* 15.3.2012 – 25 T 758/10; für ein Gegenbeispiel *AG Hamm*, BeckRS 2011, 25140.

2. Unterhaltsrechtliche Substitution

Mit *Thomale*[253] ist noch eine weitere Möglichkeit des Schutzes des Kindes anzuerkennen. Da das Kind im Geburtsland nicht die Möglichkeit haben wird,
Unterhaltsansprüche gegen seine aus deutscher Sicht rechtliche Mutter durchzusetzen, und die Wunscheltern durch die Vereinbarung mit der Leih- oder
Mietmutter verantwortlich sind für die Geburt des Kindes, ist es gerechtfertigt,
dass sie das Kind unterhalten.[254] Andernfalls würde in der Tat das Kind für die
Gesetzesumgehung der Eltern büßen.

Damit ist im Rahmen des Unterhaltsrechts die Mutter im rechtlichen Sinne
durch die Wunschmutter zu substituieren.[255] Bei Anwendung deutschen Rechts
wäre somit im Rahmen der § 1601 ff. BGB die Wunschmutter als Mutter des
Kindes anzusehen und damit auch zu Unterhalt verpflichtet. In Bezug auf den
Wunschvater ist dies lediglich dann erforderlich, wenn er nicht bereits durch
Anerkennung oder Anfechtung rechtlicher Vater geworden ist.

3. Anerkennung einer „faktischen Familie"

Das dritte Vehikel zum Schutz des Kindeswohls besteht in der Anerkennung
einer „faktischen Familie", kollisionsrechtlich umgesetzt durch den Schutz des
wohlerworbenen Rechts an dieser Familie. Dieses Kriterium hilft, wie dargestellt, über einige der kindeswohlspezifischen Bedenken hinweg, welche die
herrschende Meinung für die Anerkennung der rechtlichen Zuordnung zu den
Wunscheltern und gegen die Anwendung des nationalen *ordre public* vor-
bringt.[256] Zum einen wird bei Bestehen einer faktischen Familie die Möglichkeit
der Einreise des Kindes nach Deutschland gewährleistet. Ferner besteht bis zur
Durchführung des Adoptionsverfahrens Rechtssicherheit, weil das Kind den
Wunscheltern lediglich unter den Voraussetzungen, welche auch bei rechtlicher
Elternschaft gelten, weggenommen werden kann.

Dass die Große Kammer des *EGMR* entgegen der ersten Kammerentscheidung im Fall *Paradiso* die Kriterien einer faktischen Familie in typischen Fällen
der Leih- und Mietmutterschaft nicht für erfüllt ansieht, schließt die Möglichkeit
nicht aus, im Rahmen des nationalen Rechts dieses Konstrukt weiter auszudehnen. Die EMRK gibt lediglich einen Mindeststandard vor. Die Vertragsstaaten
sind nicht daran gehindert, das Konzept der faktischen Familie auszudehnen und
in ihre Lösung des Problems der Leih- und Mietmutterschaft mitaufzunehmen.

---

[253] *Thomale*, Mietmutterschaft, S. 36 ff.

[254] *Thomale*, Mietmutterschaft, S. 37 f.

[255] Zweifelnd *Duden*, Leihmutterschaft, S. 332.

[256] Auch *Mayer*, IPRax 2014, S. 61, konzediert, dass es nicht zu einer Kindeswohlgefähr-
dung kommt, wenn das Kind bei der Familie bleiben kann.

Stellt sich dann im Rahmen des Adoptionsverfahrens heraus, dass ein Verbleiben des Kindes bei den Wunscheltern dem Kindeswohl entspricht, werden die Wunscheltern zu rechtlichen Eltern. Die „faktische Familie" erstarkt zur rechtlichen.

Auf diese Weise lassen sich die widerstreitenden Interessen in möglichst schonenden Ausgleich bringen. Sowohl das Interesse des Staates an der effektiven Durchsetzung seiner ethischen Grundentscheidungen als auch das Kindeswohl bleiben in größtmöglichem Maße gewahrt.

C. Kollisionsrechtliche Behandlung gleichgeschlechtlicher Ehen

Die gleichgeschlechtliche Ehe befindet sich, sachrechtsvergleichend betrachtet, auf einem von Siebenmeilenstiefeln getragenen Vormarsch. Nachdem sie in den letzten Jahrzehnten bereits in vielen westlichen Staaten durch den Gesetzgeber ermöglicht wurde[257], steht sie seit einem Grundsatzurteil des *Supreme Court* aus dem Jahr 2015 auch in den USA offen.[258] In Deutschland ist diese Entwicklung nun ebenfalls angekommen. Mit dem „Gesetz zur Einführung des Rechts auf Eheschließung für Personen gleichen Geschlechts"[259] wird im deutschen Sachrecht wohl die „Ehe für alle" eingeführt; „wohl" deshalb, weil nicht gänzlich geklärt ist, ob nicht eine Grundgesetzänderung vonnöten ist, um die gleichgeschlechtliche Ehe einzuführen.[260] Vorliegend soll nicht erörtert werden, ob die gleichgeschlechtliche Ehe unter geltendem Verfassungsrecht möglich ist. Eine Dissertation zu kollisionsrechtlicher Methodik ist nicht der richtige Ort, die Frage zu entscheiden. Für den vorliegenden Zweck kann von einer Verfassungsmäßigkeit der gleichgeschlechtlichen Ehe auch deswegen ausgegangen werden, weil selbst bei Verfassungswidrigkeit der gleichgeschlechtlichen Ehe in absehbarer Zeit eine Verfassungsänderung erfolgen wird, welche die gleichgeschlechtliche Ehe ermöglicht.

Kollisionsrechtlich hielte sich der Gewinn einer Entscheidung über die Verfassungsmäßigkeit im Übrigen in Grenzen, da hinsichtlich der Verfassungsmäßigkeit des Gesetzes zur Einführung der gleichgeschlechtlichen Ehe zwischen

---

[257] Überblick bei BeckOK/*Heiderhoff*, Art. 17b EGBGB Rn. 5.1.

[258] *Supreme Court*, No. 14-556, 2015 WL 2473451 (BeckRS 2015, 12345).

[259] Gesetz vom 20.07.2017 – Bundesgesetzblatt Teil I 2017 Nr. 52 28.07.2017 S. 2787.

[260] Für verfassungsrechtliche Voraussetzung der Verschiedengeschlechtlichkeit der Ehe bspw. ausdrücklich *BVerfG* NJW 2002, S. 2547; bestätigt durch *BVerfG* NJW 2014, S. 1307 (Rn. 66); *AG Münster* IPRax 2011, S. 271; *Erbarth*, NZFam 2016, S. 537 ff.; BeckOK/*Uhle*, Art. 6 GG Rn. 4 m. w. N.; dagegen bspw. *Dethloff*, FamRZ 2016, S. 352 ff.; *Möller*, DÖV 2005, S. 68 ff.

zwei gänzlich verschiedenen Positionen zu unterscheiden ist. Selbst wenn man die gleichgeschlechtliche Ehe für verfassungswidrig hielte, hätte dies keinerlei Auswirkungen auf die durch das Gesetz eingeführte Kollisionsnorm für gleichgeschlechtliche Ehen (zu dieser unter C.I.1.). Eine solche Kollisionsnorm kannte – wenn auch ungeschrieben – das bislang geltende Recht.[261] Streit herrschte lediglich über die Ausgestaltung dieser Kollisionsnorm. Auch für verfassungswidrige Institutionen muss das auf diese Institutionen anwendbare Recht ermittelt werden.

Bezüglich einer weiteren Frage ändert sich nach Einführung der gleichgeschlechtlichen Ehe lediglich der Blickwinkel. War bisher fraglich, ob deutsche staatliche Stellen verpflichtet sind, gleichgeschlechtliche Ehen aus dem europäischen Ausland anzuerkennen, stellt sich nun die Frage, ob deutsche gleichgeschlechtliche Ehen im europäischen Ausland anzuerkennen sind (zu beiden Fragen unter C.II.).

I. Qualifikation der gleichgeschlechtlichen Ehe

1. Die Rechtslage nach Einführung der gleichgeschlechtlichen Ehe

Das „Gesetz zur Einführung des Rechts auf Eheschließung für Personen gleichen Geschlechts" führt nicht nur die gleichgeschlechtliche Ehe sachrechtlich ein, das Gesetz schafft auch eine ausdrückliche Kollisionsnorm für gleichgeschlechtliche Ehen. Nach Art. 17b IV EGBGB n. F. gelten Art. 17b I-III EGBGB nun auch für die gleichgeschlechtliche Ehe. Damit wird das Recht des Register führenden Staates zur Anwendung berufen.

Das ergibt sicher Sinn. Da die gleichgeschlechtliche Ehe nicht wie die heterosexuelle Ehe global anerkannt ist, wäre eine Art. 13 EGBGB entsprechende Kollisionsnorm, welche auf die Staatsangehörigkeit des jeweiligen Ehegatten abstellt, rechtspolitisch sicher verfehlt gewesen. Deutsche Standesämter hätten dann beispielsweise ein Paar gemischt deutsch-polnischer Staatsangehörigkeit eventuell nicht trauen können, das seit Jahrzehnten in Berlin zusammenlebt; „eventuell" deswegen, weil man sich bei Verfassungsgemäßheit der gleichgeschlechtlichen Ehe durchaus fragen kann, ob das Ergebnis, dass ein gleichgeschlechtliches Paar vor deutschen Standesämtern nicht getraut werden kann, bei hinreichendem Inlandsbezug gegen den ordre public verstößt.

---

[261] Man kann sich lediglich fragen, ob die konkrete Ausgestaltung einer Kollisionsnorm für gleichgeschlechtliche Ehen gegen die Verfassung verstößt (dazu 3. Kap. C.I.2.b)).

2. Die Rechtslage vor Einführung der gleichgeschlechtlichen Ehe

a) Streitstand

Da das deutsche Recht keine gleichgeschlechtliche Ehe kannte, hielt der Gesetzgeber es offenbar nicht für notwendig, eine Kollisionsnorm aufzustellen, welche
auch die gleichgeschlechtliche Ehe umfasst, sondern führte lediglich eine Kollisionsnorm für die ihm bekannten registrierten Partnerschaften ein. Folge dessen war, dass die gleichgeschlechtliche Ehe in den Randbereich zwischen zwei
Kollisionsnormen, Art. 13 EGBGB und Art. 17b EGBGB, fiel. Auf der einen
Seite soll in den Staaten, die eine gleichgeschlechtliche Ehe kennen, die „traditionelle" Ehe für gleichgeschlechtliche Paare geöffnet werden. Funktional betrachtet lag der Schluss nahe, dass es sich bei gleichgeschlechtliche Ehen um
eine Ehe im Sinne des Art. 13 EGBGB handelte, was seine Anwendung nahe-
legte.[262] Auf der anderen Seite hatte der deutsche Gesetzgeber für die ihm bekannte gleichgeschlechtliche Partnerschaft eine Sondernorm geschaffen.[263] Betonte man das Element der Gleichgeschlechtlichkeit, sprach dies für eine Anwendung des Art. 17b EGBGB. Die gleichgeschlechtliche Ehe saß folglich,
kollisionsrechtlich betrachtet, zwischen zwei Stühlen. Beinahe zwangsläufig
war ihre Qualifikation umstritten.

Mit dieser Qualifikationsfrage hatte sich im Frühjahr 2016 der *BGH* zu befassen.[264] Zur Veranschaulichung des Problems und der Folgen der verschiedenen
Lösungen soll der Sachverhalt dieses Urteils in leicht vereinfachter Form hier
wiedergegeben werden[265]: Eine Deutsche und eine Südafrikanerin hatten eine
in Südafrika mögliche gleichgeschlechtliche Ehe geschlossen. Nach dem Ehe-
schluss bekamen die beiden mittels künstlicher Befruchtung ein Kind. Nach
südafrikanischem Recht werden beide Partnerinnen als Eltern des Kindes angesehen, sofern sie durch ein Eheband verknüpft sind oder zwischen ihnen eine
registrierte Partnerschaft besteht.[266] Fraglich war nun, ob auch vor deutschen

---

[262] NK/*Gebauer*, Art. 17b EGBGB Rn. 18; *v. Hoffmann/Thorn*, IPR, § 8 Rn. 73b; BeckO-
GK/*Rentsch*, Art. 13 EGBGB Rn. 36 ff.; a. A. BeckOK/*Heiderhoff*, Art. 17b EGBGB Rn. 12.

[263] MüKo/*Coester*, Art. 17b EGBGB Rn. 139.

[264] *BGH* NJW 2016, S. 2322 ff.

[265] Vollständiger Sachverhalt *BGH* NJW 2016, S. 2322. Nach *Coester-Waltjen*, IPRax
2016, S. 134, handelt es sich bei der südafrikanischen gleichgeschlechtlichen Gemeinschaft
nicht um eine wirkliche Ehe, sondern um eine gleichgeschlechtliche Partnerschaft, die dieselben Wirkungen wie eine Ehe hat. Für die Zwecke dieser Untersuchung ist der Einordnung
der südafrikanischen Gemeinschaft als Ehe zu folgen, da lediglich relevant ist, dass der *BGH*
sie als eine solche behandelt hat und sich somit zur rechtlichen Behandlung gleichgeschlechtlicher Ehen geäußert hat.

[266] Dies gilt unabhängig davon, ob es sich um ein gleichgeschlechtliches Paar handelt
oder um eines verschiedenen Geschlechts (sec. 13 I Civil Union Act 17 von 2006).

staatlichen Stellen beide Partnerinnen als Eltern des Kindes angesehen werden können. Dies ist nach südafrikanischem Recht, welchem die Frage nach der Abstammung unterlag, nur dann der Fall, wenn die Ehe zwischen den beiden Frauen wirksam ist. Bei selbstständiger Anknüpfung der Vorfrage stellte sich das vorliegend zu behandelnde Problem der Qualifikation der gleichgeschlechtlichen Ehe.[267]

Eine Ansicht betonte die Tatsache, dass die gleichgeschlechtliche Ehe in den Rechtsordnungen, in denen sie erlaubt ist, die Ordnungsfunktion der Ehe einnimmt und daher funktional betrachtet Art. 13 I EGBGB die richtige Kollisionsnorm darstellt.[268] Zudem sei es eine verfassungswidrige Schlechterstellung der heterosexuellen Ehe, wenn es für diese erforderlich sei, dass die Ehe nach beiden Heimatrechten möglich sei, für gleichgeschlechtliche Ehen aber nur die Anforderungen des registerführenden Staates beachtet werden müssten.[269] Folgt man dieser Argumentation, wäre im Übrigen auch die neue Kollisionsnorm für gleichgeschlechtliche Ehen verfassungswidrig.

Die herrschende Meinung[270], der sich auch der *BGH* angeschlossen hatte[271], folgte diesen Argumenten nicht. Nach dieser Ansicht war Art. 17b I EGBGB

---

[267] *BGH* NJW 2016, S. 2325 (Rn. 33 ff.). Der *BGH* konnte im Ergebnis den Streit zwischen selbstständiger und unselbstständiger Anknüpfung der Vorfrage offen lassen, da die unselbstständige Beantwortung der Vorfrage ebenfalls zu südafrikanischem Sachrecht führte.

[268] *Hoffmann/Thorn*, IPR, § 8 Rn. 73b; Palandt/*Thorn*, Art. 17b EGBGB Rn. 1; *ders.*, FS Jayme, S. 957; BeckOGK/*Rentsch*, Art. 13 EGBGB Rn. 36 ff.; NK/*Gebauer*, Art. 17b EGBGB Rn. 18; *Gebauer/Staudinger*, IPRax 2002, S. 277; *Spernat*, Gleichgeschlechtliche Ehe im IPR, S. 76; *Köhler*, IPR, Rn. 437; *Röthel*, IPRax 2002, S. 498 (Anders als teilweise behauptet wird, kann man die Äußerungen *Röthels* in IPRax 2006, S. 251, auch nicht dahingehend verstehen, dass sie an dieser Stelle die Qualifikationsfrage offen gelassen hätte und damit von ihrer Ansicht abgerückt wäre. An dieser Stelle referiert *Röthel* lediglich die beiden Ansichten und die zu besprechenden Gerichtsentscheidungen, rückt aber nicht von ihrer Meinung ab, sondern zitiert sich als Vertreterin der Meinung, die die gleichgeschlechtliche Ehe unter Art. 13 EGBGB subsumiert.); HK-LPartR/*Kiel*, Art. 17b EGBGB Rn. 75; *v. Mohrenfels*, FS Ansay, S. 535 ff.; *Forkert*, Eingetragene Lebenspartnerschaften im deutschen IPR, S. 76 ff.

[269] *Hoffmann/Thorn*, IPR, § 8 Rn. 73b; *Thorn*, FS Jayme, S. 957.

[270] *BFH* IPRax 2006, S. 288; *OLG München* FamRZ 2011, S. 1527; *AG Münster* IPRax 2011, S. 269 f.; MüKo/*Coester*, Art. 17b EGBGB Rn. 137 ff. (w.N. in Rn. 137 Fn. 276); MüKo/*Coester*, Art. 13 EGBGB Rn. 5; *Siebierichs*, IPRax 2008, S. 278; *Mankowski/Höffmann*, IPRax 2011, S. 250 f.; *Kropholler*, IPR, § 44 V.; *Rauscher*, IPR, Rn. 892; Das Recht der nichtehelichen Lebensgemeinschaft/*Martiny*, Kap. 12 Rn. 62; *Dörner*, FS Jayme, S. 150 f.; *Heinrich*, FamRZ 2002, S. 138; *Wiggerich*, FamRZ 2012, S. 1117; Fachausschuss deutscher Standesbeamter, StAZ 2005, S. 240; *Andrae/Abbas*, StAZ 2011, S. 102 f.; *Andrae*, Internationales Familienrecht, § 10 Rn. 68; *Helms*, StAZ 2012, S. 5; *Wasmuth*, FS Kegel 1987, S. 242 f.; *Bruns*, StAZ 2010, S. 188; *Heiderhoff*, IPRax 2017, S. 164.

[271] *BGH* NJW 2016, 2325 (Rn. 33 ff.).

anzuwenden. Manche hielten dies bereits für verfassungsrechtlich geboten, da das Grundgesetz von der heterosexuellen Ehe ausgehe.[272] Andere verorteten das Argument auf einfachgesetzlicher Ebene und meinten, dass das Merkmal der Verschiedengeschlechtlichkeit der Ehe Grundannahme der deutschen Rechtsordnung sei und deshalb auch im Kollisionsrecht Art. 13 EGBGB keine Anwendung finden könne.[273] Wieder andere sahen den Grund der Anwendung des Art. 17b EGBGB in seinem Telos. Durch ihn sollte die Diskriminierung gleichgeschlechtlicher Gemeinschaften verhindert werden.[274] Bei Anknüpfung der gleichgeschlechtlichen Ehe an Art. 13 EGBGB wäre dieser Zweck konterkariert worden. Eine gleichgeschlechtliche Ehe wäre lediglich dann existent gewesen, wenn beide Heimatrechte die gleichgeschlechtliche Ehe kennen. Insbesondere, wenn die Gemeinschaft über längere Zeit tatsächlich gelebt wurde, sei es höchst unbillig, wenn von ihr keinerlei rechtliche Wirkungen ausgehen würden.[275] Ferner wäre das rechtspolitische Ziel verfehlt, die in anderen Staaten geschlossenen gleichgeschlechtlichen Ehen anzuerkennen, und die Gefahr hinkender Ehen verschärft worden.[276]

Der *BGH*, der sich wie erwähnt der herrschenden Meinung angeschlossen hatte, hatte sich insbesondere von den teleologischen Erwägungen leiten lassen. Sein Urteil soll als Ausgangspunkt dienen, sich mit dieser unter bisher geltendem Recht kontrovers diskutierten Frage auseinanderzusetzen und zu fragen, ob dem *BGH* unter dem bisher geltenden Recht hätte gefolgt werden können. Es wird sich zeigen, dass das Säulenmodell für die Qualifikation gleichgeschlechtlicher Ehen unter bisher geltendem Recht durchaus Ansatzpunkte liefern konnte.

b) Verfassungsrechtliche Vorgaben

Bevor man sich jedoch auf der Ebene des einfachen Rechts Gedanken zur Qualifikationsfrage machen kann, ist zunächst zu klären, ob nicht das Verfassungsrecht Vorgaben zur Qualifikation macht. Diese wären auch unter nunmehr geltendem Recht zu berücksichtigen. Wie bereits erwähnt, wird teilweise davon ausgegangen, dass Art. 13 EGBGB nicht anwendbar sei, weil dies dem verfassungsrechtlichen Begriff der Ehe zuwiderlaufe, der eine Verbindung zwischen

---

[272] Bspw. Staudinger/*Mankowski*, Art. 17b EGBGB Rn. 24; dazu sogleich ausführlich m. w. N.

[273] *BGH* NJW 2016, 2325 (Rn. 36); BeckOK/*Mörsdorf-Schulte*, Art. 13 EGBGB Rn. 20; NK/*Andrae*, Art. 13 EGBGB Rn. 1.

[274] MüKo/*Coester*, Art. 17b EGBGB Rn. 140.

[275] *Dörner*, FS Jayme, S. 151.

[276] *OLG München* FamRZ 2011, S. 1527; MüKo/*Coester*, Art. 13 EGBGB Rn. 51; *Wiggerich*, FamRZ 2012, S. 1117; jurisPK/*Gärtner/Duden*, Art. 17b EGBGB Rn. 13.

zwei Personen verschiedenen Geschlechts voraussetze.[277] Selbst wenn man aber der Ansicht folgt, welche die Verschiedengeschlechtlichkeit als Voraussetzung des verfassungsrechtlichen Ehebegriffs ansieht, führt dies nicht zwingend dazu, Art. 13 EGBGB nicht anwenden zu können.

Obwohl Grundrechte zuweilen einen Einfluss auf das Kollisionsrecht haben können[278], beeinflussen sie die Frage der gleichgeschlechtlichen Ehe nicht in dem beschriebenen Sinne. Die Subsumtion der ausländischen gleichgeschlechtlichen Ehe unter den Ehebegriff des Art. 13 EGBGB würde nicht bedeuten, dass diese gleichgeschlechtliche Ehe eine Ehe im Sinne des deutschen sachrechtlichen Verständnisses darstellt, die zwangsläufig den Schutz genießt, welches das deutsche Grundgesetz der „Ehe" zuweist. Ganz im Gegenteil: Die Subsumtion der gleichgeschlechtlichen Ehe unter Art. 13 EGBGB würde eher dazu führen, dass der gleichgeschlechtlichen Ehe die Wirksamkeit versagt wird.[279] Wieso dann Art. 6 I GG der Subsumtion der gleichgeschlechtlichen Ehe unter Art. 13 I EGBGB entgegenstehen sollte, ist nicht ersichtlich.[280] Dieser Gedanke wird noch dadurch verstärkt, dass das *Bundesverfassungsgericht* ein zuvor angenommenes Abstandsgebot der Wirkungen gleichgeschlechtlicher Partnerschaften gegenüber der traditionellen heterosexuellen Ehe ausdrücklich verworfen hat.[281] Damit kann es aber erst recht nicht verfassungswidrig sein, gleichgeschlechtliche Gemeinschaften nach der gleichen Kollisionsnorm zu beurteilen.[282]

Selbst wenn man aber der Ansicht sein sollte, dass der Ehebegriff des Art. 13 EGBGB verfassungsrechtlich in der Weise geprägt sein sollte, dass er die Verschiedengeschlechtlichkeit der Ehepartner zwingend voraussetzt, hindert dies lediglich eine direkte Anwendung des Art. 13 EGBGB. Eine positive Aussage für die Anwendung des Art. 17b EGBGB wäre damit in keiner Weise verbunden. Es ist genauso denkbar, die gleichgeschlechtliche Ehe einer ungeschriebenen Kollisionsnorm zu unterwerfen, die in der Frage des Anknüpfungsmoments dem Art. 13 EGBGB nachgebildet wird. Dass eine kumulative Anknüpfung der

---

[277] Staudinger/*Mankowski*, Art. 17b EGBGB Rn. 24; *Mankowski/Höffmann*, IPRax 2011, S. 250; Erman/*Hohloch*, Art. 17b EGBGB Rn. 6.

[278] Dies kann seit dem Spanier-Beschluss des *BVerfG* (NJW 1971, S. 1509) als geklärt angesehen werden.

[279] Dazu sogleich ausführlich (3. Kap. C.I.2.d)).

[280] *v. Mohrenfels*, FS Ansay, S. 535.

[281] *BVerfGE* 105, S. 348 ff.

[282] A.A. *Mankowski/Höffmann*, IPRax 2011, S. 248, die meinen, die verfassungsrechtliche Vorgabe beruhe auf dem Begriffsverständnis und nicht auf dem Abstandsgebot. Dies erklärt jedoch nicht, wieso es in einer Verweisungsnorm nicht erlaubt sein sollte, den Begriff der Ehe weiter zu fassen und dieselbe Kollisionsnorm für gleichgeschlechtliche Ehen zu verwenden, wenn es doch auf sachrechtlicher Ebene nicht zu einer Gleichstellung führt.

gleichgeschlechtlichen Ehe an die jeweiligen Heimatsrechte generell gegen das Grundgesetz verstößt, wird man wohl schwerlich behaupten können.

Nach alledem ist die Anwendung des Art. 17b EGBGB nicht verfassungsrechtlich vorausgesetzt. In der Anwendung des Art. 17b EGBGB liegt aber auch keine verfassungswidrige Schlechterstellung der heterosexuellen Ehe, wie es insbesondere *Thorn* vertritt.[283] Zwar führt die Anwendung des Rechts des registerführenden Staates in vielen Fällen tatsächlich zu einer Erleichterung der Eingehung einer gleichgeschlechtlichen Ehe. Die heterosexuelle und die homosexuelle Ehe sind in diesem Punkt jedoch nicht vergleichbar. Die Möglichkeit der Eingehung einer Ehe bei verschiedengeschlechtlichen Partnern ist weltweit verbreitet, bei gleichgeschlechtlichen Paaren nicht. Die Ausgangssituationen sind für beide Rechtsinstitute mithin gänzlich unterschiedlich, sodass eine andere Behandlung gleichgeschlechtlicher Verbindungen in diesem Fall keine Schlechterstellung der heterosexuellen Ehe darstellt.

c) Art. 17b EGBGB a. F. im kollisionsrechtlichen System

Da dem Grundgesetz keine verfassungsrechtlichen Vorgaben hinsichtlich der Qualifikationsfrage zu entnehmen sind, war die Spannung zwischen Art. 13 EGBGB und Art. 17b EGBGB a. F. auf einfach-gesetzlicher Ebene aufzulösen. Der Schlüssel hierzu war die Stellung und Bedeutung der Norm des Art. 17b EGBGB a. F. im kollisionsrechtlichen System.

aa) Art. 17b EGBGB a. F. als Ausdruck des Schutzes wohlerworbener Rechte?

Welche Gedanken Art. 17b I EGBGB a. F. prägten und Art. 17b EGBGB n. F. prägen, kann durchaus kontrovers diskutiert werden. Manche meinen, in Art. 17b I EGBGB kodifiziere der Gesetzgeber den Gedanken der wohlerworbenen Rechte.[284] Die Anknüpfung an den Registerort sei gewählt worden, um die Wirksamkeit der eingegangen gleichgeschlechtlichen Partnerschaft bzw. Ehe und die Anerkennung nach dem Ortsrecht gültig geschlossenen Partnerschaften bzw. Ehen sicherzustellen.

Wie im rechtshistorischen Teil gezeigt wurde, ist die Umsetzung des Gedankens der wohlerworbenen Rechte in eine „echte" Kollisionsnorm jedoch stets damit verbunden, dass der Gedanke zumindest in Teilen auf der Strecke bleibt.

---

[283] Nachweise oben in 3. Kap. Fn. 269.

[284] Staudinger/*Sturm/Sturm*, Einl. IPR Rn. 63; NK/*Andrae*, Art. 13 EGBGB Rn. 1; in diese Richtung auch *Andrae/Abbas*, StAZ 2011, S. 102 („Anwendung des Art. 17b EGBGB kommt […] dem gemeinschaftsrechtlichen Anerkennungsprinzip nahe"); ebenfalls *Coester-Waltjen*, IPRax 2006, S. 399 (Art. 17b EGBGB komme dem Anerkennungsprinzip „schon fast nahe").

Im Rahmen des Art. 17b EGBGB trifft dies in besonderem Maße zu, da er eine Sachnormverweisung ausspricht.[285] Sollte daher das Kollisionsrecht des Registerorts auf ein Heimatrecht verweisen, nach welchem die Partnerschaft wirksam wäre, nach dem Sachrecht am Registerort jedoch nicht, führt die Anknüpfung an Art. 17b EGBGB a. F. (und n. F.) nicht zum Schutz des wohlerworbenen Rechts. In der Praxis kann dieser Fall zugegebenermaßen nicht oft eintreten, da ein Land, das selbst keine gleichgeschlechtliche Partnerschaft kennt, die wirksame Eingehung einer gleichgeschlechtlichen Partnerschaft unter Verwendung des *ordre public*-Vorbehalts abwehren wird. Undenkbar ist es jedoch nicht, dass ein Land, obwohl es selbst keine gleichgeschlechtlichen Partnerschaften kennt, Fremden erlaubt, in ihrem Land eine solche zu schließen. Aber auch ein anderer praktischer Fall hätte unter bisher geltendem Recht zu Komplikationen führen können. Kennt das Recht am Registerort zwar die gleichgeschlechtliche Ehe, nicht jedoch die gleichgeschlechtliche Partnerschaft und knüpft das Land des Registerorts an das Heimatrecht an, wird es wohl kaum das Eingehen einer gleichgeschlechtlichen Lebenspartnerschaft als *ordre public*-widrig ablehnen. Die Sachnormverweisung in das Recht des Registerorts führt dann grundsätzlich dazu, dass die Partnerschaft vor deutschen Stellen als nicht wirksam galt, da das Sachrecht eine gleichgeschlechtliche Partnerschaft gerade nicht kannte. Sicher könnte man dieses bei genauerer Betrachtung sinnwidrige Ergebnis nachträglich auf irgendeine Weise korrigieren, indem in die schier unerschöpfliche Trickkiste des Internationalen Privatrechts gegriffen wird. Die Wirksamkeit der Partnerschaft wäre dann aber durch die gewählten juristischen Spitzfindigkeiten sichergestellt, nicht jedoch durch die Regelung des Art. 17b EGBGB. Selbst wenn der Gesetzgeber also tatsächlich den Gedanken der wohlerworbenen Rechte zur Grundlage des Art. 17b EGBGB hätte machen wollen, wäre ihm dies nicht besonders geglückt gewesen.

Das hat er aber auch nicht. Wie herausgearbeitet wurde[286], ist der Gedanke der wohlerworbenen Rechte mit dem kollisionsrechtlichen Interesse des Schutzes subjektiver Rechte verbunden. Nun war der Schutz der eingegangenen Partnerschaften durchaus Ziel des Art. 17b EGBGB a. F., aber nicht das primäre. Vielmehr diente Art. 17b EGBGB a. F. der staatlich geschaffenen Ordnung, die eine registrierte Lebenspartnerschaft für gleichgeschlechtliche Paare vorsah. Diese sachrechtliche Ordnung sollte kollisionsrechtlich durch die Anknüpfung an das Recht des registerführenden Staates abgesichert werden. Für die enge Verbundenheit mit der sachrechtlichen Ordnung sprach zudem die präzise Übernahme des sachrechtlichen Begriffs „eingetragene Lebenspartnerschaft".

---

[285] Ähnlich argumentiert *Rieks*, Anerkennung im Internationalen Privatrecht, S. 97 f.
[286] Insb. 1. Kap. C.I.

Art. 17b EGBGB a. F. stellte somit keine Normierung des Gedankens der wohlerworbenen Rechte dar.[287] Dasselbe gilt für Art. 17b EGBGB n. F.

bb) Art. 17b EGBGB als hybride Norm

Diese Folgerung bedeutet jedoch nicht, dass Art. 17b EGBGB a. F. eine „klassische" Kollisionsnorm im Sinne der ersten Säule darstellte.[288] Eine solche Einordnung hätte die materiell-rechtlichen Interessen, denen Art. 17b I EGBGB a. F. teilweise dient, ignoriert. Art. 17b I EGBGB a. F. hatte den Sinn, das deutsche materiell-rechtliche Verständnis von der gleichgeschlechtlichen Partnerschaft kollisionsrechtlich abzusichern. Der Registerort als gewähltes Anknüpfungskriterium setzte dabei zwei Ziele um. Zum einen sollten, wie gesehen, fremde Partnerschaften, die dem deutschen Verständnis entsprechen, Rechtswirkungen auch in Deutschland entfalten.[289] Zum anderen sollte die deutsche gleichgeschlechtliche Partnerschaft ausländischen Paaren offenstehen.[290] Durch diese Zwecke und durch die Wahl des Registerorts als Anknüpfungsmoment kamen deutliche Abweichungen von dem Gedanken der örtlichen Gerechtigkeit und von der Gleichheit aller Rechtsordnungen zum Ausdruck. Rechtsordnungen, die eine gleichgeschlechtliche Partnerschaft nicht anerkennen, waren bzw. sind im Verständnis des deutschen Gesetzgebers nicht gleichwertig. Diese Rechte sollten daher so weit wie möglich nicht zur Entscheidung gebracht werden. Zudem stand im Rahmen des Art. 17b EGBGB a. F. die sachliche Gerechtigkeit stark im Vordergrund, während die räumliche Gerechtigkeit an Bedeutung verlor. Nicht unbedingt die engste Verbindung sollte gesucht werden, sondern ein bestimmtes sachrechtliches Ergebnis, der Schutz der eingetragenen Lebenspartnerschaft, sollte erreicht werden. In der vorgeschlagenen Diktion diente Art. 17b EGBGB a. F. mithin in großem Maße dem Hoheitsinteresse des deutschen Staates an der Förderung seines Verständnisses von der gleichgeschlechtlichen Partnerschaft und der Wirksamkeit ebensolcher Partnerschaften. Bei der Norm des Art. 17b EGBGB a. F. handelte es sich folglich um eine sogenannte „hybride" Norm.[291]

---

[287] So wohl auch *Rieks*, Anerkennung im Internationalen Privatrecht, S. 99, die festhält, dass Art. 17b EGBGB mit dem Anerkennungsprinzip lediglich Ähnlichkeiten aufweise, zwischen ihnen aber keine „engste Verwandtschaft" bestehe.

[288] Die nachfolgenden Ausführungen gelten wiederum für Art. 17b EGBGB n. F. entsprechend.

[289] BT-Drucks. 14/3751, S. 60. Allerdings gekappt durch die Regelung des Art. 17b IV EGBGB.

[290] BT-Drucks. 14/3751, S. 60; *Wagner*, IPRax 2001, S. 289; *Röthel*, IPRax 2002, S. 498.

[291] Auch nach *Coester*, IPRax 2013, S. 115, zeigt Art. 17b EGBGB die Materialisierung des Internationalen Privatrechts.

d) Folgen für die Qualifikation gleichgeschlechtlicher Ehen

Die Einordnung des Art. 17b EGBGB (a. F. und n. F.) als hybride Norm und die ermittelte zu Grunde liegende Interessenlage hatte Folgen für die Frage der Qualifikation. Zunächst ist allerdings darauf hinzuweisen, dass eine direkte Anwendung des Art. 17b I EGBGB a. F. wohl bereits wegen seines eindeutigen Wortlauts nicht in Betracht kam, der eindeutig von einer eingetragenen Lebenspartnerschaft sprach.[292] Die registrierte Partnerschaft ist sowohl nach deutschem als auch nach wohl weltweitem Verständnis gerade ein *aliud* zur Ehe.[293] Daher kann unter den Begriff der eingetragenen Lebenspartnerschaft eine Ehe nicht subsumiert werden. In Betracht kam aber eine analoge Anwendung des Art. 17b I EGBGB a. F. Die dafür erforderliche Vergleichbarkeit der Interessenlagen bedarf einer näheren Untersuchung. Dabei kann die für Art. 17b EGBGB a. F. soeben ermittelte Interessenlage zugrunde gelegt werden.

Wenn Art. 17b EGBGB a. F. dem Ziel diente, fremden *eingetragenen Lebenspartnerschaften* Wirksamkeit in Deutschland zuzubilligen, muss man wohl folgern, dass der deutsche Staat kein Hoheitsinteresse daran hatte, auch *gleichgeschlechtlichen Ehen* dasselbe Privileg zukommen zu lassen.[294] Nach dem Verständnis des deutschen Staates war eine gleichgeschlechtliche Ehe nicht möglich. In diesem Punkt ist einigen Vertretern der Anknüpfung an Art. 17b EGBGB a. F. zu widersprechen. Art. 17b EGBGB a. F. hatte eben nicht den Zweck, jegliches rechtliche Band zwischen gleichgeschlechtlichen Partnern zu schützen[295], sondern lediglich das Band der eingetragenen Partnerschaft. Eine gleichgeschlechtliche Ehe konnte bereits deswegen nicht vom Schutzgedanken des Art. 17b EGBGB a. F. umfasst sein, weil der Gesetzgeber zum Zeitpunkt des Erlasses des Art. 17b EGBGB a. F. noch von einem Abstandsgebot zwischen Ehe und gleichgeschlechtlicher Partnerschaft ausgegangen war und deswegen die Einführung einer gleichgeschlechtlichen Ehe nicht für verfassungsrechtlich zulässig hielt. Man kann aber schwerlich etwas schützen wollen, von dessen Verfassungswidrigkeit man ausgeht.

Hiergegen kann auch nicht eingewandt werden, dass Art. 17b IV EGBGB a. F. vorausgesetzt hätte, dass von Art. 17b EGBGB a. F. gleichgeschlechtliche Verbindungen erfasst waren, welche wirkungstechnisch über die deutsche eingetra-

---

[292] Str., vgl. die Nachweise bei MüKo/*Coester*, Art. 17b EGBGB Rn. 137 (Fn. 236).

[293] *BVerfG* FamRZ 2007, S. 1871 f.; *BVerfG* FamRZ 2008, S. 1322 (Rn. 13); MüKo/*Coester*, Art. 17b EGBGB Rn. 1.

[294] In diese Richtung auch *Röthel*, IPRax 2002, S. 498.

[295] So aber MüKo/*Coester*, Art. 17b EGBGB Rn. 140; *Andrae/Abbas*, StAZ 2011, S. 102; jurisPK/*Gärtner/Duden*, Art. 17b EGBGB Rn. 13; NK/*Andrae*, Art. 13 EGBGB Rn. 1; wie hier *Köhler*, IPR, Rn. 437.

gene Lebenspartnerschaft hinausgehen.[296] Nach dem Wortlaut bezog sich der vierte Absatz a. F. eindeutig auf eingetragene Lebenspartnerschaften und eben nicht auf gleichgeschlechtliche Ehen. Hierzu ist auch den Materialien nichts anderes zu entnehmen.[297]

Hinsichtlich des zweiten Beweggrundes für die Fassung des Art. 17b EGB-GB, auch ausländischen Paaren das Eingehen einer deutschen eingetragenen Lebenspartnerschaft zu ermöglichen, war die fehlende Möglichkeit der Übertragung auf die gleichgeschlechtliche Ehe noch eindeutiger. Der deutsche Gesetzgeber konnte, wenn er das Institut der gleichgeschlechtlichen Ehe nicht kannte, kein Interesse daran haben, das Institut ausländischen Paaren zu öffnen. Wenn er dasselbe Interesse bei gleichgeschlechtlichen Ehen nicht hatte, darf man auch die Sondernorm des Art. 17b EGBGB a. F. nicht auf diese anwenden.

Hinzu kam, dass die Subsumtion der gleichgeschlechtlichen Ehe unter Art. 17b EGBGB a. F. zur Einführung einer institutionalisierten Umgehungsmöglichkeit des deutschen Rechts geführt hätte.[298] Gleichgeschlechtliche Paare hätten in ein Land fahren können, welches die gleichgeschlechtliche Ehe bereits vorgesehen und durch Anknüpfung an den Ort, an welchem die Ehe geschlossen wird, auch ausländischen Paaren die gleichgeschlechtliche Ehe eröffnet hatte, und dort eine vor deutschen staatlichen Stellen anzuerkennende gleichgeschlechtliche Ehe schließen können. Dies hätte wohl kaum durch das Rechtsinstitut der Umgehung verhindert werden können. Knüpft man an den Ort des registerführenden Staates an, ermöglicht man dem gleichgeschlechtlichen Paar gerade die Eheschließung in einem Staat, zu welchem sie nicht unbedingt eine enge Beziehung pflegen. Die gleichgeschlechtliche Partnerschaft soll gerade auch in diesem Fall wirksam sein. In einer politisch derart umstrittenen Frage erscheint es jedoch geradezu grotesk, dass einzelne Personen die Wertungen der deutschen Sachrechtsordnung auf diese Art hätten umgehen können.

In einem Punkt ist dem *BGH* und der herrschenden Meinung allerdings Recht zu geben. Hätte die hier vorgeschlagene Subsumtion unter Art. 13 EGBGB in jedem Falle zur Folge gehabt, dass die als Ehe tatsächlich gelebte Gemeinschaft vor deutschen Gerichten als rechtliches *nullum* zu behandeln gewesen wäre, wäre dies der deutschen Rechtsordnung in vielen Fällen nicht gerecht geworden. Immerhin hatte der Gesetzgeber Art. 17b EGBGB a. F. im Zuge des Gesetzes

---

[296] So aber BeckOK/*Heiderhoff*, Art. 17b EGBGB Rn. 12.

[297] Vgl. BT-Drucks. 14/3751, S. 61.

[298] Ähnlich auch Palandt/*Thorn*, Art. 17b EGBGB Rn. 1; a. A. *Wagner*, IPRax 2001, S. 289, der meint, das Problem der Umgehung dürfe nicht überbewertet werden, da der Registrierungsort keinen zufälligen Charakter habe, sondern die Partner eine enge Verbindung zum Registrierungsort hätten.

zur Beendigung der Diskriminierung gleichgeschlechtlicher Partnerschaften[299] eingeführt. Dem Zweck der Beendigung der Diskriminierung wäre wahrlich ein Bärendienst erwiesen worden, wenn die Behandlung als „Ehe" im kollisionsrechtlichen Sinne dazu geführt hätte, der gleichgeschlechtlichen Ehe jegliche rechtliche Folgen zu verweigern.[300] Es wäre in der Tat auch (zumindest in Teilen der Fälle) schwer verständlich gewesen, wieso Personen, die im Ausland eine eingetragene Lebenspartnerschaft eingegangen waren, im Inland wie Lebenspartner zu behandeln gewesen wären, Personen, die eine Ehe eingegangen waren, aber wie zwei Fremde zu behandeln gewesen wären.[301]

Entgegen den Befürchtungen der Gegenmeinung war dies jedoch nicht zwingend der Fall, sobald man an Art. 13 EGBGB anknüpfte. Dies soll anhand des vom *BGH* entschiedenen Falles erläutert werden. Beurteilt man die gleichgeschlechtliche Ehe unter bisher geltendem Recht wie hier vertreten nach Art. 13 I EGBGB, war sie unwirksam, da eine der beiden Ehepartnerinnen Deutsche war und das deutsche Recht eine gleichgeschlechtliche Ehe nicht kannte. Das deutsche Recht kannte aber die eingetragene Lebenspartnerschaft. Ignorierte man für einen Moment das Kollisionsrecht und beurteilte den gesamten Fall nach deutschem Sachrecht, wären alle Voraussetzungen für eine eingetragene Lebenspartnerschaft nach deutschem Verständnis gegeben gewesen. Nach südafrikanischem Sachrecht lag eine gleichgeschlechtliche Ehe vor. Durch Zwischenschalten des Kollisionsrechts entstand nun eine Situation, die nach beiden Sachrechtsordnungen nicht vorgesehen war, nämlich dass die gleichgeschlechtliche Verbindung, die entweder Partnerschaft oder Ehe darstellt, als rechtliches *nullum* anzusehen gewesen wäre. Diese Situation ist zwar kein typischer Fall der Anpassung, da der Widerspruch nicht durch Beurteilung von einzelnen Teilfragen des Gesamtrechtsverhältnisses hervorgerufen wird, sondern durch die Nichtexistenz von Rechtsinstituten in den beteiligten Rechtsordnungen. Der Interessenwiderspruch ist jedoch derselbe. Durch das analytisch-logische Vorgehen der Kollisionsnormen wird eine Folge ausgesprochen, die keiner der beteiligten Rechtsordnungen entspricht. Hier wie dort kann ein solches Ergebnis, welches keiner der beteiligten Rechtsordnungen entspricht, nicht das tatsächliche Ergebnis sein.[302] Daher hätte die gleichgeschlechtliche Partnerschaft nach der beteiligten Rechtsordnung beurteilt werden sollen, welche die am wenigsten weitreichenden Rechtswirkungen der Partnerschaft vorsieht. Dies war im Vergleich zur gleichgeschlechtlichen südafrikanischen Ehe wohl grundsätzlich die

---

[299] BGBl. 2001 I, S. 266 ff.

[300] Ausdrücklich *BGH* NJW 2016, S. 2325 (Rn. 36); MüKo/*Coester*, Art. 17b EGBGB Rn. 140; *Mankowski/Höffmann*, IPRax 2011, S. 251; *Andrae/Abbas*, StAZ 2011, S. 102.

[301] *Dörner*, FS Jayme, S. 151.

[302] Einen Sinnwiderspruch sieht auch *Kemper*, FPR 2003, S. 2.

eingetragene Lebenspartnerschaft.[303] Wie im Fall eines Kreditsicherungsrechts bietet sich jedoch auch hier eine einzelfallbezogene Betrachtung an.[304] Dies bedeutet, dass in jedem Fall rechtsvergleichend zu untersuchen ist, welche Rechtsform am wenigsten weit reicht. Nur bis zur Grenze dieser Rechtsform besteht eine Überschneidung zwischen den Rechtsordnungen und damit ein Gerechtigkeitsproblem, wenn die Gemeinschaft als rechtliches *nullum* behandelt wird.[305]

Folgt man der Möglichkeit der Anpassung, nimmt man dem *BGH* und der herrschenden Meinung den Wind aus den Segeln. Sämtliche teleologischen Aspekte, welche von *BGH* und herrschender Meinung geäußert wurden, beruhten auf der Annahme, eine Anknüpfung an Art. 13 EGBGB laufe dem Schutz zuwider, welchen die gleichgeschlechtliche Partnerschaft in der deutschen Rechtsordnung genoss. Wenn im Wege der Anpassung aber in allen Fällen, in denen jede der beteiligten Rechtsordnungen der gleichgeschlechtlichen Partnerschaft rechtliche Wirkung zukommen ließ, diese rechtlichen Wirkungen durchgesetzt werden, verlieren die gegen die Anknüpfung an Art. 13 EGBGB nach bisherigen Recht vorgebrachten teleologischen Aspekte einiges an Gewicht.[306]

---

[303] Einen Wirkungsvergleich hindert nicht, dass die eingetragene Lebenspartnerschaft nach deutscher Vorstellung *aliud* zur Ehe ist. Auch wenn etwas insgesamt ein *aliud* zu etwas anderem ist, können die einzelnen Wirkungen der verrechtlichten Lebensgemeinschaften dahingehend verglichen werden, welche Wirkung im konkreten Fall stärker bzw. schwächer ist.

[304] Hierzu *Berner*, in: Perspektiven einer europäischen Privatrechtswissenschaft, S. 363 ff.

[305] Für eine Möglichkeit der Anpassung noch NK/*Gebauer*, 2. Aufl. 2012, Art. 17b EGBGB Rn. 19 Fn. 58 (a. A. in der 3. Aufl. (Rn. 19), in welcher *Gebauer* von der Möglichkeit einer subsidiären Anknüpfung an Art. 17b EGBGB ausgeht); *Rentsch* wollte die unwirksame gleichgeschlechtliche Ehe auch als eingetragene Partnerschaft fortgelten lassen, ordnete dies jedoch dogmatisch als Fall der sachrechtlichen Substitution ein (BeckOGK/*Rentsch*, Art. 13 EGBGB Rn. 45); *Köhler*, IPR, Rn. 437, schlug als weitere Möglichkeit das „Umqualifizieren" der Ehe in eine eingetragene Lebenspartnerschaft für die Fälle vor, in denen die Ehe nicht wirksam ist. Diese eingetragene Lebenspartnerschaft wäre dann hilfsweise nach Art. 17b EGBGB anzuknüpfen gewesen; teilweise wurde aber innerhalb der Meinung, die Art. 13 EGBGB anwendet, tatsächlich davon ausgegangen, dass keinerlei rechtliche Beziehung besteht (bspw. *Forkert*, Eingetragene Lebenspartnerschaften im deutschen IPR, S. 87 (diese hinkenden Rechtsverhältnisse zu verhindern, sei Aufgabe des Gesetzgebers)).

[306] Man kann wohl sogar davon ausgehen, dass sich das Ergebnis in dem vom *BGH* entschiedenen Fall nicht geändert hätte, wenn man die gleichgeschlechtliche Ehe unter Art. 13 EGBGB subsumiert hätte, sofern man nur der hier vorgeschlagenen Anpassungsmöglichkeit folgt. Die Vorfrage nach der Wirksamkeit der gleichgeschlechtlichen Ehe stellte sich dort im Rahmen der sec. 40 I Buchstabe a des Children's Act 38 von 2005, welcher als Voraussetzung der Co-Mutterschaft die Ehegattenstellung der Co-Mutter fordert. Als Ehegatten gelten ferner gem. sec. 13 I des Civil Union Act 17 von 2006 auch die Partner einer *civil union*. Dieses ist aber unabhängig davon, ob es sich bei dieser civil union um eine *civil union type marriage* oder um eine *civil union type partnership* handelt (*Louw*, 2016 SALJ, S. 2 f.). Das Bestehen

Nach alledem hatte Art. 17b I EGBGB für die gleichgeschlechtliche Ehe nicht gepasst. Möglich blieb aber der Weg über Art. 13 EGBGB. Diese Norm ist eine „normale" Kollisionsnorm. Sie wurde zwar ausgehend vom Eheverständnis des deutschen Rechts entwickelt. Der kollisionsrechtliche Begriff der Ehe kann jedoch weiter gefasst werden, weil im Kollisionsrecht nicht über Sachfragen entschieden wird. Es berührte keinerlei Hoheitsinteresse, wenn gleichgeschlechtliche Ehen über Art. 13 EGBGB angeknüpft worden wären. Mit einer solchen Anknüpfung ging nicht die sachrechtliche Anerkennung Hand in Hand, vielmehr führte diese Anknüpfung aufgrund der Tatsache, dass das Institut der gleichgeschlechtlichen Ehe nach beiden Heimatstaaten bekannt sein musste, um Rechtswirkung zu entfalten, wie gesehen, eher zur Nichtanerkennung. Die gleichgeschlechtliche Ehe musste somit nach Art. 13 EGBGB (direkt oder analog) angeknüpft werden.[307]

Der hier vertretenen Argumentation, die sehr stark auf die Zwecke des Art. 17b EGBGB a. F. abstellt, die der Norm durch den Gesetzgeber auf den Weg gegeben worden waren, könnte entgegengehalten werden, dass sich die gesellschaftlichen Verhältnisse seit der Jahrtausendwende auch vor der gesetzgeberischen Einführung der gleichgeschlechtlichen Ehe in nicht unerheblichem Maße gewandelt hatten.[308] Verbindungen gleichgeschlechtlicher Paare werden erfreulicherweise gesellschaftlich mittlerweile immer stärker anerkannt. Verfassungsrechtlich hatte das *BVerfG* bereits festgestellt, dass das zuvor angenommene „Abstandsgebot" zwischen der heterosexuellen Ehe und gleichgeschlechtlichen Partnerschaften, welches auch der maßgebliche Grund für die Kodifizierung des Art. 17b IV EGBGB a. F. war[309], nicht existiert.[310] Es ist somit nicht verfassungsrechtlich geboten, dass heterosexuelle Ehen besser gestellt werden müssen als verrechtlichte Formen homosexueller Partnerschaften. Aus dieser Tatsache wird von manchen gefolgert, dass die Einführung der gleichgeschlechtlichen Ehe selbst dem einfachen Gesetzgeber freistehe.[311] Selbst wenn man dem folgt

---

einer *partnership* genügt mithin, um die Co-Mutterschaft zu begründen. Auch wenn sich die *civil union type partnership* inhaltlich nicht von der *civil union type marriage* unterscheidet (*Louw*, 2016 SALJ, S. 2), ist es doch eine Partnerschaft und keine Ehe, weshalb es wohl kein Problem gewesen wäre, unter diese Partnerschaft die deutsche eingetragene Lebenspartnerschaft zu subsumieren und mithin dem Begriff des südafrikanischen Rechts zu substituieren. Immerhin war die deutsche eingetragene Lebenspartnerschaft der Ehe ebenfalls stark angenähert worden. Das Qualifikationsergebnis an sich ändert am Ergebnis der *BGH*-Entscheidung folglich nichts.

[307] So im Ergebnis auch die unter 3. Kap. Fn. 268 Genannten.

[308] Hierzu *Dethloff*, FamRZ 2016, S. 352.

[309] Statt vieler *Helms*, StAZ 2012, S. 5.

[310] *BVerfGE* 105, S. 348 ff.

[311] Nachweise zur verfassungsrechtlichen Diskussion 3. Kap. Fn. 260.

und kein Erfordernis einer Verfassungsänderung annimmt, stand die Entscheidung, die gleichgeschlechtliche Ehe zu ermöglichen dem (einfachen) Gesetzgeber zu. Gerade im Fall des Art. 17b EGBGB a. F. und in ähnlich gelagerten politisch hoch umstrittenen Fragen muss es dem Gesetzgeber überlassen werden, die Wandlung seiner Ansicht über die Zwecke einer Norm und seine Ansicht über rechtliche Ergebnisse durch Änderung der Gesetzeslage zum Ausdruck zu bringen. Die bloße Veränderung gesellschaftlicher Auffassungen kann bereits aus Gründen der Gewaltenteilung nicht dazu führen, dass Gerichte den Zweck von Normen uminterpretieren, um Ergebnisse zu erreichen, die ihren eigenen politischen Vorstellungen oder der gefühlten gesellschaftlichen Entwicklung besser entsprechen. Diese Folge ist, wie bereits oben vertreten wurde[312], einer der richtigen Erkenntnisse der subjektiven Auslegung von Gesetzen, weswegen ihr in diesem Punkt der Vorzug zu geben ist.

e) Ergebnis

Art. 17b I EGBGB a. F. passte weder direkt noch analog auf die gleichgeschlechtliche Ehe. Er war eine Sondernorm für eingetragene Lebenspartnerschaften. Für Ehen, gleichgültig, ob zwischen Personen gleichen oder verschiedenen Geschlechts, bildete Art. 13 EGBGB die richtige Kollisionsnorm. Daraus folgte, dass eine gleichgeschlechtliche Ehe unwirksam ist, wenn einer der beiden Partner Deutscher war.[313] In vielen Fällen musste dies jedoch nicht dazu führen, dass zwischen den Partnern keinerlei rechtliches Band bestand. Vielmehr konnte über den Weg der Anpassung vom Bestehen einer eingetragenen Lebenspartnerschaft ausgegangen werden, sofern nach jeder der beteiligten Rechtsordnungen eine eingetragene Partnerschaft oder ein Äquivalent vorgesehen ist.

II. Die gleichgeschlechtliche Ehe im Spiegel der wohlerworbenen Rechte

Der Fragenkomplex der gleichgeschlechtlichen Ehe ist mit der Feststellung des anwendbaren Rechts noch nicht abgehandelt. Wird eine gleichgeschlechtliche Ehe, die nach dem Recht eines Staates wirksam geschlossen wurden, vor den

---

[312] S.o. 2. Kap. H.

[313] Sofern die gleichgeschlechtliche Ehe nach beiden Heimatrechten möglich ist, stellte sich die Frage, ob es mit dem deutschen *ordre public* vereinbar ist, die Ehe als Ehe anzuerkennen. Dies erscheint aufgrund der Tatsache, dass beide Ehepartnerinnen bzw. Ehepartner nicht die deutsche Staatsangehörigkeit besitzen und die gleichgeschlechtliche Partnerschaft der Ehe in Deutschland weitestgehend gleichgestellt ist, der Fall zu sein. Einzig im Personenstandsregister hätte sie als gleichgeschlechtliche Partnerschaft zu registrieren sein können (zu personenstandsrechtlichen Fragen noch unten 3. Kap. C.II.1.b).bb)).

Gerichten oder Behörden eines anderen Staates nicht anerkannt, könnte dies gegen den Gedanken der wohlerworbenen Rechte verstoßen. Der Gedanke der wohlerworbenen Rechte könnte durch das europäische Recht zwingenden Charakter erhalten. Ansatzpunkt dabei ist das Recht auf Freizügigkeit, Art. 21 AEUV. Damit handelt es sich potentiell um einen Fall der Rechtslagenanerkennung.[314]

Kennt ein europäischer Mitgliedsstaat die gleichgeschlechtliche Ehe nicht, könnte dieser Mitgliedsstaat durch europäisches Primärrecht gezwungen sein, gleichgeschlechtliche Ehen aus anderen Mitgliedsstaaten anzuerkennen. Nach Einführung der gleichgeschlechtlichen Ehe in Deutschland dürfte hierzulande ein anderer Gesichtspunkt mehr interessieren: die Frage, ob andere Mitgliedsstaaten der Europäischen Union, welche die gleichgeschlechtliche Ehe nicht kennen, deutsche gleichgeschlechtliche Ehen anzuerkennen haben.

Die Rechtslangenanerkennung könnte in Bezug auf gleichgeschlechtliche Ehen jedoch in einem Punkt für deutsche Gerichte auch nach sachrechtlicher Einführung der gleichgeschlechtlichen Ehe bedeutsam sein: wenn Art. 17b I, IV EGBGB n. F. zu einem Recht führen, welches die gleichgeschlechtliche Ehe nicht kennt, dieser Staat aber eine andere Kollisionsnorm kennt und daher die Partner getraut hat. Dieser Fall setzt selbstverständlich voraus, dass der registerführende Staat gleichgeschlechtliche Paare traut, obwohl er sachrechtlich keine gleichgeschlechtliche Ehe kennt.

Im Rahmen der Rechtslagenanerkennung ist noch darauf hinzuweisen, dass das Freizügigkeitsrecht in dem durch den zur Rechtslage vor Einführung der gleichgeschlechtlichen Ehe vom *BGH* entschiedenen Fall bereits deswegen nicht einschlägig gewesen wäre, weil es sich um eine in Südafrika geschlossene und eingetragene Ehe handelt. Wie bereits bei den Leih- bzw. Mietmutterschaftsfällen erörtert, gewährt das Freizügigkeitsrecht lediglich Freizügigkeit innerhalb der Europäischen Union und hat mithin keine Auswirkungen in einem Drittstaatenfall.[315] Dehnt man demgegenüber den Anerkennungsgedanken auf Drittstaatenfälle aus, setzt man ihm international-privatrechtlich dem dann berechtigten Vorwurf des Zirkelschlusses aus, da die beteiligten Länder in diesem Fall nicht durch eine höherrangige, supranationale Rechtsordnung verbunden sind und somit nicht vorgegeben ist, welches Recht entscheidet, ob ein Individu-

---

[314] Vgl. zum Verhältnis zwischen wohlerworbenen Rechten und Rechtslagenanerkennung 3. Kap. Einführung.

[315] Eine Anerkennung der Zuordnung des Kindes zu beiden Müttern nach Art. 1 des Brüsseler CIEC-Übereinkommens über die Feststellung der mütterlichen Abstammung nichtehelicher Kinder kommt bereits deswegen nicht in Betracht, weil das Abkommen nach Gesetzesgeschichte und *ratio legis* keine Anwendung in Fällen von Co-Mutterschaften findet (*Coester-Waltjen*, IPRax 2016, S. 133; *Frie*, FamRZ 2015, S. 890).

um ein subjektives Recht bzw. eine subjektive Rechtsposition erworben hat.[316] Dem Freizügigkeitsrecht könnte jedoch in Fällen Bedeutung zukommen, in denen das Paar in einem europäischen Staat die gleichgeschlechtliche Ehe schließt und die Frage, ob die Ehe besteht, vor staatlichen Stellen eines anderen Staates relevant wird.

1. Beeinträchtigung des Freizügigkeitsrechts

Für die Frage, ob eine Beeinträchtigung des Freizügigkeitsrechts vorliegt, sind zunächst die Kriterien zu untersuchen, die darüber entscheiden, in welchen Fällen die Freizügigkeit beeinträchtigt wird. In einem zweiten Schritt wird unter diese Kriterien subsumiert und erörtert, inwieweit sie bei Nichtanerkennen gleichgeschlechtlicher Ehen erfüllt sind.

a) Kriterien der Beeinträchtigung

Teilweise wird davon ausgegangen, dass (grundsätzlich) jedes hinkende Rechtsverhältnis im Familienrecht eine Beeinträchtigung des Freizügigkeitsrechts darstellt.[317] Folgte man dem, wäre in jedem Fall eine Beeinträchtigung der Freizügigkeit gegeben, wenn die gleichgeschlechtliche Ehe in einem Mitgliedsstaat als wirksam behandelt würde, in anderen aber nicht.

Es ist eine gute Leitlinie, auf hinkende Rechtsverhänltnisse abzustellen. In der Tat wird oftmals das Freizügigkeitsrecht beeinträchtigt sein, wenn ein Rechtsverhältnis hinkt. Vor dem Hintergrund der Rechtsprechung des *EuGH*, der im Internationalen Namensrecht eine Person beeinträchtigt sieht, die in verschiedenen Mitgliedsstaaten einen unterschiedlichen Namen führen muss, „wenn dem Betroffenen [...] „schwerwiegende Nachteile" administrativer, beruflicher und privater Art erwachsen können"[318], ist es allerdings nicht eindeutig, ob wirklich in jedem Fall das Freizügigkeitsrecht durch ein hinkendes Rechtsverhältnis beeinträchtigt ist. Es bietet sich eher an, die eben genannte Formel über den Bereich des Internationalen Namensrechts hinaus anzuwenden, da sie treffend formuliert, in welchen Fällen mitgliedsstaatliche Regelungen die einzelnen Bürger davon abhalten, ihre Freizügigkeit auszuüben. Dafür wird nicht unbedingt jedes hinkende Rechtsverhältnis ausreichen. Nur dann,

---

[316] Dazu oben 1. Kap. C.VIII.2.

[317] *Leifeld*, Anerkennungsprinzip, S. 19 ff., 118; *Heuer*, Neue Entwicklungen im Namensrecht, S. 78; BeckOK/*Heiderhoff*, Art. 23 EGBGB Rn. 3; wohl auch *Helms*, StAZ 2012, S. 7 und *Dethloff*, AcP 204 (2004), S. 558 f.; in diese Richtung bereits *Mansel*, RabelsZ 70 (2006), S. 710 f. und *Mörsdorf-Schulte*, IPRax 2004, S. 325; kritisch *Nordmeier*, StAZ 2011, S. 139 f.

[318] *EuGH* NJW 2016, S. 2095 (Rn. 38) (Bogendorff von Wolffersdorff); in diesem Sinne wohl auch schon *EuGH* EuZW 2008, S. 695 f. (Rn. 23 ff.) (Grunkin-Paul).

wenn die Nachteile, welche die Bürger zu befürchten haben, derart schwerwiegend sind, dass sie sie in ihrer Lebensführung beeinträchtigen, werden Bürger davon absehen, in einen anderen Mitgliedstaat zu ziehen.[319]

b) Beeinträchtigung bei Nichtanerkennen gleichgeschlechtlicher Ehen

Bei der Behandlung gleichgeschlechtlicher Ehen sind zwei Situationen zu unterscheiden. Zum einen gibt es Fälle, in denen eine Anpassung nach der hier vertretenen Auffassung mit der Folge möglich ist, dass die gleichgeschlechtliche Ehe als eingetragene Lebenspartnerschaft fort gilt. Auf der anderen Seite existieren Fälle, in denen eine Anpassung nicht möglich ist, weil nicht nach jeder der beteiligten Rechtsordnungen eine Lebenspartnerschaft eingegangen werden kann.

aa) Beeinträchtigung bei Behandlung als rechtliches nullum

Die Behandlung als rechtliches nullum war in Deutschland nach alter Rechtslage zwar selten, aber nicht nur theoretisch denkbar. Ein solcher Fall lag vor, wenn etwa ein Niederländer oder eine Niederländerin in den Niederlanden mit einer Person die Ehe einging, die aus einem europäischen Staat stammt, in welchem gleichgeschlechtlichen Paaren keinerlei Form des verrechtlichten Zusammenlebens offensteht.[320] In europäischen Staaten, die keinerlei Form der verrechtlichten Partnerschaft vorsehen, wird diese Konstellation sogar den Standard bilden.

  Wird keinerlei Beziehung zwischen den Partnern anerkannt, gehen damit schwerwiegende Nachteile für diese Personen einher. Im Todesfall bestehen keine renten- oder erbrechtlichen Ansprüche des überlebenden Partners. Unter Lebenden ist keiner der Partner davor geschützt, dass ihn der andere folgenlos im Stich lässt. Beziehungen zu Kindern werden teilweise nicht anerkannt. Diese Liste ließe sich fortsetzen und zeigt die schwerwiegenden Nachteile, die den Ehepartnern drohen, wenn sie von ihrer Freizügigkeit in der Europäischen Union Gebrauch machen, der betreffende Mitgliedsstaat ihre Ehe aber als rechtliches *nullum* behandelt.

---

[319] Im Begriff ähnlich *Funken*, Anerkennungsprinzip, insb. S. 179 ff., 186 f.; *dies.*, FamRZ 2008, S. 2092, die eine „besondere Intensität" fordert. *Funken* folgert daraus allerdings, dass die Frage nach der Gültigkeit einer Ehe „zumindest in der überwiegenden Zahl der Fälle" nicht dem Art. 21 AEUV unterfällt (Anerkennungsprinzip, S. 175, 180, 187).

[320] Die Begrenzung des persönlichen Schutzbereichs des Freizügigkeitsrechts auf Unionsbürger (vgl. Art. 21 I AEUV) könnte allerdings in manchen Fällen zu Wertungswidersprüchen führen, wenn man davon ausgeht, dass das Freizügigkeitsrecht eine Anerkennung gleichgeschlechtlicher Ehen fordert. Geht man davon aus, dass in anderen Mitgliedsstaaten geschlossene Ehen anzuerkennen sind, könnte es zu Fällen kommen, in denen die Ehe für einen Partner, der Unionsbürger ist, als wirksam behandelt werden müsste, für den anderen Partner, der kein Unionsbürger ist, aber die Wirksamkeit nicht durch Unionsrecht vorgeschrieben wäre.

bb) Beeinträchtigung bei Fortgeltung als Lebenspartnerschaft

Schwieriger zu beantworten ist die Frage, ob auch dann das Freizügigkeitsrecht beeinträchtigt wird, wenn die Ehe als eingetragene Lebenspartnerschaft oder ein Äquivalent behandelt wird.

Zumindest liegt eine Beeinträchtigung der Freizügigkeit ferner, je weiter die gleichgeschlechtliche Partnerschaft der heterosexuellen Ehe im Aufnahmestaat angeglichen wurde. Es muss folglich in jedem Einzelfall nachgewiesen werden, dass trotz einer etwaigen Anpassung immer noch Bereiche existieren, in denen es hinreichende Unterschiede zwischen den beiden Rechtsinstituten gibt, die schwerwiegende Nachteile für die Ehepartner konstituieren.

Die Tatsache, dass die eingetragene Partnerschaft nicht in ein Eheregister, sondern lediglich in ein Partnerschaftsregister eingetragen wird, genügt für sich allein wohl nicht. Hierin ist dem *VG Berlin* zuzustimmen.[321] Die Eintragung allein hat, worauf das *VG Berlin* zu Recht abstellt, keinerlei materiell-rechtliche Folgen.[322] Es ist auch nicht ersichtlich, wie die bloße *Eintragung* ins Lebenspartnerschaftsregister und nicht in das Eheregister das gemeinschaftliche Leben der Ehepartner beeinträchtigen könnte. Das *VG Berlin* stellt aber auch ausdrücklich klar, dass sich seine Entscheidung lediglich auf die Frage nach der Eintragung ins Melderegister bezieht. In Bezug auf andere Rechtsgebiete kann es auch nach seiner Meinung durchaus zu einer anderen Bewertung kommen.[323]

Von der Frage, in welches Register die Gemeinschaft einzutragen ist, ist die Problematik abzuschichten, welcher Name die Partnerschaft zwischen den Partnern im Allgemeinen beschreibt. Immerhin erfasst die Formel des *EuGH* ausdrücklich auch private Nachteile.[324] Den Zwang, die zwischen zwei Personen bestehende Gemeinschaft nicht als Ehe, sondern als Partnerschaft bezeichnen zu müssen, kann man durchaus als einen solchen privaten Nachteil ansehen. Dies zeigt bereits ein Blick in die gesellschaftliche Kontroverse in Deutschland. Selbst wenn die eingetragene Lebenspartnerschaft mit der Ehe in jeder einzelnen rechtlichen Frage gleich behandelt worden wäre, hätte dies wohl wenig an der politischen Forderung geändert, auch gleichgeschlechtlichen Paaren die Ehe zu öffnen.[325] Mit der bloßen Bezeichnung der Gemeinschaft wird ein politisches Werturteil zum Ausdruck gebracht wird. Paare, welche aus einem europäischen Staaten in einen anderen ziehen, in welchem die Ehe lediglich als Partnerschaft

---

[321] *VG Berlin* IPRax 2011, S. 270 ff.

[322] *VG Berlin* IPRax 2011, S. 272.

[323] *VG Berlin* IPRax 2011, S. 272. In seiner Begründung verwendet das *VG Berlin* allerdings Argumente, die nicht unbedingt nur auf das Melderegister bezogen sind.

[324] S.o. 3. Kap. C.II.1.a).

[325] *Dethloff*, FamRZ 2016, S. 352.

angesehen wird, werden diesem Werturteil ebenfalls ausgesetzt, obwohl sie eigentlich eine Rechtsposition erworben hatten, welche die Überwindung des Werturteils beinhaltete. Das kann sie durchaus dazu bringen, nicht von ihrem Recht auf Freizügigkeit Gebrauch zu machen.

Zuweilen wird die Bezeichnung der Gemeinschaft jedoch deswegen nicht für relevant erachtet, weil sie sich nicht auf die Freizügigkeit selbst beziehe, sondern das Persönlichkeitsrecht der Partner betreffe.[326] Dass die Frage in engem Zusammenhang mit dem Persönlichkeitsrecht der Partner steht, heißt aber nicht, dass die Freizügigkeit nicht beeinträchtigt ist. Im Gegenteil: Wenn die Ausübung des Rechts auf Freizügigkeit sogar zu der Möglichkeit führt, im Zuzugsstaat mit Regelungen konfrontiert zu werden, die den Ausübenden in seinem allgemeinen Persönlichkeitsrecht treffen, spricht dies doch eher für eine Beeinträchtigung der Freizügigkeit denn dagegen.

Vor Einführung der gleichgeschlechtlichen Ehe war die Bezeichnung der Gemeinschaft jedoch nicht der einzige Nachteil, welcher mit der Nichtanerkennung der Partnerschaft als Ehe verbunden war. Auch wenn der *BGH* die Zuordnung eines Kindes zu seinen Eltern nicht als Wirkung der Lebenspartnerschaft im Sinne von Art. 17b IV EGBGB angesehen hatte[327], bestanden gerade im Kindschaftsrecht Nachteile für die gleichgeschlechtlichen Partner, wenn in Deutschland ihre Ehe nicht als Ehe, sondern als eingetragene Lebenspartnerschaft behandelt wird.[328] Ein Beispiel führt zurück zu dem vom *BGH* entschiedenen Fall.

In diesem sah Südafrika die Möglichkeit einer Co-Mutterschaft für ein mittels künstlicher Befruchtung gezeugtes Kind vor. In Deutschland war die gemeinsame Elternschaft durch künstliche Befruchtung ebenfalls möglich[329]; sie stand aber nur verschiedengeschlechtlichen Ehepaaren offen.[330] Die drohende Konsequenz, bei Umsiedelung in einen anderen Staat die Möglichkeit zu verlieren, Kinder zu bekommen, ist offensichtlich ein Nachteil.

Diese Ausführungen haben auch dann Bestand, wenn man im Rahmen der Rechtslagenanerkennung zwischen dem Bestand einer Rechtsposition und den Wirkungen der Rechtsposition unterscheidet.[331] Trifft man diese Unterschei-

---

[326] In diese Richtung wohl *Heiderhoff*, FS Hoffmann, S. 131 ff.

[327] *BGH* NJW 2016, S. 2326 (Rn. 43).

[328] *Dethloff*, FamRZ 2016, S. 352.

[329] Kurzüberblick über die in Deutschland möglichen Formen der künstlichen Befruchtung mit weiterführenden Hinweisen *Campbell*, NZFam 2016, S. 297.

[330] *Campbell*, NZFam 2016, S. 297; § 1592 BGB galt für lesbische Paare nicht, da die Frau, die nicht das Kind bekommt, nicht als „Vater" i. S. d. Gesetzes angesehen werden kann (BeckOGK/*Balzer*, § 1592 Rn. 65).

[331] Bspw. *Leifeld*, Anerkennungsprinzip, S. 94 ff., 118.

dung, muss man zwingend die Trennlinie zwischen dem „Bestand" der Rechtsposition und deren „Wirkungen" ziehen. Die elementaren Wirkungen der Rechtsposition können aber nicht Wirkungen im Sinne der vorgestellten Differenzierung sein[332], da dann der Rechtslagenanerkennung wenig praktische Durchschlagskraft zukäme. Sie hätte lediglich Symbolwirkung. Diese Symbolwirkung darf sicherlich nicht unterschätzt werden. Immerhin wäre dann zumindest sichergestellt, dass die Partner ihre Gemeinschaft auch in Deutschland als Ehe bezeichnen dürften, was nach der hier vertretenen Ansicht ebenfalls als freizügigkeitsrelevant eingestuft wurde. Dass die grundlegenden Wirkungen einer Rechtsposition mit dieser anerkannt werden, ist für den wirksamen Schutz dieser Rechtsposition aber zwingend erforderlich. Zu den elementaren Wirkungen einer auf Lebenszeit geschlossenen Lebensgemeinschaft gehören die grundlegenden Modalitäten der Befriedigung eines Kinderwunsches. Daher ist es ein freizügigkeitsrelevanter Nachteil, wenn die gleichgeschlechtlichen Ehepartner in ihrer Heimatrechtsordnung, beispielsweise durch künstliche Befruchtung, Kinder bekommen können, ihnen dies aber im Zuzugsstaat verwehrt wird, obwohl auch der Zuzugsstaat diese Möglichkeit bei verschieden-geschlechtlichen Partnern kennt. Dieser Nachteil ist ein schwerwiegender, da er einen Kernbestandteil einer lebenslangen Partnerschaft erschwert: die Möglichkeit in dieser Gemeinschaft Kinder zu zeugen und großzuziehen.

Sowohl die fehlende Möglichkeit, die Bezeichnung „Ehe" zu führen, als auch die unterschiedliche Behandlung der Lebenspartnerschaft in Grundfragen des gemeinschaftlichen Zusammenlebens begründen damit eine zu rechtfertigende Beeinträchtigung des Freizügigkeitsrechts.[333]

cc) Beeinträchtigung bei Anknüpfen an Art. 17b EGBGB a. F.

Eine Beeinträchtigung des Freizügigkeitsrechts war jedoch nicht nur möglich, wenn man wie hier an Art. 13 EGBGB anknüpfte. Zwar wurde die gleichgeschlechtliche Ehe bei Anknüpfung an Art. 17b EGBGB in den allermeisten Fällen nach einem Recht beurteilt, nach welchem sie vorgesehen war. Aufgrund der Kappungsgrenze des Art. 17b IV EGBGB a. F. wurde die gleichgeschlechtliche

---

[332] So auch *Leifeld*, Anerkennungsprinzip, S. 96 f. Fn. 363; 132 f.

[333] Für Beeinträchtigung auch *Boratta*, IPRax 2007, S. 7; *Grünberger*, in: Brauchen wir eine Rom-0-VO?, S. 139, 145; *Rieks*, Anerkennung, S. 217; *Spernat*, Gleichgeschlechtliche Ehe im IPR, S. 150 ff., 187; dafür auch die in 3. Kap. Fn. 317 Genannten, die jedes hinkende Rechtsverhältnis als eine Beeinträchtigung werten; a. A. *Röthel*, IPRax 2006, S. 253 (allerdings vor *Grunkin Paul*); gegen Beeinträchtigung des Art. 21 auch *VG Berlin* StAZ 2010, S. 372; offen gelassen von *Mankowski/Höffmann*, IPRax 2011, S. 253, da *Mankowski/Höffmann* an Art. 17b EGBGB anknüpfen und davon ausgehen, dass dies genügenden Schutz bietet.

Ehe aber nicht in allen Punkten nach ihrem Heimatrecht behandelt. Wurden nun die Wirkungen der gleichgeschlechtlichen Ehe in diesem Sinne gekappt, konnte darin eine Beeinträchtigung liegen. Je nachdem, welche Wirkung gekappt wurde und wie stark, war durchaus denkbar, dass in der Begrenzung der Wirkungen ein schwerwiegender Nachteil im Sinne der hier zugrunde gelegten Formel lag. Eine Beeinträchtigung wäre nach der hier vertretenen Ansicht in jedem Falle auch dann gegeben gewesen, wenn man mit einem Teil der Autoren angenommen hätte, dass die gleichgeschlechtliche Ehe unter Art. 17b EGBGB a. F. fiel, sie aber nicht nur kollisionsrechtlich unter Art. 17b EGBGB a. F. subsumiert wird, sondern dass sie aufgrund des Art. 17b IV EGBGB a. F. auch sachrechtlich als eingetragene Lebenspartnerschaft und nicht als Ehe behandelt wurde.[334] Art. 17b IV EGBGB a. F. betraf aber ausdrücklich lediglich die Wirkungen. Der Name des Rechtsinstituts ist jedoch keine Wirkung des Rechtsinstituts, sondern eben der Name. Daher fand bei Anknüpfung an Art. 17b EGBGB a. F. nach richtiger Ansicht keine Transposition der Ehe in eine eingetragene Partnerschaft statt.[335]

c) Exkurs: Anwendung des Art. 21 AEUV nur bei hinreichend engem Bezug zum Erststaat?

Im Rahmen der gleichgeschlechtlichen Ehe ist oftmals eine weitere Frage des „Allgemeinen Teils" der Rechtslagenanerkennung bedeutsam. Die Beeinträchtigung des Freizügigkeitsrechts könnte in den Fällen auszuschließen sein, in welchen die „Verlobten" keinerlei Verbindung zum Registerstaat haben, sondern diesen lediglich deswegen aufsuchen, weil sie dort die Möglichkeit haben, eine gleichgeschlechtliche Ehe zu schließen. Teilweise wird der Schutzbereich des Freizügigkeitsrechts in diesen Fällen nicht für eröffnet gehalten und eine hinreichend enge Beziehung zu dem Erststaat gefordert. Nach *Coester-Waltjen* wird eine irgend geartete Verbindung zum Erststaat benötigt, da das Vertrauen zwischen den Mitgliedstaaten noch nicht derartig ausgeprägt sei, als dass ein Mitgliedstaat annehmen könne, der andere trage ein Rechtsverhältnis nur dann ein, wenn es genügend Verbindungspunkte zu dem Erststaat gebe.[336] Daher müsse man zuständigkeitsbegründende Faktoren definieren, die entscheiden, wann es einem Staat möglich sein soll, ein Rechtsverhältnis so zu registrieren, dass es den Schutz des Freizügigkeitsrechts genießt.[337] Der Forderung nach ei-

---

[334] *Helms*, StAZ 2012, S. 6; Das Recht der nichtehelichen Lebensgemeinschaft/*Martiny*, Kap. 12 Rn. 62; Staudinger/*Mankowski*, Art. 17b EGBGB Rn. 25 m. w. N.

[335] So auch *Andrae/Abbas*, StAZ 2011, S. 103; *Andrae*, Internationales Familienrecht, § 10 Rn. 71 (nur im Personenstandsregister gilt sie nicht als Ehe (§ 10 Rn. 72; vgl. dazu auch bereits oben)).

[336] *Coester-Waltjen*, IPRax 2006, S. 398.

[337] *Coester-Waltjen*, IPRax 2006, S. 398. Trotz dieser Parallele zum Prozessrecht sollen

nem Erfordernis solcher zuständigkeitsbestimmenden Faktoren schließen sich einige Autoren an, meist ohne genaue Einlassung, wie sie auszusehen haben.[338] Andere wollen den „Eheschließungstourismus" verhindern, indem sie von fehlender „Spürbarkeit" der Beeinträchtigung ausgehen.[339] Ihnen würde wohl jegliches Element genügen, das die Parteien mit dem Registrierungsstaat verbindet. Die Beziehung ist für diese Autoren wohl nur dann nicht stark genug, wenn sie sich lediglich aus dem Ort der Eheschließung ergibt. *Boratta* geht einen Schritt weiter und möchte lediglich dann eine Pflicht zur Anerkennung vorsehen, wenn die Person, der das Recht verliehen wird, dem Staat angehört, welcher das Recht verleiht.[340] Das geht aber zu weit, da selbst die Kollisionsnormen der Europäischen Union nicht dem Prinzip der Staatsangehörigkeit folgen, sondern auf den gewöhnlichen Aufenthalt abstellen. Außerdem wendete der *EuGH* die Methode der Anerkennung in *Grunkin Paul* in einem Fall an, in welchem der Betroffene nicht die Staatsangehörigkeit des Registerstaates besaß.[341] Letztlich wäre es unverständlich, wieso es in dem Fall einer Partnerschaft zwischen Personen unterschiedlicher Staatsangehörigkeit möglich sein sollte, dass für einen der beiden die Ehe wirksam wäre und für den anderen nicht.[342]

Der Forderung nach einem hinreichend engen Bezug ist aber auch im Allgemeinen nicht zu folgen. Letzten Endes wird hier die Einführung einer Missbrauchskontrolle gefordert.[343] Der hinreichend enge Bezug zum Erststaat soll

---

nach *Coester-Waltjen* jedoch nicht die zuständigkeitsbegründenden Faktoren unbesehen übernommen werden, da diese oftmals unbefriedigend seien. Wie die hinreichend enge Verbindung genau ausgestaltet sein muss, nennt *Coester-Waltjen* nicht.

[338] Bspw. *Funken*, Anerkennungsprinzip, S. 72 ff.; *Grünberger*, in: Brauchen wir eine Rom-O-Verordnung?, S. 125 ff.; MüKo/*Helms*, Art. 19 EGBGB Rn. 60; vgl. auch *Mansel*, RabelsZ 70 (2006), S. 703, der wohl verlangt, dass einer der Parteien in dem Registrierungsstaat entweder seinen gewöhnlichen Aufenthalt hat oder diesem angehört (auf diese Weise versteht *Mansel* auch *Grünberger*, in: Brauchen wir eine Rom-O-Verordnung?, S. 127 Fn. 312); in diese Richtung auch *Wagner*, FamRZ 2011, S. 611; *Trüten*, Entwicklungen des IPR in der EU, S. 42 f., fordert ebenfalls eine enge Verbindung zum Erststaat. Da er aber alternativ neben Wohnsitz-, Aufenthalts- oder Heimatsstaat auch die wirksame Begründung im Registrierungsstaat ausreichen lässt, wird die Forderung nach einer engen Verbindung zur Worthülse.

[339] Bspw. *Spernat*, Gleichgeschlechtliche Ehe im IPR, S. 164 f.

[340] *Boratta*, IPRax 2007, S. 10 f.

[341] *Funken*, Anerkennungsprinzip, S. 183.

[342] Gegen die Einschränkung auf den Staat, welchem der Betroffene angehört, auch *Funken*, Anerkennungsprinzip, S. 182 ff.

[343] *Leifeld* (Anerkennungsprinzip, S. 114 f.) plädiert ausdrücklich für eine solche Missbrauchskontrolle. Ihm zufolge ist ein Missbrauch immer dann gegeben, wenn „Bestandteile verschiedener Rechtsordnungen in einer Weise kombiniert [werden], die in allen beteiligten Rechtsordnungen verfolgte Schutzinteressen aushöhlen". Wann dies der Fall sei, ist nach *Leifeld* eine Frage des Einzelfalls. Ein Beispiel, in welchem diese Missbrauchskontrolle zu einer Versagung der Anwendung des Artikels 21 AEUV bei einer registrierten gleichge-

„Ehetourismus" verhindern und ein *race to the bottom* vermeiden. Die Ehe soll nur dann anerkannt werden müssen, wenn sie einen Bezug zum Registrierungsstaat hat, also wenn sie beispielsweise dort gelebt wurde. Dieser Versuch der Einschränkung erinnert aber stark an die Versuche im Internationalen Gesellschaftsrecht, die eine Gesellschaft nur dann dem Schutz der Niederlassungsfreiheit unterstellen, wenn sie im Erststaat wirtschaftlich tätig geworden ist. Eine solche abstrakte Missbrauchskontrolle lässt der *EuGH* jedoch nicht zu. Der Umstand der Umgehung nationalen Rechts genügt nicht für den Missbrauchseinwand.[344] Die Möglichkeiten auszunutzen, welche der europäische Freiheitsraum dem privaten Rechtsträger bietet, ist eben kein Missbrauch, sondern die Verwirklichung des europäischen Gedankens eines einheitlichen Rechtsraums.[345] Man muss daher tatsächlich darauf „vertrauen", dass der Erststaat das Rechtsverhältnis nur dann registriert, wenn er genügend Verbindungspunkte zu ebendiesem Staat sieht.[346] Ob ein solches Vertrauen zwischen den Mitgliedsstaaten tatsächlich existiert oder ob es überhaupt geboten ist, ist nicht von Belang. Das europäische Band, welches die Mitgliedstaaten verbindet, fingiert, wie die Rechtsprechung des EuGH zur negativen Feststellungsklage und deren Sperrwirkung eindeutig zeigen[347], ein solches Vertrauen. Art. 21 AEUV ist mithin selbst dann eröffnet, wenn die „Verlobten" nur zur Eheschließung in den Staat reisen, in welchem sie die Ehe wirksam schließen und registrieren lassen können, und ansonsten keinerlei Verbindung der Ehe oder der Ehepartner zu diesem Staat besteht.

2. Rechtfertigung der Beeinträchtigung

Die Annahme einer Beschränkung des Freizügigkeitsrechts kann man international-privatrechtlich dahingehend übersetzen, dass ein wohlerworbenes Recht existiert, welches grundsätzlich schutzwürdig ist. Die Frage der Rechtfertigung lautet im international-privatrechtlichen Sinne dann, ob der Mitgliedstaat sich

---

schlechtlichen Ehe führen sollte, gibt er nicht. Ein solches ist auch schwer denkbar. Insbesondere soll die reine Umgehung nicht ausreichen (S. 105 f.).

[344] *EuGH* NJW 1999, S. 2028 (Rn. 27) (*Centros*); diese Rechtsprechung ist auch nicht durch die *Vale*-Entscheidung (*EuGH* NZG 2012, S. 871) überholt (*Berner*, in: Perspektiven einer europäischen Privatrechtswissenschaft, S. 353 f. (Fn. 74 m. w. N.) (allerdings str.)).

[345] *Ottersbach*, Rechtsmißbrauch, S. 68; *Leifeld*, Anerkennungsprinzip, S. 105; auf das Internationale Kreditsicherungsrecht bezogen auch *Berner*, in: Perspektiven einer europäischen Privatrechtswissenschaft, S. 353 f.

[346] Anders, als *Coester-Waltjen*, IPRax 2006, S. 398, annimmt.

[347] Grundlegend *EuGH* BeckRS 2004, 77078 (*Tatry*). Zum Vertrauen als Grundlage der Rechtsprechung auch *EuGH* ZZPInt 9 (2004), S. 190 f. Rn. 24 ff. (Turner); *Jayme/Kohler*, IPRax 1994, S. 412.

gegen die Anerkennungspflicht mittels seines *ordre public* zur Wehr setzen kann. Die Frage der Rechtfertigung korrespondiert mit der des *ordre public*. Nur was primärrechtlich gerechtfertigt ist, *kann* auch über den *ordre public* verhindert werden.[348]

Dabei darf man wohl davon ausgehen, dass die Nichtanerkennung gleichgeschlechtlicher Ehen für jeden einzelnen Mitgliedstaat separat zu rechtfertigen ist. Mitgliedstaaten, welche gleichgeschlechtlichen Partnerschaften sehr skeptisch gegenüberstehen und ihnen keinerlei Verrechtlichung ihrer Gemeinschaft zugestehen, werden sich wohl leichter auf Rechtfertigungsgründe berufen können, da für sie die Anerkennung einer gleichgeschlechtlichen Ehe ein viel größerer und viel weiterer Schritt wäre, als für andere Mitgliedstaaten.[349] Insbesondere werden Staaten wie nun auch Deutschland, die selbst eine gleichgeschlechtliche Ehe anerkennen, wohl nicht gerechtfertigt sein, die Wirksamkeit einer solchen nur deshalb abzulehnen, weil ihre Kollisionsnormen zu einem Recht führen, nach welchem die gleichgeschlechtliche Ehe nicht möglich ist. Vor Öffnung der Ehe für alle befand sich Deutschland zwischen beiden Extremen. Zwar kannte das deutsche Recht die gleichgeschlechtliche Ehe nicht, die ihm bekannte eingetragene Lebenspartnerschaft war jedoch in weiten Teilen der Ehe wirkungsmäßig gleichgestellt. Allerdings gab es auch in Deutschland immer noch bedeutende Unterschiede zur Ehe, nicht zuletzt der Name. Inhaltlich bot vor allem das Kindschaftsrecht Unterschiede.[350]

Die Frage ist, ob der Staaten gerechtfertigt sind, wenn er gleichgeschlechtliche Ehen nicht anerkennt, welche in einem anderen Mitgliedstaat geschlossen wurde. Als Rechtfertigungsgrund kommt ein Recht der Mitgliedstaaten in Betracht, politisch und gesellschaftlich hochumstrittene Fragen selbst zu beantworten. *Leifeld* nennt dies treffend den Schutz des „Kernbereichs nationaler Rechtsetzungshoheit".[351]

---

[348] *Stürner*, FS Hoffmann, S. 469; ähnlich auch *Grünberger*, in: Brauchen wir eine Rom-O-Verordnung?, S. 133; stark überwiegend wird angenommen, dass auch die Rechtslagenanerkennung durch den *ordre public* beschränkt ist (vgl. nur *Mankowski/Höffmann*, IPRax 2011, S. 254). Dasselbe gilt im Übrigen für den Einfluss von Eingriffsnormen auf die Säule der wohlerworbenen Rechte (zu Eingriffsnormen im Rahmen der dritten Säule *Rieks*, Anerkennung, S. 176 ff.). Auch Eingriffsnormen kann gegenüber der Pflicht zur Anerkennung wohlerworbener Rechte grundsätzlich Bedeutung zukommen, stets aber wiederum nur in den Grenzen, die das europäische Primärrecht zieht.

[349] In diese Richtung wohl auch *Grünberger*, in: Brauchen wir eine Rom-O-Verordnung?, S. 143 ff., 153.

[350] Dazu bereits oben 3. Kap. C.II.1.a).bb). Sowohl zu den noch bestehenden Unterschieden als auch zu den Gemeinsamkeiten *Dethloff*, FamRZ 2016, S. 351 ff.

[351] *Leifeld*, Anerkennungsprinzip, S. 116; als weiterer Rechtfertigungsgrund kommt der Schutz der Ehe, Art. 6 I GG, in Betracht (*VG Berlin*, IPRax 2011, S. 272). Das Entscheidende

a) Der Kernbereich nationaler Rechtsetzungshoheit als Rechtfertigungsgrund

Nach der Rechtsprechung des *EuGH* ist eine Beschränkung der Freizügigkeit dann gerechtfertigt, „wenn sie auf objektiven Erwägungen beruht und in einem angemessenen Verhältnis zu dem mit dem nationalen Recht berechtigterweise verfolgten Zweck steht".[352] Damit müsste der Kernbereich nationaler Rechtsetzungshoheit ein tauglicher Rechtfertigungsgrund und die Nichtanerkennung der gleichgeschlechtlichen Ehe vor dem Hintergrund dieses Kernbereichs verhältnismäßig sein. Ersteres dürfte relativ sicher der Fall sein. Wie gesehen bleiben die Mitgliedsstaaten zumindest bislang noch die eigentlichen Souveräne innerhalb der Europäischen Union.[353] Ausfluss von Souveränität ist es aber, gesellschaftlich entscheidende Fragen selbstständig zu regeln. Daher muss den Mitgliedstaaten ein Kernbereich dessen verbleiben, in welchem sie frei und ohne Vorgaben des Primärrechts entscheiden können.

b) Verhältnismäßigkeit

Schwieriger zu beantworten ist die Frage, ob eine Nichtanerkennung gleichgeschlechtlicher Ehen in einem angemessenen Verhältnis zum Schutz des Kernbereichs steht. Hierzu ist zunächst anzumerken, dass die Aushöhlung des Kernbereichs nationaler Regelungshoheit durch die Rechtslagenanerkennung sehr stark an die Bedenken erinnert, die bereits *Wächter* auf international-privatrechtlicher Ebene gegen den Gedanken der wohlerworbenen Rechte formulierte.[354] Bei Anwendung der Rechtslagenanerkennung im Falle gleichgeschlechtlicher Ehen wird den Mitgliedstaaten die Entscheidung darüber aus der Hand genommen, ob sie eine solche von sich aus anerkennen wollen. Es ist, wie *Wächter* schrieb:

> „Wohin würde auch jenes Prinzip des wohlerworbenen Rechts, consequent durchgeführt, am Ende führen! In der That zu Grundsätzen, durch welche Freiheit und Selbstständigkeit der Gesetzgebung des Staates, gegenüber vom Auslande, ganz aufgehoben würde. Unser Staat müsste geradezu zugeben, daß seine Gesetze durch Gesetze des Auslandes gebrochen werden."[355]

---

ist in dem vorliegenden Fall jedoch wohl nicht der Schutz der Ehe selbst, sondern die Entscheidung des einfachen Gesetzgebers bzw. des Verfassungsgesetzgebers (je danach, ob man davon ausgeht, dass der einfache Gesetzgeber die gleichgeschlechtliche Ehe einführen könnte). Zwar kommt dem Schutz des deutsch-nationalen Verständnisses von der Ehe in diesem Rahmen eine Bedeutung zu, primär geht es aber um den Schutz der nationalen Rechtsetzungshoheit.

[352] Ständige Rechtsprechung, vgl. bspw. *EuGH* NJW 2016, S. 2096 (Rn. 48 m. w. N.).

[353] S.o. 1. Kap. C.VIII.3.

[354] Dazu auch schon oben 1. Kap. C.VIII.3.

[355] *Wächter*, AcP 25 (1842), S. 5.

Zwar kann man wiederum sagen, dass auch das europäische Primärrecht Teil der mitgliedsstaatlichen Rechtsordnungen ist und damit der Zwang, die gleichgeschlechtliche Ehe anzuerkennen, aus der eigenen Rechtsordnung stammt und mithin nicht von außerhalb aufgezwungen wird. Nichtsdestotrotz bleiben aber die Mitgliedstaaten die eigentlichen Souveräne. In politisch hoch umstrittenen und gesellschaftlich explosiven Themen muss es daher den Mitgliedstaaten und ihren demokratischen Organen überlassen bleiben, eine politische Lösung zu finden. Man stelle sich den Aufschrei vor, der durch einen Staat gehen würde, der keinerlei Verrechtlichung gleichgeschlechtlicher Partnerschaften vorsieht, wenn der *EuGH* entschiede, dass dieser Staat gleichgeschlechtliche Ehen anerkennen müsste, welche in einem anderen europäischen Staat geschlossen wurden. Der gesellschaftliche Gegenwind in Staaten, die zumindest die verrechtlichte Partnerschaft kennen, wäre bei einer Entscheidung, die diese zwingt, gleichgeschlechtliche Ehen anzuerkennen, wohl weit weniger stark. Nichtsdestoweniger würde es ihn geben, da der *EuGH* die innerstaatliche Debatte um die Einführung der gleichgeschlechtlichen Ehe unterbinden und einen großen Teil der Bevölkerung vor vollendete Tatsachen stellen würde.[356] Gerade in einer Zeit, in welcher das Vertrauen in europäische Institutionen auch deswegen leidet, weil man ihnen vorwirft, zu viel Macht zu zentralisieren und die europäische Einigung in einer Geschwindigkeit voranzutreiben, die mit dem „Brexit" sogar zum Austritt eines Mitgliedstaates führt, sollte sich der *EuGH* in justizieller Zurückhaltung üben und seine Idee von der engeren Zusammenführung der Mitgliedstaaten durch das europäische Primärrecht zurückstellen. Die gesellschaftliche Diskussion um die Öffnung der Ehe für alle sollte nicht durch das kollisionsrechtliche Anerkennungsprinzip umgangen und damit der Eröffnung einer institutionellen Umgehungsmöglichkeit der nationalen Rechtslage Tür und Tor geöffnet werden.[357]

Teilweise wird das hier gefundene Ergebnis auch mit der Freizügigkeitsrichtlinie[358] begründet. In der Freizügigkeitsrichtlinie wird definiert, wer als Lebenspartner im Sinne der Richtlinie gilt. Dabei wird bestimmt, dass Familienangehöriger auch „der Lebenspartner [ist], mit dem der Unionsbürger auf der Grund-

---

[356] Auch hierzulande handelte es sich um ein „heißes Eisen"; für ein Herausnehmen solcher *Coester-Waltjen*, IPRax 2006, S. 398 (die allerdings offen lässt, ob hierzu die gleichgeschlechtliche Ehe gehört); gegen eine Pflicht zur Anerkennung in „sensiblen Bereichen" *Reuß*, FS Coester-Waltjen, S. 688; für ein generelles Herausnehmen von gleichgeschlechtlichen Ehen aus dem Anerkennungsprinzip *Heiderhoff*, IPRax 2012, S. 523, da die Vorstellungen in den einzelnen Mitgliedstaaten in dieser Frage noch zu weit auseinander liegen würden.

[357] Umgehungsmöglichkeiten durch das Anerkennungsprinzip befürchtet auch *Buschbaum*, StAZ 2011, S. 108 f.

[358] Richtlinie 2004/38/EG, ABl. 2004 L 229/35.

lage der Rechtsvorschriften eines Mitgliedstaats eine eingetragene Partnerschaft eingegangen ist, sofern nach den Rechtsvorschriften des Aufnahmemitgliedstaats die eingetragene Partnerschaft der Ehe gleichgestellt ist und die in den einschlägigen Rechtsvorschriften des Aufnahmemitgliedstaats vorgesehenen Bedingungen erfüllt sind."[359] Daraus wird nun zuweilen die Zulässigkeit der Nichtanerkennung gefolgert.[360] Die Richtlinie regele, dass ein Mitgliedstaat, der die eingetragene Lebenspartnerschaft nicht kennt, die Partner einer solchen Lebenspartnerschaft nicht als Familienangehörige anerkennen muss. Dann könne er aber auch nicht verpflichtet sein, die Lebenspartnerschaft bzw. die Ehe anzuerkennen. *Grünberger* argumentiert hiergegen, der Richtlinie könne man bereits deswegen nichts für die hier entscheidende Streitfrage entnehmen, weil die Richtlinie selbst primärrechtswidrig sei.[361] Fraglich ist aber auch, ob die Richtlinie überhaupt gleichgeschlechtliche Partnerschaften erfasst.[362] Zuletzt kann auch nicht davon ausgegangen werden, dass von sekundärrechtlichen Aussagen oder Lücken ohne Weiteres auf den Umfang des primärrechtlichen Schutzes geschlossen werden darf.[363] Vorliegend muss die Kontroverse um die Freizügigkeitsrichtlinie jedoch nicht entschieden werden. Selbst wenn man von der Primärrechtswidrigkeit, der Nichteinschlägigkeit der Richtlinie ausgeht oder wenn man das sekundärrechtliche Argument allgemein nicht als systematisches Argument akzeptieren kann, ist eine Nichtanerkennung gleichgeschlechtlicher Ehen aufgrund der soeben vorgetragenen Argumentation gerechtfertigt.

Grünberger wehrte sich aber auch in Bezug auf die bisherige deutsche Rechtslage im Allgemeinen gegen die Möglichkeit der Rechtfertigung. Ihm zufolge kam eine Rechtfertigung nicht in Betracht, weil das deutsche Recht bereits in einer Konstellation die gleichgeschlechtliche Ehe kannte.[364] Heirateten zwei Personen verschiedenen Geschlechts, konnte diese Ehe auch dann fortgeführt werden, wenn einer bzw. eine der beiden Personen sein bzw. ihr Geschlecht änderte.[365] In diesem Fall führten zwei Personen des gleichen Geschlechts eine Ehe, weshalb die deutsche Rechtsordnung nicht gerechtfertigt gewesen sei, die gleichgeschlechtliche Ehe als unbekanntes Rechtsinstitut nicht anzuerken-

---

[359] Art. 2 Nr. 2 lit. b der RL 2004/38/EG.

[360] *OLG Celle*, StAZ 2011, S. 153; *Heiderhoff*, FS Hoffmann S. 131; in Bezug auf das Melderecht auch *VG Berlin*, IPRax 2011, S. 272.

[361] *Grünberger*, in: Brauchen wir eine Rom-0-VO?, S. 149 ff.

[362] Dagegen *Frenz/Kühl*, ZESAR 2007, S. 316.

[363] MüKo/v. *Hein*, Art. 3 EGBGB Rn. 125.

[364] *Grünberger*, in: Brauchen wir eine Rom-0-VO?, S. 130.

[365] Der Gesetzgeber hat die Norm des § 8 I Nr. 2 TSG, welcher in diesem Fall eine Scheidung erforderte, ersatzlos gestrichen (TSG-ÄndG v. 17.7.2009, BGBl. I, S. 1978), nachdem das *BVerfG* diesen für verfassungswidrig erklärte (*BVerfGE* 121, S. 175 ff.).

nen.[366] Aus diesem absoluten Ausnahmefall kann jedoch nicht abgeleitet werden, dass der deutschen Rechtsordnung das Institut der gleichgeschlechtlichen Ehe bekannt war. Zunächst sprechen gegen diesen Schluss bereits rein tatsächliche Gründe. Niemand würde wohl behaupten wollen, dass Deutschland eine gleichgeschlechtliche Ehe eingeführt hatte, als das Parlament sich entschlossen hatte, dass sich ein Ehepaar nicht scheiden lassen musste, sobald einer der beiden Partner sein oder ihr Geschlecht wechselte. Zudem existiert in dem von *Grünberger* angeführten Fall eine Ehe zwischen Personen verschiedenen Geschlechts. Dass sie bei Wechsel des Geschlechts fort galt, ändert nichts an der Tatsache, dass sie zwischen zwei Personen verschiedenen Geschlechts eingegangen worden war. Letztlich, und das ist die Hauptsache, änderte der von *Grünberger* angeführte Fall nichts an der politischen Brisanz der Grundsatzfrage nach der Öffnung der Ehe für Personen des gleichen Geschlechts. Damit blieb es immer noch Aufgabe des nationalen Gesetzgebers, diese politisch hoch umstrittene und gesellschaftlich explosive Frage selbst zu klären.

Letztlich greift bei Nichtanerkennung gleichgeschlechtlicher Ehen nicht die „Schranken-Schranke"[367] des Art. 8 EMRK. Zwar fällt unter den Schutz des Familienlebens auch der Schutz gleichgeschlechtlicher Partnerschaften.[368] Der *EGMR* hat jedoch ausdrücklich entschieden, dass Art. 8 EMRK die Mitgliedstaaten (zumindest noch) nicht verpflichtet, die Ehe auch für gleichgeschlechtliche Paare zu öffnen.[369] Wenn aber aus Art. 8 EMRK nicht folgt, dass ein Staat gleichgeschlechtliche Ehen zulassen muss, kann es im Rahmen des Art. 8 EMRK keinen Unterschied machen, ob die Zulassung der Eheschließung allgemein oder die Anerkennung von fremden Ehen in Frage steht.[370]

---

[366] *Grünberger*, in: Brauchen wir eine Rom-0-VO?, S. 130.

[367] *Funken*, Anerkennungsprinzip, S. 175; *dies*, FamRZ 2008, S. 2092.

[368] *EGMR* NJW 2011, S. 1425 (Rn. 94 f.) (Schalk u. Kopf/Österreich); *EGMR* NJW 2014, S. 2562 (Rn. 27) (B und GB/Deutschland).

[369] *EGMR* NJW 2011, S. 1425 (Rn. 101) (Schalk u. Kopf/Österreich); in *EGMR* NJW 2014, S. 2562 (Rn. 29 ff.) (B und GB/Deutschland) hat der EGMR zudem festgestellt, dass Art. 8 i. V. m. Art. 14 EMRK nicht verletzt ist, wenn ein Staat keine Möglichkeit einer leiblichen Co-Mutterschaft einräumt. Eine Andersbehandlung gleichgeschlechtlicher Gemeinschaften bleibt vor dem Hintergrund des besonderen Schutzes, den die Ehe einräumt, möglich.

[370] So auch *OLG Köln* FamRZ 2011, S. 563; *Mankowski/Höffmann*, IPRax 2011, S. 254; *Stüber*, FamRZ 2005, S. 578, versucht, die Anerkennungspflicht von Ehen über Art. 9 EuGrCha zu begründen. Dieser sei bewusst offen gefasst worden, um nicht vorzugeben, ob eine Ehe auch Verbindungen zwischen zwei Personen des gleichen Geschlechts umfassen kann. Daraus schließt *Stüber*, dass „wenn einzelnen Mitgliedsstaaten das Recht zugestanden wird, gleichgeschlechtlichen Paaren die Ehe oder die Lebenspartnerschaft mit weitergehenden Rechten zu ermöglichen, [...] damit verbunden sein [muss], dass jeder Einzelstaat die Rechtsfolgen anerkennt, die der andere Einzelstaat mit der gleichgeschlechtlichen Ehe – oder der

Die Beeinträchtigung der Freizügigkeit ist daher aufgrund des Erfordernisses, den Kernbereich nationaler Reglungshoheit zu schützen, gerechtfertigt.[371]

3. Ergebnis

Die Anerkennung von in anderen Mitgliedstaaten geschlossenen gleichgeschlechtlichen Ehen ist nicht durch europäisches Recht vorausgesetzt. Damit bleibt diese Frage den Mitgliedstaaten überlassen.

Die hier entwickelte Lösung führt zu einem Schutz des *status quo* und der Regelungshoheit des der europäischen Mitgliedsstaaten. Diesen sollte es ohne Druck aus der Justiz ermöglicht werden, eine Auffassung zu der Frage nach der Öffnung der Ehe für gleichgeschlechtliche Paare zu bilden und diese in Gesetzesform zu gießen. Dagegen kann auch nicht angeführt werden, wenn in einem Mitgliedsstaat – wie dies auch in Deutschland der Fall war – Umfragen zufolge eine Mehrheit für die Öffnung der Ehe ist.[372] Umfrageergebnisse ersetzen nicht den demokratischen Prozess.[373] Dieser demokratische Prozess muss eingehalten werden, auch wenn man die jetzige Rechtslage für „falsch" hält. Demokratie muss „falsche" Ergebnisse ertragen. Sie muss es ertragen, wenn demokratische Entwicklungen Zeit benötigen. Der (demokratische) Weg über den Gesetzgeber mag mithin der langsamere sein, er ist aber der einzig sinnvolle. Wird die gleich-

---

Lebenspartnerschaft als deren Minus – verbindet". Dem kann nicht gefolgt werden. Wenn Art. 9 EuGrCha den Mitgliedstaaten offen lässt, was sie unter einer Ehe verstehen, dann müssen sie auch frei darin sein, Ehen aus anderen Mitgliedsstaaten nicht anzuerkennen. Andernfalls wird ihnen die Freiheit genommen, die ihnen der Art. 9 EuGrCha verleihen möchte. Gegen eine Pflicht zur Anerkennung von gleichgeschlechtlichen Gemeinschaften aus Art. 9 EuGrCha bspw. auch Calliess/Ruffert/*Kingreen*, Art. 9 EuGrCha Rn. 5.

[371] Für eine Rechtfertigung *VG Berlin* IPRax 2011, S. 272, das allerdings als Rechtfertigungsgrund anders als hier den Schutz der Ehe über Art. 6 I GG ansieht; wohl auch *Henrich*, IPRax 2005, S. 424, der den beteiligten Staaten einen Ermessensspielraum einräumen möchte; ebenso MüKo/*Helms*, Art. 19 EGBGB Rn. 60; im Ergebnis auch MüKo/v. *Hein*, Art. 3 EGBGB Rn. 129; *Kuipers*, Eur. J. of Legal Studies 2009, S. 95 f.; gegen Anerkennungspflicht auch *Helms*, StAZ 2012, S. 6 und *Meussen*, Eur. J. of Migr. L. 9 (2007), S. 298; a. A. *Grünberger*, in: Brauchen wir eine Rom-0-Verordnung?, S. 130 ff.; *Spernat*, Gleichgeschlechtliche Ehe im IPR, S. 171 ff.; ebenso, jedoch ohne nähere Begründung *Boele-Woelki*, 82 Tul. L. Rev. (2008), S. 1968 ff., und *Dethloff*, ZEuP 2007, S. 997; für primärrechtswidrig halten die Nichtanerkennung wohl auch *Andrae/Abbas*, StAZ 2011, S. 102 (wohl aber nur, wenn die gleichgeschlechtliche Ehe nicht als eingetragene Lebenspartnerschaft fortgelten kann); offen gelassen von *Eckhout*, Eur. Law J. 14 (2008), S. 118 (der es aber durchaus für möglich hält, dass der *EuGH* die Mitgliedsstaaten in Analogie zu *Grunkin Paul* zur Anerkennung gleichgeschlechtlicher Ehen zwingt).

[372] Nachweise zu den Umfragen bei *Dethloff*, FamRZ 2016, S. 351 Fn. 6.

[373] *Erbarth*, NZFam 2016, S. 538; mit den Umfrageergebnissen argumentiert aber *Dethloff*, FamRZ 2016, S. 353.

geschlechtliche Ehe durch ein Urteil des *EuGH* oder auch durch ein nationales Verfassungsgericht eingeführt oder werden die Mitgliedstaaten zur Anerkennung gleichgeschlechtlicher Ehen durch diese Gerichte verpflichtet, werden dies viele als Bevormundung ansehen. Wird die Einführung der gleichgeschlechtlichen Ehe durch das gewählte Parlament beschlossen, bleibt der gleichgeschlechtlichen Ehe jeglicher Makel einer zumindest gefühlt wenig demokratischen Einführung erspart.

4. Exkurs: Die Anerkennung heterosexueller Ehen

Folgt man der hier vertretenen Ansicht, dass die fehlende Anerkennung gleichgeschlechtlicher Ehen das Recht auf Freizügigkeit beeinträchtigt, stellt gewiss auch die fehlende Anerkennung heterosexueller Ehen eine Beeinträchtigung des Freizügigkeitsrechts dar. Können Ehegatten, die in einem Mitgliedstaat wirksam geheiratet haben und deren Ehe dort registriert wurde, nicht in einen anderen Staat reisen, ohne dass sie den Untergang aller zwischen ihnen bestehenden ehelichen Rechte und Verpflichtungen in Kauf nehmen müssen, werden sie in ihrer Freizügigkeit beeinträchtigt. Wie in dem Fall, in welchem die gleichgeschlechtliche Ehe überhaupt nicht anerkannt wird und nicht als eingetragene Lebenspartnerschaft fort gilt, wird den „Ehegatten", nur weil sie sich frei im europäischen Raum bewegen, ihre Stellung als Ehegatten genommen. Damit verlieren sie sowohl im Privatrecht als auch im öffentlichen Recht einen bedeutenden Schutz. Beispielsweise stehen dem überlebenden Ehegatten bei Tod des anderen weder renten- noch erbrechtliche Ansprüche zu.

Der Pflicht zur Anerkennung heterosexueller Ehen kann vor deutschen Gerichten in einem entscheidenden Punkt durchaus Praxisrelevanz zukommen. Teilweise wird durch das Anerkennungsprinzip wohl Art. 13 III EGBGB überwunden. Wird eine Ehe im Inland formunwirksam geschlossen, jedoch in einem anderen europäischen Land, in welches die „Ehegatten" beispielsweise umsiedeln, als wirksame Ehe in ein behördliches Register eingetragen, muss diese Ehe wohl auch in Deutschland anerkannt werden. Ein Rechtfertigungsgrund Deutschlands, die Ehe als nicht wirksam anzuerkennen, weil sie nicht vor einem deutschen Standesbeamten geschlossen wurde, scheint vor Hintergrund des europäischen Primärrechts nicht gegeben.

An anderer Stelle verliert das Freizügigkeitsrecht im Bereich der Ehe zwischen Partnern verschiedenen Geschlechts jedoch an Praxisrelevanz, da in den anderen Fällen, in welchen eine Ehe nicht anerkannt wird (Bigamie, polygame Ehe, Kinderehe, usw.)[374] eine Beeinträchtigung des Freizügigkeitsrechts wohl ebenso wie im Rahmen der gleichgeschlechtlichen Ehe gerechtfertigt wäre.

---

[374] Hinzu kommt, dass die Wertungen hinsichtlich dieser Fälle in den europäischen Staa-

Damit bleibt in Bezug auf heterosexuelle Ehen festzuhalten, dass für diese grundsätzlich das Anerkennungsprinzip greift, es jedoch wohl vor allem in Fällen der Formunwirksamkeit Praxisrelevanz erlangen könnte.

---

ten nicht derart weit auseinandergehen, wie dies im Vergleich zu außereuropäischen Staaten der Fall sein kann. Eine Anerkennung von Ehen aus Drittstaaten gewährleistet das Freizügigkeitsrecht jedoch wie gesehen nicht.

Ergebnisse und Schlussbemerkungen

Durch jedes der drei Kapitel der Untersuchung zieht sich ein Gedanke: der Methodenpluralismus des Kollisionsrechts. Im ersten Kapitel, den rechtshistorischen und rechtsvergleichenden Untersuchungen, wurden einige Gedanken vorgestellt, wie verschiedene Rechtsordnungen bzw. Rechtssysteme mit Fällen umgehen, die Berührungen zum Ausland aufweisen.[1] Im zweiten Kapitel wurden die verschiedenen Gedanken aufgezeigt, die das in Deutschland geltende Kollisionsrecht nach der hier vertretenen Ansicht prägen. In diesem Zusammenhang wurden sechs Thesen aufgestellt, die das Säulenmodell im geltenden Recht zusammenfassen (2. Kap. J.). Mithilfe der im zweiten Kapitel gewonnenen Erkenntnisse wurden im dritten Kapitel Fälle zu lösen versucht, in welchen die verschiedenen Methoden des geltenden Kollisionsrechts zur Entfaltung kommen.

Dabei wurde die in der Einführung vorgestellte These gestützt, dass die drei Säulen (Kollisionsnormen, Hoheitsinteressen und wohlerworbene Rechte) Baukästen des Kollisionsrechts bilden. Trotz der ungemeinen Vielfalt der Möglichkeiten, Fälle mit Auslandsberührung zu entscheiden, konnte jedes der vorgestellten kollisionsrechtlichen Systeme und jeder vorgestellte kollisionsrechtliche Gedanke einer der Säulen zugeordnet werden. Selbst bei den amerikanischen „Revolutionären" war dies der Fall.

Folgt man der These, welche die Säulen als Baukästen sieht, erhält man eine globale Metaordnung des Kollisionsrechts, welche man als Ausgangspunkt für die Kollisionsrechtsvergleichung nutzen kann.

Im Rahmen der Bearbeitung ließ sich noch eine weitere These aufstellen: Man kann im geltenden Recht wohl nicht nur einen Methodenpluralismus feststellen, sondern auch von einem Interessenpluralismus sprechen, in welchem sich drei Interessenstränge um die Vormachtstellung streiten, Einzelfälle zu entscheiden. Die drei Säulen des Kollisionsrechts lassen sich dahingehend verstehen, dass in ihnen die im Internationalen Privatrecht relevanten Interessen zusammenlaufen. Auf die Art und Weise kann gerade die Entwicklung des letz-

---

[1] Dabei wurde allerdings auf Grund des hier gewählten Themas der gesamte Bereich des Internationalen Zivilverfahrensrechts ausgeblendet und lediglich die Fragen des Internationalen Privatrechts erörtert.

ten Jahrhunderts im geltenden Kollisionsrecht abgebildet werden, welche in Teilen weg von den Prinzipien des klassischen Internationalen Privatrechts und hin zu einer Materialisierung und zu einer Fokussierung auf das Individuum, letzteres gestützt durch das Europarecht, führte. Aufgrund dieser Entwicklung bedarf die Interessenanalyse *Kegels* einer Weiterentwicklung. Die Kerninteressen *Kegels* (Partei-, Verkehrs- und Ordnungsinteressen)[2] sind weiterhin Kerninteressen, jedoch auf die Säule der Kollisionsnormen beschränkt. Materiell-privatrechtliche Gerechtigkeit und Staatsmacht, bei *Kegel* bloße Ausnahmen[3], sind zu einer eigenständigen Säule auszubauen. Dasselbe gilt für den Gedanken des Schutzes wohlerworbener Rechte. Diese Trias von Interessenbündeln bilden wohl die Gesamtheit der fallentscheidenden Interessen im Kollisionsrecht ab und können genutzt werden, um kollisionsrechtliche Fälle zu lösen.

Dass sich viele der strittigen Fragen des Kollisionsrechts im Spannungsfeld zwischen den Säulen entscheiden, wurde anhand von drei aktuellen Themen (drittstaatliche Eingriffsnormen, Leih- bzw. Mietmutterschaft, gleichgeschlechtliche Ehen) zu zeigen versucht. Man könnte vor dem Hintergrund des soeben Gesagten auch davon sprechen, dass in vielen Fällen des Internationalen Privatrechts die drei Interessenbündel, welche den Säulen zugrundeliegen, um Anwendung streiten.[4] Um das Spannungsfeld und den Wettstreit der Interessenbündel plastisch aufzuzeigen, wurden die erörterten Themenkomplexe auf eine Hauptfrage reduziert. Bei den drittstaatlichen Eingriffsnormen wurde erörtert, ob Art. 9 III Rom I-VO eine abschließende Regelung darstellt und drittstaatliche Eingriffsnormen aus anderen Ländern als dem des Erfüllungsorts ausschließt. Danach fiel der Blick auf das Internationale Familienrecht und dort insbesondere auf die Zuordnung von Eltern in Leih- bzw. Mietmutterschaftsfällen und die Wirksamkeit gleichgeschlechtlicher Ehen. Die Ausführungen zu den drei Themenkomplexen wurden zudem genutzt, um die einzelnen Säulen, insbesondere die Säule der wohlerworbenen Rechte, näher zu konkretisieren. Dafür wurden unter anderem dogmatische Grundlagenfragen der Rechtslagenanerkennung wie sich widersprechende Rechtslagen[5], das Erfordernis der staatlichen Mitwirkung bei Entstehen der Rechtslage[6], das Erfordernis eines hinreichend engen Bezugs zum Erststaat[7] oder die Anwendung der Rechtslagenanerkennung bei Drittstaatensachverhalten[8] behandelt.

---

[2] Zur Interesselehre *Kegels* mit Nachweisen oben 1. Kap. B.III.1. und 2. Kap. D.III.
[3] Dazu ebenfalls oben 1. Kap. B.III.1.
[4] S. dazu oben 2. Kap. D.III.
[5] 3. Kap. B.VI.1.c.
[6] 3. Kap. B.VI.1.a.
[7] 3. Kap. C.II.1.c.
[8] 3. Kap. B.VI.1.b.

Dabei können die hier behandelten Fälle und Einzelfragen sicherlich auch dann gelöst und die relevanten Argumente auch dann gefunden werden, wenn man das propagierte Säulenmodell der Falllösung nicht zugrunde legt. Das Säulenmodell hilft aber durch Offenlegung des Spannungsfeldes erstens, die relevanten, gegeneinander streitenden Rechtsinstitute oder Gedanken des Kollisionsrechts zu erkennen. Dadurch erleichtert es den Zugang gerade zu schwierigeren Fragestellungen des Internationalen Privatrechts und hilft bei der Suche nach dem Sitz des Rechtsverhältnisses.[9]

Das Säulenmodell gibt zudem einen Überblick über die fallrelevanten Interessen, da die Säulen eine Zusammenfassung kollisionsrechtlich relevanter Interessen bilden. Insbesondere in politisch brisanten Fällen könnte diese Herangehensweise zu einem wünschenswerten Ausschluss von politisch motivierten Argumenten führen, die keine Stütze in der geltenden Rechtsordnung finden. Solche außerhalb der Rechtsordnung stehenden Argumente können keiner der drei Säulen zugeordnet werden.

In einer Zeit, in der justizieller Aktivismus in Mode scheint, kann das Säulenmodell daher dabei helfen, die Grenzen der gegebenen Rechtsordnung aufzuzeigen, in denen sich die Gerichte bewegen sollten. Das Säulenmodell ist jedoch nicht zwingend mit dem Impetus verbunden, gerichtlichen Aktionismus einzudämmen. Man kann es der Rechtsfindung durchaus auch dann zugrundelegen, wenn man politisch agierende Gerichte für etwas Positives hält. Dies wird an der besprochenen *BGH*-Entscheidung deutlich, nach der die gleichgeschlechtliche Ehe unter Art. 17b EGBGB a.F. zu subsumieren war.[10] Nun hat der *BGH* sicherlich nicht das hier vorgestellte Säulenmodell genutzt. Durch die Begründung der Entscheidung zieht sich jedoch ein teleologisches Hauptargument: die Annahme, dass die deutsche Rechtsordnung schon vor Öffnung der Ehe für alle jegliche verrechtlichten Formen der gleichgeschlechtlichen Partnerschaft in der Weise schützen möchte, dass sie Rechtswirkungen entfalten können. Dies trifft nach der hier vertretenen Ansicht aus den dargelegten Gründen zwar so nicht zu. Der *BGH* entscheidet den Fall aber dennoch stillschweigend deswegen zu Gunsten von Art. 17b EGBGB a.F., weil er ein Hoheitsinteresse des deutschen Staates am Schutz gleichgeschlechtlicher Ehen annimmt. Dass daraus nach dem Säulenmodell die Anwendung des Art. 17b EGBGB a.F. folgt, dürfte eindeutig sein.

Das Säulenmodell ist somit durchaus offen für Auseinandersetzungen und Diskurs, gerade wenn es um die Definition der Hoheitsinteressen geht. Dies ist

---

[9] Das Bild vom Sitz des Rechtsverhältnisses bleibt auch im Rahmen des Säulenmodells als formales Bild erhalten (s. o. 2. Kap. E.); es ist allerdings vom Gedanken der engsten Verbindung zu trennen (dazu 2. Kap. F.).

[10] 3. Kap. C.I.2.

jedoch weder überraschend, da beispielsweise das Eingreifen des *ordre public* stets eine Wertungsfrage bildet, noch verliert das Säulenmodell durch diese gewisse Offenheit an Aussagekraft. Auch wenn die Hoheitsinteressen bei der Frage nach der Qualifikation gleichgeschlechtlicher Ehen zu definieren waren, weist das Säulenmodell darauf hin, dass es aufgrund des Charakters des Art. 17b EGBGB a. F. als „hybride" Norm maßgeblich auf die Definition ebendieses Hoheitsinteresses ankommt.

Das Säulenmodell soll somit nicht jede Wertungsfrage prädeterminieren, es soll aber Leitlinien aufzeigen. Es soll ebenso wenig wie die Rechtslagenanerkennung das Kollisionsrecht revolutionieren. Es versucht vielmehr, die Dogmatik des Kollisionsrechts für alle im Kollisionsrecht relevanten Interessen zu öffnen und sicherzustellen, dass diesen Interessen das von der Rechtsordnung gegebene Gewicht zugesprochen wird. Es soll abbilden, nicht umbilden.

Zu Beginn der Arbeit wurde eine Definition des Internationalen Privatrechts kritisiert, die nach der hier vertretenen Meinung den Eindruck einer „Eindimensionalität" des Internationalen Privatrechts schafft. Die Ergebnisse des in dieser Arbeit erfolgten Versuchs der Systematisierung des geltenden Rechts führen zu einer anderen Definition des Internationalen Privatrechts, die etwa wie folgt lauten könnte:

Das Internationale Privatrecht beantwortet die Frage, wie in einem Fall mit Auslandsbezug der Konflikt zwischen mehreren abweichenden Rechtsordnungen aufzulösen ist.

Literaturverzeichnis

Andrae, Marianne, Die gesetzliche Zuordnung des Kindes nach ausländischem Recht bei lesbischer institutioneller Partnerschaft, Das Standesamt 2015, S. 163–171. Zitiert: *Andrae,* StAZ 2015.

dies., Internationales Familienrecht, 3. Aufl., Baden-Baden 2014. Zitiert: *Andrae,* Internationales Familienrecht.

dies./Abbas, Raya, Personenstandsrechtliche Behandlung einer gleichgeschlechtlichen Eheschließung, Das Standesamt 2011, S. 97–106. Zitiert: *Andrae/Abbas,* StAZ 2011.

d'Argentré, Bertrand (lat.: *Argentraeus*), Commentarii in patrias Britonum leges seu consuetudines antiquissimi ducatus Britanniae, herausgegeben von Johannes Jacobus Fil. Schipper, editio octava emendatissima, Antwerpiae 1664). Zitiert: *d'Argentré,* Commentarii in patrias Britonum.

Avenarius, Martin, Savignys Lehre vom intertemporalen Privatrecht, Göttingen 1993. Zitiert: *Avenarius,* Savignys Lehre vom intertemporalen Privatrecht.

Baade, Hans W., Counter-Revolution or Alliance for Progress? Reflections on Reading Cavers, The Choice-of-Law Process, 46 Texas Law Review (1967), S. 141–179. Zitiert: *Baade,* 46 Tex. L. Rev. (1967).

Ballarin, Tito/Ubertazzi, Benedetta, On *Avello* and Other Judgements: A New Point of Departute in the Conflict of Laws?, Yearbook of Private International Law 6 (2004), S. 85–128. Zitiert: *Ballarin/Ubertazzi,* Yearbook of Priv. Int. L. 85 (2004).

Bar, Christian von/Dopffel, H. Peter, Deutsches Internationales Privatrecht im 16. und 17. Jahrhundert:
- Band I, Tübingen 1995
- Band II, Tübingen 2001
Zitiert: *v. Bar/Dopffel,* Band I (bzw. II).

Bar, Christian von/Mankowski, Peter, Internationales Privatrecht, Band I – Allgemeine Lehren, 2. Aufl., München 2003. Zitiert: *v. Bar/Mankowski,* IPR I.

Bartolus a Saxoferrato, Bartoli in primam Codicis partem Commentaria, herausgegeben von Nicolai Bevilaquae, Augustae Taurinorum 1577. Zitiert: *Bartolus,* Bartolus in primam Codicis partem Commentaria.

Basedow, Jürgen, Das Prinzip der gegenseitigen Anerkennung im internationalen Wirtschaftsverkehr, in: Witzleb, Normann/Ellger, Reinhard/Mankowski, Peter (Hrsg.), Festschrift für Dieter Martiny zum 70. Geburtstag, S. 243–258, Tübingen 2014. Zitiert: *Basedow,* FS Martiny.

ders., Die Verselbstständigung des europäischen ordre public, in: Coester, Michael (Hrsg.), Privatrecht in Europa – Festschrift für Hans Jürgen Sonnenberger zum 70. Geburtstag, S. 291–319, München 2004. Zitiert: *Basedow,* FS Sonnenberger.

Baum, Harald, Alternativanknüpfungen, Tübingen 1985. Zitiert: *Baum,* Alternativanknüpfungen.

Baxter, William F., Choice of Law and the Federal System, 16 Stanford Law Review (1963), S. 1–42. Zitiert: *Baxter*, 16 Stan. L. Rev. (1963).

Beale, Joseph H., A Treatise on the Conflict of Laws, New York 1935:
– Volume one: Jursidiction
– Volume two: Choice of Law
– Volume three: Administration and Procedure
Zitiert: *Beale*, Treatise I (bzw. II, III).

ders., Dicey's Conflict of Laws, 10 Harvard Law Review (1896), S. 168–174. Zitiert: *Beale*, 10 Harv. L. Rev. (1896).

Beck'scher Online Kommentar BGB (Hrsg.: Bamberger, Georg/Roth, Herbert), 40. Edition, München 2016. Zitiert: BeckOK/*Bearbeiter*.

Beck'scher Online Kommentar Grundgesetz (Hrsg.: Epping, Volker/Hillgruber, Christian), 30. Edition, München 2016. Zitiert: BeckOK/*Bearbeiter*.

Beck-online Großkommentar BGB (Hrsg.: Gsell, Beate/Krüger, Wolfgang/Lorenz, Stephan/Mayer, Jörg), 2017 München. Zitiert: BeckOGK/*Bearbeiter*.

Benicke, Christoph, Kollisionsrechtliche Fragen der Leihmutterschaft, Das Standesamt 2013, S. 101–114. Zitiert: *Benicke*, StAZ 2013.

Berliner Kommentar zum Grundgesetz (Hrsg.: Friauf, Karl Heinrich/Höfling, Wolfram), Band 2, Art. 20, 6. Teil, Berlin, 31. Ergänzungslieferung 2011. Zitiert: Berliner Kommentar/*Bearbeiter*, Art. 20 GG, Teil 6.

Berner, Felix, Wohlerworbene Rechte im europäischen Kreditsicherungsrecht, in: Behme, Caspar (u. a.) (Hrsg.), Perspektiven einer europäischen Privatrechtswissenschaft, Baden-Baden 2017. Zitiert: *Berner*, in: Perspektiven einer europäischen Privatrechtswissenschaft.

Bodenheimer, Edgar, Reorientation in American Conflicts Law, in: Flume, Werner/Hahn, Hugo J./Kegel, Gerhard/Simmonds, Kenneth R. (Hrsg.), Internationales Recht und Wirtschaftsordnung – Festschrift für F.A. Mann zum 70. Geburtstag, S. 123–141, München 1977. Zitiert: *Bodenheimer*, FS F.A. Mann.

Boratta, Roberto, Problematic elements of an implicit rule providing for mutual recognition of personal and family status in the EC, Praxis des Internationalen Privat- und Verfahrensrechts 2007, S. 4–11. Zitiert: *Boratta*, IPRax 2007.

Botthof, Andreas/Diel, Alexander, Voraussetzungen für die (Stiefkind-)Adoption eines Kindes nach Inanspruchnahme einer Leihmutter, Das Standesamt 2013, S. 211–216. Zitiert: *Botthof/Diel*, StAZ 2013.

Briggs, Edwin W., An Institutional Approach to Conflict of Laws: „Law and Reason" Versus Professor Ehrenzweig, 12 University of California Law Review (1964), S. 29–78. Zitiert: *Briggs*, 12 UCLA L. Rev. (1964).

Brilmayer, Lea, Rights, Fairness and Choice of Law, 98 Yale Law Journal (1989), S. 1277–1319. Zitiert: *Brilmayer*, 98 Yale L. J. (1989).

Bruns, Manfred, Nochmals: Personenstandsrechtliche Behandlung einer gleichgeschlechtlichen Eheschließung zwischen einem Niederländer und einem Deutschen in den Niederlanden, Das Standesamt 2010, S. 187–188. Zitiert: *Bruns*, StAZ 2010.

Bucher, Andreas, Grundfragen der Anknüpfungsgerechtigkeit, Basel/Stuttgart 1975. Zitiert: *Bucher*, Grundfragen der Anknüpfungsgerechtigkeit.

Bülow, Peter/Artz, Markus, Verbraucherprivatrecht, 5. Aufl., Heidelberg 2016. Zitiert: *Bülow/Artz*, Verbraucherprivatrecht.

Burgundus, Nicolas, Ad consuetudines Flandri aliarumque gentium tractatus controversarium, Lugdunum Batavorum 1634. Zitiert: *Burgundus*, Tractatus I.

Buschbaum, Markus, Anerkennung von Rechtslagen aufgrund von Personenstandsurkunden?, Das Standesamt 2011, S. 106–111. Zitiert: *Buschbaum*, StAZ 2011.

Calliess, Christian/Ruffert, Matthias (Hrsg.), EUV/AEUV, 5. Aufl., München 2016. Zitiert: Calliess/Ruffert/*Bearbeiter*.

Calliess, Gralf Peter (Hrsg.), Rome Regulations, 2. Aufl., The Netherlands 2015. Zitiert: Calliess/*Bearbeiter*.

Campbell, Claudia, Die rechtliche Elternschaft in Regenbogenfamilien, Neue Zeitschrift für Familienrecht 2016, S. 296–300. Zitiert: *Campbell*, NZFam 2016.

Carpzov, Benedict, Jurisprudentia forensis Romano-Saxonica, Editio Novissima, Lipsiae/ Francofurti 1684. Zitiert: *Carpzov*, Jurisprudentia forensis, Teil, Kap., Def.

Cavers, David F., A Critique of the Choice-of-Law Problem, 47 Harvard Law Review (1933), S. 173–208. Zitiert: Cavers, 43 Harv. L. Rev. (1933).

ders., A Critique of the Choice-of-Law Process: Addendum 1972, 17 Harvard International Law Journal (1976), S. 651–656. Zitiert: *Cavers*, 17 Harv. Int. L. J. (1976).

ders., Contemporary Conflicts Law in American Perspective, Recueil des Cours 131 (1970 II), S. 85–302. Zitiert: *Cavers*, Rec. des Cours 131 (1970 II).

ders., The Choice of Law – Selected Essays, 1933–1983, Durham 1985. Zitiert: *Cavers*, Selected Essays.

ders., The Choice-of-Law Process, Ann Arbor 1966. Zitiert: *Cavers*, Process.

ders., The Logical and Legal Bases of the Conflict of Laws Book Reviews, 56 Yale Harvard Law Journal Review (1943), S. 1170–1174. Zitiert: *Cavers*, 56 Harv. L. Rev. (1943).

ders., The Proper Law of Producer's Liability, 26 International and Comparative Law Quarterly (1977), S. 703–733. Zitiert: *Cavers*, 26 Int. and Comp. L. Q. (1977).

ders., The Value of Principled Preferences, 49 Texas Law Review (1970), S. 211–223. Zitiert: *Cavers*, 49 Tex. L. Rev. (1970).

Cheatham, Elliott E., American Theories on the Conflict of Laws: Their Role and Utility, 58 Harvard Law Review (1945), S. 361–394. Zitiert: *Cheatham*, 58 Harv. L. Rev. (1945).

ders./Reese, Willis L. M., Choice of the Applicable Law, 52 Columbia Law Review (1952), S. 959–982. Zitiert: *Cheathem/Reese*, 52 Colum. L. Rev. (1952).

Cocceji, Heinrich Freiherr von, Disputatio Ordinaria Juris Civilis Et Gentium, De Fundata In Territorio, Et Plurium Locorum Concurrente Potestate, Frankfurt a. d. Oder 1684. Zitiert: *Cocceji*, Disputatio Ordinaria Juris Civilis Et Gentium.

Coester, Michael, Art. 17b EGBGB unter dem Einfluss des Europäischen Kollisionsrechts, Praxis des Internationalen Privat- und Verfahrensrechts 2013, S. 114–122. Zitiert: *Coester*, IPRax 2013.

ders., Ersatzmutterschaft in Europa, in: Mansel, Heinz-Peter/Pfeiffer, Thomas/Kronke, Herbert/Kohler, Christian/Hausmann, Reiner (Hrsg.), Festschrift für Erik Jayme, Band 2, S. 1242–1258, München 2004. Zitiert: *Coester*, FS Jayme.

Coester-Waltjen, Dagmar, Anerkennung im Internationalen Personen-, Familien- und Erbrecht und das Europäische Kollisionsrecht, Praxis des Internationalen Privat- und Verfahrensrechts 2006, S. 392–400. Zitiert: *Coester-Waltjen*, IPRax 2006.

dies., Ausländische Leihmütter – Deutsche Wunscheltern, Forum Familienrecht 2015, S. 186–190. Zitiert: *Coester-Waltjen*, FF 2015.

dies., Das Anerkennungsprinzip im Dornröschenschlaf?, in: Mansel, Heinz-Peter/Pfeiffer, Thomas/Kronke, Herbert/Kohler, Christian/Hausmann, Reiner (Hrsg.), Festschrift für Erik Jayme, München 2004. Zitiert: *Coester-Waltjen*, FS Jayme.

dies., Die Mitmutterschaft nach südafrikanischem Recht im deutschen Geburtsregister, Praxis des Internationalen Privat- und Verfahrensrechts 2016, S. 132–139. Zitiert: *Coester-Waltjen,* IPRax 2016.

Cook, Walter Wheeler, An Unpublished Chapter of The Logical and Legal Bases of the Conflict of Laws, 37 Illinois Law Review (1942–1943), S. 419–424. Zitiert: *Cook,* 37 Ill. L. Rev. (1942–1943).

ders., The Logical and Legal Bases of the Conflict of Laws, Cambridge, Massachusetts 1942. Zitiert: *Cook,* The Logical and Legal Bases.

ders., The Logical and Legal Bases of the Conflict of Laws, 33 Yale Law Journal 1924, S. 457–488. Zitiert: *Cook,* 33 Yale L. J. (1924).

Currie, Brainerd, Selected Essays on the Conflict of Laws, Durham 1963. Zitiert: *Currie,* Selected Essays.

ders., The Disinterested Third State, 28 Law and Contemporary Problems (1963), S. 754–794. Zitiert: *Currie,* Law and Contemp. Probl. 28 (1963).

ders., Comments on *Babcock v. Jackson,* A Recent Development in Conflict of Laws, 63 Columbia Law Review (1963), S. 1233–1247. Zitiert: *Currie,* 63 Colum. L. Rev. (1963).

Das Recht der nichtehelichen Lebensgemeinschaft (Hrsg.: Hausmann, Rainer/Hohloch, Gerhard), Handbuch, 2. Aufl., Berlin 2004. Zitiert: Das Recht der nichtehelichen Lebensgemeinschaft/*Bearbeiter.*

Davies, D. J. Llewelyn, The Influence of Huber's *De Conflictu Legum* on English Private International Law, 18 The British Yearbook of International Law (1937), S. 49–78. Zitiert: *Davies,* Brit. 18 Yb. of Int. L. (1937).

De Boer, Ted M., Beyond Lex Loci Delicti, Deventer (u. a.) 1987. Zitiert: *de Boer,* Beyond lex loci delicti.

ders., Prospects for European Conflicts Law in the Twenty-First Century, in: Borchers, Patrick J./Zekoll, Joachim (Hrsg.), International Conflict of Laws for the Third Millennium, Essays in Honor of Friedrich K. Juenger, S. 193–213, New York 2001. Zitiert: *De Boer,* FS Juenger.

De Nova, Rudolfo, Historical and comparative introduction to conflict of laws, Recueil des Cours 118 (1966 II), S. 443–610. Zitiert: *De Nova,* Rec. des Cours 118 (1966 II).

Deinert, Olaf, Die international-privatrechtliche Behandlung öffentlich-rechtlichen Arbeitsrechts, in: Deinert, Olaf (Hrsg.), Internationales Recht im Wandel, Symposium für Peter Winkler von Mohrenfels, S. 95–145, Baden-Baden 2013. Zitiert: *Deinert,* Symposium Mohrenfels.

Deinert, Olaf, Internationales Arbeitsrecht, Tübingen 2013. Zitiert: *Deinert,* Internationales Arbeitsrecht.

Dethloff, Nina, Ehe für alle, Zeitschrift für das gesamte Familienrecht 2016, S. 351–354. Zitiert: *Dethloff,* FamRZ 2016.

dies., Europäische Vereinheitlichung des Familienrechts, Archiv für civilistische Praxis 204 (2004), S. 544–568. Zitiert: *Dethloff,* AcP 204 (2004).

dies., Konkurrenz von Vaterschaftsvermutung und Anerkennung der Vaterschaft, Praxis des Internationalen Privat- und Verfahrensrechts 2005, S. 326–330. Zitiert: *Dethloff,* IPRax 2005.

dies., Leihmütter, Wunscheltern und ihre Kinder, Juristenzeitung 2014, S. 922–932. Zitiert: *Dethloff,* JZ 2014.

Dicey, Albert V., A Digest of the Law of England with Reference to the Conflict of Laws, 2. Aufl., London 1908. Zitiert: *Dicey,* Digest.

ders., On Private International Law as a Branch of the Law of England, 6 Law Quarterly Review (1890), S. 1–21, 113–127. Zitiert: *Dicey*, 6 Law Quarterly Review (1890).

ders./Morris, John Humphrey Carlile, Conflict of Laws, 6. Aufl., London 1949. Zitiert: *Dicey/ Morris*, Conflict of Laws.

Dickinson, Andrew, Third-Country Mandatory Rules in the Law Applicable to Contractual Obligations: So Long, Farewell, Auf Wiedersehen, Adieu?, Journal of Private International Law 3 (2007), S. 53–88. Zitiert: *Dickinson*, J. of Priv. Int. Law 3 (2007).

Diel, Alexander, Leihmutterschaft und Reproduktionstourismus, Frankfurt a.M. 2014. Zitiert: *Diel*, Leihmutterschaft und Reproduktionstourismus.

Dietrich, Silva, Mutterschaft für Dritte, Frankfurt a.M. 1989. Zitiert: *Dietrich*, Mutterschaft für Dritte.

Dörner, Heinrich, Alte und neue Probleme des Internationalen Deliktsrechts, in: Hohloch, Gerhard/Frank, Rainer/Schlechtriem, Peter (Hrsg.), Festschrift für Hans Stoll, S. 491–501, Tübingen 2001. Zitiert: *Dörner*, FS Stoll.

ders., Grundfragen der Anknüpfung gleichgeschlechtlicher Partnerschaften, in: Mansel, Heinz-Peter/Pfeiffer, Thomas/Kronke, Herbert/Kohler, Christian/Hausmann, Reiner (Hrsg.), Festschrift für Erik Jayme, Band 1, S. 143–152, München 2004. Zitiert: *Dörner*, FS Jayme.

ders., Nachlaßspaltung – und die Folgen, Praxis des Internationalen Privat- und Verfahrensrechts 1994, S. 362–364. Zitiert: *Dörner*, IPRax 1994.

ders., Probleme des neuen Internationalen Kindschaftsrechts, in: Jayme, Erik/Schwab, Dieter (Hrsg.), Festschrift für Dieter Henrich, S. 119–131, Bielefeld 2000. Zitiert: *Dörner*, FS Henrich.

Dornis, T. W., „Local Data" in European Choice of Law: A Trojan Horse From Across the Atlantic?, Georgian Journal of International and Comparative Law 2016, S. 305–337. Zitiert: *Dornis*, 44 Ga. J. Int. & Comp. L. (2016).

Drasch, Wolfgang, Das Herkunftslandprinzip im internationalen Privatrecht, Baden-Baden 1997. Zitiert: *Drasch*, Herkunftslandprinzip im IPR.

Dreier, Horst (Hrsg.), Grundgesetz Kommentar, Band 1, 2. Aufl., Tübingen 2004. Zitiert: Dreier/*Bearbeiter*.

Duden, Konrad, Anmerkung zu EuGH (Große Kammer), Urt. v. 18.10.2016 – C-135/15 (Griechenland/Nikiforidis), Europäische Zeitschrift für Wirtschaftsrecht 2016, S. 943–944. Zitiert: *Duden*, EuZW 2016.

ders., International Surrogate Motherhood – Shifting the Focus to the Child, Zeitschrift für Europäisches Privatrecht 2015, S. 641–660. Zitiert: *Duden*, ZEuP 2015.

ders., Internationale Leihmutterschaft: Der frühe Schutz der tatsächlichen Familie, Das Standesamt 2015, S. 201–206. Zitiert: *Duden*, StAZ 2015.

ders., Leihmutterschaft im Internationalen Privat- und Verfahrensrecht, Tübingen 2015. Zitiert: *Duden*, Leihmutterschaft.

ders., Zweifel an der Elternschaft bei internationaler Leihmutterschaft – Zum Beschluss des OLG Braunschweig vom 12.4.2017, Das Standesamt 2017. Zitiert: *Duden*, StAZ 2017.

Dumoulin, Charles, Caroli Molinaei Franciae et Germaniae celeberrimi Jurisconsulti et in supremo Parisiorum senatu antiqui advocati, omnia quae extant opera, Band 2 und 3, Paris 1681. Zitiert: *Dumoulin*, Omnia opera, Bd.II.

Dutta, Anatol, Succession and Wills in the Conflict of Laws on the Eve of Europeanisation, Rabels Zeitschrift für ausländisches und internationals Privatrecht 73 (2009), S. 547–606. Zitiert: *Dutta*, RabelsZ 73 (2009).

Eckert, Elena, Die Auslegung und Reichweite des Art. 17 Rom II-VO, Zeitschrift für das Privatrecht der Europäischen Union 2015, S. 303–311. Zitiert: *Eckert,* GPR 2015.

Eckhout, Veerle Van Den, Promoting Human Rights within the Union: The Role of European Private International Law, European Law Journal 14 (2008), S. 105–127. Zitiert: *Eckhout,* Eur. L. J. 14 (2008).

Ehrenzweig, Albert A., A Proper Law in a Proper Forum: A „Restatement" of the „Lex Fori Approach", 18 Oklahoma Law Review (1965), S. 340–352. Zitiert: *Ehrenzweig,* 18 Okl. L. Rev. (1965).

ders., A Treatise on the Conflict of Laws, St. Paul (Minnesota) 1962. Zitiert: *Ehrenzweig,* Treatise.

ders., Contracts in the Conflict of Laws, 59 Columbia Law Review (1959), S. 973–1025. Zitiert: *Ehrenzweig,* 59 Colum. L. Rev. (1959).

ders., Local and Moral Data in the Conflict of Laws: Terra Incognita, 16 Buffalo Law Review (1966), S. 55–60. Zitiert: *Ehrenzweig,* 16 Buff. L. Rev. (1966).

ders., Private International Law, General Part (1. Band), New York 1967. Zitiert: *Ehrenzweig,* P.I.L. I.

ders., Specific Principles of Private Transnational Law, Recueil des Cours 124 (1968 II), S. 179–362. Zitiert: *Ehrenzweig,* Rec. des Cours 124 (1968 II).

ders., The Lex Fori – Basic Rule in the Conflict of Laws, 58 Michigan Law Review (1959–1960), S. 637–686. Zitiert: *Ehrenzweig,* 58 Mich. L. Rev. (1959–1960).

ders., Wirklichkeiten einer „Lex-Fori Theorie", in: Tittel, Josef/Mitarbeiter des Instituts für internationales und ausländisches Recht an der Freien Universität Berlin (Hrsg.), Multituda Legum Ius Unum, Festschrift für Wilhelm Wengler zu seinem 65. Geburtstag, Band 2, S. 251–268, Berlin 1973. Zitiert: *Ehrenzweig,* FS Wengler, Band 2.

Einsele, Dorothee, Auswirkungen der Rom I-Verordnung auf Finanzdienstleistungen, Zeitschrift für Wirtschafts- und Bankrecht 2009, S. 289–300. Zitiert: *Einsele,* WM 2009.

Engel, Martin, Internationale Leihmutterschaft und Kindeswohl, Zeitschrift für europäisches Privatrecht 2014, S. 538–561. Zitiert: *Engel,* ZEuP 2014.

ders., Leihmutterschaft: Verfahrensrechtliche Anerkennung ausländischer Abstammungsentscheidungen im Lichte des Art. 8 EMRK, Das Standesamt 2014, S. 353–356. Zitiert: *Engel,* StAZ 2014.

Engisch, Karl, Einführung in das juristische Denken, 11. Aufl., Stuttgart/Berlin/Köln 2010. Zitiert: *Engisch,* Einführung in das juristische Denken.

Epe, Axel, Die Funktion des Ordre Public im deutschen Internationalen Privatrecht, Düsseldorf 1983. Zitiert: *Epe,* Funktion des ordre public.

Erbarth, Alexander, Öffnung der Ehe für alle?, Neue Zeitschrift für Familienrecht 2016, S. 536–539. Zitiert: *Erbarth,* NZFam 2016.

Erman Kommentar zum BGB (Hrsg.: Grunewald, Barbara/Meier-Reimer, Georg/Westermann, Harm Peter), Band 2, 14. Aufl., Köln 2014. Zitiert: Erman/*Bearbeiter.*

Fetsch, Johannes, Eingriffsnormen und EG-Vertrag, Tübingen 2002. Zitiert: *Fetsch,* Eingriffsnormen und EG-Vertrag.

Fichard, Johann von, Consiliuorum Dn. Ioannis Fichardi, I. C. clarissimi, practici celeberimi et advocati reipub. Francofurtensis ad Moenum antecessoris primarii, patricii comitisque palatine dignissimi tomus alter, qui ea continet, quae maiori ex parte autor pro consultorum qualitate scripserat Teutonice, in gratiam ita potissmum Germanorum editus: non minori dexteritate quam prior tomus varias iuris communis, consuetudinum Germaniae imperiique constitutionum resolvens quaestiones. I. Feudales. II. Iudiciales. III. Contractuum. III. Testamentorum. V. Successionum ab intestato. VI. Iniuriarum. VII. Delictorum et Maleficiorum. Cum indicibus consiliorum, rerum item insignium et verborum accuratis, Frankfurt am Main, 1590. Zitiert: *Fichard*, Consiliorum, tomus alter (Teutscher Ratschlag XXXI).

Finkenauer, Thomas, La théorie de l'imprévision en droit allemand et le jugement de Salomon, in: Sikrs, Boudewijn/Mausen, Yves (Hrsg.), Aequitas – Équité – Equity, S. 97–109, Montpellier 2015. Zitiert: *Finkenauer*, in: Aequitas – Équité – Equity.

Fleiner, Fritz, Institutionen des Deutschen Verwaltungsrechts, 8. Aufl., Aalen 1960. Zitiert: *Fleiner*, Institutionen des Deutschen Verwaltungsrechts.

Fleischer, Holger, Gesetzesmaterialien im Spiegel der Rechtsvergleichung, in: Fleischer, Holger (Hrsg.), Mysterium „Gesetzesmaterialien", S. 1–44, Tübingen 2013. Zitiert: *Fleischer*, in: Mysterium „Gesetzesmaterialien".

Flessner, Axel, Interessenjurisprudenz im internationalen Privatrecht, Tübingen 1990. Zitiert: *Flessner*, Interessenjurisprudenz.

Forkert, Meinhard, Eingetragene Lebenspartnerschaften im deutschen IPR: Art. 17b EGBGB, Tübingen 2003. Zitiert: *Forkert*, Eingetragene Lebenspartnerschaften im deutschen IPR.

Frank, Rainer, Anmerkung zu Menneson c. France und Affaire Labassèe c. France, Zeitschrift für das gesamte Familienrecht 2014, S. 1527–1529. Zitiert: *Frank*, FamRZ 2014.

ders., Die unglückselige Mehrfachanknüpfung in Art. 19 Abs. 1 EGBGB, Das Standesamt 2009, S. 65–70. Zitiert: *Frank*, StAZ 2009.

Franzen, Martin/Gallner, Inken/Oetker, Hartmut (Hrsg.), Kommentar zum europäischen Arbeitsrecht, München 2016. Zitiert: Franzen/Gallner/Oetker/*Bearbeiter*.

Freitag, Robert, Die kollisionsrechtliche Behandlung ausländischer Eingriffsnormen nach Art. 9 Abs. 3 Rom I-VO, Praxis des Internationalen Privat- und Verfahrensrechts 2009, S. 109–116. Zitiert: *Freitag*, IPRax 2009.

Frenz, Walter/Kühl, Andrea, Die Freizügigkeitsrichtlinie und ihre defizitäre Umsetzung ins deutsche Recht, Zeitschrift für europäisches Sozial- und Arbeitsrecht 2007, S. 315–325. Zitiert: *Frenz/Kühl*, ZESAR 2007.

Frie, Birgit, Die Mitmutter kraft ausländischen Rechts, Zeitschrift für das gesamte Familienrecht 2015, S. 889–896. Zitiert: *Frie*, FamRZ 2015.

Fulli-Lemaire, Samuel, International Surrogate Motherhood, Zeitschrift für Europäisches Privatrecht 2017, S. 471–484. Zitiert: *Fulli-Lemaire*, ZEuP 2017.

Funken, Katja, Das Anerkennungsprinzip im internationalen Privatrecht, Tübingen 2009. Zitiert: *Funken*, Anerkennungsprinzip.

Gaill, Andreas von, Practicarum Observationum, Tam Ad Processum Iudiciarium, Praesertim Imperialis Camerae, Quam Causarum Decisiones Pertinentium, Köln 1578. Zitiert: *Gaill*, Practicarum Observationum.

Gamillscheg, Franz, Der Einfluss Dumoulins auf die Entwicklung des Kollisionsrechts, Berlin/Tübingen 1955. Zitiert: *Gamillscheg*, Dumoulin.

ders., Überlegungen zum Text und zur kollisionsrechtlichen Methode bei Bartolus, in: Behrens, Okko (Hrsg.), Festschrift für Franz Wieacker zum 70. Geburtstag, S. 235–244, Göttingen 1978. Zitiert: *Gamillscheg*, FS Wieacker.

Gärtner, Veronika, Die Privatscheidung im deutschen und gemeinschaftsrechtlichen Internationalen Privat- und Verfahrensrecht, Tübingen 2008. Zitiert: *Gärtner*, Privatscheidung.

Gaul, Hans Friedhelms, Ausgewählte Probleme des materiellen Rechts und des Verfahrensrechts im neuen Abstammungsrecht, Zeitschrift für das gesamte Familienrecht 2000, S. 1461–1476. Zitiert: *Gaul*, FamRZ 2000.

Gebauer, Martin, Charles Dumoulin zum 450. Todestag, Zeitschrift für Europäisches Privatrecht 2016, S. 928–949. Zitiert: *Gebauer*, ZEuP 2016.

ders., Historische Dimensionen des Europäischen Kollisionsrechts, JuristenZeitung 2011, S. 213–221. Zitiert: *Gebauer*, JZ 2011.

ders., Internationales Privatrecht und Warenverkehrsfreiheit in Europa, Praxis des Internationalen Privat- und Verfahrensrechts 1995, S. 152–156. Zitiert: *Gebauer*, IPRax 1995.

ders./Staudinger, Ansgar, Registrierte Lebenspartnerschaften und die Kappungsregel des Art. 17b Abs. 4 EGBGB, Praxis des Internationalen Privat- und Verfahrensrechts 2002, S. 275–282. Zitiert: *Gebauer/Staudinger*, IPRax 2002.

ders./Wiemann, Thomas (Hrsg.), Zivilrecht unter europäischem Einfluss, 2. Aufl., Stuttgart (u. a.) 2010. Zitiert: Gebauer/Wiedmann/*Bearbeiter*.

Geier, Anton, Internationales Privat- und Verfahrensrecht in föderalen Systemen, München 2013. Zitiert: *Geier*, Internationales Privat- und Verfahrensrecht in föderalen Systemen.

Geisler, Stephan, Die engste Verbindung im Internationalen Privatrecht, Berlin 2001. Zitiert: *Geisler*, Engste Verbindung.

Gottschalk, Eckart, Allgemeine Lehren des IPR in kollisionsrechtlichen Staatsverträgen, Berlin 2002. Zitiert: *Gottschalk*, Allgemeine Lehren.

Grabitz, Eberhard/Hilf, Meinhard/Nettesheim, Martin, Das Recht der Europäischen Union, 58. Ergänzungslieferung, München 2016. Zitiert: Grabitz/Hilf/Nettesheim/*Bearbeiter*.

Green, Michael S., Legal Realism, Lex Fori, and the Choice-of-Law Revolution, 104 Yale Law Journal (1994–1995), S. 967–994. Zitiert: *Green*, 104 Yale L. J. (1994–1995).

Grünberger, Michael, Alles obsolet? – Anerkennungsprinzip vs. klassisches IPR, in: Leible, Stefan/Unberath, Hannes, Brauchen wir eine Rom-0-Verordnung?, Jena 2013. Zitiert: *Grünberger*, in: Brauchen wir eine Rom-0-Verordnung?

Günther, Hans-Ludwig/Taupitz, Jochen/Kaiser, Peter, Embryonenschutzgesetz, 2. Aufl., Stuttgart 2014. *Zitiert:* Günther/Taupitz/*Kaiser*, ESchG.

Gutzwiller, Max, Der Einfluß Savignys auf die Entwicklung des Internationalprivatrechts, Freiburg (Schweiz) 1923. Zitiert: *Gutzwiller*, Savigny.

ders., Geschichte des Internationalprivatrechts, Basel/Stuttgart 1977. Zitiert: *Gutzwiller*, Geschichte.

ders., Horst Müller: Der Grundsatz des wohlerworbenen Rechts im internationalen Privatrecht, Rabels Zeitschrift für ausländisches und internationales Privatrecht 10 (1936), S. 1056–1066. Zitiert: *Gutzwiller*, RabelsZ 10(1936).

Gutzwiller, Peter Max, Von Ziel und Methode des IPR, Schweizerisches Jahrbuch für Internationales Recht 25 (1968), S. 161–196. Zitiert: *P. M. Gutzwiller*, Schw. Jb. Int. R. 25 (1968).

Handkommentar Bürgerliches Gesetzbuch (Schulze, Reiner (Schriftleitung)), 8. Aufl., Baden-Baden 2014. Zitiert: HK-BGB/*Bearbeiter*.

Handkommentar Lebenspartnerschaftsrecht, Bruns, Manfred/Kemper, Rainer (Hrsg.), 2. Aufl., Baden-Baden 2006. Zitiert: HK-LPartR/*Bearbeiter*.

Hartwieg, Oskar/Korkisch, Friedrich, Die geheimen Materialien zur Kodifikation des deutschen Internationalen Privatrechts, Tübingen 1973. Zitiert: Hartwieg/Korkisch, Die geheimen Materialien zur Kodifikation des deutschen Internationalen Privatrechts.

Hatzimihail, Nikitas E., Bartolus and the Conflict of Laws, RDHI 60 (2007), S. 11–79. Zitiert: *Hatzimihail*, RHDI 60 (2007).

Hauser, Paul, Eingriffsnormen in der Rom I-Verordnung, Tübingen 2012. Zitiert: *Hauser*, Eingriffsnormen.

Hay, Peter/Borchers, Patrick J./Symeonides, Symeon C., Conflict of Laws, 5. Aufl., St. Paul (Minnesota) 2010. Zitiert: *Hay/Borchers/Symeonides*.

Heck, Philipp, Besprechung zu *v. Bar*, Theorie und Praxis des internationalen Privatrechts, 2. Aufl., Zeitschrift für das gesamte Handelsrecht 38 (1891), S. 305–319. Zitiert: *Heck*, ZgesHR 38 (1891).

Heiderhoff, Bettina, Anmerkung zu BGH: Anerkennung eines kalifornischen Urteils zur Elternstellung bei Leihmutterschaft, Neue Juristische Wochenschrift 2015, S. 485. Zitiert: *Heiderhoff*, NJW 2015.

dies., Bestimmungsrecht nach Art. 40 Abs. 1 S. 2 EGBGB und Anwaltshaftung, Praxis des Internationalen Privat- und Verfahrensrechts 2002, S. 366–372. Zitiert: *Heiderhoff*, IPRax 2002.

dies., Das autonome IPR in familienrechtlichen Fragen, Praxis des Internationalen Privat- und Verfahrensrechts 2017. Zitiert: *Heiderhoff*, IPRax 2017.

dies., Der gewöhnliche Aufenthalt von Säuglingen, Praxis des Internationalen Privat- und Verfahrensrechts 2012, S. 523–526. Zitiert: *Heiderhoff*, IPRax 2012.

dies., Ist das Anerkennungsprinzip schon geltendes internationales Familienrecht in der EU?, in: Kronke, Herbert/Thorn, Karsten (Hrsg.), Grenzen überwinden – Prinzipien bewahren, Festschrift für Bernd von Hoffmann, S. 127–138, Bielefeld 2011. Zitiert: *Heiderhoff*, FS Hoffmann.

dies., Rechtliche Abstammung im Ausland geborener Leihmutterkinder, Neue Juristische Wochenschrift 2014, S. 2673–2678. Zitiert: *Heiderhoff*, NJW 2014.

Hein, Jan von, Die Kodifikation des europäischen IPR der außervertraglichen Schuldverhältnisse vor dem Abschluss?, Versicherungsrecht 2007, S. 440–452. Zitiert: *v. Hein*, VersR 2007.

ders., Rück- und Weiterverweisung im neuen deutschen Internationalen Deliktsrecht, Zeitschrift für vergleichende Rechtswissenschaft 99 (2000), S. 251–277. Zitiert: *v. Hein*, ZVglRWiss 99 (2000).

Heller, Kurt, Realtität und Interesse im amerikanischen internationalen Privatrecht, Wien 1983. Zitiert: *Heller*, Realität und Interesse.

Hellner, Michael, Third Country Overriding Mandatory Rules in the Rome I Regulation: Old Wine in New Bottles?, Journal of Private International Law 5 (2009), S. 447–470. Zitiert: *Hellner*, J. Priv. Int. L. 5 (2009).

Helms, Tobias, Anmerkung, Zeitschrift für das gesamte Familienrecht 2015, S. 245–246. Zitiert: *Helms*, FamRZ 2015.

ders., Im Ausland begründete – im Inland unbekannte Statusverhältnisse, Das Standesamt 2012, S. 2–8. Zitiert: *Helms*, StAZ 2012.

ders., Leihmutterschaft – ein rechtsvergleichender Überblick, Das Standesamt 2013, S. 114–119. Zitiert: *Helms*, StAZ 2013.

ders., Primat des Kindeswohls und seine Grenzen im internationalen Kindschaftsrecht, Das Standesamt 2017, S. 1–7. Zitiert: *Helms*, StAZ 2017.

Henrich, Dieter, Anerkennung statt IPR: Eine Grundsatzfrage, Praxis des Internationalen Privat- und Verfahrensrechts 2005, S. 422–424. Zitiert: *Henrich*, IPRax 2005.

ders., Das Kind mit zwei Müttern (und zwei Vätern) im Internationalen Privatrecht, in: Hofer, Sibylle/Klippel, Diethelm/Walter, Ute (Hrsg.), Perspektiven des Familienrechts, Festschrift für Dieter Schwab, S. 1141–1152, Bielefeld 2005. Zitiert: *Henrich*, FS Schwab.

ders., Kollisionsrechtliche Fragen der eingetragenen Lebenspartnerschaft, Zeitschrift für das gesamte Familienrecht 2002, S. 137–144. Zitiert: *Heinrich*, FamRZ 2002.

ders., Leihmütterkinder: Wessen Kinder?, Praxis des Internationalen Privat- und Verfahrensrechts 2015, S. 229–233. Zitiert: *Henrich*, IPRax 2015.

Hepting, Reinhard, Deutsches und Internationales Familienrecht im Personenstandsrecht, Frankfurt a.M/Berlin 2010. Zitiert: *Hepting*, Deutsches und Internationales Familienrecht im Personenstandsrecht.

Herrmann, Günter, Johan Nikolaus Hert und die deutsche Statutenlehre, Berlin 1963. Zitiert: *Herrmann*, Hert.

Hert, Johann Nikolaus, Ioannis Nicolai Hertii, ICTi, antecessoris primarii, senioris et academiae Giessensis cancellarii, commentationum atque opusculorum de selectis et rarioribus ex iurisprudentia universali, publica, feudali et Romana, nec non historia Germanica, argumentis, volumen primum, herausgegeben von Andrae, Johann Benjamin/Hort, Heinrich, Frankfurt am Main 1737. Zitiert: *Hert*, Commentationum atque opusculorum, volumen primum.

Heß, Burkhard, Intertemporales Privatrecht, Tübingen 1998. Zitiert: *Heß*, Intertemporales Privatrecht.

Hessel, Gabriele, Albert A. Ehrenzweigs kollisionsrechtliche Lehren, Frankfurt a.M. 1990. Zitiert: *Hessel*, Ehrenzweig kollisionsrechtliche Lehren.

Heuer, Sebastian, Neue Entwicklungen im Namensrecht, Hamburg 2006. Zitiert: *Heuer*, Neue Entwicklungen im Namensrecht.

Hieb, Anabel, Die gespaltene Mutterschaft im Spiegel des deutschen Verfassungsrechts, Berlin 2005. Zitiert: *Hieb*, Gespaltene Mutterschaft.

Hill, Alfred, Governmental Interest and the Conflict of Laws – A Reply to Professor Currie, 27 University of Chicago Law Review (1960), S. 463–504. Zitiert: *Hill*, 27 U. Chi. L. Rev. (1960).

Hilling, Hans Jürgen, Das kollisionsrechtliche Werk Heinrich Freiherr v. Coccejis (1644–1719), Osnabrück 2002. Zitiert: *Hilling*, Cocceji.

Hoffmann, Bernd von, Sonderanknüpfung zwingender Normen im Internationalen Deliktsrecht, in: Jayme, Erik/Schwab, Dieter (Hrsg.), Festschrift für Dieter Henrich, S. 283–296, Bielefeld 2000. Zitiert: *v. Hoffmann*, FS Henrich.

ders./Thorn, Karsten, Internationales Privatrecht, 9. Aufl., München 2007. *Zitiert: v. Hoffmann/ Thorn*, IPR.

Hök, Götz-Sebastian, Zum Sitz des Rechtsverhältnis beim Bau- und Architektenvertrag, Zeitschrift für deutsches und internationalen Bau- und Vergaberecht 2006, S. 741–745. Zitiert: *Hök*, ZfBR 2006.

Holmes, Oliver Wendell, Collected Legal Papers, London 1920. Zitiert: *Holmes*, Collected Legal Papers.

Hösel, Stefanie, Verstärkte Rechtsunsicherheit bei grenzüberschreitenden Leihmutterschaften, Das Standesamt 2017. Zitiert: *Hösel*, StAZ 2017.

Huber, Peter, Das internationale Deliktsrecht nach der Reform, Juristische Arbeitsblätter 2000, S. 67–73. Zitiert: *Huber*, JA 2000.

Huber, Ulrik, Praelectionum Juris civilis tomi tres: secundum institutiones et digesta Justiniani, Leipzig 1707. Zitiert: *Huber*, Praelectionum Juris civilis, Pars altera.

Jayme, Erik, Ausländische Rechtsregeln und Tatbestand inländischer Sachnormen, in: Jayme, Erik/Kegel, Gerhard (Hrsg.), Gedächtnisschrift für Abert A. Ehrenzweig, S. 35–49, Karlsruhe/Heidelberg 1976. Zitiert: *Jayme*, Gedächtnisschrift Ehrenzweig.

Jayme, Erik/Kohler, Christian, Europäisches Kollisionsrecht 1994: Quellenpluralismus und offene Kontraste, Praxis des Internationalen Privat- und Verfahrensrechts 1994, S. 405–415. *Zitiert: Jayme/Kohler*, IPRax 1994, S.

dies., Europäisches Kollisionsrecht 2001: Anerkennung statt IPR?, Praxis des Internationalen Privat- und Verfahrensrechts 2001, S. 501–514. Zitiert: *Jayme/Köhler*, IPRax 2001.

dies., Europäisches Kollisionsrecht 2004: Territoriale Erweiterung und methodische Rückgriffe, Praxis des Internationalen Privat- und Verfahrensrechts 2004, S. 481–493. Zitiert: *Jayme/Kohler*, IPRax 2004.

Joerges, Christian, Zum Funktionswandel des Kollisionsrechts, Tübingen 1971. Zitiert: *Joerges*, Funktionswandel.

Juenger, Friedrich K., A Third Conflicts Restatement, 75 Indiana Law Journal (2000), S. 403–416. Zitiert: *Juenger*, 75 Ind. L. J. (2000).

Juenger, Friedrich K., Choice of Law and Multistate Justice, Dordrecht (Niederlande) 1993. Zitiert: *Juenger*, Choice of Law and Multistate Justice.

ders., Choice of Law in Interstate Torts, 118 University of Pennsylvania Law Review (1969), S. 202–235. Zitiert: *Juenger*, 118 U. Pa. L. Rev. (1969).

ders., Conflict of Laws: A Critique of Interest Analysis, 32 American Journal of Comparative Law (1984), S. 1–50. Zitiert: *Juenger*, 32 Am. J. Comp. L. (1984).

ders., Zum Wandel des Internationalen Privatrechts, Karlsruhe 1974. Zitiert: *Juenger*, Wandel.

Junker, Abbo, Internationales Arbeitsrecht im Konzern, Tübingen 1992. Zitiert: *Junker*, Internationales Arbeitsrecht im Konzern.

ders., Kollisionsnorm und Sachrecht im IPR der unerlaubten Handlung, in: Michaels, Ralf/ Solomon, Dennis (Hrsg.), Liber Amicorum Klaus Schurig, S. 81–96, München 2012. Zitiert: *Junker*, liber amicorum Schurig.

Juris Praxiskommentar BGB (Gesamthrsg.: Herberger, Maximilian/Martinek, Michael/Rüßmann, Helmut/Weth, Stephan), Band 6 – Internationales Privatrecht, 7. Aufl., 2014. Zitiert: jurisPK/*Bearbeiter*.

Kahn, Franz, Abhandlungen zum internationalen Privatrecht, herausgegeben von Lenel, Otto, Band 1, München/Leipzig 1928. Zitiert: *Kahn*, Abhandlungen zum IPR, Band 1.

Kaiser, Dagmar, Elternglück durch Fremdspende und Leihmutterschaft?, in: Götz, Isabell/ Schwenzer, Ingeborg H./Seelmann, Kurz (Hrsg.), Familie – Recht – Ethik, Festschrift für Gerd Brudermüller zum 65. Geburtstag, S. 357–370, München 2014. Zitiert: *Kaiser*, FS Brudermüller.

Kanowitz, Leo, Comparative Impairment and Better Law: Grand Illusions in the Conflict of Laws, 30 Hastings Law Journal (1978–1979), S. 255–300. Zitiert: *Kanowitz*, 30 Hastings L. J. (1978).

Kaufmann, Horst, Zur Geschichte der internationalprivatrechtlichen Vorbehaltsklausel von den Glossatoren bis Bartolus, in: Wilhelm, Walter (Hrsg.), Studien zur europäischen Rechtsgeschichte [Helmut Coing zum 28. Februar 1972 von seinen Schülern und Mitarbeitern], S. 66–87, Frankfurt a. M. 1972. Zitiert: *Kaufmann*, FS Coing.

Kay, Herma Hill, A Defence of Currie's Governmental Interest Analysis, Recueil des Cours 215 (1989 III), S. 19–198. Zitiert: *Kay*, Rec. des Cours 215 (1989 III).

dies., Book Review: The Law of Multistate Problems, 18 Journal of Legal Education (1966), S. 341–350. Zitiert: *Kay*, 18 Journal of Legal Education (1966).

Kegel, Gerhard, Begriffs- und Interessenjurisprudenz im Internationalen Privatrecht, in: Basler Juristische Fakultät (Hrsg.), Festschrift Hans Lewald, S. 259–288, Basel 1953. Zitiert: *Kegel*, FS Lewald.

ders., Der Gegenstand des internationalen Privatrechts, in: Ipsen, Hans-Peter (Hrsg.), Festschrift für Leo Raape zu seinem siebzigsten Geburtstag 14. Juni 1948, S. 13–33, Hamburg 1948. Zitiert: *Kegel*, FS Raape.

ders., Die selbstgerechte Sachnorm, in: Jayme, Erik/Kegel, Gerhard (Hrsg.), Gedächtnisschrift für Abert A. Ehrenzweig, S. 35–49, Karlsruhe/Heidelberg 1976. Zitiert: *Kegel*, Gedächtnisschrift Ehrenzweig.

ders., Fundamental Approaches, in: Lipstein, Kurt (Hrsg.), International Encyclopedia of Comparative Law, Volume III, Part 1, Tübingen 2011. Zitiert: *Kegel,* I.E.C.L., III/1, 1986.

ders., The Crisis of Conflict of Laws, Recueil des Cours 112 (1964 II), S. 95–263. Zitiert: *Kegel,* Rec. des Cours 112 (1964 II).

ders., Vaterhaus und Traumhaus, in: Sandrock, Otto (Hrsg.), Festschrift für Günther Beitzke zum 70. Geburtstag, S. 615–633, Berlin/New York 1979. Zitiert: *Kegel,* FS Beitzke.

ders./Schurig, Klaus, Internationales Privatrecht, 9. Aufl., München 2004. Zitiert: *Kegel/ Schurig,* IPR.

Keller, Max/Siehr, Kurt, Allgemeine Lehren des internationalen Privatrechts, Zürich 1986. Zitiert: *Keller/Siehr,* Allgemeine Lehren des IPR.

Kemper. Rainer, Die Lebenspartnerschaft in der Entwicklung – Perspektiven für die Weiterentwicklung des Lebenspartnerschaftsrechts nach dem Urteil des BVerfG vom 17.7. 2002, Familie Partnerschaft Recht 2002, S. 1–5. Zitiert: *Kemper,* FPR 2003.

Kisker, Gunter, Die Rückwirkung von Gesetzen, Tübingen 1963. Zitiert: *Kisker,* Rückwirkung von Gesetzen.

Klinke, Ulrich, Europa und Zivilrecht heute – eine Skizze, in: Michaels, Ralf/Solomon, Dennis (Hrsg.), Liber Amicorum Klaus Schurig, S. 105–119, München 2012. Zitiert: *Klinke,* liber amicorum Schurig.

Köhler, Andreas, Eingriffsnormen – Der „unfertige Teil" des europäischen IPR, Tübingen 2013. Zitiert: *Köhler,* Eingriffsnormen.

ders., Examinatorium Internationales Privatrecht, Baden-Baden 2016. Zitiert: *Köhler,* IPR.

Korkisch, Friedrich, Der Staatsangehörigkeitsgrundsatz im Kollisionsrecht, in: Caemmerer, Ernst von/Nikisch, Arthur/Zweigert, Konrad (Hrsg.), Vom Deutschen zum Europäischen Recht, Festschrift für Hans Dölle, Band 2, S. 87–104, Tübingen 1963. Zitiert: *Korkisch,* FS Dölle, Band 2.

Kramer, Ernst A., Juristische Methodenlehre, 4. Aufl., München (u. a.) 2013. Zitiert: *Kramer,* Juristische Methodenlehre.

Kreittmayer, Wiguläus Xaver Aloys von, Anmerkungen über den Codicem Maximilianeum Bavaricum civilem, München 1759. Zitiert: *Kreittmayer,* Anmerkungen über den Codicem Maximilianeum Bavaricum civilem.

Kreuzer, Karl, Die Vollendung der Kodifikation des deutschen Internationalen Privatrechts durch das Gesetz zum Internationalen Privatrecht der außervertraglichen Schuldverhältnisse und Sachen vom 21.5.1999, Rabels Zeitschrift für ausländisches und internationales Privatrecht 65 (2001), S. 383–462. Zitiert: *Kreuzer,* RabelsZ 65 (2001).

Kropholler, Jan, Internationales Privatrecht, 6. Aufl., Tübingen 2006. Zitiert: *Kropholler,* IPR.

Kühne, Gerhard, Internationales Privatrecht im 20. Jahrhundert – Der Einfluss von Gerhard Kegel und Alexander Lüderitz auf das Kollisionsrecht, Zeitschrift für Vergleichende Rechtswissenschaft 114 (2015), S. 355–366. Zitiert: *Kühne,* ZVglRWiss 114 (2015).

Kühne, Gunther, Entsavignysierung des Internationalen Privatrechts, in: Lorenz, Stephan/ Trunk, Alexander/Eidenmüller, Horst/Wendehorst, Christiane/Adoff, Johannes, Festschrift für Andreas Heldrich zum 70. Geburtstag, S. 815–830, München 2005. Zitiert: *Kühne,* FS Henrich.

ders., Die Parteiautonomie zwischen kollisionsrechtlicher und materiellrechtlicher Gerechtigkeit, in: Krüger, Hilmar/Mansel, Heinz-Peter (Hrsg.), Liber amicorum Gerhard Kegel, S. 65–82, München 2002. Zitiert: *Kühne,* liber amicorum Kegel.

ders., Methodeneinheit und Methodenvielfalt im Internationalen Privatrecht, in: Michaels, Ralf/Solomon, Dennis (Hrsg.), Liber Amicorum Klaus Schurig, S. 129–146, München 2012. Zitiert: *Kühne*, liber amicorum Schurig, S.

Kuipers, Jan-Jaap, Cartesio and Grunkin-Paul: Mutual Recognition as a Vested Rights Theory based on Party Autonomy in Private Law, European Journal of Legal Studies 2009, S. 66–97. Zitiert: *Kuipers*, Eur. J. of Legal Studies 2009.

Küppers, Wolfhard, Die zivilrechtlichen Folgen der entgeltlichen Tragemutterschaft, Frankfurt a. M. (u. a.) 1989. Zitiert: *Küppers*, Entgeltliche Tragemutterschaft.

Lagarde, Paul, Die Leihmutterschaft, Probleme des Sach- und des Kollisionsrechts. Zeitschrift für Europäisches Privatrecht 2015, S. 233–240. Zitiert: *Lagarde*, ZEuP 2015.

Larenz, Karl, Methodenlehre der Rechtswissenschaft, 6. Aufl., Berlin 1991. Zitiert: *Larenz*, Methodenlehre.

Lauterbach, Wolfgang Adam, Collegium theoretico-practicum ad quinquaginta libros Pandectarum, tomus secundus (lib. XX usque ad lib. XXXIXnum), Tübingen 1764. Zitiert: *Lauterbach*, Collegium theoretico-practicum pandectarum, Bd. 2.

Leflar, Robert A., American Conflicts Law, 3. Aufl., Indianapolis (u. a.) 1977. Zitiert: *Leflar*, American Conflicts Law.

ders., Choice-Influencing Considerations in Conflicts Law, 41 New York University Law Review (1966), S. 267–327. *Zitiert: Leflar*, 41 N.Y.U.L. Rev. (1966).

ders., Conflicts Law: More on Choice-Influencing Considerations, 54 California Law Review (1966), S. 1584–1598. Zitiert: *Leflar*, 54 Cal. L. Rev. (1966).

Lehmann, Matthias, Savigny und die Rom I-Verordnung, in: Bernheuter, Jörn/Freitag, Robert/Leible, Stefan/Sippel, Harald/Wanitzek, Ulrike (Hrsg.), Festschrift für Ulrich Spellenberg, S. 245–260, München 2010. Zitiert: *Lehmann*, FS Spellenberg.

ders./Duszek, André, Grundfälle zur Rom II-VO, Juristische Schulung 2012, S. 681–686. Zitiert: *Lehmann/Duszek*, JuS 2012.

Leible, Stefan, Das Herkunftslandprinzip im IPR – Fata Morgana oder neue Metaregel?, in: Nordmeier, Annette (Hrsg.), Neue Entwicklungen in der Dienstleistungs- und Warenverkehrsfreiheit, S. 71–88, Baden-Baden 2002. Zitiert: *Leible*, in: Neue Entwicklungen in der Dienstleistungs- und Warenverkehrsfreiheit.

ders., Parteiautonomie im IPR, in: Mansel, Heinz-Peter/Pfeiffer, Thomas/Kronke, Herbert/Kohler, Christian/Hausmann, Reiner (Hrsg.), Festschrift für Erik Jayme, Band 1, S. 485–503, München 2004. Zitiert: *Leible*, FS Jayme.

ders., /Lehmann, Matthias, Die neue EG-Verordnung über das auf außervertragliche Schuldverhältnisse anzuwendende Recht („Rom II"), Recht der Internationalen Wirtschaft 2007, S. 721–735. Zitiert: *Leible/Lehmann*, RIW 2007.

Lescastereyres, Isabelle Rein, Recognition of the parent-child relationship as a result of surrogacy and the best interest of the child, ERA Forum 2015 (Recent case law of the European Court of Human Rights in familiy matters), S. 149–162. Zitiert: *Lescastereyres*, ERA Forum (2015).

Lewald, Hans, Règles générales des conflits de lois, Basel 1941. Zitiert: *Lewald*, Règles générales.

Lipert, Karl, Historischer Statutismus und Neostatutismus der USA: Albert A. Ehrenzweig; Brainerd Currie; Robert Leflar; von Mehren/Trautmann; David F. Cavers, Zürich 1979. Zitiert: *Lipert*, Historischer Statutismus und Neostatutismus.

Lipstein, Kurt, Principles of the Conflict of Laws, National and International, Den Haag 1981. Zitiert: *Lipstein*, Principles.

Looschelders, Dirk, Alternative und sukzessive Anwendung mehrerer Rechtsordnungen nach dem neuen internationalen Kindschaftsrecht, Praxis des Internationalen Privat- und Verfahrensrechts 1999, S. 420–426. Zitiert: *Looschelders*, IPRax 1999.

ders., Die Beurteilung von Straßenverkehrsunfällen mit Auslandsberührung nach dem neuen internationalen Deliktsrecht, Versicherungsrecht 1999, S. 1316–1324. Zitiert: *Looschelders*, VersR 1999.

ders., Internationales Privatrecht – Art. 3–46 EGBGB, Berlin/Heidelberg 2004. Zitiert: *Looschelders*, IPR.

Lorenz, Egon, Buchbesprechung: Deutsches internationales Privatrecht im 16. und 17. Jahrhundert, Erster Band: Materialien, Übersetzungen, Anmerkungen, Praxis des Internationalen Privat- und Verfahrensrecht 1997, S. 204–205. Zitiert: *E. Lorenz*, IPRax 1997.

ders., Das Dotalstatut in der italienischen Zivilrechtslehre des 13. bis 16. Jahrhunderts, Köln/Graz 1965. Zitiert: *E. Lorenz*, Das Dotalstatut in der italienischen Zivilrechtslehre des 13. bis 16. Jahrhunderts.

ders., Verweisungsrecht und Statutentheorie im mittelalterlichen Oberitalien: Ein Beitrag zur Geschichte des modernen internationalen Privatrechts, in: Rauscher, Thomas (Hrsg.), Festschrift für Werner Lorenz zum 80. Geburtstag, S. 357–377, München 2001. Zitiert: *E. Lorenz*, FS Werner Lorenz.

ders., Zur Struktur des internationalen Privatrechts, Berlin 1977. Zitiert: *E. Lorenz*, Struktur.

Lorenzen, Ernest G., Huber's De Conflictu Legum, 13 Illinois Law Review (1918–1919), S. 375–418. Zitiert: *Lorenzen*, 13 Ill. L. R. 375 (1918–1919).

ders., Territoriality, Public Policy and the Conflict of Laws, 33 Yale Law Journal (1924), S. 736–751. Zitiert: *Lorenzen*, 33 Yale L. J. (1924).

Louw, Anne, Lesbian parentage and known donors: Where in the world are we?, South African Law Journal 2016 (Volume 113), S. 1–16. Zitiert: *Louw*, 2016 SALJ.

Lubrich, Mirjam, Anmerkung zu EuGH, Urt. V. 17.10.2013, Rs. C-218/12 Emrek./.Sabranovic, Zeitschrift für Gemeinschaftsprivatrecht 2014, S. 116–119. Zitiert: *Lubrich*, GPR 2014.

Lüderitz, Alexander, Anknüpfung im Parteiinteresse, in: Lüderitz, Alexander/Schröder, Jochen (Hrsg.), Internationalen Privatrecht und Rechtsvergleichung im Ausgang des 20. Jahrhunderts, S. 31–54, Frankfurt a. M. 1977. Zitiert: *Lüderitz*, FS Kegel 1977.

ders., Internationales Privatrecht, 2. Aufl., Neuwied/Kiftel/Berlin 1992. Zitiert: *Lüderitz*, IPR.

Lurger, Brigitta, Das österreichische IPR bei Leihmutterschaft im Ausland – das Kindeswohl zwischen Anerkennung, europäischen Grundrechten und inländischem Leihmutterschaftsverbot, Praxis des Internationalen Privat- und Verfahrensrechts 2013, S. 282–289. Zitiert: *Lurger*, IPRax 2013.

Magnus, Ulrich, Die Rom I-Verordnung, Praxis des Internationalen Privat- und Verfahrensrechts 2010, S. 27–44. Zitiert: *Magnus*, IPRax 2010.

Mangoldt, Herrmann von/Klein, Friedrich/Starck, Christian, Grundgesetzkommentar, herausgegeben von Starck, Christian, Band 1, 6. Aufl., München 2010. Zitiert: Mangoldt/Klein/*Bearbeiter*.

Mankowski, Peter, Ausgewählte Einzelfragen zur Rom II-VO: Internationales Umwelthaftungsrecht, internationales Kartellrecht, renvoi, Parteiautonomie, Praxis des Internationalen Privat- und Verfahrensrechts 2010, S. 389–402. Zitiert: *Mankowski*, IPRax 2010.

ders., Das Bündelungsmodell im Internationalen Privatrecht, in: Michaels, Ralf/Solomon, Dennis (Hrsg.), Liber Amicorum Klaus Schurig, S. 159–179, München 2012. Zitiert: *Mankowski*, liber amicorum Schurig.

ders., Die Rom I-Verordnung – Änderungen im europäischen IPR der Schuldverträge, Internationales Handelsrecht 2008, S. 133–152. Zitiert: *Mankowksi*, IHR 2008.

ders., Drittstaatliche Embargonormen, Außenpolitik im IPR, Berücksichtigung von Fakten statt Normen: Art. 9 Abs. 3 Rom I-VO im praktischen Fall, Praxis des Internationalen Privat- und Verfahrensrechts 2016, S. 485–493. Zitiert: *Mankowski*, IPRax 2016.

ders., Primärrechtliche Anerkennungspflicht im Internationalen Familienrecht?, in: Hilbig-Lugani, Katharina/Jakob, Dominique/Mäsch, Gerald/Reuß, Philipp M./Schmid, Christoph (Hrsg.), Zwischenbilanz – Festschrift für Dagmar Coester-Waltjen, S. 571–585, Bielefeld 2015. Zitiert: *Mankowski*, FS Coester-Waltjen.

ders./Höffmann, Friederike, Scheidung ausländischer gleichgeschlechtlicher Ehen in Deutschland?, Praxis des Internationalen Privat- und Verfahrensrechts 2011, S. 247–254. Zitiert: *Mankowski/Höffmann*, IPRax 2011.

Mansel, Heinz-Peter, Anerkennung als Grundprinzip des Europäischen Rechtsraums, Rabels Zeitschrift für ausländisches und internationales Privatrecht 70 (2006). S. 651–731. Zitiert: *Mansel*, RabelsZ 70 (2006).

ders., Substitution im deutschen Zwangsvollstreckungsrecht – Zur funktionellen Rechtsvergleichung bei der Sachrechtsauslegung, in: Pfister. Bernhard/Will, Michael R. (Hrsg.), Festschrift für Werner Lorenz, S. 689–715, Tübingen 1991. Zitiert: *Mansel*, FS W. Lorenz.

Mansel, Heinz-Peter/Thorn, Karsten/Wagner, Rolf, Europäisches Kollisionsrecht 2010: Verstärkte Zusammenarbeit als Motor der Vereinheitlichung?, Praxis des Internationalen Verfahrensrechts 2011, S. 1–30. Zitiert: *Mansel/Thorn/Wagner* IPRax 2011.

dies., Europäisches Kollisionsrecht 2016: Brexit ante portas, Praxis des Internationalen Verfahrensrechts 2016, S. 1–39. Zitiert: *Mansel/Thorn/Wagner* IPRax 2016.

Martiny, Dieter, Neuanfang im Europäischen Internationalen Vertragsrecht mit der Rom I-Verordnung, Zeitschrift für Europäisches Privatrecht 2010, S. 747–782. Zitiert: *Martiny*, ZEuP 2010.

Mauer, Reinhold, EuGH-Vorlage zur Anwendbarkeit der Rom I-VO auf vor dem 17.12.2009 begründete Arbeitsverhältnisse, jurisPR Arbeitsrecht 2015. Zitiert: *Mauer*, jurisPR ArbR 42/2015 Anm.

Maultzsch, Felix, Griechische Spargesetze und Internationales Privatrecht der Rom I-Verordnung – Nikiforidis, Europäische Zeitschrift für Arbeitsrecht 2017, S. 241–255. Zitiert: *Maultzsch*, EuZA 2017.

ders., Rechtswahl und ius cogens im Internationalen Schuldvertragsrecht, Rabels Zeitschrift für ausländisches und internationales Privatrecht 75 (2011), S. 61–101. Zitiert: *Maultzsch*, RabelsZ 75 (2011).

Maunz, Theodor/Dürig, Günter, Grundgesetz Kommentar, 77. Ergänzungslieferung, München 2016. Zitiert: Maunz/Dürig/*Bearbeiter*.

Mayer, Claudia, *Ordre public* und Anerkennung der rechtlichen Elternschaft in internationalen Leihmutterschaftsfällen, Rabels Zeitschrift für ausländisches und internationales Privatrecht 78 (2014), S. 551–591. Zitiert: *Mayer*, RabelsZ 78 (2014).

dies., Sachwidrige Differenzierungen in internationalen Leihmutterschaftsfällen, Praxis des Internationalen Privat- und Verfahrensrechts 2014, S. 57–62. Zitiert: *Mayer*, IPRax 2014.

McClintock, H. L., Beale on the Conflict of Laws, 84 University of Pennsylvania Law Review (1936), S. 309–326. Zitiert: *McClintock*, 84 U. Pa. L. Rev. (1936).

McDougal, Luther L., Comprehensive Interest Analysis Versus Reformulated Governmental Interest Analysis: An Appraisal in the Context of Choice-of-Law Problems Concerning Contributory and Comparative Negligence, 26 University of California Law Review (1979), S. 439–483. Zitiert: *McDougal*, 26 UCLA L. Rev. (1979).

Medicus, Dieter, Das fremde Kind – Komplikationen bei „Leihmutterschaften", Juristische Ausbildung 1986, S. 302–306. Zitiert: *Medicus*, Jura 1986.

Mehren, Arthur Taylor von/Trautmann, Donald Theodore, The Law of Multistate Problems, Boston/Toronto 1965. Zitiert: *v. Mehren/Trautmann*, The Law of Multistate Problems.

Meijers, Eduard Maurits, L'Histoire des Principes Fondamentaux du Droit International Privé a Partir du Moyen Age, Recueil des Cours 1934 III, S. 547–686. Zitiert: *Meijers*, Rec. des Cours 49 (1934 III).

Meili, Friedrich, Argentraeus und Molinaeus und ihre Bedeutung im internationalen Privat- und Strafrecht, Zeitschrift für internationales Privat- und Strafrecht 5 (1895), S. 363–380, 452–472, 554–566. Zitiert: *Meili*, ZIR 5 (1895).

ders., Die Abhandlungen von Bartolus und Baldus über das internationale Privat- und Strafrecht, Zeitschrift für Internationales Privat- und Strafrecht 4 (1894), S. 258–269, 346, 446–473. Zitiert: *Meili*, Bartolus und Baldus, ZIR 4 (1894).

ders., Die Kodifikation des internationalen Civil- und Handelsrechts, Leipzig 1891. Zitiert: *Meili*, Die Kodifikation des internationalen Civil- und Handelsrechts.

ders., Ein Specimen aus der holländischen Schule des internationalen Privatrechts, Zeitschrift für internationales Privat- und Strafrecht 8 (1898). S. 189–200. Zitiert: *Meili*, Huber, ZIR 8 (1898).

Melchior, George, Die Grundlagen des deutschen internationalen Privatrechts, Berlin/Leipzig 1932. Zitiert: *Melchior*, Grundlagen.

Mennicken, Axel, Das Ziel der Gesetzesauslegung, Bad Homburg v.d.H./Berlin/Zürich 1970. Zitiert: *Mennicken*, Ziel der Gesetzesauslegung.

Mevius, David von, Viri Illustris Davidis Mevii, Juris Consulti incomparabilis, et tribunalis, quod Vismariae est, summi, Vice-Praesidis, Commentarii in Jus Lubecense, Libri quinque, Francofurti et Lipsae, 1744. Zitiert: *Mevius*, Commentarii in Jus Lubencense.

Michaels, Ralf, Die europäische IPR-Revolution, in: Baetge, Dietmar/v. Hein, Jan/v. Hinden, Michaels, Ralf (Hrsg.), Die richtige Ordnung: Festschrift für Jan Kropholler, S. 151–172, Tübingen 2008. Zitiert: *Michaels*, FS Kropholler.

ders., Die Struktur der kollisionsrechtlichen Durchsetzung einfach zwingender Normen, in: Michaels, Ralf/Solomon, Dennis (Hrsg.), Liber Amicorum Klaus Schurig, S. 191–210, München 2012. Zitiert: *Michaels*, liber amicorum Schurig.

ders., EU Law as Private International Law? Reconceptualising the Contry-of-Origin Principle as Vested-Rights Theory, Journal of Private International Law 2 (2006), S. 195–237. Zitiert: *Michaels*, J. of Priv. Int. L. 2 (2006).

ders., The New European Choice-of-Law Revolution, 82 Tulane Law Review (2008), S. 1607–1644. Zitiert: *Michaels*, 82 Tul. L. Rev. (2008).

Mohrenfels, Peter Winkler von, in: Arkan, Sabih/Yongalik, Aynur (Hrsg.), Festschrift Tugrul Ansay, S. 527–539, The Netherlands 2006. Zitiert: *V. Mohrenfels*, FS Ansay.

Möhrsdorf-Schulte, Juliana, Europäische Impulse für Namen und Status des Mehrstaaters, Praxis des Internationalen Privat- und Verfahrensrechts 2004, S. 315–326. Zitiert: *Möhrsdorf-Schulte*, IPRax 2004.

Moller, Daniel, Semestrium Libri Quinque, Editio Secundo, Lipsiae 1598. Zitiert: *Moller*, Semestrium Libri Quinque.

Möller, Kai, Der Ehebegriff des Grundgesetzes und die gleichgeschlechtliche Ehe, Die öffentliche Verwaltung 2005, S. 64–71. Zitiert: *Möller*, DÖV 2005.

Mühl, Margarete, „Proper Law of the tort" im amerikanischen Kollisionsrecht, Versicherungsrecht 1973, S. 1088–1099. Zitiert: *Mühl*, VersR 1973.

dies., Die Lehre vom „besseren" und „günstigeren" Recht im Internationalen Privatrecht, München 1982. Zitiert: *Mühl*, Lehre vom besseren Recht.

Müller, Horst: Der Grundsatz des wohlerworbenen Rechts im internationalen Privatrecht, Hamburg 1935. Zitiert: *Müller*, Grundsatz des wohlerworbenen Rechts.

Müller-Freienfels, Wolfram, „Witwen"rente nach Nicht-Ehe auf Grund der Verfassung?, JuristenZeitung 1983, S. 230–237. Zitiert: *Müller-Freienfels*, JZ 1983.

ders., Sozialversicherungs-, Familien- und Internationalprivatrecht und das Bundesverfassungsgericht, Heidelberg 1984. Zitiert: *Müller-Freienfels*, Sozialversicherungs-, Familien- und Internationalprivatrecht und das Bundesverfassungsgericht.

Münchener Kommentar zum Bürgerlichen Gesetzbuch (Hrsg.: Säcker, Franz Jürgen/Rixecker, Roland/Oetker, Hartmut/Limperg, Bettina):
- Band 8: Familienrecht II, 6. Aufl., München 2012.
- Band 10: Internationales Privatrecht I, 6. Aufl., München 2015.
- Band 10: Einführungsgesetz zum Bürgerlichen Gesetzbuch (Art. 1–38), Internationales Privatrecht, 3. Aufl., München 1998.
- Band 11: Internationales Privatrecht II, 6. Aufl., München 2015.
Zitiert: MüKo/*Bearbeiter*.

Nadelmann, Kurt H., Some Historical Notes on the Doctrinal Sources of American Conflicts Law, in: Juristische Fakultät der Universität Freiburg (Schweiz) (Hrsg.), Ius et Lex – Festgabe zum 70. Geburtstag von Max Gutzwiller, S. 261–283, Basel 1959. Zitiert: *Nadelmann*, Festgabe für Gutzwiller.

Nawiasky, Hans, Allgemeine Rechtslehre als System der rechtlichen Grundbegriffe, Einsiedeln/Zürich/Köln 1948. Zitiert: *Nawiasky*, Allgemeine Rechtslehre.

Neuhaus, Paul Heinrich, Die Grundbegriffe des Internationalen Privatrechts, 2. Aufl., Tübingen 1976. Zitiert: *Neuhaus*, Grundbegriffe.

ders., Savigny und die Rechtsfindung aus der Natur der Sache, Rabels Zeitschrift für ausländisches und internationales Privatrecht 15 (1949/50), S. 364–381. Zitiert: *Neuhaus*, RabelsZ 15 (1949/50).

Niboyet, Jean Paulin, Traité de droit international privé, Paris 1944. Zitiert: *Niboyet*, Traité de droit international privé, Bd. III.

Niederer, Werner, Einführung in die allgemeinen Lehren des internationalen Privatrechts, 2. Aufl., Zürich 1956. Zitiert: *Niederer*, Einführung.

Niemayer, Theodor, Das in Deutschland geltende Internationale Privatrecht, Leipzig 1894. Zitiert: *Niemayer*, Das in Deutschland geltende IPR.

Nojack, Jana, Exklusivnormen im IPR, Tübingen 2005. Zitiert: *Nojack*, Exklusivnormen.

Nomos Kommentar BGB (Gesamthrsg.: Dauner-Lieb, Barbara/Heidel, Thomas/Ring, Gerhard):
- Band 1 (Hrsg.: Heidel, Thomas/Hüßtege, Reiner/Mansel, Heinz-Peter/Noack, Ulrich): Allgemeiner Teil und EGBGB, 3. Aufl., Baden-Baden 2016
- Band 2 (Hrsg.: Hüßtege, Reiner/Mansel, Heinz-Peter): Rom-Verordnungen, EuErbVO und HUP, Baden-Baden 2. Aufl. 2016
Zitiert: NK/*Bearbeiter*.

Nordmeier, Carl Friedrich, Stand, Perspektiven und Grenzen der Rechtslagenanerkennung im europäischen Rechtsraum anhand Entscheidungen mitgliedstaatlicher Gerichte, Praxis des Internationalen Privat- und Verfahrensrechts 2012, S. 31–40. Zitiert: *Nordmeier*, IPRax 2012.

ders., Unionsbürgerschaft, EMRK und ein Anerkennungsprinzip: Folgen der namensrechtlichen EuGH-Rechtsprechung für Statusentscheidungen, Das Standesamt 2011, S. 129–140. Zitiert: *Nordmeier*, StAZ 2011.

Oppermann, Thomas/Classen, Claus Dieter/Nettesheim, Martin, Europarecht, 7. Aufl., München 2016. Zitiert: *Oppermann/Classen/Nettesheim*, Europarecht.

Ottersbach, Karin, Rechtsmißbrauch bei den Grundfreiheiten des europäischen Binnenmarkts, Baden-Baden 2001. Zitiert: *Ottersbach*, Rechtsmißbrauch.

Palandt, Bürgerliches Gesetzbuch, 75. Aufl., München 2016. Zitiert: Palandt/*Bearbeiter*.

Perner, Stefan, Grundfreiheiten, Grundrechte-Charta und Privatrecht, Tübingen 2013. Zitiert: *Perner*, Grundfreiheiten, Grundrechte-Charta und Privatrecht.

Pfeiffer, Leopold, Das Prinzip Des Internationalen Privatrechts, Stuttgart 1851. Zitiert: *Pfeiffer*, Das Prinzip Des Internationalen Privatrechts.

Pfeiffer, Thomas, Berücksichtigung griechischer Spargesetze als Eingriffsnorm, Zeitschrift für Internationales Wirtschaftsrecht 2017, S. 38. Zitiert: *Pfeiffer*, IWRZ 2017.

ders., Datumtheorie und „local" data" in der Rom II-VO – am Beispiel von Straßenverkehrsunfällen, in: Michaels, Ralf/Solomon, Dennis (Hrsg.), Liber Amicorum Klaus Schurig, S. 229–236, München 2012. Zitiert: *Pfeiffer*, liber amicorum Schurig.

ders., Neues Internationales Vertragsrecht (Zur Rom I-Verordnung), Europäische Zeitschrift für Wirtschaftsrecht 2008, S. 622–629. Zitiert: *Pfeiffer*, EuZW 2008.

Pillet, Antoine, Traité pratique de droit international privé, Band 1, Paris 1923. Zitiert: *Pillet*, Traité, Band 1.

Potacs, Michael, Effet utile als Auslegungsgrundsatz, Europarecht 2009, S. 465–487. Zitiert: *Potacs*, EuR 2009.

Pötting, Irene, Die Beachtung forumsfremder Eingriffsnormen bei vertraglichen Schuldverhältnissen nach europäischem und Schweizer IPR, Frankfurt a.M. (u.a.) 2012. Zitiert: *Pötting*, Beachtung forumsfremder Eingriffsnormen.

Prütting, Hanns/Wegen, Gerhard/Weinreich, Gerd (Hrsg.), Kommentar zum Bürgerlichen Gesetzbuch, 11. Aufl., Köln 2016. Zitiert: Prütting/Wegen/Weinreich/*Bearbeiter*.

Raape, Leo, Internationales Privatrecht, 5. Aufl., Berlin und Frankfurt a.M. 1961. Zitiert: *Raape*, IPR, 5. Aufl.

Rauscher, Thomas (Hrsg.): Europäisches Zivilprozess- und Kollisionsrecht, Band III (Rom I-VO/Rom II-VO), 4. Aufl., Köln 2016. Zitiert: Rauscher/*Bearbeiter*.

ders., Buchbesprechung zu Heß, Intertemporales Privatrecht, Rabels Zeitschrift für ausländisches und internationales Privatrecht 65 (2001), S. 126–137. Zitiert: *Rauscher*, RabelsZ 65 (2001).

ders., Internationales Privatrecht, 5. Aufl., Heidelberg 2017. Zitiert: *Rauscher*, IPR.

Rehbinder, Eckard, Zur Politisierung des Internationalen Privatrecht, JuristenZeitung 1973, S. 151–158. Zitiert: *Rehbinder*, JZ 1973.

Reithmann, Christoph/Martiny, Dieter (Hrsg.), Internationales Vertragsrecht, 8. Aufl., Köln 2015. Zitiert: Reithmann/Martiny/*Bearbeiter*.

Rentsch, Bettina, Krisenbewältigung durch konstitutionalisiertes Kollisionsrecht, oder: Eingriffsrecht als integraler Bestandteil des europäischen IPR in: Bauerschmidt, Jonathan/ Fassbender, Bardo/Müller, Michael Wolfgang/Siehr, Angelika/Unseld, Christopher (Hrsg.), Konstitutionalisierung in Zeiten globaler Krisen, S. 255–300, Baden-Baden 2015. Zitiert: *Rentsch*, in: Konstitutionalisierung in Zeiten globaler Krisen.

Restatement of the Law Second: Conflict of Laws, American Law Institute (Hrsg.), Volume 1, St. Paul (Minnesota) 1971. Zitiert: Restatement Second, Conflict of Laws.

Reuß, Philipp M., Gestaltung des europäischen abstammungsrechtlichen Kaleidoskops – Einige Überlegungen zur Anerkennung der niederländischen Duo-Mutterschaft in Deutschland, in: Hilbig-Lugani, Katharin/Jakob, Dominique/Mäsch, Gerald/Reuß, Philipp M./ Schmid, Christoph (Hrsg.), Zwischenbilanz: Festschrift für Dagmar Coester-Waltjen, S. 681–696, Bielefeld 2015. Zitiert: *Reuß*, FS Coester-Waltjen.

Reuter, Stefan, Das Rechtsverhältnis im internationalen Privatrecht bei Savigny, im Erscheinen. Zitiert: *Reuter*, Das Rechtsverhältnis im internationalen Privatrecht bei Savigny (A.I.1.) (im Erscheinen).

Richter, Christopher Philipp, Tractatus De Jure Et Ordine Successionis Ab Intestato, Editio Tertia, Jena 1658. Zitiert: *Richter*, Tractatus De Successione ab intesto, Proömium.

Rieks, Julia, Anerkennung im Internationalen Privatrecht, Baden-Baden 2012. Zitiert: *Rieks*, Anerkennung.

Rodenburg, Christian, Tractatus de iure coniugum, Coloniae Agrippinae 1699. Zitiert: *Rodenburg*, Tractatus.

Roosevelt, Kermit, The Myth of Choice of Laws: Rethinking Conflicts, 97 Michigan Law Review (1998–1999), S. 2449–2538. Zitiert: *Roosevelt*, 97 Mich. L. Rev. (1998–1999).

Roth, Wulf-Henning, Der Grundsatz der loyalen Zusammenarbeit in der Europäischen Union und das Internationale Privatrecht, in: Heid, Daniela/Stotz, Rüdiger/Verny, Arsène (Hrsg.), Festschrift für Manfred A. Dauses zum 70. Geburtstag, S. 315–335, München 2014. Zitiert: *W.-H. Roth*, FS Dauses.

ders., Europäische Kollisionsrechtsvereinheitlichung, Europäisches Wirtschafts- und Steuerrecht 2011, S. 314–328. Zitiert: *W.-H. Roth*, EWS 2011.

ders., Europäische Kollisionsrechtsvereinheitlichung: Überblick – Kompetenzen – Grundfragen, in: Kieninger, Eva Maria/Remien, Oliver (Hrsg.), Europäische Kollisionsrechtsvereinheitlichung, S. 11–49, Baden-Baden 2012. Zitiert: *Roth*, in: Europäische Kollisionsrechtsvereinheitlichung.

ders., Savigny, Eingriffsnormen und die Rom I-Verordnung, in: Baur, Jürgen F./Sandrock, Otto/Scholtka, Boris/Shapira, Amos (Hrsg.), Festschrift für Gunther Kühne zum 70. Geburtstag, S. 859–879, Frankfurt a. M. 2009. Zitiert: *W.-H. Roth*, FS Kühne.

Röthel, Anne, Anerkennung gleichgeschlechtlicher Ehen nach deutschem und europäischem Recht, Praxis des Internationalen Privat- und Verfahrensrechts 2006, S. 250–253. Zitiert: *Röthel*, IPRax 2006.

dies., Gleichgeschlechtliche Ehe und ordre public, Praxis des Internationalen Privat- und Verfahrensrechts 2002, S. 496–500. Zitiert: *Röthel*, IPRax 2002.

Rühl, Gisela, Rechtswahlfreiheit im europäischen Kollisionsrecht, in: Baetge, Dietmar/Hein, Jan von/Hinden, Michael *von* (Hrsg.), Die richtige Ordnung – Festschrift für Jan Kropholler zum 70. Geburtstag, S. 187–209, Tübingen 2008. Zitiert: *Rühl*, FS Kropholler.

Sanders, Anne, Was ist eine Familie? – Der EGMR und die Mehrelternschaft, Neue Juristische Wochenschrift 2017. Zitiert: *Sanders*, NJW 2017.

Savigny, Friedrich Carl von, System des heutigen Römischen Rechts:
– Band 1, Berlin 1840
– Band 8, Berlin 1849
Zitiert: *Savigny*, System X.

Schäffner, Wilhelm, Entwicklung des internationalen Privatrechts, Frankfurt a.M. 1841. Zitiert: *Schäffner*, Entwicklung des internationalen Privatrechts.

Schröder, Jan, Rechtsbegriff und Auslegungsgrundsätze, in: Finkenauer, Thomas/Schröder, Jan (Hrsg.), Rechtswissenschaft in der Neuzeit, Tübingen 2010. Zitiert: *Schröder*, in: Rechtswissenschaft in der Neuzeit.

Schurig, Klaus, Das Fundament trägt noch, in: Mansel, Heinz-Peter (Hrsg.), Internationales Privatrecht im 20. Jahrhundert, S. 5–25, Tübingen 2014. Zitiert: *Schurig*, in: IPR im 20. Jahrhundert.

ders., Ein ungünstiges Günstigkeitsprinzip – Anmerkungen zu einer mißlungenen gesetzlichen Regelung des internationalen Deliktsrechts, in: Schack, Haimo (Hrsg.), Gedächtnisschrift für Alexander Lüderitz, S. 699–711, München 2000. Zitiert: *Schurig*, Gedächtnis-schrift Lüderitz.

ders., Kollisionsnorm und Sachrecht, Berlin 1981. Zitiert: *Schurig*, Kollisionsnorm und Sachrecht.

ders., Zwingendes Recht, „Eingriffsnormen" und neues IPR, Rabels Zeitschrift für ausländisches und internationales Privatrecht 54 (1990), S. 217–248. Zitiert: *Schurig*, RabelsZ 54 (1990).

Schurpf, Hieronymus, Consiliorum Seu Responsorum Iuris D. Hieronymi Schurpf, Centuria I [et II], Francoforti ad Moenum, 1612. Zitiert: *Schurpf*, Consiliorum.

Sieberichs, Wolf, Qualifikation der deutschen Lebenspartnerschaft als Ehe in Belgien, Praxis des Internationalen Privat- und Verfahrensrechts 2008, S. 277–278. Zitiert: *Sieberichs*, IPRax 2008.

Siehr, Kurt, Deutsche Arbeitsverträge mit der Republik Griechenland und Gehaltskürzungen nach griechischem Recht, Recht der Arbeit 2014, S. 206–213. Zitiert: *Siehr*, RdA 2014.

ders., Ehrenzweigs lex-fori-Theorie und ihre Bedeutung für das amerikanische und deutsche Kollisionsrecht, Rabels Zeitschrift für ausländisches und internationales Privatrecht 34 (1970), S. 585–632. Zitiert: *Siehr*, RabelsZ 34 (1970).

Sitter, Sophie Catherine, Grenzüberschreitende Leihmutterschaft, 2017. Zitiert: *Sitter*, Grenzüberschreitende Leihmutterschaft.

Smith, J. A. Clarence, Bartolo on the Conflict of Laws, 14 American Journal of Legal History (1970), S. 157–183, 247–275. Zitiert: *Smith*, 14 Am. J. Leg. Hist. (1970).

Soergel Kommentar zum Bürgerlichen Gesetzbuch, Band 10: Einführungsgesetz, 12. Aufl., Stuttgart/Berlin/Köln 1996. Zitiert: Soergel/*Bearbeiter*.

Solomon, Dennis, Der Anwendungsbereich von Art. 3 Abs. 3 EGBGB – dargestellt am Beispiel des internationalen Erbrechts, Praxis des Internationalen Privat- und Verfahrensrechts 1997, S. 81–87. Zitiert: *Solomon*, IPRax 1997.

Sommer, Erik, Der Einfluss der Freizügigkeit auf Namen und Status von Unionsbürgern, Jena 2009. Zitiert: *Sommer*, Einfluss der Freizügigkeit auf Namen und Status.

Sonnenberger, Hans Jürgen, Anerkennung statt Verweisung? Eine neue internationalprivatrechtliche Methode?, in: Bernheuter, Jörn/Freitag, Robert/Leible, Stefan/Sippel, Harald/Wanitzek, Ulrike (Hrsg.), Festschrift für Ulrich Spellenberg, S. 371–391, München 2010. Zitiert: *Sonnenberger*, FS Spellenberg.

ders., Eingriffsnormen, in: Leible, Stefan/Unberath, Hannes (Hrsg.), Brauchen wir eine Rom 0-Verordnung?, S. 429–444, Jena 2013. Zitiert: *Sonnenberger*, in: Brauchen wir eine Rom 0-VO?

ders., Randbemerkungen zum Allgemeinen Teil eines europäisierten IPR, in: Baetge, Dietmar/Hein, Jan von/Hinden, Michael von (Hrsg.), Die richtige Ordnung – Festschrift für Jan Kropholler zum 70. Geburtstag, S. 227–246, Tübingen 2008. Zitiert: *Sonnenberger*, FS Kropholler.

ders., Eingriffsrecht – Das trojanische Pferd im IPR oder notwendige Ergänzung?, Praxis des Internationalen Privat- und Verfahrensrechts 2003, S. 104–116. Zitiert: *Sonnenberger*, IPRax 2003.

Spernat, Thomas, Die gleichgeschlechtliche Ehe im Internationalen Privatrecht – Unter besonderer Berücksichtigung des Einflusses des EG-Vertrages, Frankfurt a. M. 2011. Zitiert: *Spernat*, Gleichgeschlechtliche Ehe im IPR.

Spickhoff, Andreas, Der ordre public im internationalen Privatrecht, Neuwied/Frankfurt 1989. Zitiert: *Spickhoff*, Ordre public.

Spindler, Gerald/Schuster, Fabian (Hrsg.), Recht der elektronischen Medien, 3. Aufl., München 2015. Zitiert: Spindler/Schuster/*Bearbeiter*, Recht der elektronischen Medien.

Staudinger Kommentar zum BGB (begründet von *Staudinger, Julius von*), Berlin:
- §§ 1741–1772 (Adoption), Neubearbeitung 2007.
- Internationales Privatrecht (Einleitung zum IPR), Neubearbeitung 2012.
- Art. 3–6 EGBGB (IPR – Allgemeiner Teil), Neubearbeitung 2013.
- Art. 7, 9–12, 47, 48 EGBGB (Internationales Recht der natürlichen Personen und der Rechtsgeschäfte), Neubearbeitung 2013.
- Art. 13–17b EGBGB (Internationales Eherecht), Neubearbeitung 2010.
- Art. 19–24 EGBGB; ErwSÜ (Internationales Kindschaftsrecht 3 – Vormundschaft, Rechtliche Betreuung, Pflegschaft), Neubearbeitung 2014.
- Art. 11–29 Rom I-VO; Art. 46 b, c EGBGB (Internationales Vertragsrecht 2), Neubearbeitung 2016.

Zitiert: Staudinger/*Bearbeiter.*

Steindorff, Ernst, Sachnormen im internationalen Privatrecht, Frankfurt a. M. 1958. Zitiert: *Steindorff,* Sachnormen.

Stoll, Hans, Ausländische Vermögensstatute im deutschen internationalen Privatrecht, in: Baetge, Dietmar/Hein, Jan von/Hinden, Michael von (Hrsg.), Die richtige Ordnung – Festschrift für Jan Kropholler zum 70. Geburtstag, S. 247–260, Tübingen 2008. Zitiert: *Stoll,* FS Kropholler.

Story, Joseph, Commentaries on the Conflict of Laws, 3. Aufl., Boston/London 1846. Zitiert: *Story,* Commentaries.

Struycken, A. (Teun) V.M., in: Boele-Woelki, Katharin/Einhorn, Talia/Girsberger, Daniel/Symeonides, Symeon, Convergence and Divergence in Private International Law: Liber Amicorum Kurt Siehr, S. 357–372, Zürich/Basel/Genf 2010. Zitiert: *Struycken,* liber amicorum Siehr.

Stryk, Samuel, De Jure Principis extra territorium, in: Samuelis Strykii J.U.D. (…) Dissertationum juridicarum Francofurtensium volume II, Francofurti et Lipsiae, 1743. Zitiert: *Stryk,* De Jure Principis extra territorium.

ders., Tractatus de successione ab intestate, Editio IV, Francofurti 1701. Zitiert: *Stryk,* Tractatus De Successione Ab Intestato.

Stüber, Stefan, Gesetz zur Überarbeitung des Lebenspartnerschaftsrechts, Zeitschrift für das gesamte Familienrecht 2005, S. 574–578. Zitiert: *Stüber,* FamRZ 2005.

Sturm, Fritz, Dürfen Kinder ausländischer Leihmütter zu ihren genetischen Eltern nach Deutschland verbracht werden?, in: Baur, Jürgen F./Sandrock, Otto/Scholtka, Boris/Shapira, Amos (Hrsg.), Festschrift für Günther Kühne zum 70. Geburtstag, S. 919–932. Zitiert: *Sturm,* FS Kühne.

ders., Savigny und das Internationale Privatrecht seiner Zeit, Ius Commune 8 (1979), S. 92–109. Zitiert: *Sturm,* Ius Commune 8 (1979).

Stürner, Michael, Europäisierung des (Kollisions-)Rechts und nationaler ordre public, in: Kronke, Herbert/Thorn, Karsten (Hrsg.), Grenzen überwinden – Prinzipien bewahren, Festschrift für Bernd von Hoffmann, S. 463–482, Bielefeld 2011. Zitiert: *Stürner,* FS Hoffmann.

ders./Weller, Marc-Philippe, Diskussionsbericht zum Referat von *W.-H. Roth,* Praxis des Internationalen Privat- und Verfahrensrechts 2006, S. 347–348. Zitiert: *Stürner/M.-P. Weller,* IPRax 2006.

Symeonides, Symeon C., American Choice of Law at the Dawn of the 21st Century, 37 Willamette Law Review (2001), S. 1–87. Zitiert: *Symeonides,* 37 Will. L. Rev. (2001).

ders., Choice of Law in the American Courts in 2014: Twenty-Eighth Annual Survey, 63 American Journal of Comparative Law (2015), S. 299–386. Zitiert: *Symeonides*, 63 Am. J. Comp. L. (2015).

ders., Material Justice and Conflicts Justice in the Choice of Law, in: Borchers, Patrick J./ Zekoll, Joachim (Hrsg.), International Conflict of Laws for the Third Millennium, Essays in Honor of Friedrich K. Juenger, S. 125–140, New York 2001. Zitiert: *Symeonides*, FS Juenger.

ders., Rome II and Tort Conflicts: A Missed Opportunity, 56 American Journal of Comparative Law (2008), S. 173–222. Zitiert: *Symeonides*, 56 Am. J. Comp. L. (2008).

ders., The American Choice-of-Law Revolution: Past, Present and Future, Leiden/Boston 2006. Zitiert: *Symeonides*, American Choice-of-Law Revolution.

ders., The Choice-of-Law Revolution Fifty Years after Currie: An End and a Beginning, University of Illinois Law Review 2015, S. 1847–1921. Zitiert: *Symeonides*, 2015 U. Ill. L. Rev.

Thiessen, Jan Die Wertlosigkeit der Gesetzesmaterialien für die Rechtsfindung, in: Fleischer, Holger (Hrsg.), Mysterium „Gesetzesmaterialien", S. 45–74, Tübingen 2013. Zitiert: *Thiessen*, in: Mysterium „Gesetzesmaterialien".

Thomale, Chris, Anerkennung ukrainischer leihmutterschaftsbasierter Geburtsurkunden in Italien, Praxis des Internationalen Privat- und Verfahrensrechts 2016, S. 493–498. Zitiert: *Thomale*, IPRax 2016.

ders., Griechische Spargesetze vor deutschen Arbeitsgerichten – Verwirrung um Art. 9 Abs. 3 Rom I-Verordnung, Europäische Zeitschrift für Arbeitsrecht, S. 116–125. Zitiert: *Thomale*, EuZA 2016.

ders., Mietmutterschaft, Tübingen 2015. Zitiert: *Thomale*, Mietmutterschaft.

ders., Österreichisches Arbeitsvertragsstatut und deutsches Betriebsverfassungsrecht – intertemporale Dimensionen ausländischer Eingriffsnormen, Praxis des Internationalen Privat- und Verfahrensrechts 2013, S. 375–380. Zitiert: *Thomale*, IPRax 2013.

ders., State of play of cross-border surrogacy arrangements – Is there a case for regulatory intervention by the EU? (Working Paper), 2016. Zitiert: *Thomale*, Working Paper.

Thoms, Cordula, Einzelstatut bricht Gesamtstatut, Tübingen 1996. Zitiert: *Thoms*, Einzelstatut bricht Gesamtstatut.

Thorn, Karsten, Besondere Kollisionsnormen und allgemeine Lehren des IPR, in: Mansel, Heinz-Peter/Pfeiffer, Thomas/Kronke, Herbert/Kohler, Christian/Hausmann, Reiner (Hrsg.), Festschrift für Erik Jayme, Band 1, S. 955–969, München 2004. Zitiert: *Thorn*, FS Jayme.

Thünken, Alexander, Das kollisionsrechtliche Herkunftslandprinzip, Frankfurt a. M. 2003. Zitiert: *Thünken*, Kollisionsrechtliches Herkunftslandprinzip.

Tiedemann, Andrea, Internationales Erbrecht in Deutschland und Lateinamerika, Tübingen 1993. Zitiert: *Tiedemann*, Internationales Erbrecht in Deutschland und Lateinamerika.

Triepel, Heinrich, Das preußische Gesetz über die Einführung einer Altersgrenze, Archiv des Öffentlichen Rechts 40 (1921 I), S. 349–377. Zitiert: *Triepel*, Archiv des öffentlichen Rechts 40 (1921 I).

Trüten, Dirk, Die Entwicklung des Internationalen Privatrechts in der Europäischen Union, Bern/Baden-Baden 2015. Zitiert: *Trüten*, Entwicklung des IPR in der EU.

Unger, Joseph, System des österreichischen allgemeinen Privatrechts, Band 1, 3. unveränderte Aufl., Leipzig 1868. Zitiert: *Unger*, System.

Vischer, Frank, Das Problem der Kodifikation des schweizerischen internationalen Privatrechtes, Zeitschrift für Schweizerisches Recht, Band 112 (1971 II), S. 6–106. Zitiert: *Vischer*, ZSR 112 (1971 II).

Voet, Johannes, Commentarius ad pandectum, Venedig 1775. Zitiert: *J. Voet*, Commentarius ad pandectum.

Vogel, Klaus, Der räumliche Anwendungsbereich der Verwaltungsrechtsnorm, Frankfurt a. M. 1965. Zitiert: *Vogel*, Der räumliche Anwendungsbereich der Verwaltungsrechtsnorm.

Vonkilch, Andreas, Das Intertemporale Privatrecht, Wien 1999. Zitiert: *Vonkilch*, Intertemporales Privatrecht.

Wächter, Carl Georg von, Ueber die Collision der Privatrechtsgesetze verschiedener Staaten, Archiv für die civilistische Praxis 24 (1841), S. 230–311; AcP 25 (1842), S. 1–60; 161–200; 361–419. Zitiert: *Wächter*, AcP 24 (1841) bzw. 25 (1842).

Wagener, Franziska, Mater semper certa est? Zur Rolle der Mutter und zur Frage, ob die Einführung einer Möglichkeit zur Statuskorrektur notwendig ist, Halle 2014. Zitiert: *Wagener*, Mater semper certa est?

Wagner, Rolf, Abstammungsfragen bei Leihmutterschaften in internationalen Sachverhalten, Das Standesamt 2012, S. 294–300. Zitiert: *Wagner*, StAZ 2012.

ders., Das neue Internationale Privat- und Verfahrensrecht zur eingetragenen Lebenspartnerschaft, Praxis des Internationalen Privat- und Verfahrensrechts 2001, S. 281–293. Zitiert: *Wagner*, IPRax 2001.

ders., Inhaltliche Anerkennung von Personenstandsurkunden – ein Patentrezept?, Zeitschrift für das gesamte Familienrecht 2011, S. 609–615. Zitiert: *Wagner*, FamRZ 2011.

Wall, Fabian, Die Vermeidung hinkender Namensverhältnisse in der EU, Das Standesamt 2009, S. 261–268. Zitiert: *Wall*, StAZ 2009.

Wasmuth, Johannes, Eheschließung unter Gleichgeschlechtlichen in den Niederlanden und deutscher ordre public, in: Krüger, Hilmar (Hrsg.), Liber amicorum Gerhard Kegel, München 2002, S. 237–260. Zitiert: *Wasmuth*, liber amicorum Kegel.

Wedemann, Frauke, Konkurrierende Vaterschaften und doppelte Mutterschaft im Internationalen Abstammungsrecht, Baden-Baden 2006. Zitiert: *Wedemann*, Konkurrierende Vaterschaften und doppelte Mutterschaft.

Weiller, Hermann, Der Schutz der wohlerworbenen Rechte im internationalen Privatrecht, Frankfurt a. M. 1934. Zitiert: *Weiller*, Schutz der wohlerworbenen Rechte.

Weller, Marc-Philippe, Anknüpfungsprinzipien im Europäischen Kollisionsrecht: Abschied von der „klassischen" IPR-Dogmatik?, Praxis des Internationalen Privat- und Verfahrensrechts 2011, S. 429–437. Zitiert: *M.-P. Weller*, IPRax 2011.

ders., Die Grenze der Vertragstreue von (Krisen-)Staaten, Tübingen 2013. Zitiert: *M.-P. Weller*, Die Grenze der Vertragstreue von (Krisen-)Staaten.

ders., Vom Staat zum Menschen, Die Methodentrias des Internationalen Privatrechts unserer Zeit (im Erscheinen). Zitiert: *M.-P. Weller*, Vom Staat zum Menschen, Die Methodentrias des Internationalen Privatrechts unserer Zeit (im Erscheinen).

Wendehorst, Christiane, Denkschulen im Internationalen Privatrecht, in: Fassbender, Bardo/ Wendehorst, Christiane (u. a.), Paradigmen im internationalen Recht – Implikationen der Weltfinanzkrise für das internationale Recht, S. 33–59, Heidelberg/München (u. a.) 2012. Zitiert: *Wendehorst*, in: Paradigmen im internationalen Recht.

Wengler, Wilhelm, Die allgemeinen Rechtsgrundsätze des internationalen Privatrechts und ihre Kollisionen, Zeitschrift für öffentliches Recht 23 (1944), S. 473–509. Zitiert: *Wengler*, ZöffR 23 (1944).

ders., The General Principles of Private International Law, Recueil des Cours 1961 III, S. 273–465. Zitiert: *Wengler*, Rec. de Cours 104 (1961 III).

Westbrook, James E., A Survey and Evaluation of Competing Choice-of-Law Methodologies: The Case for Eclecticism, 40 Missouri Law Review (1975), S. 407–466. Zitiert: *Westbrook*, 40 Mo. (Missouri) L. Rev. (1975).

Wichser, Werner R., Der Begriff des wohlerworbenen Rechts im internationalen Privatrecht, Zürich 1955. Zitiert: *Wichser*, Begriff des wohlerworbenen Rechts.

Wicki, André Aloys, Zur Dogmengeschichte der Parteiautonomie im Internationalen Privatrecht, Winterthur 1965. Zitiert: *Wicki*, Dogmengeschichte der Parteiautonomie.

Wiggerich, Sandro, Bis dass der Tod sie scheidet? – Probleme der Scheidung ausländischer gleichgeschlechtlicher Ehen am Beispiel Kanadas, Zeitschrift für das gesamte Familienrecht 2012, S. 1116–1120. Zitiert: *Wiggerich*, FamRZ 2012.

Wilke, Felix M., Das internationale Erbrecht nach der neuen EU-Verordnung, Recht der Internationalen Wirtschaft 2012, S. 601–609. Zitiert: *Wilke*, RIW 2012.

Williston, Samuel, Joseph Henry Beale: A Biographical Stretch, 56 Harvard Law Review (1943), S. 685–689. Zitiert: *Williston*, 56 Harv. L. Rev. (1943).

Windscheid, Bernhard, Lehrbuch des Pandektenrechts, 2. Neudruck der 9. Aufl. (bearbeitet von Kipp, Theodor), Frankfurt a. M. 1984. Zitiert: *Windscheid*, Lehrbuch des Pandektenrechts I.

Witzleb, Normann, „Vater werden ist nicht schwer?", in: Witzleb, Normann/Ellger, Reinhard/ Mankowski, Peter/Merkt, Hanno/Remien, Oliver (Hrsg.), Festschrift für Dieter Martiny zum 70. Geburtstag, S. 203–240, Tübingen 2014. Zitiert: *Witzleb*, FS Martiny.

Woitge, Evelyn, Der Status von Kindern ausländischer Leihmütter in Deutschland, Juristische Ausbildung 2015, S. 496–505. Zitiert: *Woitge*, Jura 2015.

Wolff, Martin, Das Internationale Privatrecht Deutschlands, 3. Aufl., Berlin/Götting/Heidelberg 1954. Zitiert: *Wolff*, Das IPR Deutschlands.

Yntema, Hessel E., Dicey: An American Commentary, 4 The International Law Quarterly (1951), S. 1–10. Zitiert: *Yntema*, 4 Int. L. Quart. (1951).

ders., Die historischen Grundlagen des internationalen Privatrechts, in: Dölle, Hans (Hrsg.), Festschrift fuer Ernst Rabel, Band 1: Rechtsvergleichung und internationales Privatrecht, S. 513–537, Tübingen 1954. Zitiert: *Yntema*, FS Rabel.

ders., The Comity Doctrine, 9 Michigan Law Review (1966), S. 9–32. Zitiert: *Yntema*, 9 Mich. L. Rev. (1966).

ders., The comity doctrine, in: v. Caemmerer, Ernst/Nikisch, Arthur/Zweigert, Konrad (Hrsg.), Vom Deutschen zum Europäischen Recht – Festschrift für Hans Dölle, Band II, S. 65–86, Tübingen 1963. Zitiert: *Yntema*, FS Dölle, Band II.

ders., The Hornbook Method and the Conflict of Laws, 37 Yale Law Journal (1928), S. 468–483. Zitiert: *Yntema*, 37 Yale L. J. (1928).

ders., The Objectives of Private International Law, 35 The Canadian Bar Review (1957), S. 721–742. Zitiert: *Yntema*, 35 Can. B. Rev. (1957).

Sachregister

TÜBINGER RECHTSWISSENSCHAFTLICHE ABHANDLUNGEN

Herausgegeben von
Mitgliedern der Juristischen Fakultät
der Universität Tübingen

Die Schriftenreihe *Tübinger Rechtswissenschaftliche Abhandlungen* (TübRA) wird von Mitgliedern der Juristischen Fakultät der Eberhard-Karls-Universität Tübingen herausgegeben und bietet ein Forum für die an dieser Fakultät hervorgebrachte Spitzenforschung auf allen Rechtsgebieten. Als Schriftenreihe einer der renommiertesten Rechtsfakultäten Deutschlands trägt *TübRA* auf diese Weise zum Fortschritt der Rechtswissenschaft bei und ist Impulsgeber für wichtige zeitgenössische Rechtsdiskurse.

ISSN: 0082-6731
Zitiervorschlag: TübRA

Alle lieferbaren Bände finden Sie unter *www.mohr.de/tuebra*

Mohr Siebeck
www.mohr.de